I0345913

स्लाइस ऑफ लाइफ : ए सेल्फ-हेल्प ओडिसी शीर्षक पुस्तक के पहले संस्करण की प्रशंसा

“हमारे सामने लिंडल जीवन की पहेलीनुमा कहानी और “रिक्की” के रोमांचों को पेश करते हैं. यह पुस्तक बड़ी ख़ूबी से लिखी गयी है और अपने दृष्टिकोण में नवीन एवं ऊर्जावान है. पर यह केवल महान कहानी ही नहीं है, बल्कि एक शिक्षाप्रद माध्यम भी है जो इसके पढ़नेवालों को मनोवैज्ञानिक और आध्यात्मिक ज्ञान देती है. इन रत्नों को वर्णन के दौरान मौलिकता और कुशलता के साथ बुना गया है जो पढ़ने वाले को आसानी से अपने साथ ले कर चलते हैं. मुख्य पात्रों में से एक “पुरानी आत्मा” है, जिसके के साथ रिक्की का जीवन्त विनिमय होता है जो सहायताकांक्षियों के लिए उनके रास्ते में काफ़ी मददगार है. यह आंशिक आत्मकथात्मक और आंशिक कल्पनात्मक पुस्तक रोमांचक व्यक्तियों के लिए उत्कृष्ट पठन सामग्री है.”

अदम क्रैबट्री – गैर-वैयक्तिक मनोचिकित्सक, और मल्टीपल मैन : एक्स्प्लोरेश्न्स इन पोजेसन एंड मल्टीपल पर्सनालिटी, फ़्रॉम मेस्मेर टू फ्रायड: मेगनेटिक स्लीप एंड द रूट्स ऑफ साइकोलाजिकल हीलिंग, एंड ट्रांस ज़ीरो: ब्रेकिंग द स्पेल ऑफ कांफोरमिटी के लेखक.

“आइसलैंड की नाटकीय परिदृश्यों वाली पृष्ठभूमि में डा० लिंडल “पुरानी आत्मा” नामक एक मार्गदर्शक आत्मा के साथ बातचीत के ज़रिये जीवन, मृत्यु और आध्यात्मिक विकास की शिक्षाप्रद समझ को बुनते हैं. मनोविज्ञान और अध्यात्म के पथ प्रदर्शकों द्वारा दिए गये ज्ञान को एक मनोरंजक समूचे के तौर पर एकीकृत किया गया है. मैं जोड़ना चाहता हूँ कि मार्गदर्शक आत्माएँ सम्पूर्ण सत्य हैं, क्योंकि 10 वर्षों के दौरान मैंने अह्तुन रे नामक एक बहुत ही बुद्धिमान और स्पष्ट आत्मा के साथ अवचेतन माध्यम केविन राईरसन के ज़रिये बातचीत की है. अह्तुन रे से मैंने जो कुछ सीखा है उसमें से बहुत कुछ डा० लिंडल के वर्णन के अनुरूप है, जिसकी मैं निहायत ही सिफ़ारिश करता हूँ.”

वाल्टर सेम्किव, एम डी, बोर्न अगेन: रिइनकार्नेशन केसेस इन्वोल्विंग एविडेंस ऑफ पास्ट लाइफ, इअन स्टीवेंसन, एम डी, के साथ जिन्होंने रिटर्न ऑफ रिवोल्युश्नरिज, सोल ग्रुप्स रियूनाइटेड और ओरिजिन ऑफ द सोल एंड द पर्पस ऑफ रिइनकार्नेशन जैसे जेनोग्लोसी केसेस पर शोध किया है. डा0 सेम्किव www.IISIS.net, **संस्था जो पुनर्जन्म के वस्तुनिष्ठ प्रमाण पर केन्द्रित है, के अध्यक्ष भी हैं.**

रिक लिंडल ने इस शानदार पुस्तक में एक बहुत ही मुश्किल समझ को सरल बनाया है कि सृष्टि कैसी बनी और इसमें हमने अपनी वास्तविकता की रचना कैसे की. उन्होंने अपनी पुस्तक की रचना एक युवा लड़के के कहानी कहने के तरीक़े से की है जो वयस्क हो रहा है. उसका मुख्य मार्गदर्शक "पुरानी आत्मा" ("Old Soul") है जिसके साथ वह बातचीत करता है और "पुरानी आत्मा" उसे ज्ञान देता है ताकि वह पूरी तरह समझ सके और अपने जीवन में अपना निर्णय ले सके. किशोरावस्था से ले कर मरने के कुछ दिनों पहले तक किसी भी व्यक्ति के लिए यह एक "अवश्य पढ़ने लायक" पुस्तक है ! वास्तविक यह एक आँखें खोलने वाली पुस्तक है ! आप चाहे उत्तरकाल में विश्वास करें या न करें, यह बहुत ही विचारोत्तेजक पठन सामग्री है. यह काफ़ी सारे मुद्दों का निपटारा करती है जिन्हें किसी आदमी को जीवन में सामना करना पड़ता है. यह हर उम्र वालों के लिए पढ़ने में काफ़ी आसान है. यह प्रासंगिक है, बिलकुल त्रुटिहीन तथा अत्यंत पेशेवर तरीक़े से लिखी गई है. आज की स्कूल व्यवस्था के डराने-धमकाने वाली चलन पर पूरा ज़ोर देते हुए, इस पुस्तक को हरेक स्कूल के पुस्तकालय, साथ ही सभी सार्वजनिक पुस्तकालयों में होना चाहिए. यह बहुत ही गहरा और बौद्धिक पठन है और आप इसको पढ़ने के बाद दिनों, हफ़्तों, महीनों और वर्षों तक इसके बारे में सोचते रहेंगे. यह जीवन के कई बड़े रहस्यों के अनुत्तरित प्रश्नों पर ध्यान केन्द्रित करती है. हमारी कामना केवल यही है कि काश हमने यह पुस्तक वर्षों पहले पढ़ी होती. बहुत कम पुस्तकों ने हमें वैसे प्रभावित किया है जैसे इस पुस्तक ने किया. हम इस पुस्तक की अत्यधिक सिफ़ारिश करते हैं !

डोनाल्ड पाइल और रे विलियम्स, पुरस्कार विजयी प्रसिद्ध यात्रा स्तम्भ लेखक जो समलैंगिक प्रकाशनों के लिए विश्व के एक छोर से दूसरे छोर तक लिखते हैं. आप उन्हें http://gaytravelersataol.blogspot.com **पर ई-मेल कर सकते हैं.**

अभी इस पुस्तक को मैंने दूसरी बार पढ़ी है. इसके अतिरिक्त मैं लेखक का ब्लाग पढ़ती हूँ. अब मैं पुस्तक की अवधारणाओं को और अधिक सम्पूर्णता से समझती हूँ. ये मेरे लिए बिलकुल नये थे, यद्यपि मैंने इसके बारे में बेशक सुना था और उन लोगों को जानती हूँ जो पुनर्जन्म में विश्वास रखते हैं. यह मज़ेदार बात है कि जब से मैंने इसको दूसरी बार पढ़ा है, अपने आस-पास के लोगों को पूछा है, वे पुनर्जन्म में विश्वास करते हैं या नहीं. मैं हैरान हूँ कि उनमें से ज़्यादातर ने बोला या तो वो विश्वास करते हैं या इसे दरकिनार नहीं कर सकते. इस पुस्तक में आप अवधारणाओं को चालाकी से एक बड़ा होते युवा लड़के की कहानी के ज़रिये खुलते हुए पायेंगे. वह अपने कामुक अभिमुखता को लेकर परेशान है,

जिसे वह बचपन से देखते आ रहा है. इस पुस्तक में मैंने अवधारणाओं के बारे में जो सबसे पहेलीनुमा चीज़ पाया वह यह है कि आत्मा अपने अगले अवतार को ही चुनती है. काफ़ी इमानदारी से यह कुछ ऐसा है जो मेरे दिमाग़ में पहले कभी नहीं आया और इसने मेरे दिमाग़ को नये विचारों के एक पूरी शृंखला के लिए खोल दिया. रोज़ की दिनचर्या – किसी के गुस्से के चोट खाए बीमार लोगों से मिलना या उन युवाओं को समझना जिनके पास स्वलीनता के ज़रिये सम्पर्क साधने का कोई रास्ता नहीं है या जिसे हम "सामान्य" जीवन कहें उसे व्यतीत करने का कभी कोई संयोग नहीं हुआ - से गुज़रते समय मैं इस पुस्तक को अपने दिमाग़ में गूँजते हुए पाती हूँ. मैं पाती हूँ कि इस अवधारणा के बारे में सोचना मुझे ऐसे मुद्दों से निपटने में सहायता करता है. कम से कम इसने मुझे जीत लिया है. और बहुत कुछ है जो मैं इस पुस्तक के बारे में कह सकती हूँ, लेकिन इसे पूरी तरह समझने के लिए आपको स्वयं पढ़ना होगा, जैसे मैंने किया. नवीनतम: यह मज़ेदार है. पिछले कुछ समय से विशेष स्थितियों के दौरान मैं इस पुस्तक को अपने पास वापिस आते हुए पायी हूँ. उन स्थितियों का सामना करने के लिए मैंने इसे बहुत ही लाभदायक पाया है. सही मायने में यह मेरे दिमाग़ और सोच में पूरी तरह से पैठ गई है.

गुडरीड्स. जुड़ी (बुकगर्लआरबोर्ग) की प्रोफाइल

अमेजान पर समीक्षाएँ
टोरंटो रीडर द्वारा

इस पुस्तक की पहली प्रति मैंने महीनों पहले ख़रीदी थी, इसे मैंने एक बार पढ़ा और एक मित्र को उधार दी, जिसने इसे अपनी माँ को उधार दिया. मैं अवधारणाओं के बारे में सोचता रहा और इसे दोबारा पढ़ना चाहा, इसलिए मैंने ख़ुद के लिए एक और प्रति ख़रीदी और तीसरी उधार देने के लिए. लेखक ने बड़े जटिल मुद्दे को मेरी समझ के लिए कहानी के रूप में आसानी से पेश किये हैं.

बेटर ब्रेन बेटर लाइफ द्वारा

कितनी आश्चर्यजनक पुस्तक है ! रिक लिंडल ने जिस तरीक़े से सेठ और विक्टर फ्रेंकल के ज्ञान शिक्षण को लिया है और उन्हें सुलभ बनाया है वह मुझे पसंद आया. इस पुस्तक ने भाग्य और स्वतंत्र इच्छा के बीच सम्बन्ध को श्रेष्ठ रूप से संभाला है जिसे मैंने अभी तक सामना किया है. मूल आस्थाओं की शिक्षाओं को मैं अपने दैनिक जीवन में प्रयोग कर रहा हूँ. रिक्की के जीवन की व्यक्तिगत यात्रा और उसकी विजय से मुझे सीखने में भी बहुत मज़ा आया.

बिना टिप्पणियाँ लिखे या रेखांकित किये मैंने इसे पढ़ा है. इसे समाप्त करते ही मैंने फिर से पढ़ना शुरू कर दिया ताकि शिक्षाओं को मैं चिन्हांकित कर सकूँ जो वास्तव में मुझसे कुछ कहा है. जो स्वयं को मन:-अध्यात्म के विकास पथ पर देखते हैं, मैं उन लोगों के लिए इस पुस्तक की अत्यधिक सिफ़ारिश करता हूँ.

डा० रोनाल्ड फिलर द्वारा
मनोविज्ञान के एसोसिएट प्रोफ़ेसर, राइडर विश्वविद्यालय

डा० रिक लिंडल द्वारा लिखित स्लाइस ऑफ लाइफ असाधारण स्पष्टता के साथ लिखी गई है और पढ़ने में पूरी तरह से मज़ेदार है. यह पुस्तक एक दिलचस्प कहानी के साथ-साथ पूर्ण जीवन का रास्ता संबंधी एक महत्वपूर्ण परख प्रदान करती है. यह निश्चित तौर पर एक उत्कृष्ट पठन है, दिलचस्पी और ज्ञान दोनों से भरी हुई. मैं इस पुस्तक को किसी के लिए भी, जो प्रतिफल देने वाले जीवन की खोज में है, सिफ़ारिश करता हूँ. मैं रिक के अगले प्रकाशन की आशा करता हूँ.

अमेजान किन्डल पर समीक्षाएँ

स्टेफेन आर्मस्ट्रांग द्वारा

क्या आपने कभी यह सोचा है कि अपने जीवन के बारे में चलचित्र देखना या नाटक देखना आपको कैसा लगेगा? केवल अपने जीवन को दोबारा गुज़रते हुए नहीं, अपितु यह देखना कि दूसरे पात्रों और स्थितियों ने आपको कैसे प्रभावित किया और आपने कैसे विकल्पों के दरवाज़े खोले ताकि वो आपको वहाँ तक ले आयें जहाँ आप हैं? यह पुस्तक आपको एक निर्देशक की आँख से यह देखने देती है कि आप अपने आपको और दूसरों को अपने जीवन से कैसे संबंधित करते हैं. यह आपको अस्थायी रूप से ख़ुद से बाहर निकलने देती है और अपनी कई परतों को सभी कोणों से परखने देती है और यह देखने देती है कि वह कहानी लिखने के लिए, जिसे हम "यह जीवन" कहते हैं, ख़ुद को और अपने अनुभवों को एक साथ कैसे फिट करते हैं. यह आपको थोड़ा और आगे जाने के लिए और आप क्या हैं उसका आनंद उठाने के लिए प्रोत्साहित करेगी. आप लेखक, निर्देशक, अभिनेता और दर्शक सब कुछ बन गये हैं.

फ्रैंक एम वाल्टन द्वारा

क्या ख़ूब रहस्योद्घाटन है. डा० लिंडल और मेरा एक आपसी मित्र है, जिसने मेरे साथ यह पुस्तक साझी की. मैं स्वीकार करता हूँ कि कवर और शीर्षक ने एक ऐसी किताब की तरह मुझे नहीं खींची, जिसकी तरफ़ मैं सामान्य रूप से खींचा

जाता हूँ (अध्यात्मिक, आमतौर पर बुद्धिस्ट या पूर्वी सोच). मेरे रात्रिस्तम्भ (नाईट स्टैंड) पर कुछ महीनों तक रहने के बाद मेरा मित्र शहर लौटा और मैंने सोचा कम से कम इसे सरसरी तौर पर देख लूँ ताकि वापिस कर सकूँ. यह मेरे लिए धीमा आरम्भ था, लेकिन मैं जीवन के सदमे में तब आया जब मैंने जल्द ही एहसास कर लिया कि इस सामग्री को मैं सिर्फ़ सरसरी तौर पर नहीं देख सकता. मैंने चिन्हांकित करना, दोबारा पढ़ना, आत्मसात करना चाहा. और अक्सर मैं उछल पड़ता था. संक्षिप्त में यह जीवन के लिए गुटका है. मैंने कामना की काश मेरे पास यह पाठ्य पुस्तक 30 वर्ष पहले होती. निश्चित तौर पर यह मेरा काफ़ी समय बचा दिया होता यह समझने में कि हम यहाँ क्यों है. अगर आपने जीवन के रहस्य के बारे में कभी चिन्तन किया है, तो आप ख़ुद के ऋणी हैं कि कम से कम आपने यहाँ की यात्रा की छानबीन तो की. अध्यात्म पर संभवत: यह एक ही काफ़ी महत्वपूर्ण कार्य है जिसे मैंने पढ़ा है.

व्यक्तिगत समीक्षात्मक टिप्पणियाँ

ऑड्रे जॉली द्वारा

मैंने वास्तव में स्लाइस ऑफ लाइफ पढ़ते हुए आनंद उठाया. काल्पनिक बौना और ओल्ड सोल जैसे पात्रों के साथ यह दिल को छू लेने वाली, सुलभ, सूचनाप्रद और विलक्षण पुस्तक है. कहानी में बहुत गहरे और विचारोत्तेजक अवधारणाएँ सन्निहित हैं. अपने उत्तरों को मैंने उन सब में पाया जिनका पुस्तक में खुलासा किया गया था. मैं इसे सप्ताहांत के लिए गाँव ले गयी और महसूस किया कि मैं विस्तारित रोमांच पर गयी थी ... एक दिलचस्प पठन जिसकी मैं अत्यधिक सिफ़ारिश करती हूँ.

पीटर बिल्लीएर्ट द्वारा

स्लाइस ऑफ लाइफ, जैसा कि यह कहती है एक आत्मसहायता ओडिसी है. रिक लिंडल ने हम सबसे साझा करने के लिए अपने जीवन का खुलासा किया है. ऐसा करके इसने मेरे जीवन की बृहत्तर समझ और उद्देश्य को मेरे लिए खोल दिया है. अब मैं यह समझता हूँ कि मूल आस्थाओं का क्या अर्थ है. अतीत में मैंने सत्ता को अपने जीवन की प्रेरणा शक्ति मानकर संघर्ष किया. मैं हर किसी की तुलना में बेहतर साबित होने की ओर संचालित हुआ. अब मैं समझता हूँ कि यह मेरी विशिष्टता है और मेरे विचार और मत हैं जो दूसरों के लिए विरोधाभास प्रदान करते हैं, वही महत्वपूर्ण है, ना कि सत्ता. इस पुस्तक ने मेरे दिमाग़ को

संभावना के लिए खोल दिया है. यह किशोरों के पढ़ने के लिए अत्युत्तम पुस्तक हो सकती है. वे सब हमारी तरह संघर्ष कर रहे हैं कि वे हैं कौन और जो डर और घबराहट हम सब महसूस करते हैं, उसके साथ. यदि आप अपनी कामुकता, बदमाशी, मलाल के साथ आत्महत्या के विचारों से संघर्ष कर रहे हैं, इस पुस्तक को पढ़ें. मेरा विश्वास है यह आपको समझने में सहायता करेगी कि आप भी विशिष्ट हैं. शायद अब मैं अपने "पुरानी आत्मा" को और ध्यान से सुनूँगा. पढ़ने में यह एक शानदार आसान पुस्तक है और मैं आशा करता हूँ कि यह आपको मेरी तरह उन आयामों तक ले जायेगी जिन्हें आप कभी नहीं जानते थे कि उनका अस्तित्व है.

मौरीन गोल्डस्टीन द्वारा

रिक, मैं सोचती हूँ कि तुम्हारी पुस्तक आज के समय के लिए उत्तम है. बहु-आयामों को 3डी में जीने का एक स्वाभाविक विस्तार देने की तरह महसूस कराने का तुम्हारा एक अद्भुत तरीक़ा है और जैसे-जैसे हम रिक्की की जागृति यात्रा में उसके साथ आगे बढ़ते हैं, हमारे पास स्वयं को जागृत करने का मौक़ा भी है. यह एक काल्पनिक कथा है जो कहानी से ज़्यादा वास्तविक है. आपने एक ऐसे बहाव के साथ आनन्द और आंतरिक रोमांच की जिज्ञासा को क़ैद किया है जो मानक धारणाओं की सलाखों की अवहेलना करता है, जिससे हमारा आमतौर पर सामना होता है. इस पुस्तक को लिखने के लिए आपको धन्यवाद.

उद्देश्य:

आपकी आत्मा की भावुक यात्रा

एक अलग लेंस के ज़रिये जीवन को कैसे अनुभव किया जाए
यह सीखना

रिक लिंडल, पीएच. डी.

हिंदी अनुवाद
डा0 अनिल चड्ढा, पीएच.डी.

सम्पादन
देवदत्त यदुमणि नायक
हिन्दी शुद्धिकारक: प्रिय रंजन पाणिग्रही

कापीराइट © 2015 रिक लिंडल द्वारा सुरक्षित

सभी अधिकार सुरक्षित. प्रकाशक की पूर्व अनुमति के बिना इस प्रकाशन के किसी भी भाग की प्रतिलिपि नहीं बनाई जायेगी, वितरित नहीं किया जायेगा या फोटोकॉपी, रेकार्डिंग, तथा अन्य इलेक्ट्रॉनिक या यांत्रिक तरीक़ों समेत किसी भी रूप में या किसी भी तरह से प्रसारित नहीं किया जायेगा, तबके सिवाये जब कि कापीराइट क़ानून द्वारा अनुमतिप्राप्त संक्षिप्त उद्धरण जो आलोचनात्मक समीक्षाओं या दूसरे ग़ैर-व्यावसायिक उपयोगों में सम्मिलित किये गये हों. अनुमति की प्रार्थना के लिए प्रकाशक को निम्नलिखित पते पर "ध्यान: अनुमतियाँ समन्वयक" को लिखें:

रिक लिंडल/लिंडल पब्लिशिंग कम्पनी
पीओ बॉक्स 361, ग्राफ्टन पीओ
ग्राफ्टन, ओंटेरियो, के0के 2जी0
कनाडा
www.thepurpose.ca

पुस्तक अभिन्यास © 2015 Balaji Selvadurai, India
कवर छवि शीर्षक: बेस्ट फ्रेंड्स
फोटोग्राफर : गुली वाल्स, रिकिविक, आइसलैंड.
फोटो गैलरी – https://www.flickr.com/photos/gullivals/
और फेसबुक: https://www.facebook.com/pages/Gulli-Vals-Photography/445697422136520
कवर डिजाईन : जिम बीसाकोव्सकी, bookdesign@shaw.ca

आर्डर के लिए सूचना:
मात्रा बिक्री. कारपोरेशनों, एसोसिएशनों और दूसरों के द्वारा मात्रा ख़रीद पर विशेष छूट उपलब्ध है. विवरण के लिए ऊपर दिए गये पते पर "स्पेशल सेल्स डिपार्टमेंट" से सम्पर्क करें.
उद्देश्य: आपकी आत्मा की भावुक यात्रा. एक अलग लेंस के ज़रिये जीवन को कैसे अनुभव किया जाए यह सीखना.
रिक लिंडल, पीएचडी – 2रा संस्करण
केससी आईएसबीएन 978-0-9937904-5-4

विषय-सूची

लेखक के बारे में xiii
आभार xv
प्रस्तावना xvii

भाग I

प्रस्तावना
आध्यात्मिक आयाम 1

अध्याय 1
समस्यात्मक लड़का 13
फॉर्म, लक्जमोट 19
गर्मी के दिन 22
कल्पित बौनों का देश 29
एक और आयाम 36
तुम्हारे भौतिक अस्तित्व का उद्देश्य 48

अध्याय 2
गर्मी का आनन्द और आत्मा का अस्तित्व 55
बू-कोल्ला की कहानी 61

अध्याय 3
होलर फॉर्म 69
प्रेम एवं सहवास 72

भाग II

अध्याय 4
ब्रम्हाण्ड का विकास 81
शरीर के महत्वपूर्ण पहलू 90
तुम स्वयं अपनी वास्तविकता की रचना करते हो 96

अध्याय 5
मूल आस्थाएँ और तुम्हारी
वास्तविकता पर उनका प्रभाव 109
भाग्य और सामंजस्य का विकास 113
स्वतन्त्र इच्छा 118
विशिष्टता 122
कार्य 123
संज्ञानात्मक विरोधाभास 124
आयु की वृद्धी 127
मृत्यु 128
प्रेतात्माओं का अस्तित्व 132

अध्याय 6
    जागने की पुकार 147
    ऐलान और कामुकता 151

अध्याय 7
    मस्तिष्क की भावुक स्थितियाँ और तुम्हारी
    वास्तविकता पर उनका प्रभाव 167
    प्रेम 169
    भय और उत्सुकता 176
    क्रोध 182
    अवसाद 188

अध्याय 8
    अपराध बोध 195
    शासन 200
    घृणा 202
    प्रेम का उद्भव 208
    अपने आंतरिक स्वभाव को जानने के बारे में 214
    भव्य नाट्यशाला 222

भाग III

अध्याय 9
    पाप के रास्ते पर 233
        परिभाषा 235
        पाप कृत्यों के उदाहरण 237
        पाप से मेरी अपनी मुठभेड़ 241
        क्या पाप आवश्यक है? 243
        पाप कैसे प्रकट होता है? 245

अध्याय 10
    पाप के रास्ते पर (यह कैसे विकसित होता है) 249
        चेतना की प्रकृति 253
        मिथकों का मंत्रमुग्ध कर देने वाला प्रभाव 256
        आवेग और अंतर्ज्ञान 261
        आदर्श, कट्टर व्यवहार और पाप 264

अध्याय 11
    मृत्यु के समीप 277
    प्रार्थना एवं ज़िम्मेदारी 287
    अनुशंसित पठन 294

    परिशिष्ट 'क' 297
    डराने-धमकाने वाला, डराया-धमकाया गया और क्षमा 297

यह पुस्तक मेरे भाई त्रिगवी वी. लिंडल,
लेखक और कवि (1951 -) को समर्पित है

ख़ुशी की देवी

उसके हल्के रंग के बाल हैं
माथे के ऊपर छोटे कटे हुए
(उसने श्रृंगार नहीं किया, क्योंकि वह जानती है
कि उसे कोई प्रेम करता है),
और उससे तंदरुस्ती जगमगाती है
क्योंकि वह अपनी जवानी में है
और उसने थोड़े-से कष्ट सहे हैं.
उसकी मुस्कान निष्कपट है
लेकिन अच्छी है, क्योंकि
वह वैसी ही है.
बच्चे अभी आये नहीं.
माता-पिता की मृत्यु नहीं हुई;
न ही उसका पुरुष-मित्र उसे छोड़ा है
वह सोचती है कि
चीज़ें इसी तरह से हैं
और वास्तव में होनी चाहिए;
किसी रहस्यमय आवश्यकता के ज़रिये;
और इसीलिए वह सड़क पर चहलक़दमी करती है
निश्चिन्त, इस गर्मी की सुबह में.

कल्पना की सीमाएँ

लोगों को अस्तित्व के बाहर जाना चाहिए:
कि कोई इसकी थाह न पाए;
कि वो जो ओझल हो जाते हैं
फिर से कहीं और प्रकट नहीं होना चाहिए.
और हम इसकी कल्पना कर पाना मुश्किल पाते हैं
कि जो कुछ नहीं है उसे
कुछ बनना नहीं चाहिए
और इसलिए हमें ऐसे लोग होना चाहिए कि कहीं
शहरों और जंगलों और सम्बन्धों के साथ
जो आश्चर्यजनक रूप से उसके समान होता है जिसे हम
पहले से जानते हैं और प्रेम करते हैं.
और हम इसे त्याग देने में बहुत मुश्किल पाते हैं
और इसलिए फ़र्श में पिघल जाते हैं;
शरीर और आत्मा दोनों ही;
और नसों से दिये जाने वाले पोषण को फटकारते हैं
जो बिस्तर के पास एक ड्रिप स्टैंड से लटकता है;
और मृत्यु के अस्तित्व के लिए नर्सों को दोष देते हैं.

त्रिगवी वी. लिंडल, आइसलैंड का एक कवि. गुटेनबर्ग लि०: रिकिविक, 2007.
(एक कविता की पुस्तक जिसे लेखक ने आइसलैंडिक से
इंग्लिश में अनुवाद किया)

उद्देश्य: आपकी आत्मा की भावुक यात्रा

लेखक के बारे में

डा० रिक लिंडल टोरंटो विश्वविद्यालय से मनोविज्ञान में विज्ञान के स्नातक और गुएल्फ़ विश्वविद्यालय से मनोविज्ञान के स्नातकोत्तर हैं, दोनों ही ओंटारियो, कनाडा में है. उन्होंने किशोरों में प्रतिक्रियात्मक भावुकता पर शोध करते हुए यॉर्क विश्वविद्यालय, इंग्लैण्ड से मनोविज्ञान में डाक्टरेट की उपाधि प्राप्त की है. बाद में उन्होंने युवा वयस्कों के लिए युवा कारागार में कार्य किया है. वे 1986 में कनाडा लौट आये, जहाँ उन्होंने माउंट सिनाई हस्पताल, टोरंटो में एड्स की महामारी से पीड़ित लोगों के लिए एक चिकित्सक के रूप में कार्य प्रारम्भ करने से पहले किचनर-वाटरलू हस्पताल, ओंटारियो में मानसिक रूप से परेशान युवा वयस्कों तक पहुँचने को एक कार्यक्रम का निर्देशन किया. 90 दशक के प्रारम्भ में उन्होंने निजी अभ्यास शुरू किया, जहाँ उन्होंने अस्तित्ववादी मनोचिकित्सा के साथ-साथ पिछले-जीवन और अंतर-जीवन प्रतिगमन चिकित्सा तकनीकों में विशेषज्ञता प्राप्त की. वर्तमान में वह ओंटारियो, कनाडा के बोमैनविल्ले, कोबर्ग, और ग्राफ्टन शहरों में निजी अभ्यास कर रहे हैं. (www.dr-ricklindal.com)

आभार

इस पुस्तक के पृष्ठों में आप मेरी प्रारम्भिक पुस्तक स्लाइस आफ लाइफ: एक आत्मसहायता ओडिसी का संशोधित एवं विस्तृत संस्करण पायेंगे. भौतिक संसार के जाल में फँसकर फलने-फूलने का एक व्यावहारिक दृष्टिकोण, जो 2012 में प्रकाशित हुई थी. एक नये नाम के साथ पुनःप्रकाशित इस संस्करण में कई अतिरिक्त भाग और अध्याय समेत कुछ और महत्वपूर्ण बदलावों के अतिरिक्त पहली पुस्तक के पृष्ठों में निहित सारी सामग्रियाँ सम्मिलित हैं जो जीवन की आध्यात्मिक/अस्तित्ववादी अवधारणाओं को समाप्त करने की चेष्टा करते हैं और जिन्हें प्रारंभिक पुस्तक में परिचय कराया गया था. आइसलैंड विश्वविद्यालय के प्रोफ़ेसर एमेरिटस ऑफ़ मनोविज्ञान डा. एर्लेंदुर हराल्डसन द्वारा लिखी गयी एक नई प्रस्तावना भी है.

इस संस्करण की प्रेरणा मुझे मेरे मनोचिकित्सा के ग्राहकों से मिली थी, जिन लोगों ने पहले संस्करण को अपनी भावुक बहाली के लिए लाभदायक पाया और मानसिक स्वास्थ्य व्यवसायियों से भी, जिन्होंने किताब पढ़ने के बाद मेरे अभ्यास के लिए ग्राहकों को भेजा.

पीटर बिल्लीएर्ट को उसके प्रोत्साहन एवं इस नये संस्करण के प्रारुप को पढ़ कर अमूल्य सुझाव देने हेतु विशेष धन्यवाद. मेरे कुत्ते, लोकी और थोर को उनके चिरस्थायी प्रेम के लिए धन्यवाद और आख़िर में, पर कम नहीं, मेरे पति जॉन वन बकेल को, कई घंटों तक मेरे कम्प्यूटर पर टाइप करने के दौरान उनके स्थाई समर्थन एवं धैर्य के लिए.

इस पुस्तक में बुनियादी अवधारणाएँ मुख्यत: जेन राबर्ट्स के कार्य द सेठ मेटीरियल और अस्तित्ववादी दार्शनिक डा. विक्टर फ्रेंकल की रचनाओं के साथ-साथ नेअले डोनाल्ड के ग्रन्थत्रय, कन्वर्सेशनस विद गाड – एन अनकामन

डायलॉग और माइकल न्यूटन की पुस्तकें जर्नी ऑफ़ सोल्स और डेस्टिनी ऑफ़ सोल्स पर आधारित हैं. यह पुस्तक अंशत: उनके कार्य का संकलन है और इस लेखक का चिकित्सक के तौर पर 30 वर्षों का अपना संचित अनुभव है. इस कारण से और इन लेखकों का बिना सन्दर्भ हवाला देने के डर से मैंने इस पुस्तक में उनके कार्य का छुट-पुट हवाला दिया है. यह कह कर उनके द्वारा अपनाई गईं सारी अवधारणाएँ पुस्तक में पहचानी जा सकती हैं और मेरे अवधारणात्मक ढाँचे और पिछले 30 वर्षों के चिकित्सीय अभ्यास पर उनके प्रभाव को स्वीकार करते हुए मैं कृतज्ञता प्रकट करता हूँ. उनके व्यक्तिगत कार्यों की सूची पुस्तक के अंत में दी गई है और उन्हें पढ़ने की सिफ़ारिश की गई है.

प्रस्तावना

एर्लेंदुर हराल्डसन, पीएच.डी.

रिक लिंडल, पीएच.डी., का जन्म आइसलैंड के रिकिविक शहर में हुआ. उन्होंने अपने लड़कपन के वर्ष उत्तरी आइसलैंड के लक्जमोट में अपने अंकल के फॉर्म में बिताया और अपनी किशोरावस्था के वर्ष दक्षिण के एक फॉर्म लॉगरडालशोलर में. जैसे कि उन सभी युवाओं के साथ होता है जो इस दूरदराज के देश में पैदा हुए, डा० लिंडल ने देश के लोकसाहित्य और परीकथाएँ तथा भूतों पर सामान्य रूचि और मृतकों से सम्पर्क बनाने के बारे में सीखा. अपनी किशोरावस्था में रिक की परा-मनोविज्ञान में गहरी रूचि विकसित हुई, जो उन्हें इस विषय पर अनकही किताबों को पढ़ने की ओर एवं कनाडा के टोरंटो, गुएल्फ तथा कालगरी विश्वविद्यालयों में और बाद में इंग्लैण्ड के यॉर्क विश्वविद्यालय में मनोविज्ञान की पढ़ाई की ओर ले गया जहाँ उन्होंने अपना डाक्टरेट का निबन्ध पूरा किया.

अपनी पढ़ाई तथा 30 वर्षों के दौरान डा० लिंडल ने व्यक्तिगत, पारिवारिक और समूह मनोचिकित्सा समेत कई चिकित्सीय तकनीकों में प्रशिक्षण प्राप्त की. उन्होंने जेल में, हस्पताल में और समुदाय समायोजन में मनोवैज्ञानिक के तौर पर काम किया और वर्तमान में वह कनाडा के टोरंटो शहर के समीप निजी तौर पर अभ्यासरत हैं.

हाल के वर्षों में उनकी मनोचिकित्सा तकनीक मरीज़ों को उन मुद्दों के विकास और समझ में सहायता करने पर केन्द्रित है, जो उनके अस्तित्व और जीवन के उद्देश्य के बारे में है. चिकित्सा का यह तरीक़ा अस्तित्ववाद और अध्यात्म के मुद्दों की खोज पर केन्द्रित है. इलाज के दौरान परावर्तन तकनीकों को अक्सर लागू किया जाता है, जो मरीज़ों को उन सभी जीवनों के बाद वाले मृत्यु अनुभवों और एक बार आध्यात्मिक आयामों में प्रवेश करने के बाद वाले पुनर्जन्मों की उन गतिविधियों को स्मरण कराने के साथ-साथ उनके पिछले

जन्म को याद कराने की कोशिश करती हैं. डा० लिंडल मुझे कहते हैं कि धरती पर पुनर्जन्म से पहले आध्यात्मिक आयामों में खोज ने कुछ मरीज़ों की सहायता की है, क्योंकि यह उन्हीं से पता चलता है कि वह अक्सर उन कारणों को स्मरण कर सकते हैं कि क्यों उन्होंने वर्तमान जन्म में आने का निर्णय लिया. इन अस्तित्ववादी/ आध्यात्मिक खोजों में ग्राहकों की अस्तित्व की भावना को विस्तारित करने का प्रभाव होता है और उनको वर्तमान जीवन में एक उद्देश्य की भावना और अर्थ प्रदान करता है.

इस पुस्तक, उद्देश्य: आपकी आत्मा की भावुक यात्रा, एक अलग लेंस के ज़रिये जीवन को कैसे अनुभव किया जाए यह सीखना, में डा० लिंडल ने साधारण व्यक्ति के शब्दों में इन जटिल अवधारणाओं को पेश करने की कोशिश की है, ताकि पढ़ने वाले जो इन अवधारणाओं से अपरिचित हैं सरलता से समझ सकें. इस पुस्तक के पृष्ठों में एक वैश्विक नज़रिया पेश किया गया है, जो मुख्यत: जेन राबर्ट्स के सेठ मेटिरियल, नेअले डोनाल्ड वाल्श की कनवर्सेशंस विद गाड, डा० मिशेल न्यूटन की जर्नी ऑफ द सोल्स और डेस्टिनी ऑफ द सोल्स और विक्टर फ्रेंकल के अस्तित्ववादी विचार और मनोचिकित्सा के ऊपर विस्तृत लेखन पर आधारित हैं.

इस पुस्तक में पेश की गई मौलिक अवधारणाओं को निम्नलिखित रूप से संक्षिप्त किया जा सकता है: (1) हरेक मानव चेतना एक साथ आध्यात्मिक आयाम और धरती दोनों में मौजूद होती है; जो चेतना आध्यात्मिक आयाम के अंदर होती है उसे 'ऊपरी आत्मा' (ओवर-सोल) कहा जाता है और यह अपने एक अंश का दिशानिर्देश करती है, अर्थात जो 'आत्मा' अंतर्ज्ञान के माध्यम से धरती पर प्रकट होती है और जीवनकाल के दौरान मानव शरीर के अस्तित्व को आवृत और उसका रख-रखाव करती है. (2) हमारी चेतना कभी ख़त्म नहीं होती और (3) हमारे भौतिक शरीर की मृत्यु के तत्काल पश्चात हमें अपने बृहतर जीवन का बोध होता है. (4) एक जीवनकाल केवल आध्यात्मिक आयाम के अपने सामान्य निवास से पृथ्वी ग्रह तक – स्थान/समय के भौतिक आयाम में ठहरी हुई - एक सीमित यात्रा है. (5) हमारे जीवनकाल की सारी महत्वपूर्ण घटनाएँ पूर्व-निर्धारित होती हैं और हमारे भौतिक अस्तित्व से पहले हमारे द्वारा आयोजित होती हैं (अर्थात हमारी ऊपरी-आत्मा द्वारा) (6) धरती पर हमारे जन्म का मुख्य उद्देश्य नकारात्मक भावनाओं को 'प्रत्यक्ष' अनुभव करना है, क्योंकि इन भावनाओं की गहराई को हमारी ऊपरी आत्माएँ अनुभव नहीं

कर सकतीं जब वो पूरी तरह से आध्यात्मिक आयाम में होती हैं और (7) इन अनुभवों के माध्यम से होता यह है कि हमारी ऊपरी आत्माएँ आध्यात्मिक विकास करती हैं. (8) प्रत्येक व्यक्ति अपने कार्यों के लिए ज़िम्मेदार है, क्योंकि अपने जीवनकाल में वह अकेला ही अपने सारे अनुभवों का निर्माता है. (9) एक दैविक चुनौती या विरोधाभास सभी जन्म लेने वाली आत्माएँ अपने पर स्वत: लागू किये होते हैं; हालाँकि जब जीवनकाल की चुनौती नकारात्मक भावनाओं को पूरे ज़ोर से अनुभव करने की होती है तब कोई व्यक्ति तीव्र उत्तेजनाओं के फलस्वरूप स्वयं को या किसी और को मारना नहीं चाहिए, यह अनुभव जब उसे ऐसा महसूस कराये.

इस पुस्तक में और भी अनेक अस्तित्ववादी एवं आध्यात्मिक अवधारणाएँ हैं जिन्हें इन मूल विचारों पर बनाया गया है. पढ़ने में दिलचस्पी रखने वाले पाठकों के लिए परिशिष्ट और पुस्तक की वेबसाइट पर डाली गयी सामग्रिओं में इनमें से कई मुद्दों को और विस्तार से जाँचा गया है.

डा० लिंडल से बातचीत में वे बताते हैं कि यह व्यापक वैश्विक नज़रिया उनके मरीज़ों के लिए एक बार अपनी जगह आ जाए (अर्थात, उनके लिए जो इन अस्तित्ववादी/आध्यात्मिक अवधारणाओं को स्वीकार करते हैं या कम से कम उनमें से कुछ के लिए) तो कैसे एक सन्दर्भ प्रदान किया जाता है, जहाँ सांसारिक मनोवैज्ञानिक तकनीकों का, जो मरीज़ों के इलाज में आम तौर पर मनोवैज्ञानिकों द्वारा प्रयोग की जाती हैं, क़ाबू करने और व्यवहार बदलने के लिए एक बेहतर मौक़ा होता है. उनके अनुभव से एक मनोचिकित्सा जो उद्देश्य, अर्थ और आध्यात्मिकता की जाँच में निष्प्रभाव होती है यदा-कदा सकारात्मक दीर्घकालिक नतीज़ा प्राप्त करती हैं.

इस विषय में व्यापक निबंध यह है कि नकारात्मक भावनाओं में पूरी तरह जाना भौतिक अस्तित्व का मुख्य लक्ष्य है, जबकि उसके साथ-साथ भावनाएँ जब अत्यधिक तीव्र हों तो हमारे लिए स्वयं को या किसी और को नुक़सान न पहुँचाना एक चुनौती है. इस परिदृश्य में एक जीवनकाल, जैसा इस पुस्तक में दर्शाया गया है, कोई आसान यात्रा नहीं है. डा० लिंडल बताते हैं कि कई पाठक इस बात को कठिनता से स्वीकार कर पाते हैं कि वे स्वयं अपने अनुभवों की रचना करते हैं, उतार और चढ़ाव दोनों ही, बहुत ही पीड़ादायक कल्पनीय भावनाओं के बारे में जानने के लिए. और ये ही नहीं, उन सब में भी सहमत हैं जो उनके साथ बुरा होता है, हालाँकि आध्यात्मिक स्तर पर.

डा० लिंडल बताते हैं कि यह अस्तित्ववादी/आध्यात्मिक अवधारणाएँ उन सब के लिए उपचारात्मक साबित हुई हैं जिन्होंने एक विशेष दुखद घटना के अनुभव से पहले उनका अध्ययन किया है. फिर भी उनके लिए जो दुखद घटना घटते समय इन विचारों से परिचित नहीं हैं उन पर इन विचारों को उस समय लाद देना अव्यवहारिक, असंवेदनशील और बिलकुल भी सहायक नहीं है, यह विचार करने में कि वह घटना जो उन्हें अब दबा रही है उसके रचयिता वे स्वयं हैं, क्योंकि वे इस मन:स्थिति में नहीं होते कि अपनी आध्यात्मिक शिक्षा के लिए इस विचार की परिकल्पना कर सकें या करने के इच्छुक हैं. फिर भी एक बार जब नकारात्मक भावनाओं का पूरी तरह से अनुभव हो जाता है (वास्तव में जो अध्यात्म के दृष्टिकोण से मंशा है) और चित्तवृत्ति अच्छी होने लगती है – चाहे वह एक दिन, एक हफ्ता, एक महीना, एक वर्ष, एक दशक हो – यह मनुष्य की प्रवृति है, पश्च-दृष्टि से, कि वे यह जानने की कोशिश करे कि क्यों ऐसी विपदा उन पर आन पड़ी और उसका प्रयोजन भूतकाल को प्रदान करें – चाहे वह कितना भी दुखदायी हो. इस पुस्तक के पृष्ठों में निहित व्यापकता को मरीज़ के सामने उस मोड़ पर रखे जा सकते हैं और उनके सामने भी जो भाग्य, उद्देश्य और मानव के अस्तित्व को स्वीकार कर सकते है.

लेकिन भौतिक मृत्यु के बाद मानवीय चेतना का क्या सबूत है? जिनकी मृत्यु हो चुकी है उनके साथ सम्पर्क इतना असामान्य नहीं है, बहुत सारे लोग जितना सोचते हैं. मेरे शोध, द यूरोपियन ह्यूमन वैल्यू सर्वे, जो 1980 के आसपास पश्चिमी यूरोप के बहुत सारे देशों के लोगों पर जो लागू किया गया था, में पता चला कि यूरोप में लगभग प्रत्येक चौथे व्यक्ति ने कम से कम एक बार महसूस किया कि “वह किसी मृत व्यक्ति के साथ सम्पर्क में था”. इसमें काफ़ी राष्ट्रीय भिन्नताएँ थीं, सबसे अधिक आवृति आइसलैंडर और इटली वालों ने बताई (क्रमशः 41% और 34%) और सबसे न्यूनतम आवृति नोर्वे और डेनस वालों ने बताई (क्रमशः 9% और 10%). यूनाइटेड किंगडम में यह 26% था. वही प्रश्न युएसए में पूछा गया था, तीन अलग सर्वेक्षणों में तीन अलग वर्षों में बड़े आकार के प्रतिनिधि नमूनों का प्रयोग करके. इन सर्वेक्षणों के नतीजों ने यह दिखाया कि 29%, 31% और 41% प्रश्न से सहमत थे. सभी देशों में जिनमें सर्वेक्षण किया गया था मृतकों के साथ संपर्क पुरुषों के मुक़ाबले महिलाओं में ज़्यादा बार पाया गया.

पर इन सर्वेक्षणों ने हमें व्यक्ति द्वारा मृत लोगों के साथ हुए अनुभव की प्रकृति के बारे में कुछ नहीं बताया. उदाहरणार्थ, क्या यह सम्पर्क दृष्टव्य था, श्रवण-

संबंधी था, घ्राण-संबंधी था, स्पर्श-संबंधी था या केवल उपस्थिति का बहुत ज़ोरदार एहसास था? यह किन परिस्थितयों में हुआ था – कब और कहाँ ? जो मर चुके थे वह कौन थे – रिश्तेदार, मित्र या अनजाने लोग ? वे लोग कैसे मरे थे और कितने समय पहले? आगे के अध्ययन में, मेरे विद्यार्थियों की सहायता से, आइसलैंडिंक सर्वेक्षण के 450 उत्तरदाताओं का गहराई से साक्षात्कार किया गया, जिन्होंने पहले सर्वेक्षण में हाँ में उत्तर दिया था. उस अध्ययन के नतीजे मेरी पुस्तक द डिपार्टेड एमांग द लिविंग (2012) में दिये गए हैं. पुस्तक के पृष्ठों में उत्तर देने वालों के अनुभव के विवरण पर लगभग 400 छोटे मसलों के उल्लेख पर चर्चा की गई है. इस अध्ययन में अनेक खोजों में से दो पर्यवेक्षणों से पता लगा कि विधवाओं एवं विधुरों में से 50% ने बताया कि उनका अपने जीवनसाथी से मरणोपरांत सम्पर्क हुआ था. महत्वपूर्ण दिलचस्प बात यह भी थी कि अनेक घटनाओं में गुज़रे हुए लोगों के साथ सम्पर्क अनायास ही हुआ था, अनुभव करने वाले के अज्ञात में कि व्यक्ति हाल ही में गुज़र गया था.

गुज़रे हुए लोगों का और आध्यात्मिक प्राणियों का मृत्यु के ठीक पहले दिखाई देना सामान्य है और उन्हें 'मृत्यु-शैय्या के सपने' कहा जाता है. मैंने और कर्लिस ओसिस ने इस विषय पर आज तक किये गये अध्ययनों में से सबसे व्यापक अध्ययन किया, जिसका नतीजा बाद में मैंने पुस्तक एट द ऑवर ऑफ़ डेथ में प्रकाशित किया, जो कई भाषाओं में अनुवाद किया गया है और अनेक संस्करणों में प्रकाशित की गयी है, हाल ही में 2013 में 30वें संस्करण में.

पूर्व-जन्म की यादें भी मेरे शोध का एक क्षेत्र रहा है, जो मेरे मित्र और संरक्षक प्रोफ़ेसर इअन स्टीवेंसन के प्रोत्साहन से शुरू हुआ. कई वर्षों के दौरान मैंने चार देशों में लगभग एक सौ बच्चों के मामलों की जाँच की, जिन्होंने पिछले जन्म की यादों का दावा किया था. इनमें से कुछ यादें तो सत्यापित हो सकीं और मुझे पिछले जन्म के विचार को गंभीरता से लेने के लिए आश्वस्त किया और मैंने इस विषय पर कई लेख और पुस्तकों के अध्याय लिखे हैं.

शोध के लिए छानबीन करते हुए मृत व्यक्तियों की उपस्थिति, मृत्यु-शैय्या पर आने वाले सपने और पूर्व-जन्म की यादें यह बताती हैं कि एक व्यक्ति की चेतना, एक आत्मा या व्यक्ति की कुछ अलौकिक उपस्थिति भौतिक मृत्यु के बाद भी रह जाती है. पूरे इतिहास में इस विषय ने लोगों को आकर्षित किया है और आज भी कर रहा है. इस दिलचस्प पुस्तक में डा० लिंडल विषय को और आगे और वैज्ञानिक जाँच के क्षेत्र से बाहर ले जाते हैं जब वे प्रस्तावित करते हैं कि

वास्तव में जीवनकाल में मनुष्य की यात्रा आध्यात्मिक आयाम से हमारे भौतिक क्षेत्र में एक आत्मा की यात्रा है. इस आध्यात्मिक दृष्टिकोण से मरे हुए लोगों का आना, मृत्यु-शैय्या पर आने वाले सपने और पूर्व-जन्म की यादें तब सामान्य घटनाओं के क्षेत्र में आती हैं और असमान्य नहीं होती. फिर भी आध्यात्मिक आयाम के अस्तित्व के लिए वैज्ञानिक प्रमाण बहुत लम्बे समय तक वैज्ञानिक जाँच के दायरे से बाहर रहने की संभावना है.

इस पुस्तक में लिया गया परिप्रेक्ष्य आत्मा और विज्ञान में मतभेद को पाटने की कोशिश करता है और पाठक को अस्तित्व का दर्शन उपलब्ध कराने के साथ कुछ व्यावहारिक मनोचिकित्सीय सुझाव देता है, जो उसको जीवन के अपरिहार्य उतार और चढ़ाव से लड़ने के लिए एक उद्देश्य और अर्थ देता है. इस पुस्तक को पढ़ने से आध्यात्मिक रूप से परिवर्तित और वैज्ञानिक संशयवादियों का क्षितिज एक साथ व्यापक होगा, साथ ही उन व्यक्तिओं का भी, जो निरंतरता की इन दोनों चरमसीमाओं में हैं.

एर्लेंदुर हेराल्डसन

प्रोफ़ेसर एमेरिटस ऑफ़ साइकोलॉजी

आइसलैंड विश्वविद्यालय

डा0 हराल्डसन बहुत सारी पुस्तकों के लेखक हैं, जिनमें सम्मिलित हैं :

द डिपार्टेड एमांग द लिविंग, एट द ऑवर ऑफ़ डेथ (कर्लिस ओसिस के साथ),

और मॉडर्न मिराकल्स: सत्य साई बाबा, द स्टोरी ऑफ़ ए मॉडर्न डे प्रोफेट.

दूसरे प्रकाशनों के लिए, कृपया www.hi.is/~erlendur **पर जाएँ**

भाग I

उद्देश्य: आपकी आत्मा की भावुक यात्रा

प्रस्तावना

आध्यात्मिक आयाम

इन्द्रधनुष के सभी रंगों को बिखेरते हुए सैंकड़ों फड़कते वृत्तों की घूमती हुई उपस्तिथि में, ओरेओन लेक्चर हाल में प्रवेश करते हैं जहाँ जल्द ही जन्म लेने वाली आत्माएँ एक लेक्चर के लिए इकट्ठी हुई हैं जो उन्हें धरती पर आने वाले जीवनकाल के लिए तैयार करेगा.

आध्यात्मिक आयाम घर है,
जहाँ मुख्य सामग्री प्रेम है.

यह घर है, यह आध्यात्मिक आयाम है: एक आयाम जहाँ प्रेम की इतनी भरमार है कि ऐसा लगता है जैसे यही मुख्य सामग्री है. जगह है, पर समय नहीं, फिर भी घटनाएँ सुव्यवस्थित क्रम में हैं. यहाँ पर आत्माओं की एक ऐसी सभ्यता रहती है जो सीखने और विकसित होने के अबाध कौतूहल से संचालित है. यह ऐसे वातावरण का एक दिमाग़ी संसार है जिसमें कोई भौतिक सामग्री नहीं है. इसके अंदर की सभी चीज़ों को, वह गोंद जो इसको एक साथ जोड़े रखती है, एक चेतना से क़ायम रखा जाता है, जो ऐसे प्रेम से रंगी होती हैं जिसका वर्णन कोई शब्द नहीं कर सकता; यह ऐसा है जैसे कि प्रेम इसके अंदर और बाहर का एक पदार्थ है.[1] इस आयाम में सारे सम्पर्क दूरसंवेदी होते हैं जहाँ 'विचारों के गट्ठे' आत्माओं के बीच आगे और पीछे

---

1 एबेन अलेग्जेंडर. प्रूफ ऑफ़ हेवन : ए न्यूरोसर्जन्स जर्नी इनटू द आफ्टरलाइफ. न्यू यॉर्क: साइमन एंड शस्तर पेपरबैकस, 2012.

उछाले जाते हैं जो उन्हें खोलती हैं और उनकी विषय वस्तु का अर्थ एक ही पल में निकाल लेती हैं।[2]

एक अत्यधिक विकसित आत्मा और एक शिक्षक ओरेओन ने आध्यात्मिक आयाम के एक उच्च स्तर से इस लेक्चर हाल तक की यात्रा की है. वह जैसे ही अपना लेक्चर प्रारम्भ करता है, वह इस 'विचारों के गट्ठे' को दर्शकों में बैठे हज़ारों आत्माओं की तरफ़ उछालता है: "इसमें मेरा अंतिम लेक्चर है, मैं आपके साथ कुछ विचार साझा करूँगा जिसका मुक़ाबला आप धरती पर उस भौतिक शरीर के माध्यम से करेंगे जिसको आपने अपने आने वाले जन्म के लिए चुना है.

भौतिक आयाम और आध्यात्मिक आयाम दोनों में ही आत्मा एक साथ रहती है.

लेक्चर हाल में सभी आत्माएँ अपनी आने वाली यात्रा के लिए या ज़्यादा सही ढंग से कहें तो धरती पर उनके जीवंत अवतरण के लिए अंतिम तैयारी की स्थिति में थीं. तथ्य यह है कि वह चेतना जो आत्मा को बनाती है वह कभी भी आध्यात्मिक आयाम को नहीं छोड़ती, पर केवल अपना एक पहलू धरती पर अवतरित कराती है. वास्तव में जन्म से पहले एक बंटवारा तैयार किया जाता है, जहाँ आत्मा का मुख्य हिस्सा आध्यात्मिक आयाम में रहता है (जिसे 'ऊपरी-आत्मा' कहा जाता है), जबकि एक बहिर्गत भाग 'आत्मा' है, जो मानव शरीर से मिलकर एक हो जाएगा और अपने जीवनकाल में धरती के वातावरण का अनुभव करेगा. जन्म के दौरान आत्मा जब धरती पर घूमती है इसके पास 'स्वतंत्र इच्छा' होती है, लेकिन इसकी कड़ी जो 'ऊपरी-आत्मा' के साथ जुड़ी हुई होती है वह कभी अलग नहीं होती. 'ऊपरी-आत्मा' आत्मा को पूरे जन्म में दिशानिर्देश करती है. वास्तव में आत्मा धरती और आध्यात्मिक आयाम दोनों ही जगह एक साथ रहती है.

तैयारी के इस पड़ाव पर 'ऊपरी-आत्माओं' ने अपने बहिर्गत भाग की तैयारी पहले ही कर ली थी और वे लेक्चर हाल में ओरेओन की अंतिम टिप्पणियाँ

---

2 आत्माओं के बीच होने वाली बातचीत का यह वाक्य राबर्ट मनरो की पुस्तक फार जर्नीज एंड अल्टीमेट जर्नी के आकर्षक अन्वेषण से अनुकूलित किये गये हैं, जो 1985 और 1994 में गार्डन सिटी, न्यू यॉर्क: डबल डे द्वारा प्रकाशित की गई थी.

सुनने के लिए इकट्ठे हुए थे. इनमें से हरेक आत्मा का गन्तव्य पहले ही तय हो चुका था. वे सब उन जगहों के बारे में जानते थे, जहाँ वे धरती पर जन्म लेंगे और उन्होंने अपने जन्म देने वाले माता-पिता के साथ अंतिम व्यवस्था कर ली थी. दूसरे विवरणों का भी निर्णय लिया जा चुका था, उदहारण के लिए, इसके समेत कि उनका लिंग और यौन विभेदन क्या होगा. आत्माओं को उन मुख्य घटनाओं का भी पता था जो उनके होने वाले जन्म के दौरान घटने वाली थीं और उन्हें यह भी पता था कि परिस्थितियाँ उनके जीवन मैं कैसे खुलेंगी जो उनके लिए अपनी आंतरिक प्रकृति को समझने के मौक़े को अधिकतम सीमा तक बढ़ा देंगी और विशेषकर नकारात्मक भावनाओं के बारे में.

जैसे ही आत्माएँ इस अंतिम लेक्चर के लिए व्यवस्थित हुईं, ओरेओन ने एक और 'विचार का गट्ठा' उछाला और कहा: "जैसा कि आप जानते हैं केवल पृथ्वी ही ग्रहों में से एक भौतिक ग्रह है जो स्थान/समय आयाम के अंदर टिकी हुई है, जिसकी यात्रा हम अपने ज्ञानोदय के लिए करते हैं. एक क्षण लीजिए और स्थान/समय आयाम की कल्पना एक आवरण की तरह कीजिए. यह आवरण फिर पदार्थ के भौतिक आयाम को अपने अंदर रखता है. स्थान/समय आयाम के अंदर भौतिक और दिमाग़ी घटनाएँ दोनों ही क्रमवार समय और स्थान में निकलती हैं. यह घटनाओं का रैखिक इतिहास रचने की अनुमति देता है. इन आयामों के अंदर हज़ारों वर्षों में धीरे-धीरे बदलाव आये हैं, जहाँ वो सारे तत्व जिनसे पदार्थ बनता है, बहुत सारे अलग रूपों में फिर से मिल गये हैं. जैविक-रूपों का विकास हुआ और क्रमिक विकास हुआ है. ग्रह के हाल के इतिहास में मानव शरीर विकसित हुआ है और इसके साथ ही हमें ग्रह के आंतरिक आयामों को अनुभव करने का और अपने अंदर के आयामों को सीखने का एक विशिष्ट मौक़ा मिला है. इसे हम अपनी आत्माओं को मानवीय शरीर में उसके जीवनकाल के दौरान सम्मिलित करके पाते हैं.

"यह विशिष्ट ग्रह, जो आकाशगंगा में स्थित है, अपनी धुरी पर घूमता है और लगभग 100,000 किलोमीटर प्रति घंटा की रफ्तार से नज़दीकी सूरज के चारों ओर घूमता है. सूर्य की उर्जा कई जैविक रूपों को बनाये रखने के लिए इस ग्रह को यथेष्ट ऊर्जा देती है, बेशक मानवीय शरीर के समेत जिसके साथ मिल जाने के लिए आप लोग अब तैयार हो रहे हैं."

वह आत्मा जिसे रिक्की बनना था वह उपस्थित थी और वैसे ही उसके हमसफ़र. उसके हमसफ़र बहुत पुराने मित्र थे जिनके साथ उसने पिछले

कई मौक़ों पर जन्म लिया था. धरती पर इस जन्म के लिए उन्होंने रिक्की के रंगमंचीय नाटक में मुख्य पात्र बनने की सहमति दी थी, बेशक अपने-अपने नाटक एक ही समय में खेलते हुए. वे उसके प्रेमी, उसके भाई-बहन और उसके अन्तरंग मित्र होंगे.

रिक्की ने जैसे ही लेक्चर हाल में बैठा अपने-आप में सोचा: यहाँ मुझे फिर से जाना है. मैंने इस जीवनकाल को पिछले जीवनकाल के मुक़ाबले अलग तरह से रूपांकित किया है. मैं सोचता हूँ, इस बार मैं कैसे कर पाऊँगा?

ओरेओन ने एक और विचारों का गट्ठा फेंका: "जब हम 'नकारात्मक भावनाओं' के प्रभाव का अध्ययन यहीं घर पर कर सकते हैं, तब हमारा आध्यात्मिक आयाम हमें इसकी इज़ाज़त नहीं देता कि हम उसका सीधा प्रत्यक्ष अनुभव ले सकें. जैसा कि आप सब जानते हैं, यहाँ हमारे आसपास उसके लिए बहुत अधिक प्रेम है. इसलिए उन अनुभवों को पाने के लिए आपको एक ऐसे वातावरण में प्रवेश करना होगा जहाँ यह व्यापक प्रेम संबंधी आपकी जागरूकता, हमें लगता है, काफ़ी हद तक कम हो जायेगी. धरती उसके लिए उत्तम जगह है. वहाँ नीचे समय-समय पर घटनाएँ घटती हैं, आपको यह मालूम नहीं है कि अगले पल क्या होगा, आपको स्थान, दूरी और पदार्थ के विभिन्न रूपों की सघनता से निपटना है. इन सब कारकों का सम्मिश्रण यह अनुभव करने के लिए काफ़ी महत्वपूर्ण है कि आपको नकारात्मक भावनाओं की तीव्रता और गहराई किस हद तक ले जा सकती है."

रिक्की ने अपने-आप में सोचा : नकारात्मक भावनाओं के प्रकार तो अनंत हैं. मैंने अपने पिछले जन्मों में निश्चय ही धरती पर उनका काफ़ी अनुभव किया है.

ओरेओन की दूरसंवेदी कुशाग्रता ने उसकी सोच को तत्काल ही पकड़ लिया और उसने प्रतिक्रिया दी: "यह सही है, रिक्की. वास्तव में आप सभी को जो यहाँ इकट्ठे हुए हैं, अपने पिछले जन्मों में अनगिनत नकारात्मक अनुभव हुए हैं, लेकिन सीखने के लिए अभी बहुत है ... और भी काफ़ी कुछ इससे पहले कि आप स्नातक हों."

ओरेओन ने आगे वर्णन किया कि कैसे उसने अनगिनत जीवनकाल धरती पर बिताये हैं और कैसे वह नकारात्मक भावनाओं से ऊँचा उठ कर अंततः स्नातक हुआ है. हम आत्माएँ जो लेक्चर हाल में इकट्ठी हुई थीं, सभी जानती थीं कि उसने धरती पर युगों से जन्म नहीं लिया था और अब उसने स्वयं को आत्माओं

को उनकी यात्रा के लिए तैयार करने में समर्पित कर दिया है. और वह उनकी 'ऊपरी-आत्माओं' की निगरानी करता था, जब उनकी आत्माओं के बहिर्गत भाग जन्म के दौरान धरती पर घूमते थे.

लेक्चर हाल में इकट्ठी हुई सारी आत्माएँ अपने प्राकृतिक रूप में फड़कते हुए वृत्तों की तरह दिख रही थीं. ओरेओने, जो सबसे अधिक विकसित था, बैंगनी रंग विकीर्ण कर रहा था, जबकि बाक़ियों में से इन्द्रधनुष के बाक़ी रंग निकल रहे थे. फिर भी ज़्यादातर वृत्त सफेद और पीले रंगों के थे, जो अपेक्षाकृत युवा आत्माओं की विशेषता थी.[3]

सभी उपस्थित आत्माओं ने इन तैयारी के लेक्चरों में पहले भी कई मौक़ों पर और कई विविध विषयों पर भाग लिया था. आज का अंतिम लेक्चर एक तरह का सिंहावलोकन था और यह भिन्न जंतुओं के लिए उनके जीवनकाल में उपलब्ध अनुभवों के प्रकारों पर विचार कर रहा था.

ओरेओन ने जारी रखा: "अब जैसा कि आप जानते हैं, भौतिक आयाम में चेतना पदार्थ की रचना करती है. इस प्रक्रिया में मौलिक रासायनिक तत्व रचित होते हैं जिनसे जीवन के प्रमुख मूलभूत अंग बनते हैं. इन मूलभूत अंगों के मौलिक रासायनिक तत्व सल्फर, फोस्फारस, ऑक्सीजन, नाइट्रोजन, कार्बन और हाइड्रोजन हैं. यह पदार्थ लगातार पुनर्चक्रित होते रहते हैं, क्योंकि वे एक मौलिक चेतना के निर्देशन में, जो धरती पर हर जगह उपस्थित है, एक के बाद एक जीवों की रचना के लिए कई सृजनात्मक तरीक़ों से एकीकृत होते हैं जो फिर अपने जीवनचक्र से गुज़रते हैं. इन तत्वों में से कार्बन अत्यधिक मौलिक है. यह सभी जीवों का मूल भौतिक ढाँचा बनाता है, बेशक मानव शरीर सहित, जिस पर कब्ज़ा करने के लिए अब आप तैयारी कर रहे हैं. ऑक्सीजन (जिसे जानने में आपकी रूचि होगी, एक सूक्ष्मजीवी प्रतिफल है जो हज़ारों सदियों में इकट्ठा हुआ, जब सूर्य से उर्जा लेते हुए जीवाणु ने उसे एक अपशिष्ट उत्पाद के रूप में उत्पादित किया) एक बुनियादी रासायनिक तत्व है जिसका कार्य जीव में ऊर्जा के चक्र को चलाना है. यह ऊर्जा सभी जंतुओं में जीव को शक्ति देती है जो इस ग्रह की सतह पर रहते हैं".

---

3 माइकल न्यूटन. जर्नी ऑफ़ सोल्स: केस स्टडी ऑफ़ लाइफ बिटवीन लाइवस. सेंट पाल: लेवेलिन पब्लिकेशनस, 2003.

विचारों के गट्ठे अब कक्षा में आत्माओं के बीच उड़ रहे थे, जैसे-जैसे वे निवेदन को सुन रहे थे और रूप दे रहे थे, जिसे ओरेओन उनके साथ साझा कर रहा था.

ओरेओन ने जारी रखा: "एक क्षण के लिए मान लें धरती का वातावरण परतों, पर्वतमालाओं और स्पेक्ट्रम का सम्मिश्रण है. प्रत्येक प्रजाति जो ग्रह पर रहती है, फिर भी वह परतों, पर्वतमालाओं और स्पेक्ट्रम में उपस्थित विशाल अवसरों का मात्र एक सीमित रूप ही अनुभव कर पाती है. मानव शरीर जिसमें आप रहेंगे, उदाहरणार्थ, अपने आयाम में बहुत ही सीमित अनुभव के लिए सक्षम है. यह मुख्यत: शरीर के भौतिक संवेदी अंगों की सीमाओं के कारण है. एक मानवीय शरीर ग्रह पर रहने वाले दूसरे जंतुओं के मुक़ाबले बहुत ही कम सीमा तक केवल देखने, सुनने, स्पर्श करने और सूंघने में सक्षम है. कुछ जंतुओं के संवेदी अंग, मनुष्यों के मुक़ाबले, उन्हें उच्च और निम्न वेवलेंग्थ पर देखने, आवाज को उच्च और निम्न फ्रीकुएंसी पर अनुभव करने और बहुत अधिक तीव्रता से सूंघने की क्षमता देते हैं. और बहुत सारे ऐसे जीव भी हैं जिनके अनुभव पूरी तरह अलग परतों, पर्वतमालाओं और स्पेक्ट्रम तक सीमित हैं. उदाहरणार्थ क्रुस्तासंस को लें, जो समुद्रतल पर ज्वालामुखी के छेद के आसपास रहते हैं. जबकि ऑक्सीजन एक मुख्य तत्व है जो ग्रह की सतह पर जीवन बनाये रखने के लिए ऊर्जा देती है, यह क्रुस्तासंस उसकी बजाय सल्फर पर निर्भर करते हैं जो ज्वालामुखी के छेद से निकलती है और उनके जीवन को बनाये रखने के लिए शक्ति देती है. इसलिए उनके अस्तित्व का क्षेत्र बिलकुल अलग है."

बिना रुके ओरेओन ने जारी रखा: "चलने की गति अनुभव का एक और क्रम उपलब्ध कराती है जो जानवर या जीव के अनुसार बदलता है. मानव शरीर अपेक्षाकृत धीरे चलता है. एक मक्खी, दूसरी तरफ़, इतनी गति से चलती है जो मनुष्य को काफ़ी पीछे छोड़ देती है. इसके विपरीत, मक्खी के परिप्रेक्ष्य से मनुष्य को घोंघे की गति से चलते हुए देखा जाता है, जबकि एक आलसी के लिए मनुष्य ऐसे लगते हैं जैसे वे बिजली की गति से चल रहे हों."

"एक ही प्रजाति के अवधारणात्मक क्रियाविधियों में भी बहुत सारी भिन्नताएँ हैं. उदाहरणार्थ मनुष्य को लें. आपमें से अनेक अपने जीवनकाल में आंशिक रूप से वर्णान्ध होंगे, जो आपको रंग का एक बिल्कुल ही अलग अनुभव देगा. आपमें से कुछ बहुत से स्वादों को पहचान सकेंगे, जो आपको स्वाद का वर्धित अनुभव देगा. आपकी यौन इच्छाएँ अलग-अलग होंगी, जिससे आपमें से

कुछ का ध्यान गंभीरतापूर्वक कमर के नीचे ही रहेगा. जिन शरीरों में आप रहेंगे उनका शारीरिक कौशल भी काफ़ी अलग-अलग होगा. आपमें से कुछ के पास खेलों में असाधारण क्षमता होगी, जबकि दूसरों में कई अलग तरह के मानवीय धैर्य की अधिकता होगी. आपमें से कुछ के पास भावनाओं और प्रत्यक्ष ज्ञान में अदला-बदली करने के संबंध होंगे, उदाहरणार्थ, जहाँ अक्षर या संख्याएँ रंग या आवाज़ के अनुभव को उत्पन्न करेंगी. जबकि आपमें से बाक़ियों में अदला-बदली संबंध तब होगी जब आप भिन्न-भिन्न आवाज़ें सुनकर ख़ास गंध या स्वाद उत्पन्न करेंगे."

जैसे-जैसे ओरेओन ने ये उदहारण जारी रखे रिक्की को कौतुहल हुआ : "शिशुओं और छोटे बच्चों की तरह आप सभी एक ऐसे समय का अनुभव करेंगे जब आप मृतकों को देख सकेंगे और उनसे बात कर सकेंगे. वह आमतौर पर आपके दादा-दादी/नाना-नानी या रिश्तेदार होंगे जो कभी-कभी आपको आश्वासन देने या आपका मनोरंजन करने आपसे मिलने आयेंगे. हालाँकि लगभग सभी दृष्टांतों में इन मुलाक़ातों के दौरान आप के द्वारा दिये गये विवरणों को आपके माता-पिता अनदेखा करेंगे."

"बचपन में ही आपमें से ज़्यादातर की मृत लोगों को देख पाने की क्षमता धुंधला हो जायेगी, लेकिन आपमें से कुछ ऐसे होंगे जो इस क्षमता को अपने पूरे वयस्क जीवन के दौरान बनाये रखेंगे. आपमें से कुछ अपने मार्गदर्शकों को देख सकेंगे और उनसे बात कर सकेंगे, जबकि दूसरे इसके माध्यम बनेंगे और परदे के इस पार से आत्माओं के साथ संपर्क साध पायेंगे. आपमें से कुछ अपने भौतिक शरीर से बाहर आ सकेंगे. जब ऐसा होगा, आप अपनी चेतना को शरीर के बाहर अनुभव करेंगे और छुपी हुई चीज़ों तथा दूरस्थ जगहों पर घटने वाली घटनाओं को देख पायेंगे, जिसे आप जब लौटेंगे याद रखेंगे और अपने शरीर को जागृत करेंगे. बिरली घटनाओं में आप अपने शरीर का संचारवहन कर दूसरी जगह भी ले जा सकेंगे और अलग-अलग जगहों पर प्रकट हो पायेंगे."[4]

रिक्की ने मन में सोचा, वाह क्या आकर्षक जीवन होगा ! मुझे आश्चर्य है कि क्या मेरे पास उनमें से कुछ असाधारण क्षमताएँ होंगी?

---

4 टेलीपोर्टिंग के उदहारणों के बारे में एर्लेंदुर हराल्डसन की पुस्तक पढ़ें. मॉडर्न मिराकल्स : सत्य साई बाबा, द स्टोरी ऑफ़ ए मॉडर्न डे प्रोफेट. यूनाइटेड किंगडम, गिल्डफोर्ड: ह्वाइट क्रो बुक्स, 2013. इसे भी देखें; अलेक्स टेनौस, डी.डी. एंड केल्लम ई. कूपर. कन्वर्सेशंस विद घोस्ट्स. गिल्डफोर्ड: ह्वाइट क्रो बुक्स, 2013.

ओरेओन ने रिक्की के चिन्तन में संक्षिप्त-सा हस्तक्षेप किया और कहा: "सारी आत्माओं के पास ऐसी क्षमताएँ हैं, अगर वे जहाँ पैदा हुए उस सांस्कृतिक अवचेतनावस्था को तोड़कर बाहर कैसे आयें इसका अंदाज़ा लगाने में सक्षम हैं तो और इस विश्वास से बाहर निकल पायें कि ऐसी क्षमताएँ असंभव हैं तो. हालाँकि आप में से ज़्यादातर अपनी संस्कृति के विश्वासों और परंपराओं में इतने डूबे हुए होंगे कि इन क्षमताओं के बारे में आपको एहसास ही नहीं होगा. और वैसे भी आपमें से ज़्यादातर दूसरे मामलों में व्यस्त होंगे और इन क्षमताओं को विकसित करने में दिलचस्प नहीं होंगे"

ओरेओन फिर दूसरे सम्बन्धित विषय पर जारी रहा और कहा, "इससे पहले कि आज हम समाप्त करें मैं धरती पर प्रकृति के संतुलन के बारे में कुछ टिप्पणियाँ करना चाहूँगा, जो वहाँ मौजूद है. आपके आने वाले जन्म के दौरान यह आपमें से कईयों के लिए एक बड़ा विषय होगा."

"अपनी टिप्पणियों की प्रस्तावना देते हुए मुझे यह कहना है कि घरती पर जो कुछ भी है उनमें सटीक संतुलन है. यह संतुलन स्वत: बना रहता है और सारे जीवन के ध्यानपूर्वक सोच-विचार से यह एक जटिल प्यारा-सा सामंजस्य में प्रकट होता है, "सब वही है" के तत्वावधान में.[5] हालाँकि जब आपका जन्म होता है, इसकी कोई संभावना नहीं कि आप इस संतुलन की सीमा और पेचीदगियों को सराहें. धरती पर आपको यह लगेगा की जीवित रहने की एक लड़ाई चल रही है. आप खाने के लिए शिकार और प्रतिस्पर्धा देखेंगे, जहाँ किसी विशेष जीवन का एक छोटा-सा अंश ही अधिकतम आयु तक जीवित रह पाता है. मनुष्य होने के नाते आप खाने के चक्र में सबसे ऊपर रहेंगे और उसी अनुपात में बाक़ी जीवों के मुक़ाबले आपको बहुत कम हानि झेलनी होगी. लेकिन आप किसी भी तरह से इससे मुक्त नहीं हैं.

"इस संतुलन की महत्ता को तब सराही जाए जब आप, उदहारण के लिए, यह सोचेंगे कि अगर एक रॉबिन्स के जोड़े को 30 वर्ष तक जीवित रहना है और यदि उन्होंने प्रजनन किया, जैसे कि वे करते हैं, एक वर्ष में 2 झुंडों में, एक समय पर 4 अंडे और वह सभी बच गये और उन्होंने और पैदा किया तो रॉबिन्स की आबादी 10 वर्षों में 24 लाख हो जायेगी, बशर्ते वह सभी बच जाएँ. और 30 वर्षों के बाद सारा ग्रह रॉबिन्स के एक आवरण के नीचे पट जाएगा. इसी

5 सब वही है (All That Is), जो कुछ भी रचित हुआ है उसके आगे और उसके अंदर की एक चेतना को सूचित करता है; एक उच्चतम और एक दैविक चेतना जो अंततः मानवीय कल्पना के बाहर है.

तरह से मक्खियों की प्रति वर्ष 7 पीढियाँ होती हैं. अगर वह सारी जीवित रहीं, एक वर्ष के बाद उस एक मक्खी के 6 ट्रिलियन वंशज हो जायेंगे. ये उदाहारण आपको इस संतुलन की सूक्ष्मता और विशालता की झलक देंगे और इस बात की महत्ता कि कैसे एक जानवर का बचना दूसरे जानवर के भोजन पर निर्भर है."

"मनुष्य इस शिकार से मुक्त नहीं हैं, यद्यपि वे भोजन-चक्र में सबसे ऊपर हैं. उनकी कंडरा एडी अति सूक्ष्म स्तर पर घात में रहतीं हैं. वास्तव में इस धरती पर लड़े गये युद्धों के मुक़ाबले बीमारी ने ज़्यादा मनुष्यों को मारा है."

दर्शकों में एक शांत हलचल हुई, क्योंकि उपस्थित में से अनेकों को स्मरण आया कि वे पिछले जन्म में बीमारी के कारण ही मृत्यु को प्राप्त हुए थे.

ओरेओन ने जारी रखा और इस 'विचार के गट्ठे' को सविस्तार बताया: "जीवाणुओं (अर्थात ऐसे जीव जो इतने छोटे हैं कि उन्हें देखने के लिए सूक्ष्मदर्शी की आवश्यकता होती है) के बीच एक प्रतिस्पर्धा और लूटपाट है. आपको याद होगा कि मैंने पहले भी बताया था कि मानव शरीर मुख्यत: कार्बन से बना होता है, लेकिन यह भी आपको दिलचस्प लगेगा कि इसमें लगभग 100 ट्रिलियन जीवाणु भी होते हैं और इन जीवाणुओं में 10 में से केवल एक यथार्थ में शरीर का होता है. बाक़ी के सारे स्वतन्त्र जीवाणु हैं जिनके साथ आपका शरीर साथियों और प्रतिस्पर्धियों जैसे परस्पर प्रभाव डालता है.

"बैक्टीरिया बहुत ही सामान्य प्रकार के जीवाणु हैं और यह जीवाणु आपके शरीर में 90 ट्रिलियन होंगे, लगभग 2-1/2 पाउंड से ज़्यादा भार के. इनमें से बहुत जीवाणु आपकी आँत में होंगे और आपके स्वास्थ्य और कल्याण के लिए अनिवार्य हैं. वास्तव में इन जीवाणुओं और आपके जीवन के बीच एक सहजीवी सम्बन्ध है. वो आपके शरीर को पोषक तत्व के पाचन में सहायता करते हैं, और वो रोगजनकों को भी रोकते हैं (अर्थात बीमारी फ़ैलाने वाले जीवाणु). रोगजनक जीवाणु के केवल एक छोटे-से प्रतिशत होते हैं, लेकिन वे भयंकर बीमारियाँ फैला सकते हैं और लाभदायक जीवाणुओं तथा नुकसानदायक रोगजनकों के बीच बचे रहने के लिए एक लगातार लड़ाई चलती रहती है. रोगजनक बहुत भयंकर हो सकते हैं और जब उनकी स्थिति मज़बूत होती है तो शरीर बीमारी के आगे घुटने टेक देगा और यह अक्सर मृत्यु को प्राप्त हो जाएगा.

"इस अस्तित्व की लड़ाई में मानव शरीर ने एक विशेष प्रकार के जीवाणुओं का गुट बनाया है जो इन रोगजनकों से लड़ते हैं. जीवाणुओं का यह गुट प्रतिरक्षा व्यवस्था है. यह एक बहुत ही चतुर रक्षा व्यवस्था है जो

रोगजनकों से लड़ने के लिए तेज़ कोशिका विभाजन और बारंबार होने वाले उत्परिवर्तन पर निर्भर करता है. हालाँकि कोशिका विभाजन और बारंबार होने वाले उत्परिवर्तन के उसी अस्त्र का प्रयोग रोगजनक करते हैं, लेकिन जब तक इन जीवाणुओं की लड़ाई में प्रतिरक्षा व्यवस्था एक क़दम आगे है शरीर सुरक्षित रहता है."[6]

रिक्की ने मन में सोचा, यह बड़ा कौतुहलपूर्वक है कि जीवाणु, जो इतने छोटे हैं, यदि मौक़ा दिया जाये तो मानव शारीर को हरा सकते है. इस समय विचारों के गट्ठे लेक्चर हाल में इधर से उधर घूम रहे थे, जब आत्माएँ अपने बीच में टिप्पणियाँ कर रही थीं और ओरेओन को उसके कहे गए बातों पर प्रश्न पूछ रही थीं.

अनेक प्रश्नों के उत्तर देने के बाद ओरेओन आगे बढ़ा और टिपण्णी की, "तो जैसे आप देख सकते हैं, मनुष्य भी शिकार हो सकते हैं, बड़े और अधिक शक्तिशाली जानवरों द्वारा नहीं, बल्कि इन सूक्ष्मदर्शी जीवों द्वारा. लेकिन जैसा कि मैंने पहले कहा है, अंततः धरती पर सारे जीवन में एक संतुलन है. यह स्वयं को संभालने वाला है और सारे जीवन के ध्यानपूर्वक सोच-विचार से यह एक जटिल प्यारा-सा सामंजस्य में प्रकट होता है, "सब वही है" के तत्वावधान में."

अब लेक्चर समाप्त हो चुका था और अब लेक्चर हाल में उत्तेजना, ख़ुशी और हँसी थी, क्योंकि आत्माएँ एक दूसरे के साथ दिल्लगी और मज़ाक कर रही थीं. उनमें से बहुत सारी अपने नए जीवन की शुरूआत के लिए उत्सुक थीं, लेकिन कुछ जो जानती थीं कि वे एक मुश्किल यात्रा पर जा रही हैं, हिचकिचा रही थीं. सबकी अपनी कार्यसूची थी और किसी भी आत्मा को जाने के लिए मज़बूर नहीं किया जा रहा था.

सारे जीवन में एक संतुलन है. यह स्वयं को संभालने वाला है और सारे जीवन के ध्यानपूर्वक सोच-विचार से यह एक जटिल प्यारा-सा सामंजस्य में प्रकट होता है, "सब वही है" के तत्वावधान में.

6 ब्रूस ई. फ्लुएरी, पीएच.डी. मिस्ट्रीज ऑफ़ द माइक्रोस्कोपिक वर्ल्ड. वर्जिनिया: द ग्रेट कोर्सेज, 2011.

ओरेओन ने अब समाप्त किया: "जैसे कि आप जानते हैं यह मेरा अंतिम लेक्चर है, इससे पहले कि आपमें से प्रत्येक अपनी यात्रा पर निकल जाएँ. अपने जीवनकाल के दौरान अपनी अंतर्ज्ञान का ध्यान याद से रखना, क्योंकि इस अनुभूति के ज़रिये आपकी ऊपरी-आत्मा मुश्किल समय में आपका मार्गदर्शन करेगी."

"अपनी यात्रा का आनन्द उठायें. जब आप यहाँ आध्यात्मिक आयाम वाले घर लौटें तो मैं आपके अनुभवों को सुनने की आशा करता हूँ."

सभी जानते थे कि एक बार अगर उनका जन्म हो जाये तो उन्हें इन लेक्चरों की बहुत कम या बिलकुल याद नहीं रहेगी या उस बात के लिए आध्यात्मिक आयाम की, लेकिन इन लेक्चरों की रूपरेखा ऐसी बनाई गई थी कि उनमें विशिष्ट मुद्दों के लिए एक सहज ज्ञान युक्त जागरूकता डाला जाये, जिसका उनके जन्म के दौरान एक सूक्ष्म प्रभाव हो. यह भूलने की बीमारी आत्माओं के ऊपरी-आत्माओं से संबंध पर भी प्रभाव डालेगी और उनको एक-दूसरे की कोई याद नहीं रहेगी. हालाँकि रिक्की के लिए एक प्रावधान किया गया है कि उसके पास अपनी ऊपरी-आत्मा, जिसे वह पुरानी आत्मा के नाम से जानेगा, से सीधा बातचीत करने का एक मौक़ा होगा, यदि उसकी इच्छा हुई तो. पुरानी आत्मा उसका आध्यात्मिक परामर्शदाता बनेगा, लेकिन रिक्की को जीवन में देर तक इस सम्बन्ध के प्रगाढ़ स्वरूप की जानकारी नहीं होगी.

कुछ समय बाद रिक्की ने अपने कुछ दोस्तों को विदा कहा जो उसके साथ जन्म नहीं लेंगे. जैसे ही वह अपनी यात्रा पर निकला वह आत्माओं के एक बेड़े में शामिल हो गया जो उसी साहसिक कार्य के लिए निकल रहे थे. जैसे ही वे एक द्वार की तरफ़ तैरते हुए गये जो उन्हें धरती की ओर धकेलने वाला था, उसे एक भँवर का खिंचाव-सा महसूस हुआ जो उसे अचानक ही धरती को चारों ओर से घिरे घने वातावरण में धकेल दिया.

पहले उसने अपने भावी माता-पिता के चारों ओर रहने में कुछ समय लिया, क्योंकि स्वयं को उसने उन परिस्थितयों से परिचित कराया जिनमें वह जन्म लेने वाला था. उसका शरीर उसके पहुँचने से कुछ महीने पहले गर्भ में आ चुका था और वह अब भ्रूण के साथ संयुक्त होने का कार्य बड़ी सावधानीपूर्वक प्रारम्भ किया. यह बड़ी नाज़ुक प्रक्रिया थी और जैसे-जैसे समय व्यतीत होता रहा वह

अपनी माँ की कोख में अधिकाधिक समय व्यतीत करना शुरू किया. गर्भावस्था अच्छी तरह से गुज़री और अपने बड़े भाई के जन्मदिन के कुछ सप्ताह बाद रिक्की को जनन मार्ग द्वारा बाहरी दुनिया में फेंक दिया गया. यह मई 20, 1952 था.

उस दिन आइसलैंड, रिकिविक में सूर्य चमक रहा था. उसका जन्म सामान्य था और उसका शैशब बिना किसी घटना के आगे बढ़ा.

कहानी अब कुछ वर्षों के बाद शुरू होती है ...

अध्याय
1

समस्यात्मक लड़का

पहली पंक्ति के शुरू में बैठे विद्यार्थी से प्रारम्भ कर उसके पीछे वाले विद्यार्थी होते हुए एक के बाद एक बारी-बारी से विद्यार्थियों ने दो पैराग्राफ पढ़ना शुरू किया. बाक़ियों के मुक़ाबले कुछ अधिक निपुण थे, लेकिन ऐसा लग रहा था कि वे सभी आसानी से पढ़ रहे हैं. जब भी किसी बच्चे ने अपना खंड समाप्त किया, रिक्की जानता था कि उसकी बारी नज़दीक आ रही है और उसका डर बढ़ता गया. जल्द ही रिक्की के सबसे अच्छे मित्र ह्यूगो की बारी आयी. ह्यूगो रिक्की के सामने बैठा था और बिजली की गति से पढ़ रहा था. अंत में अब रिक्की की बारी थी. उसका चेहरा लाल हो रहा था और उसे पसीना आ रहा था, यद्यपि उसे चार छोटी लाइन ही पढ़नी थी - उसके भयंकर हकलाने के कारण:

"जे-जे-जे-जे-जैक एंड जे-जे-जे-जे-जिल वेंट अप द हिल
टू एफ-एफ-एफ-एफ-फेच ए पी-पी-पी-पेल ऑफ वाटर.
जे-जे-जे-जे-जैक फेल्ल डाउन एंड बी-बी-बी-ब्रोक हिज क्राउन,
एंड जे-जे-जे-जे-जिल केम टी-टी-टी-टम्बलिंग आफ्टर."

ऐसा लगा था जैसे इन कुछ ही शब्दों को बोलने में उसको ताउम्र लग जायेगी, जबकि बीस विद्यार्थियों की कक्षा चुपचाप बैठी थी. इस कड़ी परीक्षा की पुनरावृति स्कूल के पूरे वर्ष के दौरान प्रतिदिन होती थी. 1960 का वर्ष था और रिक्की आठ वर्ष का था. वह कोपवोगुर में रहता था, जो आइसलैंड के राजधानी शहर रिकिविक के नज़दीक था. वह चार भाइयों में

दूसरा बड़ा था. उसके पिता बल्दुर, जो एक रासायनिक अभियंता थे, उससे दूर रहते थे और सामान्यत: पाइप से धुआँ उड़ाते हुए विचारों में तल्लीन और डूबे रहते थे, जब तक अपनी वैज्ञानिक परियोजना पर विचार करते रहते, जिस पर वे काम कर रहे थे. दूसरी ओर उसकी माँ अमालिया स्नेही और प्यार करने वाली थी. वह आइसलैंड में समकालीन जीवन पर अपने पत्रकार और लेखिका का पेशा करते हुए पालन-पोषण का ज़्यादातर भार संभालती थी. उसके माता-पिता अपने वैवाहिक जीवन से संतुष्ट नहीं थे. कोई शराब का दुष्प्रयोग या उनमें कोई

उपद्रवी व्यवहार नहीं था; वे बस एक-दूसरे के साथ अपने सम्बन्ध से ख़ुश नहीं थे. जब वे विद्यार्थी थे तब 1948 में मिले थे और किसी समय एक-दूसरे से बहुत प्यार करते थे. रिक्की के पिता एमआईटी में रासायनिक अभियांत्रिकी की पढ़ाई कर रहे थे और उसकी माँ बोस्टन विश्वविद्यालय में पत्रकारिता की विद्यार्थी थी.

रिक्की (नीचे बायें) 1961 में नौ वर्ष की उम्र में, अपने माता-पिता और तीन भाइयों के साथ

14 उद्देश्य: आपकी आत्मा की भावुक यात्रा

एक साल के अंदर उन्होंने शादी कर ली और अमेरिका छोड़ कर आइसलैंड में नया जीवन शुरू किया. अमेरिकन और आइसलैंडिक संस्कृति में सामंजस्य बिठाना हालाँकि आसान नहीं था. 1960 तक अमालिया ने चार बच्चों को जन्म दे दिया था और जल्द ही वह फिर से गर्भवती होने वाली थी. परिवार को चलाने का तनाव उनके लिए स्पष्ट था जो उनको अच्छी तरह जानते थे. अमालिया ने विदेशी संवाददाता के तौर पर कुछ अतिरिक्त पैसे कमाये और आइसलैंड में अपने नये साहसिक कार्यों के बारे में टिप्पणियाँ लिखने में अपना हर अतिरिक्त मिनट को लगा दिया; यह बाद में एक सबसे ज़्यादा बिकने वाली पुस्तक में प्रकाशित हुई जो आज भी नये संस्करणों का आनन्द उठाती है.[7]

रिक्की को स्कूल में दिक्कतें हुईं. अपने हकलाने की वजह से वह शर्मिंदा और अपमानित महसूस करता था और इस कारण से, जो उसके माता-पिता को पता नहीं था, वह अक्सर काफ़ी दिनों तक ग़ैर-हाज़िर रहता था. उन दिनों हाज़िरी जबकि कक्षा में ली जाती थी, स्कूल की यह नीति नहीं थी कि बिना कारण बताए बच्चा जब तक स्कूल से कुछ दिनों के लिए ग़ैर-हाज़िर न रहे वह माता-पिता को बताए. हालाँकि स्कूल ने निस्संदेह रिक्की के माता-पिता को सूचना दी जब, जैसा कि कहते हैं, "बिल्ली बैग के बाहर थी" और रिक्की को फ़र्श पर स्पष्टीकरण के लिए बुलाया गया. वार्तालाप प्राय: निम्नलिखित रूप में हुआ:

माँ: "मैंने तुम्हारा लंच पैक किया और तुम हर सुबह स्कूल के लिए निकले. उस समय तुम कहाँ गए ?"

रिक्की: "मैं लम्बी सैर के लिए गया था और कभी-कभी मैं स्कूल के रास्ते में नये उप-मंडल पर निर्माणकर्ताओं को कार्य करते हुए भी देखता रहा."

माँ, उत्तेजित होकर: "क्यों, रिक्की? तुम ऐसा क्यों करते हो? मुझे डर है कि तुम वहाँ ख़ुद को चोटिल कर लोगे. यह बहुत महत्वपूर्ण है कि तुम स्कूल जाओ."

रिक्की: "यह मुझे बुरा लगता है. मैं ह-ह-ह-कलाता हूँ और बाक़ियों की तरह नहीं पढ़ सकता."

उसकी माँ को अपने छोटे-से बच्चे के लिए बहुत दुःख हुआ मगर वह निराश भी थी, क्योंकि यह पहली बार नहीं था जब रिक्की स्कूल नहीं गया था.

---

7 अमालिया लिंडल. रिपल्स फ्रॉम आइसलैंड. न्यू यॉर्क: नॉर्टन एंड कंपनी, 1962.

माँ: "न जाने के बारे में तुमने मुझे क्यों नहीं बताया? मैं तुम्हारी सहायता करती."

दु:ख की बात यह थी कि पढ़ने और लिखने में उसकी मदद करने के लिए पर्याप्त रूप से आइसलैंडिक बोलना सीखने के लिए उसकी माँ के पास समय नहीं था. उसे उसके भाइयों की देखभाल और घर चलाने का बहुत तनाव था. उसके पिता सारा दिन काम से बाहर रहते थे और रिक्की चीज़ों को स्पष्ट करने में निराशाजनक रूप से अपने-आप को बहुत धीमा पाता था, जब शाम को वह अपना गृहकार्य करने की कोशिश करता था.

रिक्की: "पहले दिन के बाद मुझे वापिस जाने में डर लगता था. और फिर उसके बाद जाने में मेरा डर और बढ़ गया. और अब मैं स्कूल के काम में बहुत पीछे हूँ ... और वापिस जाना और भी डरावना लगता है."

रिक्की उस दशा से गुज़र रहा था जिसे उन दिनों "कामचोरी की बीमारी" कहते थे; दूसरे शब्दों में आप जितने लम्बे समय तक स्कूल नहीं जायेंगे, स्कूल वापिस जाना उतना ही मुश्किल है. इसलिए लम्बे वार्तालाप के बाद और रिक्की को अपने-आप स्कूल वापिस जाने के लिए समझाने की कोशिशों के बाद उसके माता-पिता के पास और कोई चारा नहीं बचा कि उसे घसीट कर लातें मारते और चिल्लाते हुए वापिस ले जाया जाये.

माँ: "मुझे खेद है, मगर तुम्हारे पिता को कल तुम्हें स्कूल वापिस ले जाना होगा."

रिक्की, आँसूओं की बाढ़ में टूटते हुए और अवज्ञा से, गुस्से से झल्लाकर : "नहीं, मैं नहीं जाऊँगा!"

माँ: "तुम्हें स्कूल जाना चाहिए जैसे हर कोई जाता है. तुम्हारा भाई जाता है. हमें उसके साथ कोई समस्या नहीं है."

रिक्की: "नहीं, मैं नहीं जा रहा. मैं कभी स्कूल वापिस नहीं जा रहा."

रिक्की साधारणतया अवज्ञाकारी रहता था और अगले दिन उसे मनाने की बहुत सारी असफल कोशिशों के बाद उसके पिता को उसे अपने साथ ले जाना पड़ा और लातें मरते और चिल्लाते हुए ज़बरदस्ती बाहर कार तक घसीटना पड़ा. इन अवसरों पर रिक्की को पहले प्राध्यापक के दफ्तर में बात करने के लिए ले जाया जाता, जिसके दौरान उसके माता-पिता अपने हाथों को मरोड़ते रहते

और उसका अध्यापक उसे समझाता कि उसे कक्षा में लौटना चाहिए. फिर रिक्की को कक्षा में वापिस ले जाया जाता, उसके भौंचक्के सहपाठियों के सामने अस्त-व्यस्त और परेशान हालत में और उसका मेज़ दिखा दिया जाता. बाद में स्कूल के मनोचिकित्सक के साथ एक बैठक रखी जाती, मगर यह व्यर्थ ही जाती; रिक्की ने उनको कभी भी कुछ शब्दों से ज़्यादा नहीं बोला. इन्ही घटनाओं की श्रृंखला की पुनरावृति बहुत बार हुई.

रिक्की के माँ-बाप ने वो सब कुछ किया जो उसकी सहायता के लिए वे कर सकते थे. निजी शिक्षक रखा. सप्ताहांत पर रिक्की की माँ उसे अध्यापक के घर ले जाती थी, जहाँ वह अपनी पढ़ाई में सीधे-सीधे सहायता लेते हुए कुछ घंटे व्यतीत करता था. रिक्की अपनी माँ को बहुत चाहता था और यह थोड़ा-सा पैदल चलना उसके लिए यादगार रहा, क्योंकि वह उससे मिलने वाले बिना शर्त प्यार – बावजूद इसके कि उसने कितनी भी समस्याएँ खड़ी क्यों न की हो, को मन में संजो कर रखा. कामचोरी की बीमारी तब शुरू हुई जब रिक्की आठ वर्ष का था और उसके माता-पिता को दुःख देते हुए इसने अपना भद्दा सिर हर स्कूल-वर्ष में हुई मौक़ो पर उठाया, जब तक वह 11 वर्ष का नहीं हो गया.

कभी-कभार चिडचिडा होने के अलावा, जब वह अपने मन मुताबिक़ कर नहीं पाता था, रिक्की ज़्यादातर अच्छे मिज़ाज का और ख़ुश रहने वाला था. वह घर में अपनी माँ की सहायता करता था और स्थानीय स्टोर से परचून का सामन उठाने के लिए नियमित रूप से स्वयं ही जाता था. उसके माता-पिता का स्टोर में जमा खाता था और उसकी माँ हमेशा परचून की सूची लिख कर देती थी जिसे रिक्की को लाना होता था. किभी-किभी रिक्की शरारत करता था और लिस्ट में एक चाकलेट जोड़ देता था. समस्या यह थी कि उसकी लिखावट उसकी माँ की ख़ुबसूरत सुसंस्कृत न्यू इंग्लैंड की पूरे अक्षरोंवाली लिखावट से बिलकुल भिन्न थी और परचून स्टोर परिचारिका जो काउंटर के पीछे से सामान देती थी बड़ी आसानी से उसकी गंदी लिखावट वाला परिवर्धन को पहचान लेती थी. स्थानीय स्टोर की मालकिन एक एकल माँ थी और उसका संचालन वह स्वयं और उसका किशोर बेटा करता था और वह माँ रिक्की की माँ को अच्छी तरह जानती थी. दुर्भाग्य से जब माँ उसको सामान देती थी वह परचून की सूची में उसकी अनैतिकता को तुरंत पकड़ लेती थी, संदिग्ध हो जाती थी और पूछती थी, "तुम्हारी माँ ने क्या किशमिश के साथ सूची में 'चाकलेट की बड़ी बार लिखी है'?" इसका उत्तर

यदि रिक्की देता था तो एक दोषी की भांति, "अर्र...हाँ," फिर वह उसकी माँ से पूछने के लिए फ़ोन कर देती थी. यह घटनाएँ स्वाभाविक रूप से रिक्की के लिए थोड़ा अपमानजनक थीं, इसीलिए उसकी हमेशा कोशिश होती थी कि बेटा ही उसको सामान दे, जो परवाह नहीं करता था और बिना सवाल पूछे हमेशा रिक्की को चोकलेट की बार दे देता था. इसमें बेशक सतर्कता की ज़रूरत होती थी, थोड़ी सी धूर्तता और अवास्तविक कूटनीति की और आवश्यकता होने पर लाइन में दूसरों के आगे आने का इन्तज़ार करना. सफलता के दिनों में जब उसकी कोशिशें क़ामयाब हो जाती थीं, वह परचून के सामान के साथ घर लौटते हुए चाकलेट की बार को भकोस लेता था.

रिक्की को रसोई की अलमारी में ऊपर वाले शेल्फ पर विविध ख़र्चों के लिए रखे थोड़े-से सुरक्षित पैसों में से कुछ चुरा लेने की आदत भी थी. चुराए हुए पैसों से वह ख़ुद को और अपने दोस्तों को केन्डी और सोडा के शर्बत का दावत देता था. हालाँकि यह गतिविधि एकदम से बंद हो गई, जब उसके दोस्तों में से एक ने दावत में शामिल न हो पाने के कारण ईर्ष्या से उसके पिता को बता दिया. इस घटनापूर्ण दिन बल्दुर एकदम-से निकले और रिक्की जहाँ जल्दबाज़ी में केन्डी खा रहा था वहाँ से उसे ढूँढ़ लिया. उसके दोस्तों के सामने झिड़कने और चूतड़ पर थप्पड़ मारने से यह गुप्त गतिविधि ख़त्म हो गई. उसके इन सभी दोषों के बावजूद रिक्की एक दिलकश बच्चा था, वह अपनी माँ का पसंदीदा था और हमेशा उसका कम से कम एक विशेष दोस्त होता था.

11 वर्ष की उम्र तक पहुँचते-पहुँचते गहरे भूरे बालों के साथ रिक्की मध्यम कद-काठी का हो गया था. उसका हकलाना बरक़रार था और उसे अपने स्कूल में सारे विषयों में दिक्कत रहती थी. वह अपनी हकलाहट के कारण दूसरों से ज़्यादा बात नहीं करता था और वह स्कूल के अंतरालों के दौरान ख़ुद में ही रहने की कोशिश करता था. वह खेलों में भाग लेना पसंद नहीं करता था और ख़ास तौर पर जिम कक्षा को वह नापसंद करता था, कारण कक्षा के बाद सामूहिक स्नान के दौरान वह अपने उन्नत शिश्न को नियंत्रित करने में अक्षम होता था. स्कूल ने सभी बच्चों के लिए तैराकी सीखना अनिवार्य कर रखा था. पर रिक्की को पानी से बहुत पुराना भय था और वह साधारणतया उस स्कूल बस से बच लेता था, जो स्कूल के मैदान से बच्चों को नज़दीकी शहर तक तैराकी शिक्षाओं के लिए ले जाती थी, जो तैराकी शिक्षाओं से पहले और बाद में सामूहिक स्नान लेने की शर्मिंदगी के लिए भी चिन्हित थीं.

फॉर्म, लक्जमोट

जैसा कि आइसलैंड में उस समय रिवाज हुआ करता था, रिक्की के माता-पिता ने उसके लिए गर्मी की छुट्टियाँ बिताने के लिए एक फॉर्म का इंतज़ाम किया. वह भाग्यशाली था कि आइसलैंड के उत्तर में स्थित एक पैतृक फॉर्म में अपने अंकल सिग्गी के साथ रह सकता था. इसलिए आठ वर्ष की उम्र से हर गर्मी की छुट्टियों की शुरुआत में, मई में उसके पिता अपनी ओपल में ले जा कर रिक्की को उस फॉर्म में छोड़ आते. यह यात्रा उन्हें रिकिविक की तराई से ऊपर स्थित घुमावदार बजरी की सड़कों से जंगल और फिर नीचे की ओर कुछ सुंदर घाटियों से होते हुए ले जाती थी. रास्ते में वे ऊँची पहाड़ियों से गरजते हुए नीचे आती उफनती नदियों पर बने कई तंग पुलों से गुज़रते थे, जिनमें से कुछ में पहाड़ियों की चोटियों से निकलता बर्फीला सफेद पानी होता, जबकि दूसरों में साफ़ झरनों का पानी जो पहाड़ियों के कोनों से प्राकृतिक झरनों से निकलता था. इस अवसर पर रिक्की केवल बारह वर्ष का हुआ था और अब यह उसकी पाँचवी गर्मी होगी जो वह अपने अंकल के फॉर्म में बिताएगा.

फॉर्म, लक्जमोट,[8] आइसलैंड के उत्तर में झाड़ियों की घाटी[9] में स्थित है और शानदार ढंग से एक टीले के ऊपर खड़ा है, जो झाड़ियों की घाटी के पहाड़[10] से दूर नहीं है, जिसे रिक्की के पिता उस भूमि पर एक बहुत ही सुंदर पहाड़ के रूप में याद करते थे. लक्जमोट ज़िले का एक जाना-पहचाना फॉर्म है और 1835 से यह रिक्की के दादा-दादी और पूर्वजों की रियासत थी. उसके दादा, एक भूविज्ञानी और उसकी दादी, एक लेखिका तथा औरतों के हकों की पक्षधर, दोनों वर्षों पहले मर चुके थे. ज़िले का डाककेंद्र, साथ ही सारे देश का केन्द्रीय फ़ोन केंद्र, फॉर्म में स्थित था.

मुख्य सड़क के किनारे, जो फॉर्म से दूर नहीं थी, एक बहुत बड़ी नदी थी जिसे झाड़ी घाटी की नदी[11] कहा जाता था. इस नदी के ऊपर का पुल पुराना और तंग है, लेकिन जब रिक्की के पिता युवा थे और फॉर्म पर रहा करते थे, नदी पर एक अलग पुल था जो इससे भी तंग था और कभी-कभी पार करने में

---

8 फॉर्म लेक्जमोट (Lækjamót), जिला वेस्तुर - हुनावाट्सनसयसला के संशोधित स्पेलिंग.
9 आइसल.नाम : Víðidalur.
10 आइसल नाम: Víðidalsfjall.
11 आइसल नाम: Víðidalsá.

ख़तरनाक होता था, विशेषकर वसंत में बर्फ पिघलने के दौरान. जैसे उन्होंने यह पुल पार किया, रिक्की के पिता की याद ताज़ा हो आई कि जब वे बारह वर्ष के थे तो पास के फॉर्म में डाक पहुँचाते हुए उनकी बाइसाइकिल बर्फ पर फिसल गई थी और पुल के दूसरी ओर उलट गई थी. वे बीस फुट नीचे चट्टान के मुहाने पर गिरे थे जो नदी के किनारे था. सौभाग्य से जैसे ही वे हवा में नीचे गिरे उनके पत्रों का थैला ऊपर उठ गया, उनके कंधे के ऊपर और चट्टान तक पहुँचते ही तकिये की तरह सिर के नीचे आ गया. चट्टान से टकरा कर वे बेहोश हो गये. बल्दुर ने आगे बताया कि जब वे बेहोश पड़े हुए थे उनके पास एक कल्पित बौनी स्त्री आई जो चट्टानों में रहती थी. उसने उन्हें गिरते हुए मरने से बचाया था और उसने उनके घावों का उपचार किया था, उसने फुसफुसाया, "जो मैं बोऊँगी, उसी को काटूँगी, जो मैं बोऊँगी, उसी को काटूँगी, जो मैं बोऊँगी, उसी को काटूँगी." कुछ समय बाद जब उन्हें होश आया वे खड़ा हो गये और उन्होंने गिरने के बावजूद आश्चर्यजनक रूप से अच्छा महसूस किया. उस दिन वे बाद में अपनी टूटी-फूटी बाइसाइकिल के साथ फॉर्म लौट आये, और सब को हैरान करते हुए, बिना खरोंच के.

यह पहली बार नहीं था कि रिक्की ने कल्पित बौनों के बारे में सुना था, जिन्हें आइसलैंडिक लोकसाहित्य में सामान्यतया "छुपे हुए लोग"[12] कहा जाता है. लोकसाहित्य के अनुसार वे भूमि पर बड़ी चट्टानों और उनके मुहाने पर रहते हैं और अपने काम पर जाते हैं, सामान्यतया किसानों की तरह अपने जानवरों की देखभाल करने के लिए और गर्मी में सूखी घास ढूंढ़ने के लिए. वे मनुष्यों को देख सकते हैं, लेकिन मनुष्य उन्हें नहीं देख सकते जब तक वे यह न चाहें कि उन्हें देखा जाये. वे सामान्यतया मनुष्यों के साथ शान्ति से रहते हैं, बशर्ते उनके इलाके में अशांति न फैलाई जाये. तो यह आइसलैंड में है, आज तक भी, वहाँ सड़कें बड़ी चट्टानों के इर्दगिर्द बनाई गई हैं जहाँ यह समझा जाता है कि कल्पित बौने रहते हैं, क्योंकि उन कारीगरों को गंभीर चोटें आईं और उनकी मृत्यु भी हो गई, जिन्होंने इन चट्टानों को अपने स्थानों से हटाने की कोशिश की, जहाँ यह प्राणी रहते हैं.

जब रिक्की और उसके पिता फॉर्म पर पहुँचे, रिक्की को अपने अंकल सिग्गी, सिग्गी की पत्नी एलिन और उनकी तीनों बेटियों से; जो उससे दो और तीन

---

12 आइसल शब्द: huldufólk

वर्ष छोटी थीं, फिर से परिचित कराया गया. रिक्की के चेहरे पर सामान्यतया मुस्कराहट रहती थी, लेकिन उसने उनसे ज़्यादा बातें नहीं की, आंशिक रूप से उसकी हकलाहट के कारण और इसलिए भी क्योंकि वह शर्मीला था. शहर लौट जाने से पहले बल्दुर अपने भाई सिग्गी के साथ उनके एक विशिष्ट वार्तालाप पर बैठ गये. केवल रिक्की ही ऐसा नहीं सोचता था कि इन दोनों भाइयों को ऐसे वार्तालाप करते देखना विचित्र है. वे एक दूसरे से एक कोण बना कर आरामदायक कुर्सियों में तिरछे बैठेते थे. वे मुश्किल से कोई शब्द बोलते थे, लेकिन अक्सर अपने सिरों को हिलाते हुए गुरगुराहट और बेतुके शब्दों से एक-दूसरे की बातों को मूँह-जुबानी स्वीकार करते थे. उनके बीच बहुत लम्बी चुप्पी भी होती थी. फिर वे खड़े हुए और एक-दूसरे को विदा कही. बाद में वे अपने-अपने जीवन-साथियों और परिवार के सदस्यों को इन "गहरी" बातचीत के बारे में बताते थे, उन निर्णयों के साथ जो उन्होंने उन मुद्दों के बारे में लिया है जिन्हें ज़ोर से कभी नहीं कहा गया. यह उनके परिवार वालों और उन लोगों को स्वीकार्य था जो उन्हें अच्छी तरह जानते थे कि उनके वार्तालाप ज़्यादातर दूरसंवेदी होते हैं. इस उल्लेखनीय अवसर के बाद बल्दुर ने शहर लौटने के कुछ समय बाद रिक्की की माँ को बताया कि वे और उनके भाई ने निर्णय लिया है कि उनके भाई की एक बेटी के बदले रिक्की को दे देना चाहिए, क्योंकि उनके चार बेटे हैं और सिग्गी के केवल बेटियाँ और फॉर्म की देखभाल के लिए कोई पुरुष वारिस नहीं है. बल्दुर ने अपनी पत्नी को समझाया कि रिक्की ने पिछली गर्मियों में यह सिद्ध किया था कि वह एक अच्छा कामगार है और इसके अलावा शहर में रिक्की को संभालना उनके लिए मुश्किल है. इसलिए वे इस बात पर सहमत हो गये हैं कि रिक्की अपने अंकल की संरक्षता में फॉर्म पर काम करेगा तो निस्संदेह उसके लिए अच्छा होगा और भविष्य में उसे एक अच्छी जीविका मिल जायेगी. लेकिन रिक्की की माँ ने इस विचार को निराशा के साथ स्वागत किया और यह संकल्प लिया कि लक्जमोट फॉर्म में यह उसकी आखिरी गर्मी होगी.

रिक्की जब भी अपनी माँ से दूर जाता था तो वह उदास हो जाता था और वह दुगना उदास तब हुआ जब उसके पिता उसे फॉर्म में छोड़ कर वापिस लौटे. हालाँकि उसके पिता सामान्यतया हरेक गर्मी में कम से कम एक बार एक सप्ताहांत पर सामन मछली पकड़ने के लिए आते थे, क्योंकि झाड़ी घाटी की नदी का एक हिस्सा फॉर्म का था और नदी में काँटा डालने का कोई मूल्य नहीं लगता था. इन अवसरों पर रिक्की के पिता उसकी माँ से एक परवरिश का पैकेज लाते थे जिसमें एक पत्र, कुछ केन्डी और ताजा फल होता था. रिक्की अपनी

चचेरी बहनों से केन्डी बांटने को मजबूर हो जाता था, यद्यपि हिचकिचाहट से, लेकिन वह पत्र जिस पर "प्यार, मम्मी" का हस्ताक्षर होता था, वह उसके लिए विशिष्ट और दिल को छू लेने वाला होता था. इन मछली पकड़ने वाली यात्राओं में से एक के अंत में जब उसके पिता वापिस जाने वाले थे और रिकविक शहर लौटने से पहले वे रसोई में काफी का अंतिम प्याला पी रहे थे, तब रिक्की कार की डिक्की में छिप गया. क्योंकि रिक्की कहीं दिखाई नहीं दे रहा था, जब बल्दुर जाने को तैयार थे, सभी ने यह मान लिया कि वह अनाज घर की ओर कुछ काम करने गया होगा, इसलिए उसके पिता उसे न पा कर बिना अलविदा कहे चले गये. पर कुछ घंटो की ड्राइव के बाद रिक्की ने अपने पिता को बताने के लिए डिक्की के ढक्कन को पीटना शुरू कर दिया, जिन्होंने कार को रोका और उसे वहाँ छिपा हुआ पाया. इस एक अवसर पर रिक्की ने घर में कुछ रातों का आनंद उठाया, लेकिन रिकिविक में कुछ ख़ास करने को था नहीं, क्योंकि उसके सभी दोस्त भी गर्मियों में. रियासतों पर गये हुए थे. उसका सबसे बड़ा भाई गर्मी के शिविर में गया हुआ था और उसके दो छोटे भाई और उसकी शिशु बहन उसके साथ खेलने के लिए बहुत छोटे थे. इसलिए तीन दिनों बाद सार्वजनिक बस से वह लक्जमोट लौट गया. गर्मी के महीनों में अपने परिवार से यह अलगाव, जो तब शुरू हुआ था जब वह आठ वर्ष का था, उसके लिए भावनात्मक रूप से संभल पाने में मुश्किल था और इसने उसे कठोर बना दिया; कुछ लोग कहेंगे कि इसने उसे जल्दी बड़ा होने और आदमी बनने में सहायता की.

गर्मी के दिन

रिक्की को यह महसूस कराया गया कि फॉर्म में उसका स्वागत है. 1929 में फॉर्महाउस बनाया गया था और कंक्रीट का बना था. छत की तीन चोटियाँ थी जिन्हें लाल रंग से पेंट किया गया था और बाहर की दीवारें चाक की सफेद थीं. अंदर लकड़ी का फ़र्श लगा था और दीवारें इन्सुलेशन के लिए सूखी घास से भरी हुईं थी. एक तहखाना था, एक मुख्य मंजिल और एक द्वितीय मंजिल थी, जिसमें छह शयनकक्ष थे, दोनों तरफ़ तीन-तीन, छत की चोटियों के नीचे, जिनके बीच गलियारा था. एक छोटा-सा बिजली का जनरेटर फॉर्म की मुख्य मंजिल और तहखाने में रौशनी के लिए लगा हुआ था, लेकिन दूसरी मंजिल के शयनकक्षों में कोई बिजली नहीं थी.

फ़र्श चरमराते थे जब लोग उन पर चलते थे, रात और दिन ऐसा लगता था कि सारा घर भूतों से भरपूर है. चीज़ों को और डरावना बनाने के लिए किसान की पत्नी एलिन ने बताया कि जब वह रात को गलियारे से गुज़रती थी तो एक भूत अक्सर उसके बालों को सहलाता था. (हालाँकि रिक्की भूतों की उपस्थिति से परिचित था, क्योंकि शहर में उसका घर स्पष्ट रूप से बहुत पुराने कब्रिस्तान पर बना हुआ था. लोगों के कोलाहल और रात को तहखाने में बिजली का बंद होना और जलना उसके घर में असामान्य नहीं था.)

फॉर्म के सामने एक ढलान के निचले भाग पर एक कब्रिस्तान भी था, सामने वाले दरवाज़े से लगभग 150 फुट की दूरी पर, जहाँ रिक्की के दादा-दादी और दूसरे रिश्तेदार जो फॉर्म में रहे थे उनको दफ़नाया गया था. फॉर्म के पीछे तहखाने के एक कमरे में मुर्गियाँ थीं, जिसमें एक रैंप था जो उन्हें दिन में दाना खोजने के लिए बाहर जाने देता था. एक गोशाला भी थी, जिसे अस्सीवें दशक के आख़िरी वर्षो में बनाया गया था, जो गोल पत्थर और सूखी घास वाली दीवारों और घास से मिली हुई मिट्टी की छत से बनी हुई थी, जिसे लकड़ी के गट्ठों और शहतीरों का सहारा दिया गया था और फॉर्म के पीछे लगभग 150 फुट की दूरी पर एक ढलान पर थी.

रिक्की स्वयं दक्षिणी शयनागार के एक कमरे में सोता था. रात की मेज़ पर तेल का एक लैम्प रखा हुआ था ताकि यदि वह चाहे तो कपड़े उतारते हुए देख सके और सोने से पहले पढ़ सके. उसकी चचेरी बहनें गलियारे के दूसरी ओर के कमरों में सोती थीं. चूहे दीवारों पर व्यस्त रहते थे और कम भाग्यशाली चूहों को पकड़ने के लिए, जो रात को कमरे में आने का साहस करते थे, दीवार के किनारे चूहेदानियाँ रखी गईं थीं. चूहेदानियाँ रात में खुलती थीं और सुबह उठ कर पहला काम यही होता था कि उन्हें ख़ाली किया जाये. सिग्गी उत्तरी शयनागार के एक शयनकक्ष में सोता था, जबकि उसकी पत्नी एलिन नीचे मुख्य मंजिल पर सोती थी, क्योंकि सिग्गी के अधिक खर्राटों से ऊपरी मंजिल चारों ओर से गरजती थी और वस्तुतः सारी खिडकियों की चौखटें झनझना जाती थीं उन्हें बंद करने के लिए कोई चिटकनी जो नहीं थी. सौभाग्यवश रिक्की दिन में फॉर्म पर काम करने के कारण थका हुआ होता था और सामान्यतया वह दीवार पर चूहों की आवाज, सिग्गी के खर्राटे, घर में खौफ़नाक चरमराहट और उसके शयनकक्ष के बाहर गलियारे में कभी-कभी आने वाली भूतों के क़दमों की आवाज के बावजूद सो जाता था.

गर्मी के दिन बड़ी शीघ्रता से समाप्त हो गये. भेड़ों ने बच्चे दे दिए थे, ज़्यादातर उस समय, जब रिक्की फॉर्म में पहुँचा था. वे फॉर्म के आसपास के चारागाहों में और फॉर्म के पीछे कुछ मीलों की दूरी पर स्थित झाड़ी घाटी पहाड़ के निकट वाले पहाड़ की ढलान पर जो भी घास का टुकड़ा ढूँढ सकते थे उसे चरते थे. वहाँ बारह गायें थीं जिनका दूध दिन में दो बार निकालना पड़ता था. सिग्गी के पास 60 से ज़्यादा घोड़ों का झुण्ड भी था, ज़्यादातर घोड़ियाँ थीं जिन्हें गर्मियों में ऊँची ज़मीन के जंगलों में खुला छोड़ दिया जाता था. गर्मियों के मध्य भाग में उन्हें उनके नवजात बछड़ों के साथ वापिस हाँक लिया जाता था ताकि बछड़ों को चिन्हित किया जा सके और यह हमेशा फॉर्म पर उत्तेजक समय होता था.

पीटर नामक एक व्यक्ति, जो रिक्की के दादा का सबसे छोटा भाई था, भी फॉर्म पर रहता था. उसे बड़ी छोटी आयु में स्कारलेट बुखार हो गया था और वह कभी भी मानसिक तौर पर दस या ग्यारह वर्ष की उम्र से ज़्यादा परिपक्व नहीं हो पाया था. उसकी बहुत लम्बी दाढ़ी थी और सामान्यतया धारीदार कमीज़ के साथ पुराना नाड़ा पहनता था जो पतलून को रोकता था. उसे हर्निया था और वह साधारणतया अपने दाहिने हाथ को पतलून के अंदर इसलिए रखता था ताकि कभी मरम्मत न होने वाले फूट से उसको बचाया जा सके. वह एक खिन्न व्यक्ति था और कुछ सनकी था. वह "गोल्डन वाटरफाल[13] आज आया है" फुसफुसाते हुए गलियारे से भोजन कक्ष तक आगे पीछे चल कर घंटो बिता देता था. वह मछली पकड़ने वाले जहाज और सामान ले जाने वाले जहाज के आने-जाने के बारे में रेडियो पर प्रतिदिन दोपहर को प्रसारित होने वाला एक ऐसे संक्षिप्त समाचार का हवाला देता हुआ प्रतीत होता था, जिसमें गोल्डन वाटरफाल नामक एक जहाज भी शामिल था. फिर भी कोई नहीं जानता था कि वह गोल्डन वाटरफाल जहाज का हवाला ही क्यों देता था. शायद उस जहाज में कोई ऐसा विशेष व्यक्ति था जिससे वह अपनी बीमारी के कारण बुद्धि खो देने से पहले मिलने की उम्मीद करता था : "कोई ऐसा" जो कभी नहीं पहुँचा.

पीटर का मुख्य काम गायों की देखभाल करना था, जिसमें उन्हें खाना खिलाना और उनके पीछे की नाली से गोबर उठाना था. यह एक वृद्ध व्यक्ति के लिए मेहनत का काम था, ख़ासकर उसके हर्निया के कारण. उस काम में पहले गोबर को एक हथठेले में डालना होता था और फिर उसे गोशाला के बाहर ले जाकर एक गड्ढे में

---

13 आइसल. नाम: Gullfoss.

डालना होता था. यह एक जोखिम भरा काम हो सकता था, क्योंकि कभी-कभार दो गायें, जिनके स्टाल गोशाला के आखिरी छोर पर थे, दस्त के कारण अपना मल वेग से सीधी दिशा में निकालती थीं, जब वह उनके पीछे नाली को साफ़ कर रहा होता था. फिर भी पीटर कभी अपने काम में गैर-हाज़िर नहीं रहा.

एक लड़की भी थी जिसका नाम डोरा था, जो रिक्की की बड़ी चचेरी बहन थी, जिसे गर्मियों के महीनों में घर के काम के लिए रखा गया था. वह सत्तरह वर्ष की थी, कन्धों तक उसके भूरे बाल थे और उसका रंग गोरा था. सुबह में उसका नियमित कार्य था नाश्ता तैयार करने में सहायता करना और यह निश्चित करना कि सभी को नाश्ता मिला है और लड़कियों की ज़रूरतों की देखभाल करना. सामान्यतया नाश्ता स्क्यर (एक तरह की दही) का या दलिये का होता था. अगर पिछले दिन का कुछ बचा हुआ होता, तो इन दोनों पकवानों को एक साथ मिलाकर एक मिश्रण[14] बनया जाता जिसे सभी पसंद करते दिखते थे, सिवाये रिक्की के, जो मुँह में ठूँस लेता था अगर उसे यह खिलाया जाता तो. चीजों को और ख़राब करने के लिए, कभी-कभी मसालेदार रक्त के हलवे का एक ठंडा टुकड़ा[15] इस मिश्रण के ऊपर अच्छी मात्रा में डाल दिया जाता था, इसे और भी बदबूदार बनाते हुए. नाश्ते के बाद कुछ ताज़ा दूध, जिसे सुबह के दूध दोहने के बाद लाया जाता था, निप्पल वाली छोटी-छोटी बोतलों में डाल दिया जाता था. उसके बाद बहुत हो-हल्ला होता था, क्योंकि आधा दर्जन भेड़ के बच्चों को, जिन्होंने मेमने जनने के मौसम में अपनी माँ को खो दिया, सामने वाले दरवाज़े के बाहर बोतलों से दूध पिलाया जाता था.

डोरा दिन के ज़्यादातर समय स्विचबोर्ड के संचालन में व्यतीत करती थी. स्विचबोर्ड में 101 प्लग थे, जिसमें बहुत सारी तारें थीं जिन्हें उन फ़ोन काल्स को जोड़ने के लिए जल्दी-जल्दी खींचना और प्लग में लगाना पड़ता था, जो ज़िले के खेतों से देश के बाक़ी हिस्सों के लिए होती थीं. वह एक "पेशेवर" थी और वहाँ एक कोने में एक हेडसेट के साथ घंटों बैठती थी, जिससे उसका सम्पर्क बाक़ी की दुनिया से होता था. ज़िले के सारे फॉर्मों का एक अलग संकेत था, सामान्यतया मोर्स कूटसंकेत का एक अक्षर, जिसे वे दीवार पर लगे फ़ोन बक्सों के बाजू वाले हत्थे के इस्तेमाल से जल्दी-जल्दी घुमाते थे, जब फ़ोन करते थे. और क्योंकि सभी फॉर्म एक ही फ़ोन लाइन से जुड़े हुए थे, वे एक दूसरे की

14 आइसल. नाम: Hræringur.
15 आइसल. नाम: Slátur.

विशिष्ट घंटी क्रम को सुन सकते थे. वे जब चाहें रिसीवर उठा कर एक-दूसरे के फ़ोन संवाद छिप कर सुन सकते थे. पर एक सधा हुआ कान हरेक फॉर्म के विशिष्ट “क्लिक” को पहचान सकता था, जो क्रेडल से रिसीवर उठाते वक्त सुनाई देती थी. फ़ोन सम्पर्क की गुणवत्ता स्पष्ट रूप से उस अनुपात में घट भी जाती थी, जितने लोग छुप कर फ़ोन सुन रहे होते थे. सम्पर्क जब बहुत ही ख़राब हो जाता था तो कोई शिष्टता से कह देता कि जो सुन रहे हैं कृपया अपने फ़ोन रख दें, ताकि दूसरी आवाज़ ढंग से सुनाई दे. ऐसे में हरेक फॉर्म का विशिष्ट क्लिक फिर से सुना जा सकता था जैसे ही वो फ़ोन रखें – बेशक बिना कोई शब्द बोले. कुछ अवसरों पर रिक्की ने अपनी माँ को फ़ोन किया था, क्योंकि लम्बी दूरी के फ़ोन महंगे होते थे, वह केवल इंग्लिश, उसकी माँ की मातृभाषा, में बात करता था. और क्योंकि कोई भी उस भाषा को समझता नहीं था, हर कोई अपना फ़ोन जल्द ही रख देता था, जिससे अच्छा सम्पर्क मिल जाता था.

रिक्की की चचेरी बहनें, जैसा कि छोटे बच्चे होते हैं, सुबह ऊँची और कर्कश आवाज में बोलती थीं. उन सबके लम्बे बाल थे जिन्हें कंघी करना पड़ता था और चोटी बांधनी पड़ती थी. बड़ी लड़की के लिए यह नित्यकर्म था, जिसमें आँसू भी शामिल थे, जिसके बाल विशेषकर पतले थे जो उसकी निचली कमर तक पहुँचते थे और रात को आपस में उलझ जाते थे और हर सुबह उन्हें सुलझाना, कंघी करना और चोटी बांधना पड़ता था. रिक्की के सुझाव, कि उसके बाल काट कर छोटे कर दिए जायें, को नास्तिकता की हद तक माना गया और निस्संदेह उसके बारे में कभी नहीं सोचा गया.

रिक्की की सारी चचेरी बहनें गोरे रंग-रूप की थीं जबकि वह, उसकी माँ के अमेरिकन और मिश्रित प्रजातीय पृष्ठभूमि के होने के कारण, साँवले रंग का था. डोरा और एलिन अक्सर दोपहर में फॉर्म की दक्षिणी दीवार के बग़ल में धूप सेंकती थीं, जहाँ पर वे लगातार चलने वाली उत्तर-पश्चिमी हवा से बच पाती थीं. उन्हें यह स्वीकार करने में गुस्सा आता था, लेकिन उनकी धूप सेंकने की कोशिशें अधिकतर व्यर्थ होती थीं और उन्हें झुलसा देती थीं, जबकि रिक्की को लगभग तुरंत तपिश मिल गयी जैसे लगता था. उन्हें ऐसा लगता था कि उसे एक सुंदर तन पाने के लिए केवल एक बार सूर्य की ओर देखने की आवश्यकता है. यह उन दोनों स्त्रियों के लिए हैरानी की बात थी, क्योंकि पहले उन्होंने ऐसा कभी नहीं देखा था. इसीलिए एक अवसर पर यह सोचते हुए कि वह ज़रूर गन्दा होगा, उन्होंने उसके चेहरे और काँखों को बिना किसी नतीजे के और अपनी चिढ़ को बढ़ाते हुए तौलिये और साबुन से जोर-जोर से रगड़ा था. पर

रिक्की की गहरे रंग की त्वचा उसे अलग और अकेला महसूस कराती थी और यह भी कि वह परिवार का उतना ज़्यादा हिस्सा नहीं है जितना उसने चाहा था.

हर सप्ताह, जैसे-जैसे सप्ताह समाप्त होने को आता था, डोरा थकी हुई लगती थी. वह अपने पुरुष-मित्र कार्ल के आने का इंतज़ार करती रहती थी ताकि सप्ताहांत में उसे मनोरंजन के लिए कहीं ले जाये. शनिवार तक बच्चों के साथ उसकी असहिष्णुता स्पष्ट हो जाती थी और वह कार्ल से मिलने की अपनी प्रतीक्षा को बड़ी मुश्किल से रोक पाती थी. दोपहर के तीन बजे तक रिक्की और उसकी तीनों चचेरी बहनें बैठने वाले कमरे में खिड़की पर नाक दबाये इस अपेक्षा के साथ मुख्य सड़क पर झाँकते हुए इंतजार करते रहते थे कि आकर्षक वी-8 डॉज कोरोनेट दिखाई दे. शीघ्र ही और ज़ाहिर तौर पर डॉज जैसे ही नज़दीक आई क्षितिज पर धूल का एक बादल उभरा, बजरी की सड़क पर धूल के कोहरे में तैर रही हो जैसे. आँखें जितना देख सकती थीं उससे भी ज़्यादा गति से कार चलती हुई प्रतीत होती थी, जब तक यह फॉर्म की ओर आने वाले रास्ते पर पहुँचे और सड़क पर आगे बढ़े. अब इंतजार में डोरा अपने जूतों में काँप रही थी, उसके गाल लाल हो रहे थे, उसकी आवाज आठवें सुर से ऊपर जा चुकी थी और उसके होंठ कार्ल को एक ज़ोरदार चुम्बन देने के लिए तैयार थे, जैसे ही वह सामने के दरवाज़े से उभरे. कार्ल कभी भी ज़्यादा देर तक नहीं रुकता था, डोरा के साथ कार में दोबारा घुसने और एक नज़दीकी शहर ह्वंस्तंगी की ओर जाते हुए, जहाँ पर तूफानी रात बिताने से पहले संभवत: वे चादर के अंदर रंगरलियाँ मनाने के लिए एक मोटल में ठहरे थे, धूल के बादल में ओझल होने से पहले सभी को केवल नमस्ते कहता था. और फिर यह हर सप्ताहांत को दोहराया जाता था, बच्चे खिड़की पर झुकते, कार्ल की डॉज कोरोनेट को किसी जेट की तरह पास आते देखने का इंतज़ार करते, जो आसमान में अपने पीछे धूएँ की लकीर छोड़ते चलता है. वह श्रेष्ठ फैशन के कपड़े और नीली जीन्स पहने एक छैल-छबीला आदमी था. उसके काले घने बाल बहुत सारे बालों वाले जेल्ल से सने हुए थे, उसकी कलमें बहुत अच्छी थीं और उसकी मुस्कराहट एक शर्मीली एल्विस की तरह थी. और डोरा खुलकर हँसते हुए, आँखों में एक चमक के साथ, एक तंग मिनी-स्कर्ट, एक उभार दिखाने वाला ब्लाउज और समझदारी से ऊँची एड़ी वाले सैंडल पहने (क्योंकि वह एक "समझदार" लड़की थी) उसकी गाड़ी में बैठती थी, अपने जुड़े को ठीक करती थी और बच्चों की ईर्ष्यालू आँखों को अलविदा कहने से पहले अपने श्रृंगार को देखती थी, जब वह गाड़ी में बैठ कर कार्ल के साथ जाती थी. रिक्की और लड़कियों को ऐसा लगता था कि वे कभी किसी रोमांचक जगह पर गए नहीं.

दूसरे मामलों में फॉर्म का जीवन रिक्की के लिए आँखें खोलने वाला था. कुछ ऐसी घटनाएँ थीं जिन्हें समझ पाना रिक्की के लिए मुश्किल था और उन्होंने उसे स्तंभित कर दिया था. गुन्नार नाम का एक लड़का जो अपने किशोरावस्था के अंतिम चरण में था, फॉर्म में रहता था; एलिन की पिछली शादी से वह उसका बेटा था. गुन्नार एक ह्रदय स्थिति से पीड़ित था और जल्दी ही थक जाता था. उसके पास एक राइफल थी और निशाना लगाने के अतिरिक्त उसे व्हिमब्रेलों[16] और सामान्य चाहा पक्षी[17] का शिकार करने में आनंद आता था, यद्दपि ये लुप्तप्राय: प्रजातियाँ थीं. रिक्की ने कई बार उसके साथ इस गुप्त "रोमांचक खेल" पर गया था और देखा कि वह कभी-कभी उन चिड़ियों को, जिन पर वह गोली चलता था, केवल घायल ही कर पाता था. वह फिर जाता था और उन्हें फड़फड़ाते हुए पकड़ता था और उनका सिर काटते हुए उन्हें उनके कष्ट से मुक्त कर देता था - वह कहता था यह कृत्य उसे उनकी पीड़ा से मुक्ति दिलाने के लिए मज़बूरन करना पड़ता है. इसे देख कर रिक्की बहुत भयातुर हो जाता था और उसे बड़ी घबराहट होती थी, लेकिन उसने इसके बारे में फॉर्म में किसी को न बताने की क़सम खाई थी, इसलिए उसने इसे एक राज़ ही रखा.

फॉर्म, लक्जमोट.(फोटोग्राफर:विग्दिस कार्ल्सदोत्तिर)

16 आइसल. नाम: Spói.

17 आइसल. नाम: Hrossagaukur

28 उद्देश्य: आपकी आत्मा की भावुक यात्रा

गुन्नार का एक कुत्ता भी था, जिसका नाम कोलुर था, जो बूढ़ा था और गठिया से पीड़ित था और उसे मारना पड़ा था. पर गुन्नार ने किसी और को यह कार्य नहीं करने दिया, यह दावा करते हुए कि कुत्ते का प्यारा स्वामी होने के कारण यह उसी का कर्तव्य है कि गोली वही मारे. इस कार्य को करते हुए तड़पने के बावजूद उसने निश्चय किया कि वह इसे करेगा और फिर बाद में रो पड़ा. यह रिक्की की समझ के बाहर था. इन घटनाओं के बाद रिक्की गुन्नार से दूर रहने लगा. उसके व्यक्तित्व में कुछ ऐसी चीज़ थी जो लापता थी, एक खोया हुआ पेंच जिसका सम्बन्ध निस्संदेह दया से था.

यह समझ में आता है, फॉर्म में जानवरों को मारा भी जाता था जिनके भाग्य में यह लिखा होता था कि फॉर्म के लोगों का भोजन बनें और जबकि यह अशांत करने वाला था और मुर्गियों को कटे सिरों के साथ इधर-उधर भागते हुए देखना निर्दयता थी और मेमने, भेड़, यदा-कदा घोड़े को खाने के लिए काटना, रिक्की समझ गया कि यह चीजें सामान्य हैं. हालाँकि उन्होंने उसे भावनात्मक तौर पर कठोर बनाने में सहायता की और वह जल्दी बड़ा हो गया.

कल्पित बौनों का देश

गर्मी के महीनों के सप्ताह जल्दी-जल्दी व्यतीत हो रहे थे. रिक्की की चचेरी बहनें अक्सर दिन में अपना समय पास की पहाड़ी पर बड़ी चट्टानों में खेल कर व्यतित करती थीं. रिक्की कभी-कभी उनके साथ खेलता था, क्योंकि यह उसकी ज़िम्मेदारी थी कि वह समय-समय पर उनकी देखभाल करे. खेलने का समय जल्द ही व्यतीत हो जाता था और काफ़ी जोश भरा होता था, जब बच्चे चट्टानों में इधर-उधर दौड़ते थे तो दूसरों को ऐसा लगता था जैसे वे काल्पनिक दोस्तों के एक समूह के साथ खेल रहे हैं. रिक्की का अंकल सिग्गी, जो दुनिया में दिखाई न देने वालों का ज्ञान रखता था, अंदाजा लगाता, यद्यपि वह बच्चों के साथ खेलने वालों को देख नहीं पा रहा है, उसकी बेटियाँ या तो अपनी मार्गदर्शक आत्माओं[18] के साथ खेल रहीं हैं या फिर कल्पित बौनों के बच्चों के साथ, जो उन चट्टानों में रहते हैं और उसे इस बारे में कुछ अटपटा नहीं लगता

18 इस विषय पर ज्ञानवर्धक शोध के लिए कृपया टोबिन हार्ट को देखें, द सीक्रेट स्पिरिचुअल वर्ल्ड ऑफ़ चिल्ड्रेन. नोवाटो : न्यू वर्ल्ड लाइब्रेरी, 2003

था. हालाँकि उसकी बेटियाँ कभी भी अपने अदृश्य दोस्तों के साथ चट्टानों में गायब नहीं हुईं थीं, इसीलिए सिग्गी सोचाता था कि संभवत: उनके खेलने वाले साथी उनकी मार्गदर्शक आत्माएँ होंगी. लेकिन यह भी संभव था कि कल्पित बौने चट्टानों में से निकलते थे और खेल के दौरान केवल उसकी बेटियों को ही दिखाई देती थीं. इनमें से एक अवसर पर रिक्की अचानक उनींदा महसूस करने लगा और वह चट्टानों में एक के साथ टेक लगा कर बैठने का फैसला किया. वह तत्काल ही मूर्छावस्था में जाते दिखा. तब उसने देखा कि एक बड़े चट्टान पर अकेले बैठे कल्पित बौनों का एक बच्चा रो रहा था. रिक्की उसके पास गया और कल्पित बौने के बच्चे से उसने पूछा कि उसे क्या परेशानी है तो उसके उत्तर में उसने कहा कि उसकी माँ बीमार है और अगर वह उसकी सहायता नहीं कर पाया तो वह जल्द ही मर सकती है. रिक्की ने सहायता की पेशकश की और कल्पित बौने का बच्चा उसका हाथ पकड़ कर उसे एक बड़ी चट्टान की ओर ले गया. चट्टान के बाजू में एक बैंगनी फूलों वाला एक बहुत ही सुंदर पौधा उगा हुआ था. कल्पित बौने का बच्चा झुका और उनमें से एक पौधे के तने से एक पत्ता तोड़ कर अपनी अंगुलियों के बीच में रगड़ा, जब तक उसकी अंगुलियों को रस ने तर नहीं कर दिया. उसने फिर रिक्की को झुकने के लिए कहा ताकि वह रस को उसकी पलकों पर रगड़ सके. जैसे ही ऐसा किया गया, रिक्की "कल्पित बौनों के संसार" को उसी स्पष्टता से देख पाने में सक्षम हो गया, जैसे कि वह अपनी दुनिया को देख सकता था. उसे एहसास हुआ कि केवल छोटे कल्पित बौने की माँ और उसके बारह बच्चे ही इस चट्टानों के झुण्ड में रहते थे. उन सब के लिए चट्टानें बहुत सुंदर घर थीं, सब्ज़ियों और जड़ीबूटियों के बाग़ के साथ सामने प्रवेश द्वार और मुर्गियों, भेड़ों, पशु और घोड़ों के लिए पीछे चारागाह. कल्पित बौना रिक्की को एक चट्टान में ले गया और वहाँ एक शयनकक्ष में उसकी माँ लेटी हुई थी; मृत्यु के समीप. रिक्की ने पूछा कि वह किस तरीक़े से उसकी सहायता कर सकता है और उसने उत्तर दिया:

> "बारह और बारह
> तुम्हारे पिता, अब तुम
> दो ज़िंदगियाँ जोखिम में
> भुगतान बाक़ी है."

रिक्की ने अनुमान लगाया कि यही वह कल्पित बौनी-स्त्री है जिसने बहुत वर्षों पहले उसके पिता के प्राण बचाए थे, जब वह बारह वर्ष की आयु में झाड़ी

घाटी की नदी के किनारे चट्टानों पर पुल से नीचे गिर गये थे. और अब रिक्की, जो अब उसी आयु का है जितनी के उसके पिता तब हुआ करते थे, एक "वस्तु के रूप में" कृत्य देय है. अपने स्वास्थ्य को फिर से ठीक करने के लिए कल्पित बौनी स्त्री ने रिक्की को डेढ़ पाव छाछ लाने के लिए कहा. उसने बताया कि परिस्थितियाँ दुर्भाग्यवश ऐसी हैं कि उसकी एक ही गाय गर्भवती है और जब तक वह जन्म न दे ले वह दूध नहीं दे सकती. इसलिए वह मक्खन नहीं बना सकती थी या छाछ के औषधीय गुणों का लाभ नहीं उठा सकती थी, जो मक्खन का प्रतिफल है और तब बनती है जब दूध से चर्बी अलग होती है. रिक्की को पता था कि एलिन और डोरा ने उसी सुबह मक्खन बिलोया था और वह छाछ, जो साधारणतया शाम को बछड़ों को पीने के लिए दी जाती है, अभी भी उपलब्ध है. रिक्की ने जल्दी की और डेढ़ पाव छाछ के साथ लौट कर आया, जिसमें कल्पित बौनी स्त्री ने कुछ जड़ी-बूटियाँ मिलाई. फिर उसने सारा डेढ़ पाव छाछ पी लिया. उसने रिक्की को उसकी अनुकंपा के लिए धन्यवाद दिया और वादा किया कि वह उसे कुछ ऐसी महत्वपूर्ण सलाह देने में सहायता करेगी जो उसे मनुष्यों के बीच रहने में उसके काम आएगी. कल्पित बौना-बच्चा फिर उसे बाहर ले गया और उसकी पलकों से रस को पोंछ दिया, जिसके बाद तत्काल ही कल्पित बौनों के घर अपने पुराने रूप में बड़े पत्थरों की तरह हो गये और कल्पित बौनें कहीं भी नहीं दिखाई पड़े.

इससे पहले कि कल्पित बौनी-माँ रिक्की से दोबारा सम्पर्क करती, कुछ हफ्ते बीत गये थे. वह उसके एक सपने में आई और कहा कि उसने अपने एक पुराने बुद्धिमान मित्र से बात की है, जो हीथर हिल्ल[19] में रहता है, जो झाड़ी घाटी नदी के किनारे तीन मील की दूरी पर है. उसने कहा कि वह एक आत्मा है और उसका नाम पुरानी आत्मा है. और उससे भिन्न, जो कल्पित बौनों के अदृश्य संसार में रहती है, पुरानी आत्मा मानवीय आत्मा है जो आत्माओं के अदृश्य संसार में रहता है. कल्पित बौनी स्त्री ने उसको सलाह दी कि रिक्की इस आत्मा से मिले. एक बार फिर उसने रिक्की को उसकी सहायता के लिए धन्यावाद दिया और बताया कि वह छाछ, जो उसने ला कर दी थी, उन जड़ी-बूटियों के साथ, जो उसने मिलाई थी, उसकी सेहत को पूरी तरह से ठीक कर दिया है. जाते हुए उसने निम्नलिखित छन्दों को पढ़ा और कहा कि रिक्की पुरानी आत्मा से मिलने

---

19 आइसल. अनुवाद: Lynghóll.

से पहले उन पर ध्यान से मनन करे, अगर वह उसकी सलाह मानने का निर्णय लेता है तो:

तुम्हारे संसार में,
जहाँ मैं तुम्हें देख सकती हूँ, लेकिन तुम मुझे नहीं देख सकते,
तुम जन्म ले कर आते हो और संघर्ष करते हो
एक भौतिक ब्रम्हाण्ड के साथ:
जो रौशनी, तुम्हारे सूर्य ने दी है
गुरुत्वाकर्षण, तुम्हारी धरती ने
ऋतुएँ, तुम्हारे मौसम ने
विषमता, तुम्हारी इन्द्रियों ने
इन सभी को तुम्हें स्वीकारना है और इनमें रहना है

और तुम हो:
स्वभाव से विशिष्ट
कार्य द्वारा संचालित
दूसरों से अलग
अनुभव लेते हुए
समय में फँसे हुए
भाग्य की बेड़ियों में बंधे हुए
उम्र बढ़ाने वाला एक जीवनकाल

और इनके बारे में तुम सीखोगे:
प्रेम और भय
क्रोध और अवसाद
अपराध बोध और क्षमता
घृणा और बुराई
तब तक कि तुम अनिवार्यत: मर न जाओ
और फिर जागो
आत्माओं के देश में

रिक्की जब अगली सुबह जागा तो उसको यह सपना बड़ी अच्छी तरह से याद था. कुछ सप्ताह बीत गये. फॉर्म सामान्य तौर पर चल रहा था. सिग्गी उसे हर सुबह छह बजे जगाता था और क्योंकि गायें गर्मियों में बाहर सोती थीं, रिक्की का काम था वहाँ से उन्हें वापिस लाना जहाँ रात में वे घूमने चली जाती थीं. मई, जून और जुलाई के महीनों में सूर्य क्षितिज के नीचे कुछ ही घंटों के लिए जाता था और शाम में रातें होती थीं. ज़्यादातर जंतु इन गर्मी के महीनों में दो या तीन घंटों के लिए ही सोते प्रतीत होते थे और प्रात:काल में चिड़ियों की कई किस्में चहचहाती और गाती थीं और हर तरफ़, जहाँ तक आँखें देखती थीं, जीवन गतिविधि से भरा हुआ था. गाय अक्सर एक या दो मील दूर तक चली जाती थीं, कभी-कभी धसान और दलदल के पार. उन्हें पैदल वापिस लाने में सामान्यतया एक घंटा लगता था, लेकिन तब यह आसान होता था जब घोड़ा उपलब्ध होता था और रिक्की घोड़े की पीठ पर बैठ कर उन्हें वापिस ला सकता था.

ये सुबह बड़ी ख़ूबसूरत थीं, लेकिन अकेले खेतों में दूर तक चलना, दलदल के पार जहाँ परमाफ्रॉस्ट नर्म कोयले को घासदार मैदान के नीचे से पिघला दिया था, जिसके कारण दलदल उसके पैरों के नीचे से फिसल रहा था, रिक्की को भयभीत और आनन्दित दोनों कर रहा था. इन दलदलों में गहरे, तंग नाले थे जो मकड़ी के जाल की तरह धारा बना रहे थे जिससे पानी छोटे तालाब में जा रहा था और वहाँ से एक गहरे तंग नाले से होते हुए झाड़ी घाटी नदी में, जो कुछ मीलों की दूरी पर थी.

जब वह इन दलदलों की उलझन से गुज़रता था, रिक्की को हमेशा डर लगता था. किसी अनजाने कारण से उसे पानी से बहुत पुराना भय था. उसे याद था कि जब पाँच या छह साल का था तो वह घर पर शौचालय इस्तेमाल करके मुश्किल में पड़ जाता था और फ्लश चलाने के लिए बहुत डरता था, पानी को नाली में ज़ोर से खिंचते हुए देखने के डर से. जब दलदल में से चलता था, वह अपनी साँस रोके रखता था. उसे अपना सिर घूमता हुआ प्रतीत होता था. जब उसके शरीर के भार से घास धँस जाती थी, गीली कीचड़युक्त घास के नीचे लहर पैदा करते हुए, किसी पत्थर को पानी में फेंकने से जैसे होता है तो उसका दिल ज़ोर-ज़ोर से धड़कने लगता था. अगर वह नीचे खाई में गिर गया तो क्या होगा? वह अकेला था. कोई उसे कभी नहीं खोज पायेगा. हालाँकि एक तर्कसंगत सोच पर उसे इस तथ्य से दिलासा मिलता कि घास का मैदान गायों के भार से धंसे नहीं जब वे, संभवत:, पिछली रात इसी से हो कर गईं होंगी.

सौभाग्य से दलदली भूमि के टुकड़े इस रास्ते पर छुटपुट थे और अंतत: जब रिक्की गायों के इतने नज़दीक आ जाता कि वे उसे देख पायें, वह जितना ज़ोर से हो सके उतना ज़ोर से "रंभाता" था और गायें उसे पहचान जाती थीं और समझ जाती थीं कि अब घर जाने का समय हो गया है. सुबह उनके थन भरे हुए होते थे और जब उनका दूध निकाला जा रहा होता तो वे स्वादिष्ट अनाज के कुछ डोल का इंतजार करती थीं. जब वे रिक्की को बुलाते हुए सुनती थीं तो सबसे प्रभावशाली गाय के नेतृत्व में सभी गायें चहलक़दमी करते हुए एक लाइन में आ जाती थीं. रिक्की उन्हें हाँकता था और जब वे गोशाला में पहुँचती थीं, हरेक अपने स्थान पर चली जाती थी. वे अपने स्थान को भलीभांति जानती थीं, पूरी सर्दी के दौरान वहीं सोने के कारण. जब तक रिक्की पहुँचता था, पीटर गोबर की नाली साफ़ कर दिया होता था, उनके स्टाल तैयार कर दिया होता था और स्वादिष्ट अनाज का एक डोल हरेक गाय की नाँद में दूध निकालते वक़्त उनके खाने के लिए डाल दिया होता था. गोशाला में बिजली नहीं थी; एक छोटी सी खिड़की से पर्याप्त रौशनी आ जाती थी और गायों का दूध हाथ से निकाला जाता था. बाद में रिक्की उन्हें बाहर चारागाह में ले जाता था, जहाँ वे शाम तक चरती रहती थीं, जब तक उन्हें रात को फिर से बाहर छोड़ने से पहले शाम का दूध निकालने के लिए वापिस नहीं ले लिया जाता था.

कभी-कभी गाय घूमती हुई हीथर हिल्ल की ओर चली जाती थीं, जहाँ पुरानी आत्मा रहने की बात कल्पित बौनी स्त्री ने कही थी. और कभी-कभार नदी के छिछले पानी में घुस कर चलते हुए नदी के उस पार चली जाती थीं, जहाँ ज़्यादा हरी घास होती थी. नदी उन जगहों पर गहरी थी जहाँ यह तंग थी और अगर उन स्थानों से गायें पार करती थीं तो पानी का बहाव उनका संतुलन बिगड़ते हुए उन्हें कुछ दूर तक तैर कर पार करने के लिए मज़बूर कर देता था.

एक सुबह रिक्की जब हीथर हिल्ल पहुँचा, उसने पाया कि गायों ने नदी को पार कर लिया था. उसने उन्हें बुलाया और जितना ज़ोर से हो सके रंभाया, लेकिन उसकी आवाज को वे सुन न सकीं कारण हवा उसे दूसरी दिशा में उड़ा ले गई. नदी के किनारे, उसके आसपास और हीथर हिल्ल के ऊपर ग्रेनाइट चट्टान का एक बहुत बड़ा तल था. रिक्की ने निश्चय किया कि वह चट्टान के तल पर चढ़ेगा और उस जगह से नदी के पार बुलाएगा. जब वह चट्टान पर खड़ा हुआ, हवा की गति अचानक बढ़ गई, इसने दिशा बदल ली और उसकी आवाज को नदी के पार गायों तक पहुँचा दिया जो दूसरे किनारे पर चर रही थीं. जैसे ही उन्होंने उसे बुलाते हुए सुना और हवा में अपना हाथ हिलाते हुए देखा, वो नदी

को पार कर वापिस आने लगीं — कुछ चलकर आ रहीं थी, लेकिन बाक़ियों को कुछ रास्ता तैर कर आना पड़ा था.

उसी दिन बाद में शाम को जब रिक्की सो गया, उसे एक जीवंत स्वप्न ने जगा दिया. वह सपने में नदी के पास हीथर हिल्ल पर चट्टान के तल पर बैठा था, गायों का दूसरी ओर से वापिस आने का इंतज़ार कर रहा था. उसी समय पहाड़ी से एक आत्मा उभरी और कहा, "नदी के उस पार तुम्हारी आवाज पहुँचाने के लिए मैंने हवा को मज़बूर किया और गायों को वापिस लाने में तुम्हारी सहायता की और मैं तुम्हारी सहायता फिर से करुँगा यदि तुम चाहो तो." रिक्की ने अनुमान लगाया कि यह वही पुरानी आत्मा होगा जिससे मिलने की कल्पित बौनी स्त्री ने सलाह दी थी. पुरानी आत्मा ने जारी रखा, "मुझसे मिलने के लिए तुम्हें इस चट्टान पर गोल चक्कर में चलना होगा; तीन बार घड़ी की सुइयों की दिशा में और तीन बार विपरीत दिशा में. उसके बाद एक प्रिय विचार के साथ हीथर हिल्ल की ओर मुँह किये खड़े हो जाने से मेरे संसार का दरवाज़ा तुम्हारे लिए खुल जाएगा." फिर पुरानी आत्मा सपने से ग़ायब हो गया.

रिक्की ने किसी को भी कल्पित बौनी स्त्री के साथ हुए अनुभव के बारे में नहीं बाताया था और उसने निश्चय किया था कि इस सपने को भी अपने तक ही रखना सबसे अच्छा होगा, कम से कम फिलहाल के लिए.

गर्मी के दिन शीघ्रता से व्यतीत हो गये और अगस्त तक सूखी घास काटने का मौसम पूरे ज़ोर पर था. सिग्गी एक पुराने ट्रेक्टर का इस्तेमाल कर वहाँ घास काटता था जहाँ भूमि समतल थी और एक दरांती से जहाँ भूमि असमतल थी या जहाँ खड़ी ढलान थी. और जब सूर्य चमक रहा होता था, खेत पर प्रत्येक व्यक्ति हाथ में औजार ले कर एक ही लाइन में खड़ा हो जाता था और सूखी घास को पलटते हुए खेत के पार तेज़ी से चलता था, ताकि वह अच्छी तरह से सूख सके. इस तरह से वे खेत के एक सिरे से दूसरे सिरे तक जाते थे, जाते और वापिस आते, जब तक खेत की सारी सूखी घास न पलट दी जाती. एक बार सूखने के बाद सूखी घास को औजार से पंक्तियों में लगा दिया जाता था और रिक्की एक घोड़े से खींचे जाने वाले गट्ठा बनाने के मशीन से इसे गट्ठों में इकट्ठा कर देता था, इससे पहले कि यह ट्रेक्टर द्वारा सर्दियों के लिए गोशाला ले जाया जाये. यह मनोरंजक समय होता था, यद्यपि इसमें जल्दबाज़ी होती थी जब सूर्य चमक रहा होता था, ताकि मौसम के बदलाव में वे फँस न जाएँ.

फॉर्म में बहुत सारे घोड़े होते थे – कुछ काम करने वाले घोड़े, जिन्हें वैगन और सूखी घास के गट्ठे बनाने का मशीन खींचने के लिए इस्तेमाल किया जाता था, दूसरे सवारी के लिए और शरद ऋतु में बर्फ गिरने से पहले भेड़ों और घोड़ों को इकट्ठा करने के लिए इस्तेमाल किया जाता था. रिक्की के पास सुनहरा भूरा रंग का एक बहुत सुंदर घोड़ा था, जिसका नाम ट्रस्ट[20] था. रिक्की हमेशा उसकी नंगी-पीठ सवारी करता था, क्योंकि वह घोड़े के पसीने की मीठी सुगंध के साथ, ख़ासकर सरपट दौड़ने के बाद, उसकी शक्ति को पूरे तरीक़े से महसूस कर सकता था. ट्रस्ट एक विश्वसनीय घोड़ा था और रिक्की को उससे बहुत लगाव था. रविवार को अक्सर रिक्की अपने घोड़े को सवारी के लिए पास का फॉर्म कोट[21] ले जाता था, जहाँ वह अपने एक मित्र के साथ गया था. इस फॉर्म का रास्ता हीथर हिल्ल के एकदम नज़दीक से गुज़रता था, जहाँ पुरानी आत्मा रहता था.

एक और आयाम

फॉर्म में ज़ाहिरा तौर पर एक सुखद जीवन के बावजूद रिक्की अकेला था और वह अक्सर असहाय महसूस करता था. वह समझता था कि उसका जीवन कठिन है. उसका बचपन धीरे-धीरे गुज़रता प्रतीत होता था; वह अपने 12 वर्षीय शरीर को बड़ा होने देने का इंतज़ार नहीं कर सकता था. वह अक्सर अपने हकलाने पर और पढ़ने-लिखने के दौरान अपनी मुश्किलों पर क़ाबू करने के बारे में सोचता था.

रिक्की अक्सर हीथर हिल्ल के पुरानी आत्मा, कल्पित बौनी स्त्री ने उसे क्या कुछ कहा और उस सपने के बारे में सोचता था जिसमें पुरानी आत्मा ने उसे सलाह देने की पेशकश की थी. उसके पास निश्चित तौर पर पुरानी आत्मा को पूछने के लिए बहुत सारे प्रश्न थे, इसलिए बहुत सोच-विचार के बाद उसने निश्चय किया कि वह इस आत्मा के प्रस्ताव को स्वीकार करेगा और एक मुलाक़ात के लिए हीथर हिल्ल जाएगा. कुछ हफ्तों बाद एक रविवार की दोपहर को कोट में अपने मित्र से मिल कर घर लौटते हुए रिक्की हीथर हिल्ल

---

20 आइसल. नाम: Trausti.

21 फॉर्म Þórukot का संक्षिप्त नाम

पर यह देखने के लिए रुक गया कि क्या पुरानी आत्मा उसे दिखेगा जैसा कि उसने उसको सपने में कहा था.

रिक्की घोड़े से थोड़ी घबराहट के साथ उतरा, फिर कुछ समय तक निश्चल खड़ा रहा और कुछ मिनटों के लिए स्वयं को दृढ़ किया. वह चट्टान पर गया और जैसा पुरानी आत्मा ने निर्देश दिया था वैसा गोल-गोल चक्कर काटने लगा – तीन बार घड़ी की सुइयों की दिशा में और तीन बार विपरीत दिशा में. फिर वह हीथर हिल्ल की ओर मुँह करके निश्चल खड़ा हो गया, दिमाग़ में अपने घोड़े ट्रस्ट के लिए जो प्रेम है उसके बारे में एक प्रिय विचार लिए. एक सुनहरी प्लोवर[22] ने लय में चहचहाना शुरू कर दिया, "बी-बी, बी-बी, बी-बी, बी".

समय ठहर-सा गया. एक चमकदार उज्ज्वल रौशनी पहाड़ी में से निकली, फिर एक दरवाज़ा प्रकट हुआ और उसको ऐसा प्रतीत हुआ कि पूरी पहाड़ी हज़ारों आत्माओं का एक ब्रम्हाण्ड है, जो इन्द्रधनुषी रंगों से दमक रहीं हैं. आत्माएँ गोलाकार रूप में थीं और ऐसा लग रहा था कि वे अपनी दुनिया में होने वाली चीज़ों में व्यस्त थीं; प्रत्यक्षत: रिक्की की ओर ध्यान दिये बिना अपना कार्य करती जा रही थीं. आत्माएँ समूहों में इकट्ठी थीं जो छोटे-छोटे समुदाय बनाती प्रतीत होती थीं, जबकि दूसरी आत्माएँ इन समूहों के बीच किसी उद्देश्य से आती-जाती प्रतीत होती थीं. एक ही क्षण में रिक्की हज़ारों आत्माओं से बसे विशाल ब्रम्हाण्ड के बारे में सचेत हो गया था. ये सब उसने एक ही बार में देख लिया था, जैसे कि एक ही आयाम में हो जहाँ विस्तार की कोई सीमा नहीं.

उसके सपने वाला पुरानी आत्मा प्रकट हुआ और उसने कहा, "आध्यात्मिक आयाम में तुम्हारा स्वागत है. कृपया मेरे निजी अध्ययन कक्ष में आओ और हम बात करेंगे."

रिक्की की टाँगे भय से डाँवाडोल होती महसूस हो रहीं थीं. वह अध्ययन कक्ष में गया और ख़ुद को उस कुर्सी के सामने पड़े स्टूल पर पटक दिया जहाँ ख़ुद पुरानी आत्मा आराम से बैठ गया था.

पुरानी आत्मा ने मुस्कराते हुए कहा, "तुम्हारा स्वागत है ... बैठ जाओ !" फिर उसने पूछा, "तुम्हें कौन-सी चीज़ परेशान कर रही है, मेरे युवक?"

---

22 आइसल. नाम: Heiðlóa.

कुछ साहस जुटाते हुए रिक्की ने हिचकिचा कर हकलाते हुए उत्तर दिया, "मुझे कु-कु-कु-छ प-प-प-रेशानियाँ हैं."

"बोलने में डरो मत ... मैं तुम्हारे हकलाने के बारे में जानता हूँ."

रिक्की को तत्काल ही महसूस हुआ कि पुरानी आत्मा जानता था कि उसे कौन-सी चीज़ परेशान कर रही है. उसने स्वयं को कुछ विशिष्ट प्रश्न पूछने के लिए तैयार किया, तो उसने कहा, "मेरे कुछ प्रश्न हैं जो तुमसे पूछना चाहूँगा, यदि मैं पू-पू-पू-छ सकता हूँ तो?"

"हाँ," उसने उत्साह से कहा.

रिक्की ने ख़ुद को संभाला और बोला, "मुझे अक्सर डर लगता है, मैं अलग और अकेला भी महसूस करता हूँ."

"मैं समझता हूँ ... मुझे और बताओ. तुम्हें क्या डराता है?"

"प-प-प-पानी. मैं हमेशा ही पानी से क्यों डरता रहा हूँ? मैं नदियों से डरता हूँ और मुझे सुबह दलदल को पार करने में डर लगता है जब मैं गायों को लाता हूँ."

"हाँ. मैं उसमें तुम्हारी सहायता कर सकता हूँ ... लेकिन पहले, मुझे यह बताओ कि कौन-सी चीज़ें तुम्हें अलग और अकेला महसूस कराती हैं?"

"ब-ब-ब-बहुत सारी चीज़ें ... उनके बारे में बोलना मुश्किल है."

"ठीक है, किसी ऐसी छोटी चीज़ से शुरू करो जो तुम्हें ज़्यादा परेशान नहीं करती."

"तुम मेरे घोड़े ट्रस्ट को जानते हो? मैंने उस पर नंगी पीठ सवारी करना शुरू किया था और फिर कुछ वर्ष पहले सभी ने मुझे यह कहना शुरू किया कि मुझे काठी का इस्तेमाल करना चाहिए. मैंने कोशिश की, लेकिन वह कभी ठीक नहीं लगी. इसीलिए कुछ प्रयासों के बाद मैंने फिर से उसकी नंगी पीठ सवारी करनी शुरू कर दी और फिर मैंने तब से कभी काठी का इस्तेमाल नहीं किया. मेरे दोस्त सोचते हैं कि यह विचित्र है और इस पर मुझे चिढ़ाते हैं, लेकिन मैं परवाह नहीं करता. लेकिन मैं सोचता हूँ कि मैं ऐसे अलग क्यों हूँ?"

"मैं समझ गया ... अब मुझे कुछ और महत्वपूर्ण बात बताओ जो तुम्हें अलग और अकेला महसूस कराती है."

"म-म-मेरा हकलाना," रिक्की ने उत्तर दिया. "जब मैं बोलता हूँ तो मैं ह-ह-ह-हकलाता क्यों हूँ? यह बहुत अपमानजनक है और मुझे रुलाता है. और मुझे पढ़ने और ल-ल-लिखने में समस्या क्यों आती है? मैं स्कूल में अपने सभी दोस्तों से बहुत पीछे हूँ. मुझे शर्म आती है."

"हाँ, मैं तुम्हें इन सवालों के भी कुछ जवाब दे सकता हूँ. लेकिन मैं यह कह सकता हूँ कि तुम्हारा एक और प्रश्न है."

"हाँ. मेरी त्वचा मेरे भाइयों, मेरी चचेरी बहनों, और म-म-म-मेरे सभी दोस्तों से गहरे रंग की क्यों है? मैं अलग दिखना नहीं चाहता. कभी-कभी मुझे यह लगता है कि मेरा उनसे कोई संबंध नहीं है. यह मुझे बहुत बुरा लगता है."

पुरानी आत्मा अब अपनी आरामकुर्सी में पीछे झुक कर बैठ गया और उसने कहा, "हम्म ... मुझे इसके बारे में सोचने दो. पहले मैं तुम्हें यह बताना चाहूँगा कि बाहर आने और यहाँ मुझसे मिलने के साहस करने लिए और मुझसे प्रश्न पूछने के साहस रखने के लिए मैं तुम्हारी कितनी प्रशंसा करता हूँ. मैं जानता हूँ कि इसके बारे में बात करना तुम्हारे लिए आसान नहीं है."

"मैंने यह बात पहले किसी और को नहीं बताई."

"हाँ, मैं जानता हूँ. मैं यह भी जानता हूँ कि हमारे पास मिलने के और एक-दूसरे को जानने के लिए बहुत अवसर होंगे, यदि तुम्हें वह पसंद हो तो. क्या तुम्हें वह कविता याद है जो कल्पित बौनी स्त्री ने तुम्हें सपने में दी थी?"

रिक्की ने हिचकिचाहट से मुस्कराते हुए उत्तर दिया, "हाँ."

"वह कविता विशेष विषयों का आधार है जिनके बारे में मैं तुमसे बात करना पसंद करूँगा. यह विषय जीवन के कुछ मौलिक विषयों के बारे में है, एक बार यदि तुम उन्हें अच्छी तरह समझ लोगे तो तुम्हारे शेष जीवन के लिए बहुत अधिक सहायक होंगे."

रिक्की ने संकोचभरी प्रतिक्रिया व्यक्त की, "सच में?"

"मैं तुम्हारे प्रश्नों के कुछ उत्तर दूँगा, लेकिन इससे पहले कि मैं उनका विशेष रूप से उत्तर दे सकूँ, तुम्हें जीवन की प्रवृति के बारे में कुछ सामान्य आवधारणायें समझनी होंगी."

"ठीक है."

पुरानी आत्मा ने जारी रखा, "मैं जानता हूँ कि हर कोई जो आइसलैंड में जन्म लेता है स्वत: ही लुथेरण चर्च का सदस्य बन जाता है. मैं यह भी जानता हूँ कि अगले वर्ष तुम्हें, तुम्हारे सभी मित्रों के साथ, पक्का कर दिया जाएगा, क्योंकि यही स्थापित प्रथा है. इसलिए मैं शुरू में आस्थाओं की प्रवृति की पृष्ठभूमि के बारे में तुम्हें कुछ जानकारी दूँगा, क्योंकि यह तुम्हारे जीवन के प्रति आस्था ही है जो तुम्हारे अनुभवों को निर्धारित करती है."

रिक्की, अब तक थोड़ा आश्वस्त होते हुए, इस वार्तालाप को रोचक पाने लगा था.

"मैं इस प्रस्तावना से प्रारंभ करता हूँ: यह सभी मनुष्यों के लिए स्वाभाविक है कि वे उस अज्ञात के लिए अपनी आस्थाओं को खोजें और उन्हें अपनाएँ जो उन चीज़ों के बारे में उन्हें स्पष्टीकरण देती हैं जो जीवन में घटित होती हैं और उनकी समझ के परे हैं. इन आस्थाओं की प्रकृति सामान्यतया आध्यात्मिक होती हैं और कई धार्मिक संस्थान इन आस्थाओं के आसपास बनी हैं, जिनमें से प्रत्येक उस अज्ञात की अलग व्याख्या करती है. इनमें से ज़्यादातर धार्मिक संस्थान यह कहते हैं कि एक सर्वव्यापी, एक सर्वशक्तिमान और एक अन्तर्यामी आकृति है, जो भगवान की अवधारणा का प्रतिनिधित्व करती है. सभी धर्मों के मौलिक सिद्धांत अनिवार्यत: एक जैसे ही हैं, इस तरह से कि वे सब अपने अनुयायियों को यह विशिष्ट सलाह देते हैं कि उन्हें कैसे शान्ति से एक साथ रहना चाहिए."

"'जीवन की प्रवृत्ति' के बारे में जो विचार मैं तुम्हें बताने जा रहा हूँ, हालाँकि यह धार्मिक नहीं है. यह एक आध्यात्मिक दृष्टिकोण है. अगर तुम्हारी इच्छा हो तो तुम इसे सभी धर्मों के पीछे की कहानी सोच सकते हो, जो सबके लिए समान है."

"आध्यात्मिक दृष्टिकोण क्या है?"

"आध्यात्मिक दृष्टिकोण का मौलिक विचार जो मैं तुम्हें बताऊँगा वह यह है कि तुम एक ही समय में आध्यात्मिक आयाम में भी रहते हो, या जिसको तुम

'स्वर्ग' कह सकते हो, और धरती पर तुम्हारा वर्तमान जीवन एक शैक्षणिक यात्रा है जो तुम्हें अपने बारे में सीखने का अवसर प्रदान करेगा, ताकि तुम अंततः आध्यात्मिक रूप से विकसित हो सको."

"मैं अपने जीवन के बारे में उस रूप से कभी नहीं सोचा. क्या तुम यह कह रहे हो कि मेरे दो अलग-अलग जीवन हैं – एक आध्यात्मिक आयाम में और दूसरा धरती पर?"

"हाँ भी और नहीं भी. धरती पर तुम्हारा जीवन अलग है और तुम्हारे उस जीवन से अलग है जो आध्यात्मिक आयाम में है, फिर भी तुम एक ही आत्मा हो और तुम्हारा अस्तित्व एक ही साथ यहाँ इस ग्रह पर एक भौतिक आयाम में है और गैर-भौतिक आध्यात्मिक आयाम में भी है. लेकिन मैं तुम्हें इसके बारे में बहुत कुछ बाद में बताऊँगा."

"ठीक है ... लेकिन तुम्हारे रुकने से पहले क्या मैं तुमसे पूछ सकता हूँ: एक धर्म पर विश्वास करने में और एक आध्यात्मिक दृष्टिकोण होने में क्या अंतर है?"

"यह आवश्यक नहीं है कि जीवन का आध्यात्मिक दृष्टिकोण धार्मिक दृष्टिकोण जैसा हो. बहुत सारे धर्म हैं और उनकी अपनी विशिष्ट धार्मिक कहानियाँ हैं. हालाँकि उन सब में जो समानता है, वह यह है कि प्रेम का एक आध्यात्मिक दृष्टिकोण और अपने अनुयायियों को यह निर्देश देना कि वे दूसरों के साथ सहृदयता से रहें. आध्यात्मिक दृष्टिकोण की अभिव्यक्ति ने सारे इतिहास में सबसे सुंदर कला को प्रेरित किया है, जो प्रेम और अपने देवताओं के लिए, भगवान के लिए या उसके लिए जो "सब वही है", उनके धर्म के अनुसार जो भी है, मनुष्यों की भक्ति के रूपक के तौर पर काम करता है."

"लेकिन मैंने स्कूल में पढ़ा है कि साहसी रिचर्ड मुस्लिमों को मारने के लिए जेरूसलम गया था, क्योंकि वे ईसाई नहीं थे."

"तुम सही हो. सभी धार्मिक लोग अपने धर्मों के सिद्धांतों पर नहीं चलते और धर्म के नाम पर लाखों की हत्याएँ की गई हैं. इस समस्या का सम्बन्ध राजनीति और शासन से है और दोनों अच्छी तरह से धार्मिक सिद्धांतों से मेल नहीं खाते. राजनीति और अलग-अलग चर्च जो प्रभुत्व की होड़ में होते हैं अपने और अपने अनुयायियों में मतभेद पैदा कर लेते हैं. तुम्हारे लिए यह समझना महत्वपूर्ण है कि आध्यात्मिक मूल्य धर्मों में लड़ाई के स्रोत नहीं हैं; इनका सम्बन्ध शासन की राजनीति से है."

“मेरे विचार है मैं समझता हूँ.”

“एक विशेष धार्मिक आस्था का सदस्य न होने पर भी एक आध्यात्मिक दृष्टिकोण रखने में कोई टकराव नहीं है. लेकिन मैं तुम्हें इन मुद्दों के बारे में और बाद में बताऊँगा, यदि तुम चाहो तो.”

“आध्यात्मिक अस्तित्व की पृष्ठभूमि के बारे में इस थोड़ी सी जानकारी के साथ अब मैं तुम्हारे प्रश्नों के कुछ उत्तर दूँगा. बाद में मैं तुम्हें तुम्हारी आत्मा और भौतिक संसार के बारे में, जिसमें तुम रह रहे हो, कुछ गृहकार्य दूँगा, जिसका अध्ययन तुम बाद में कर सकते हो.”

रिक्की ने विनम्रता से कहा, “धन्यवाद.”

रिक्की अब तक सहज हो गया था. पुरानी आत्मा की प्रेम भरी ऊर्जा महसूस की जा सकती थी और यह उसके अस्तित्व की प्रत्येक भावना को प्रभावित कर रही थी. वह उत्सुक था कि पुरानी आत्मा को उसके प्रश्नों के बारे में क्या कहना है, क्योंकि उसने कभी भी अपनी चिंता को पहले किसी के सामने व्यक्त नहीं किया था.

अगर किसी एशियाई ने मुझसे यूरोप की परिभाषा पूछा होता, तो मुझे उसे उत्तर देने में मज़बूर होना पड़ता: यह संसार का वह भाग है जो इस अविश्वसनीय ग़लतफहमी से त्रस्त है कि मनुष्य की रचना किसी भी चीज़ से नहीं हुई और यह कि उसका वर्तमान जन्म जीवन में उसका पहला प्रवेश है.

आर्थर शोपेनहौएर

पुरानी आत्मा ने जारी रखा, “पानी से डर और अपने घोड़े पर नंगी पीठ सवारी करने की तुम्हारी दृढ प्राथमिकता के बारे में उत्तर तुम्हारे पूर्व-जन्म से सम्बन्ध रखते हैं और तुम्हारे हकलाने, शैक्षणिक प्राथमिकता और त्वचा के रंग का सम्बन्ध तुम्हारे वर्तमान जीवन के भविष्य से है.

"पानी से तुम्हारे डर के कारण का सम्बन्ध तुम्हारे पिछले जीवन[23] से है, जिसमें गीली दलदली भूमि और तंग नालों को पार करना भी शामिल है. तुम्हें यह याद नहीं है, लेकिन तुम आइसलैंड के इस क्षेत्र में एक जीवन जी चुके हो. तुम 1100 ईसवी के आसपास एक किसान थे, जब तंग नाले में डूबने के कारण तुम्हारी अचानक मौत हो गई थी. उस समय तुम एक वृद्ध व्यक्ति थे और तुम वसंत ऋतु में इसी मैदान से जाते हुए बर्फ के पिघलने से बर्फ पर फिसल गये थे. तुम एक तंग नाले में गिर गये थे और डूब गये थे. जब तुम इस दलदल से गुज़रते हो तो इस मृत्यु की तुम्हारी अचेतन याददाश्त फिर से उभर आती है और यही तुम्हारे डर का स्रोत है."

रिक्की विस्मित था. "वाओ !"

"अपने घोड़े की नंगी पीठ सवारी करने संबंधी तुम्हारे प्रश्न के उत्तर में – फिर से, तुम्हारी यह पसंद तुम्हारे 18 वीं सदी के प्रारंभ के वर्षों से निकलती है. तुम उत्तरी अमेरिका में एक हिन्दुस्तानी थे. तुम घोड़ों से प्यार करते थे और अपने जीवन का अधिकतम समय घोड़े की पीठ पर व्यतीत करते थे, हमेशा नंगी पीठ पर सवारी करते हुए, जैसा कि तुम्हारे कबीले में रिवाज था."

"वास्तव में 'पिछला जीवन' क्या है?"[24]

"अपने जीवन में बाद में तुम पूर्व जन्मों के विशेषज्ञ बन जाओगे और मैं बाद में उसके बारे में और बताऊँगा. अभी के लिए तुम्हें बस यही जानना आवश्यक है कि तुम एक बहुत पुरानी आत्मा हो और तुमने धरती पर दर्जनों जीवन जीये हैं".

पुरानी आत्मा ने जारी रखा, "अब मैं तुम्हारे बाक़ी प्रश्नों का उत्तर दूँगा, जो तुम्हारे अलग और अकेले होने की भावनाओं से सम्बन्धित है. तुम्हारा हकलाना स्वयं का थोपा हुआ है. तुमने यह समस्या विशिष्ट रूप से कष्ट भुगतने के लिए पैदा की है."

हैरान होते हुए रिक्की ने पूछा, "क्या?"

---

23 इस पुस्तक के पूर्व-जन्म में रहने के सारे सन्दर्भ लेखक के अपने पूर्व-जन्म मैं लौटने की प्रमाणित स्मृतियाँ हैं.

24 इस विषय पर अधिक सूचना के लिए कृपया निम्नलिखित पुस्तकों को देखें: जो फिशर: द केस फॉर रिइनकार्नेशन. टोरंटो: सोमेर्विल्ले हाउस पब्लिशिंग, 1998. हेंस टेन डैम. एक्सप्लोरिंग रिइनकार्नेशन: द क्लासिक गाइड टू द एविडेंस फॉर पास्ट-लाइफ एक्सपीरियेंसेस. लंडन: रैंडम हाउस, 2003

"इस कष्ट के माध्यम से तुमने पहले ही उनके लिए एक बहुत गहरा मूल्यांकन कर लिया है, जो भावनात्मक रूप से तुमसे अधिक संघर्ष करते हैं वरना जो तुम्हें करना पड़ता. यह अनुभव तुम्हारे लिए बहुत लाभप्रद रहेगा जब तुम अपना पेशा शुरू करोगे और चिकित्सक के रूप में उन लोगों की सहायता करोगे जो भावनात्मक समस्याओं से गुज़र रहे होंगे."

"लेकिन मेरा विचार बड़े होकर पशु-चिकित्सक बनने का है."

"तुम्हारा पशुओं के लिए प्यार हमेशा तुम्हारे साथ रहेगा और तुम्हारा काम हमेशा दूसरों का इलाज करने और सहायता करने पर केन्द्रित रहेगा. मैं जानता हूँ कि यह तुम्हें थोड़ा सा परेशान करता है, लेकिन मैं तुम्हें अब बताऊँगा कि जब तुम बड़े होगे तो तुम्हारा ध्यान पशुओं से मनुष्यों की ओर चला जाएगा."

गहरी सोच में डूबा हुआ रिक्की ने बडबडाया, "मैं समझ गया."

पुरानी आत्मा ने मृदुलता से कहा, "मुझे तुम्हारे और प्रश्नों का उत्तर देने दो."

"पढ़ने और लिखने में समस्या के बारे में तुम्हारे प्रश्न के उत्तर में मुझे यह कहना है कि यह स्थिति भी तुम्हारी अपनी ही थोपी हुई है. यह एक मानसिक विकार की बीमारी वाली हालत है जिसे डिस्लेक्सिया कहते हैं. जैसा कि तुम्हारे हकलाने के साथ है, पढ़ने और लिखने में इस तरह का संघर्ष तुम्हें इस काम में कठोर परिश्रम की आवश्यकता को समझने में सहायता करेगा, जो इस कठिनाई को पार करने में चाहिए.

"और अंत में, तुम्हारे अंतिम प्रश्न के उत्तर में, जो इसके बारे में है कि तुम्हारी गहरे रंग की त्वचा के कारण तुम अलग क्यों हो, यह भी स्वयं का ही थोपा हुआ है. तुम जानते थे कि इस तरह से अलग दिखने का तुम्हारा अनुभव दूसरों के लिए, जो गहरे रंग की त्वचा के हैं, गहरी संवेदनशीलता और उसके साथ ही दूसरी प्रजातियों के लिए गहरी संवेदनशीलता देगा. भविष्य में यह तुम्हारे लिए महत्वपूर्ण भी प्रमाणित होगा, जब तुम चिकित्सक के रूप में काम करोगे."

रिक्की के आत्मसात के लिए यह बहुत सारी जानकारी थी. उसको भौचक और हक्का-बक्का लग रहा था. पुरानी आत्मा रिक्की के विस्मयकारी भाव से देख पा रहा था कि उसका कप भर चुका है, जैसे कहा जाता है, और यह कि उसके पास वह सारी जानकारी थी जिसे वह पहली बैठक में संभाल सकता था.

पुरानी आत्मा उसकी ओर गया और रिक्की को एक कैप्सूल पकड़ाया और कहा, "इस कैप्सूल में एक पाठ के रूप में एक 'विचार का गट्ठा' है. आज रात को जब तुम सो जाओगे तो मैं इस कैप्सूल की सामग्री को खोलने में तुम्हारी सहायता करूँगा. मुझे विश्वास है कि तुम इसे रोचक पाओगे."

रिक्की ने कैप्सूल ले लिया और कहा, "मुझसे मिलने का और मुझे इतनी सारी जानकारी देने का शुक्रिया."

पुरानी आत्मा ने मुस्कराया और स्नेह से उत्तर दिया, "तुम्हारा स्वागत है."

रिक्की की जिज्ञासा जाग चुकी थी. जैसे ही वह चलने लगा उसने पुरानी आत्मा से कुछ और प्रश्न पूछने का निर्णय लिया और कहा, "तुम्हारी मित्र कल्पित बौनी स्त्री ने मुझे बताया था कि तुम एक आत्मा हो और तुम एक आध्यात्मिक आयाम में रहते हो?"

"वो तो मैं हूँ, यहाँ तुम जब मेरे अध्ययनकक्ष में बैठे हुए हो तुम आध्यात्मिक आयाम की झलक ले रहे हो."

रिक्की ने जारी रखा, "मेरी माँ ने एक बार मुझे बताया था कि उसके पिता जो कुछ वर्षों पहले मर गये थे उसके 'फ्यल्ग्जा'[25] हैं और जब वह किसी चीज़ के लिए

---

25 समसामयिक आइसलैंडिक लोक कथाओं में एक फ्यल्ग्जा (बहुवचन; फ्यल्ग्जुर) को साथ में रहने वाली आत्मा के समान मानते हैं और पश्चिमी संस्कृति में इसे सामान्यतया व्यक्तिगत आध्यात्मिक मार्गदर्शक के पर्याय की भान्ति उल्लिखित किया जाता है. फ्यल्ग्जा एक व्यक्ति के भाग्य का पूर्वाभास करता है, व्यक्ति के सामने प्रकट होता है और शोकाकुल परिस्थितियों में संत्वना देता है. सभी लोगों का फ्यल्ग्जा होता है और वह लोग जिनके पास पूर्वाभास की जानकारी होती है कभी-कभी उनकी उपस्थिति को भाँप लेते हैं. यह भी होता है कि एक व्यकित किसी और के फ्यल्ग्जा का अनुभव करे. इसका एक सामान्य उदहारण है कि एक व्यकित किसी व्यक्ति के आने से एक या दो मिनट पहले उसके फ्यल्ग्जा के आने का अनुभव कर लेता है. पालतू पशु भी बार-बार अपने मालिक के फ्यल्ग्जा के पहुँचने का अनुभव कर लेते हैं.

पर आइसलैंडिंक गाथाओं और स्कैंडिनेवियाई पौराणिक कथाओं में फ्यल्ग्जुर की और भी कई परिभाषाएँ हैं. उन पुस्तकों में फ्यल्ग्जुर निरपवाद रूप से स्त्रियाँ होती हैं. वे कई रूपों में प्रकट होती हैं, मनुष्य और जानवर दोनों ही, और सपनों में भी. वे व्यक्तियों के साथ सुरक्षा और सहायता के लिए कई रूपों में जुड़ी होती हैं (जैसे बच्चे को जन्म देते समय माँ के लिए), और अपनी मृत्यु या किसी और की मृत्यु के अग्रदूत की तरह. उनका साथ युद्ध में भी इच्छित होता है.

एर्लेंदुर हराल्डसन का द डिपार्टेड एमांग द लिविंग में प्रकाशित शोध भी देखें. गुइल्फोर्ड: ह्वाइट क्रो बुक्स, 2012, जहाँ जीवित व्यक्ति की सहायता के लिए अक्सर शोकाकुल परिस्थितियों में परछाईंयाँ प्रकट होती थीं. त्रिचिया जे. रोबर्टसन की थिंग्स यू केन डू व्हेन यू आर डेड: ट्रू अकाउन्ट्स ऑफ आफ्टर डेथ कम्युनिकेशन, गुइल्फोर्ड: ह्वाइट क्रो बुक्स, 2013 में हाल ही में मरे एक पायलट द्वारा अपने मित्र को दिया गया एक ख़ास दिलचस्प वृतांत भी देखें.

अनिश्चित महसूस करती है तो वे उसके पूर्वाभास को बढ़ा कर उसे आध्यात्मिक मार्गदर्शन देते हैं." "क्या तुम भी ऐसा करते हो?" "क्या तुम फ्यल्जा हो?"

"हाँ, अपने दूसरे कर्तव्यों के साथ, मैं इस तरह का काम करने का आनन्द उठाता हूँ."

पुरानी आत्मा से निकल रहे प्रेम भरे अभिप्राय से अब उत्साह भरा महसूस करता रिक्की ने पूछा, "क्या तुम मेरी मार्गदर्शक आत्मा बनोगे, मेरे फ्यल्जा बनोगे?"

पुरानी आत्मा ने मुस्कराया. "हाँ, यदि तुम चाहो तो. मैं तुम्हारा पूर्वाभास बढ़ा कर हरेक मामले में तुम्हारा मार्गदर्शन करूँगा, लेकिन मैं तुम्हें कभी कुछ नहीं बताऊँगा कि क्या करना है."

रिक्की को अपने कन्धों का बोझ हल्का होता हुआ महसूस हुआ और उसने चैन से उत्तर दिया, "धन्यवाद".

"यह मेरा सौभाग्य है."

पुरानी आत्मा अब खड़ा हो गया और बोला, "मेरे विचार से हमारी पहली बैठक के लिए यह काफ़ी है; अब हमें अंत करना चाहिए."

रिक्की ने आतुरता से पूछा, "क्या हम दोबारा मिल पायेंगे?"

"अभी से मैं तुम्हारा फ्यल्जा होऊँगा. लेकिन यदि तुम मुझसे मिलना चाहोगे और वैसा ही वार्तालाप करना चाहोगे जैसा आज हुआ है, तो तुम्हें यहाँ हीथर हिल्ल पर मुझसे मिलने आना होगा."

"धन्यवाद. मैं ऐसा ही करूँगा."

रिक्की खड़ा हो गया और जैसे ही वह अध्ययनकक्ष से बाहर निकलने के लिए मुड़ा एक शक्तिशाली ताक़त ने उसे आगे की ओर फेंका. एक ही क्षण में वह हीथर हिल्ल के बाहर खड़ा था, हक्का-बक्का महसूस करता हुआ. अजीब बात यह थी कि कोई समय व्यतीत हुआ हो जैसे प्रतीत नहीं हो रहा था. उसका घोड़ा ट्रस्ट बिलकुल उसी दशा में खड़ा था. सुनहरी प्लोवर का चहचहाना जो उसने पहाड़ी के खुलने पर सुना था वैसी ही था और यह लय में जारी था, "बी, बी-बी, बी-बी." फिर भी एक रहस्यमयी मुलाक़ात हुई थी और रिक्की ने एक ही क्षण में,

जो रौशनी की गति से भी अधिक गति से बीता हुआ लग रहा था, बहुत सारी जानकारी ले ली थी.

कुछ मिनटों तक सोचने के बाद कि क्या हुआ था, रिक्की घोड़े पर चढ़ा और वापिस घर के लिए चल पड़ा. उसने पिछले जन्म के बारे में इससे पहले कभी नहीं सुना था. वह इस बात से भी प्रभावित हुआ कि पुरानी आत्मा न तो पुरुष लग रहा था और न ही स्त्री; आत्मा का कोई विशिष्ट लिंग प्रतीत नहीं हुआ था. फिर भी आत्मा सम्पूर्ण चेतनावस्था में थी और उतनी ही वास्तविक लग रही थी जितना कि कोई और व्यक्ति जिससे वह कभी मिला है. पूर्व-जन्म के बारे में और पानी और दलदल से उसके डर के बारे में जो जानकारी उसे मिली थी वह उपयोगी थी, जैसे यह जानना कि पूर्व-जन्म में वह एक अमेरिकन हिन्दुस्तानी हुआ करता था. जब वह घर जा रहा था और पूर्व-जन्म में अपने हिन्दुस्तानी होने के बारे में सोच रहा था, उसे याद आया कि उसकी माँ ने एक बार उसे बताया था कि उसके पास एक लिखित सबूत है कि वह ऑस्सोला की बहन की पड़पोती थी. अट्ठारवीं सदी के मध्य के दशकों में ऑस्सोला फ्लोरिडा के एवरग्लैडस में सेमीनोल हिन्दुस्तानियों का एक प्रसिद्ध योद्धा था. उसका दूर का ख़ून का रिश्तेदार हिन्दुस्तानी था; वास्तव में उसकी धमनियों में हिन्दुस्तानी ख़ून बह रहा था. इससे आनन्दित महसूस हो रहा था.

पुरानी आत्मा के बाक़ी प्रश्नों के उत्तरों को स्वीकार करना ज़्यादा कठिन था और ख़ासकर वह उस क्षण में उपयोगी नहीं थे. रिक्की ने कभी भी चिकित्सक बनने के बारे में या दूसरे लोगों की समस्याओं पर काम करने के बारे में नहीं सोचा था. वह हमेशा से ही एक पशु-चिकित्सक बनना चाहता था, ज़ख्मी पशुओं की सहायता करने के लिए. यह भी उसकी समझ से बाहर प्रतीत हो रहा था कि उसने स्वयं ही हकलाने और पढ़ने-लिखने में अपनी समस्या को चुना है. निश्चय ही दया भाव के गुण विकसित करने और परिश्रम करने के दूसरे आसान रास्ते होंगे?

रिक्की गायों को शाम का दूध निकालने के लिए वापिस लाने समय पर घर पहुँच गया. उसने हीथर हिल्ल पर इस घटनात्मक दिन के बारे में किसी को नहीं बताया. रात के खाने के बाद और अपना काम ख़त्म होने के बाद रिक्की अपने शयनकक्ष में गया, अपनी रात्रि की मेज़ पर तेल का दीया जलाया और बिस्तर पर लेट कर पुरानी आत्मा ने उससे जो कुछ कहा था उसके बारे में सोचता रहा.

थोड़ी देर बाद लैंप की बत्ती को नीचे कर, जब तक वह बुझ नहीं गई, नींद में डूब गया.

तुम्हारे भौतिक अस्तित्व का उद्देश्य

अगली सुबह दिन निकलने से पहले जब वह बिस्तर पर अर्ध-निंद्रा में लेटा हुआ था तब रिक्की ने उस कैप्सूल को खोला जो उसे पुरानी आत्मा ने गृहकार्य के लिए दिया था. एक ही क्षण में ऐसा लगा जैसे पुस्तक की सारी विषय-वस्तु को उसने पढ़ डाला और आत्मसात कर लिया.

पुरानी आत्मा ने यही कहा था: "मैं तुम्हें बहुत सारी जानकारियों से पाट दूँगा, दरवाज़ा के ठीक बाहर, जिसे मैं आशा करता हूँ कि तुम अपने जीवन के लिए एक मौलिक पृष्ठभूमि की भांति अपनाओगे. यह मार्गनिर्देश जो मैं तुम्हें देने जा रहा हूँ भौतिक संसार में तुम्हें क़ामयाब होने में सहायता करेंगे."

"जैसा कि मैंने तुम्हें कल बताया था, शुरुआत में तुम्हें यह जानने की आवश्यकता है कि तुम एक आत्मा हो और तुम एक ही समय में भौतिक ब्रम्हाण्ड के बाहर आध्यात्मिक आयाम में भी रहते हो. आध्यात्मिक आयाम तुम्हारा स्थायी घर है."

"तुम प्रवृत्ति से आत्मा हो, जो एक अलग, स्वयं-जागरूक, बहुत ही बुद्धिमान चेतना का गट्ठा है. आध्यात्मिक आयाम में तुम्हारा सम्बन्ध अपने मित्रों से है और तुम अपना समय उस गतिविधि के साथ व्यतीत करते हो जो तुम्हारी दिलचस्पी को जगाती है. भावनाओं को जानना एक ऐसा विषय है जिसका अध्ययन करना तुम्हें पसंद है, लेकिन प्रेम के सकारात्मक पहलुओं के अलावा सीधे तौर पर उनके प्रभाव को अनुभव करने का आध्यात्मिक आयाम में कोई अवसर नहीं है. ऐसा करने के लिए तुम्हें दूसरे आयामों में जाना होगा. ऐसा एक आयाम भौतिक संसार है, जिसमें पृथ्वी ग्रह निहित है जहाँ तुम अभी जीवनकाल का आनंद ले रहे हो. धरती आत्माओं को अपनी आंतरिक प्रवृत्ति को जानने के लिए और अपनी सर्वश्रेष्ठ सामर्थ्य को विकसित करने के लिए एक विशाल नाट्यशाला उपलब्ध कराती है. इस समय तीन अरब मनुष्य जीवनकाल का रोमांच ले रहे हैं, जो औसतन चालीस से अस्सी वर्ष तक का होता है, जो इस पर निर्भर करता है कि वे धरती पर कहाँ रहते हैं. अपनी आत्मा के एक अंश को भौतिक संसार में भौतिक शरीर के माध्यम से प्रकट करके तुम अनगिनत घटनाओं को सीधे तौर पर अनुभव कर सकते हो जो धरती

पर तुम्हारे जीवनकाल में होनी अवश्यंभावी हैं. उन घटनाओं का सामना करते समय जो भावुक अनुभव तुम पैदा करते हो वह तुमको अपनी आंतरिक प्रवृत्ति को और जानने में सहायता करता है.

जब तक तुम मरने और फिर जीने के निरंतर नियम के
बारे में नहीं जानते, तुम अँधेरी धरती पर केवल एक
अस्पष्ट मेहमान हो.

जोहान्न वोल्फगांग वोन गोएथे

"भौतिक संसार में तुम्हारे जन्म के थोड़ी देर बाद ही तुमने एक ही समय पर आध्यात्मिक आयाम में भी अपने अस्तित्व संबंधी स्मृति को लुप्त करने के लिए स्वयं प्रेरित किया. धरती पर रहते हुए काम करने के लिए अपने आप को एक स्पष्ट स्लेट देने के लिए तुमने ऐसा किया. फिर भी आध्यात्मिक आयाम में तुम्हारे जीवन का सहज ज्ञान तुम्हारे साथ रहता है. यह सहज ज्ञान तुम्हारी जागृत चेतना को प्रभावित करता है और तुम्हें उन गतिविधियों में लिप्त होने के लिए, जिन्हें तुमने अपने जीवनकाल में अपने लिए निर्धारित किया है, एक उद्देश्य की भावना और प्रेरणा देती है."

"धरती पर जीवन अनिवार्यतः यह खोजने के बारे में है कि रचना के माध्यम से तुम क्या हो, अर्थात उन अनुभवों की रचना जो तुम्हारे अंदर भावनाएँ भरती हैं, विशेषकर नकारात्मक भावनाएँ. जिन भावनाओं को तुम अनुभव करते हो उनकी जड़ें तुम्हारे सम्बन्धों में होती हैं – अपने साथ, दूसरे लोगों के साथ, जानवरों के साथ, भौतिक वस्तुओं के साथ या विचारों के साथ. तुम्हें पहले से ही अपने जीवन के अनुभवों की गुप्त जानकारी नहीं होती, लेकिन तुमने सभी मुख्य घटनाएँ अपने जन्म से पहले ही चुन ली है उन लोगों समेत जिनसे तुम मिलोगे और जो तुम्हारे जीवन में मुख्य भूमिका निभायेंगे और वह स्थान भी जहाँ तुम अपना अधिकतर जीवन बिताओगे. ज़्यादातर भाग के लिए तुमने उन चुनौतीयों को भी चुना है और साथ ही संभावित विकल्पों को भी जिनका सामना तुम करोगे जो तुम्हारे लिए उन परिस्थितियों में से उपलब्ध होंगे जिनमें तुम अपने आपको पाओगे. जब वह परिस्थितियाँ, जिन्हें तुमने चुना है, प्रकट होंगी उनकी प्रतिक्रिया के लिए तुम जो भी निर्णय लेना चाहोगे उसमें स्वतंत्र होगे कारण तुम्हारे पास स्वतंत्र इच्छा है. उस दौरान तुम यह पाओगे

कि तुम्हें अक्सर भावनात्मक तौर पर उन सीमाओं की हद तक चुनौतियाँ दी जायेंगी जितना कि तुम सहन कर सकोगे. जब ऐसा होता है तो उन अवसरों पर तुम चाहे जितना भी निराशा क्यों न महसूस करो तुम्हारी दैविक चुनौती आत्महत्या न करने की या दूसरे व्यक्ति को न मारने की होगी.

जीवन यह खोजने के बारे में है कि रचना के माध्यम से तुम क्या हो

"अपने जीवनकाल में तुम्हारा मुख्य कार्य भावनात्मक अनुभवों से सीखना है, जो तुम अपने अंदर उन मुठभेड़ों से पैदा करते हो जो तुम्हारे अंदर होने वाली प्रतिक्रिया को प्रकाश में लाती हैं. ऐसा करके न केवल तुम फिर से यह याद करने में सक्षम होते हो कि तुम क्या हो (अर्थात स्वयं पर थोपे हुए स्मृति को भूलाने से पहले), अपितु तुम्हें अपनी आंतरिक प्रवृत्ति के बारे में नये पहलू भी पता चलते हैं. यह नयी शिक्षा तुम्हें आध्यात्मिक रूप से विकसित होने देती है. इस भौतिक जीवनकाल का यही मुख्य उद्देश्य है. धरती पर जीवनकाल की पुनरावृत्ति के बाद, और जैसे ही तुम स्वयं को अपने सबसे उच्च आदर्श के प्रतिरूप में दोबारा रचित करते रहते हो, जो तुम समझते हो कि तुम्हें होना चाहिए, अंततः तुम आध्यात्मिक आयाम में उच्च दर्जा प्राप्त करते हुए आध्यात्मिक रूप से विकसित हो जाते हो.

पुरानी आत्मा ने जारी रखा, "अब चेतना हरेक चीज़ में पैठ जाती है. इसका मौलिक तत्व 'चेतना इकाई'[26] है. भौतिक संसार में जिनका अस्तित्व है उन सबको बनाने के लिए चेतना इकाइयाँ असंख्य तरीक़ों से जुड़ती हैं. उदहारण के लिए वे संयुक्त हो कर अणु बनाते हैं, जो संयुक्त हो कर आवर्त सारणी में सूचीबद्ध मूल तत्वों को बनाते हैं, फिर सचेत रूपों के बड़े और अधिक जटिल संयोजन बनाते हैं जो कोशिकाओं की, अंगों की और अंततः अंगों का संकलन बनाते हैं जो भौतिक शरीरों को बनाने के लिए एक साथ काम करते हैं, वैसे ही जिसमें इस समय तुम वास कर रहे हो. मगर चेतना इकाइयों का निर्माण सीमित होता है. यह एक ऐसा निर्माण है जो शुरू से अंत तक एक चक्र से हो कर गुज़रता है. मनुष्यों के लिए और जानवरों के लिए इसे 'जीवनकाल' कहते हैं. जीवनकाल के अंत में ये जटिल ढाँचा ख़त्म हो जाते हैं और अपने मूल तत्वों से

---

26 जेन राबर्ट्स. द अननोन रियलिटी: ए सेठ बुक. वोल.1. न्यू यॉर्क: प्रेंतिश हाल, 1986

मिल जाते हैं, बाद के समय में केवल दोबारा संकलित हो कर एक नया भौतिक ढाँचा बनाने के लिए.

> हमें धरती पर सन्तुलित होकर चलना चाहिए – एक पैर आत्मा में और एक पैर भौतिकता पर.
>
> लिन्न एंड्रूस

मगर तुम एक आत्मा हो और तुम भौतिक संसार में जो सामान्यतया मौजूद है उसकी तुलना में असीम रूप से एक अधिक जटिल प्रकार की चेतना से सम्पन्न हो. तुम्हारी चेतना धरती के भौतिक आयाम से बाहर मौजूद है और यह शाश्वत है. यह कभी नहीं मरती और यह कभी मूल तत्वों में नहीं घुलती, जैसे कि वह चेतना घुल जाती है जो भौतिक संसार में पदार्थ और सभी प्रकार के जीवन स्वरूपों को बनाती है.

“जैसा कि मैंने पहले कहा था, तुम्हारी आत्मा का एक हिस्सा भौतिक संसार में तुम्हारे भौतिक शरीर के माध्यम से प्रकट होता है. हालाँकि तुम्हारे देह धारण के दौरान तुम्हारी आत्मा का वृहत्तर हिस्सा आध्यात्मिक आयाम में रहता है. अब से मैं इस वृहत्तर भाग को तुम्हारी ‘ऊपरी आत्मा’ कहूँगा, जबकि छोटा भाग जो तुम्हारे भौतिक शरीर में प्रकट होता है उसे मैं तुम्हारी ‘आत्मा’ कहूँगा. तुम्हारी आत्मा और तुम्हारे भौतिक शरीर की मौलिक चेतना, जिसका वर्णन मैंने अभी किया है, तुम्हारी ‘आंतरिक पहचान’ बनाने के लिए एक साथ काम करते हैं. तुम्हारी आंतरिक पहचान बाद में तुम्हारे ‘बाहरी अहम’ का निर्माण करती है. बाहरी अहम भौतिक संसार के अंदर निगरानी करता है (उपमान के तौर पर, भौतिक शरीर अपनी आँखों और दूसरी संवेदी प्रक्रियाओं के साथ संसार के अंदर तुम्हारा गतिवान कैमरा है, जबकि तम्हारा बाहरी अहम इस कैमरे को निर्देश देता है और जो रिकार्ड किया जाता है उसे निर्धारित करता है). बाहरी अहम वह केंद्र है जिसके द्वारा भौतिक संसार से सारी सूचना आत्मसात की जाती है और तुम्हारे शरूआती मत और विचार बनाने के लिए सम्मिलित की जाती है. यह तुम्हारी जागृत चेतना है. जो सूचना यह आत्मसात करती है उसका ऊपरी तौर पर विश्लेषण किया जाता है और आंतरिक पहचान में डाल दी जाती है, जहाँ गहरे स्तर पर इसका अर्थ निकाला जाता है, इससे पहले कि इसे आत्मा के पास और आगे ऊपरी आत्मा के पास भेज दिया जाये. इन सभी माध्यमों से सूचना दोनों दिशाओं में बहती है, इसलिए हर समय वह

व्यक्ति आध्यात्मिक आयाम में ऊपरी आत्मा को तथा धरती पर ऊपरी आत्मा से बाहरी अहम को जानकारी भेजता और प्राप्त करता रहता है.

"तो संक्षिप्त में : चर्चा के लिए तुम अनिवार्यतः चार पहलुओं में बने हो: (1) तुम्हारी ऊपरी आत्मा, (2) तुम्हारी आत्मा (3) तुम्हारी आंतरिक पहचान, जो तुम्हारे भौतिक शरीर और तुम्हारी आत्मा की मौलिक चेतना के एकीकरण से बनी है और अंत में (4) तुम्हारा बाहरी अहम. ऊपरी आत्मा और आत्मा तुम्हारी रूह है. तुम्हारी आंतरिक पहचान तुम्हारी अचेतनता है और तुम्हारा बाहरी अहम तुम्हारी जागृत चेतना है. अब इन भिन्न-भिन्न पहलुओं की कल्पना करो कि एक बड़े पिंड की भांति छिन्न-भिन्न और अस्थिर विभाजनों के साथ तुम क्या हो.

"धरती पर जीवनकाल की तैयारी के लिए तुम्हारी ऊपरी आत्मा ने जो पहला काम किया वह यह था कि उसने तुम्हारे भविष्य के माता-पिता की ऊपरी आत्माओं से बातचीत की और उनके साथ यह समझौता किया कि वे तुम्हें गर्भ में लेने के लिए इच्छुक हो जायें. तुम्हारे गर्भ में आने से एक ऐसी प्रक्रिया की शुरुआत हुई जहाँ भौतिक संसार के अंदर मौलिक चेतना के कण उस मानव शरीर को बनाने के लिए एक समूह में आना प्रारंभ किया जिसका तुम स्वामी हो. तुम्हारे शरीर का एक भौतिक प्रतिबिम्ब है जो तुम्हारे माता-पिता के शरीरों का मिश्रण है, लेकिन तुम्हारे पिछले जीवनकाल के शरीरों के साथ भी इसकी अद्‌भुत समानता है.[27]

"गर्भ में आने के कुछ ही समय बाद तुम्हारी आत्मा तुम्हारी आंतरिक पहचान बनाते हुए भ्रूण की चेतना के साथ सम्मिलित हो गयी. भ्रूण एक वयस्क होकर अंततः कैसा दिखेगा इस पर तुम्हारी आत्मा ने उसी समय प्रभाव डाला और भ्रूण के साथ एक क्रियाशील संबंध बनाना प्रारंभ किया. गर्भावस्था के दौरान यह सम्बन्ध एक सहजीवी सम्बन्ध में विकसित हो गया – अर्थात वह शरीर जिसे तुमने वर्त्तमान प्राप्त किया है वह तुम्हारी आत्मा की उसके अंदर उपस्थिति के बिना बच नहीं पायेगा. जब तुम अपनी आत्मा को निकाल लोगे तो यह

27 इस विषय पर दिलचस्प शोध के लिए, ख़ासकर एक जीवन से दूसरे जीवन में चेहरे की पहचान संबंधी अद्‌भुत समानता पर, देखें डा०वाल्टर सेम्किव बुक्स: रिटर्न ऑफ द रिवोल्यूशनरीस. हेम्पटन रोड्स, चारलोटसविल्ले, 2003 और बार्न अगेन: रि-इनकार्नेशन केसेस इन्वाल्विंग एविडेंस ऑफ पास्ट लाइवस विद जीनोग्लॉसी केसेस रिसर्चड बाई इअन स्टीवेंसन, सन फ्रांसिस्को, स्व-प्रकाशन, 2011.

मर जायेगा. तुम्हारे भौतिक शरीर की चेतना के साथ एक अच्छा क्रियाशील सम्बन्ध बनाने के लिए और आंतरिक पहचान को विकसित करने के लिए, जो एक महत्वपूर्ण छोटा स्टेशन है, आत्मा के लिए यह सहजीवी सम्बन्ध आवश्यक है. अपने जीवनकाल में तुम्हारा शरीर कैसे बढ़ेगा और बोलने के सभी मामलों में यह कैसे विकसित होगा उसको प्रभावित करने में भी यह सम्बन्ध तुम्हारी आत्मा को अनुमति देता है. गर्भावस्था के इसी समय में तुमने जानबूझ कर भ्रूण में उस विकास के स्वरूप को प्रेरित किया जो तुममें हकलाहट और पढ़ने-लिखने की समस्या पैदा की, जिसके बारे में मैंने तुम्हें कल बताया था."

पुरानी आत्मा ने फिर सम्पन्न किया, "एक अलग कथन के रूप में तुम्हें यह जानने में दिलचस्पी होगी कि तुम्हारी आत्मा तुम्हारे शरीर में निहित नहीं होती; यह तम्हारे शरीर को ढँकती है, न कि तुम्हारा शरीर इसको. इसकी ऊर्जा तुम्हारे शरीर में सबसे अधिक घनी होती है और यह ज़्यादा छिन्न-भिन्न और नष्ट हो जाती है जब यह तुम्हारे शरीर के बाहर फैलती है और कुछ ही फीट के अंदर पूरी तरह लुप्त हो जाती है. इसीलिए तुम्हें यह आभास हो जाता है कि कोई तुम्हारे पास खड़ा है, तब भी जब तुम उसकी उपस्थिति का पता अपने शरीर की संवेदी प्रक्रियाओं से नहीं लगा सकते. कुछ लोगों में आत्मा के इस विकिरित ऊर्जा क्षेत्र को देख पाने की क्षमता होती है, जिसे अक्सर दिव्यज्योति कहा जाता है."

यह रिक्की के "गृहकार्य" की समाप्ति थी.

इस पाठ की धारणाओं की जटिलता के बावजूद रिक्की बारह वर्ष की उम्र में इस जानकारी को चेतन स्तर पर समावेश कर पाया, याद कर पाया और समझ पाया, जैसे कि इससे अधिक कुछ भी स्वाभाविक नहीं हो सकता. इस जानकारी को पूरी तरह से समझने लायक बनाने में उसकी आत्मा और ऊपरी आत्मा का स्पष्ट हाथ था. इस ज्ञान ने संसार और उसमें स्थित सभी चीज़ों को उसके देखने के तरीक़ों को प्रभावित करना शुरू किया और वह उसके लिए एक ढाँचा उपलब्ध कराने की शुरुआत की कि वह अपने जीवन को कैसे देखता था.

कल्पित बौनी-स्त्री से उसकी भेंट की तरह रिक्की ने पुरानी आत्मा से मिलने की बात या उसके जागृत स्वप्न के बारे किसी को भी न बताने का फैसला किया, कम से कम फिलहाल के लिए.

अध्याय
2

गर्मी का आनन्द और आत्मा का अस्तित्व

फॉर्म में जीवन सामान्य रूप से चल रहा था. वहाँ बहुत दिलचस्प दैनिक काम थे. इनमें से एक गायों को नज़दीक के फॉर्म, सेल,[28] पर ले जाना था, जब वे उत्तेजना में होती थीं, क्योंकि लक्जमोट में उनके साथ मैथुन करने के लिए कोई साँड नहीं होता था. उन अवसरों पर सिग्गी रस्सी से बनी नकेल का पट्टा गाय के सिर पर बाँध देता था और उसे घुमावदार पहाड़ियों और दलदल के पार ले जाता था, जबकि रिक्की गाय को पीछे से हाँकता था. सेल पर जाने के लिए कुछ घंटे लगते थे. इन यात्राओं के दौरान सिग्गी और रिक्की अक्सर लम्बे समय तक चुप रहते थे जब वे घुमावदार पहाड़ियों के सुंदर दृश्य में डूबे रहते थे, जिनमें से कुछ आबोहवा के कारण बर्बाद हो कर चोटी पर कंकड़ों के कुछ भाग दिख रहे थे. पहाड़ियाँ घास और उत्तरी ध्रुव के फूलों के गुच्छों से घिरी हुई थीं, जिनमें जामुन और ब्लूबेरी की कटी पत्तियों की लकीर और हीथर झाड़ियों के बैंगनी लाल क्षेत्र छितरे हुए थे. पत्तियों में हरेक प्रकार की चिड़िया उड़ रही थीं – जिनमें से सबसे सुंदर सुनहरी प्लोवर थी और उन्होंने आम चाहा पक्षी, व्हिम्ब्रेल, चितकबरी खंजन[29], उत्तरी व्हीटईयर[30] भी देखा, कहीं-कहीं चट्टानों पर काले कौवे बैठे हुए थे जहाँ उनके खाए हुए ताज़े जामुनों के नीले-काले धब्बे पड़े हुए थे. यदा-कदा मच्छर, मक्खी और कुछ तितलियों

28 सेल फॉर्म Þorkelstaðir का काल्पनिक नाम है.
29 आइसल. नाम: Maríuerla.
30 आइसल. नाम: Steindepill.

के झुण्ड होते थे, लेकिन इससे पहले कि वे कुछ परेशान करते देश के उस क्षेत्र में लगातार चलती उत्तरी-पश्चिमी हवा से उड़ा लिये जाते थे. एक अकेली वृद्ध मकड़ी हीथर की झाड़ी पर व्यस्त इधर-उधर दौड़ते दिख जाती थी, लेकिन कोई भी कीड़ा-मकोड़ा नहीं होते. रिक्की पर्वतों के पार दूर तक देख सकता था, कुछ दूर की पहाड़ियों की ओर, क्योंकि कोई वृक्ष नहीं थे जो उसके देखने के रास्ते में रुकावट पैदा कर सकें. उसका दिमाग भटक रहा था और जब रिक्की गाय को हाँक रहा था, जो दलदल की धाराओं और टुकड़ों जैसे छोटी-छोटी रुकावटों को पार करने में हिचकिचा रही थी तो उसको विचार आया कि हीथर हिल्ल पर कल्पित बौनी-स्त्री और पुरानी आत्मा के साथ हाल ही में हुए उसके अनुभव के बारे में सिग्गी को बता देना चाहिए. उसे पता था कि सिग्गी को इन मामलों में बहुत अधिक दिलचस्पी है और यह भी कि उसने आध्यात्मिक मुद्दों पर और गोपनीय आयामों के प्राणियों के बारे में बहुत अच्छी तरह से पढ़ा है. रिक्की ने वार्तालाप को इस बात से शुरू किया, “मैं कुछ दिन पहले अपने ‘फ्यल्जा’ से मिला था.” सिग्गी ने प्रतिक्रिया दी, “यह सुनने में अच्छा है. सभी लोगों का एक फ्यल्जा होता है, लेकिन सभी इतने भाग्यशाली नहीं होते कि उनसे व्यक्तिगत रूप से मिल पायें. वह कैसे हुआ?”

रिक्की ने वह कहानी बताई कि कैसे वह कल्पित बौनी-स्त्री से फॉर्म के पीछे वाली चट्टानों में मिला था और उसने उसके पिता को निश्चित मृत्यु से बचाने के बारे में क्या कहा था, जब वे बारह वर्ष के थे और झाड़ी घाटी नदी के पुल को पार करते हुए नीचे गिर गये थे.

सिग्गी को वह घटना याद आ गई और उसने कहा, “हाँ, मुझे याद है जब यह मेरे छोटे भाई के साथ हुआ था. जब वह गिरने के बाद भी कोई चोट या खरोंच के बिना घर वापिस आया था तो हम सब हैरान हुए थे. उसने कभी भी कल्पित बौनी-स्त्री के बारे में बात नहीं की, लेकिन मुझे कोई संदेह नहीं है कि कल्पित बौने उस पुल के नीचे चट्टानों में रहते हैं.”

रिक्की ने जारी रखा, “वह कल्पित बौनी-स्त्री मृत्यु के समीप थी जब मैं उसके बिस्तर के पास गया था और उसने छाछ पिलाने के लिए कहा था, जिसे मैं उसके लिए ले गया था. यह उसका जीवन बचा लिया था.”

सिग्गी ने कहा, “तुमने उसे बचा कर बहुत अच्छा किया, क्योंकि कल्पित बौनी-स्त्री को ऋण चुकाने से मना करने पर अनगिनित परेशानियाँ भोगनी पड़ जातीं.”

रिक्की ने कुछ जोश और साहस बढ़ाते हुए जारी रखा, "उसने बाद में मेरे फ्यल्ग्जा से पहचान कराई, जिसने मुझे आत्माओं के संसार और मेरे पिछले दो जन्मों के बारे में बताया. मेरे फ्यल्ग्जा ने मुझे यह भी बताया कि मैं एक आत्मा हूँ और मेरी यह आत्मा मेरी ऊपरी-आत्मा का एक बहिर्गत भाग है, जो एक ही समय में आध्यात्मिक आयाम में रहती है. मेरी आत्मा शाश्वत है और यह कभी नहीं मरेगी."

सिग्गी आत्मविश्लेषी था और कहा, "तुम मनुष्यों की भूमि धरती से पहले ही परिचित हो, जिसमें हम अभी रहते हैं और यह अच्छा है कि तुम्हारा परिचय अब आत्माओं की भूमि से भी हो गया है. एक ही समय में अलग-अलग आयामों में अस्तित्व होने की सच्चाई को स्वीकार करना सभी लोगों के लिए आसान नहीं है, लेकिन अब जब तुम इसे अपनी छोटी-सी आयु में जानते हो, यह अच्छी तरह से तुम्हारा काम आयेगा. क्या तुम जानते हो कि तुम्हारा फ्यल्ग्जा कौन है?"

रिक्की ने कहा," नहीं, मैं नहीं जानता. यह आत्मा परिचित लगती है और लगता है कि मुझे जानती है."

सिग्गी ने उत्तर दिया, "यह अच्छा लगता है. मेरे विचार में मैं समझ गया." थोड़ी चुप्पी के बाद जब वे गाय को एक छोटी धारा पार कराने के लिए मशक्कत कर रहे थे सिग्गी ने जारी रखा, "निश्चित रूप से आत्मा मार्गदर्शक होते हैं. कुछ ऐसी आत्माएँ भी होती हैं जो मार्गदर्शक होने का नाटक करती हैं. कुछ दुष्ट ज़रूर होती हैं, लेकिन उनमें से ज़्यादातर मरे हुए व्यक्तियों की होती हैं जो खो गई हैं और जिनकी मंशा नुक्सान पहुँचाने की नहीं होती."

रिक्की ने पूछा, "आपका क्या मतलब है?"

सिग्गी ने उत्तर दिया, "फ्यल्ग्जुर सामान्यतया नज़दीकी रिश्तेदार होते हैं जो मृत्योपरांत आत्माओं के संसार में चले जाते हैं. उदाहरणार्थ, वे तुम्हारी दादी या दादा हो सकते हैं. वे अक्सर आते हैं और जब वे देखते हैं कि उनके पोते-पोतियाँ अकेले हैं तो उनके साथ खेलते हैं और वे उनको हानि से बचाने की कोशिश करते हैं. हालाँकि बहुरूपिये भी होते हैं जो फ्यल्ग्जुर होने का नाटक करते हैं. वे समय में वापिस यात्रा कर सकते हैं और तुम्हारे व्यक्तिगत जानकारी ले लेते हैं जो उन्हें वह होने के नाटक करने में सहायता करती है जो वे नहीं हैं, जैसे कि तुम्हारी दादी या कोई ऐसा जिसकी तुम बहुत ज़्यादा परवाह करते थे और वह मर गया है. वे फिर असंदिग्ध व्यक्ति से झूठा ढोंग करके बहुत प्यार

जताते हैं, जो वे नहीं हैं उसका नाटक करते हुए.[31] प्राथमिक पहचान अक्सर औइजा बोर्ड के द्वारा या किसी माध्यम के द्वारा होती है, जहाँ असंदिग्ध व्यक्ति आत्मा को उससे बात करने के लिए आमंत्रित करता है. जब यह सम्बन्ध समय के साथ विकसित होता है तो आत्मा व्यक्ति की आभा से जुड़ जाती है और फिर उस व्यक्ति के शरीर के द्वारा भौतिक संसार का अनुभव लेती है. फिर वह आत्मा धीरे-धीरे असंदिग्ध व्यक्ति पर अपनी इच्छा लादना शुरू कर देती है, उसको यह बताते हुए कि क्या करना है और क्या नहीं करना है. वह व्यक्ति ऐसी अवधियों का अनुभव करना शुरू करता है जब आत्मा का व्यक्तित्व उसके शरीर पर पूरी तरह से नियंत्रण कर लेता है."

रिक्की ने कहा, "यह बड़ा अजीब लगता है."

सिग्गी ने कहा, "हाँ यह है, लेकिन यह सच है. इस तरह की घटनाओं के बहुत सारे लिखित मामले हैं. इस तरह की आत्माओं की मंशा हमेशा स्वार्थी होती है और तुम्हें स्वयं को इनसे दूर रखना चाहिए."

रीक्की ने आश्चर्य जताया, "मैं इस तरह की आत्माओं को कैसे पहचानूँगा?"

सिग्गी ने उत्तर दिया, "अपने फ्यल्ग्जा और दुष्ट आत्मा में फर्क करने का एक तरीक़ा है. अपने फ्यल्ग्जा को पहचानने का निश्चित तरीक़ा है कि वह कभी तुम पर नियंत्रण करने की कोशिश नहीं करेगा या तुम्हें यह नहीं कहेगा कि ऐसा करना है. फ्यल्ग्जुर तम्हारे मार्गदर्शन के लिए केवल अपनी सलाह देते हैं. इसीलिए उन्हें मार्गदर्शक की भांति देखा जाता है. दूसरी और एक दुष्ट आत्मा रौब जमाती है और तुम्हें नियंत्रित करने की चेष्टा करती है."

रिक्की ने कहा, "मैं इसे दिमाग़ में रखूँगा, जब मैं अपने फ्यल्ग्जा को और अच्छी तरह से जान पाऊँगा."

सिग्गी ने प्रतिक्रिया व्यक्त की, "जब भी तुम्हें कोई संदेह हो तो कृपया आ कर मुझसे बात करना."

रिक्की ने पूछा, "क्या ये बुरी आत्माएँ शैतान होती हैं? क्या वे नरक में होती हैं?"

---

31 इस विषय पर और पढ़ने के लिए, देखें एडिथ फिओरे. द यूनिक डेड. न्यू यॉर्क: बालान्तिने,1987

सीग्गी ने कहा, “प्रभु ही सब वही भी है, नरक समेत, यदि वह वास्तव में है तो. सभी मनुष्य प्रभु के बच्चे हैं, लेकिन जैसा कि तुम जानते हो, बच्चे हमेशा ठीक व्यवहार नहीं करते. कभी-कभी वे दुर्व्यवहार करके और अपने कार्यों के परिणाम जनित पीड़ा से सीखते हैं. ये दुष्ट आत्माएँ पहले मनुष्य हुआ करती थीं. हो सकता है उन्होंने क्रोध में आ के कुछ ऐसे काम किये हों जो वे जानती थीं कि ग़लत है और अब वे दोष और क्रोध की भावनाओं से ग्रसित हैं, जो वे मासूम लोगों पर निकालती हैं. आत्माओं के लिए प्रभु नरक नहीं बनाते, लेकिन आत्माएँ उन्हें अपने विचारों से अपने लिए ख़ुद बनाती हैं. ये आत्माएँ संभवत: अपने ऊपर ‘स्वयं ही थोपे’ हुए नरक में होती हैं, जो निश्चित तौर पर एक डरावना और अकेला स्थान होता होगा.”

रिक्की ने कहा, “यह सब बड़ा खौफनाक लगता है. भूतों के बारे में क्या है? मुझे लगता है रात में कभी-कभी मैं किसी को अपने शयनकक्ष के बाहर गलियारे में चलते हुए सुनता हूँ.”

सिग्गी ने उत्तर दिया, “हाँ, मेरी पत्नी ने भी मुझे बताया है कि कुछ अवसरों पर जब वह रात को सीढ़ियों से ऊपर जाती है और गलियारे में अकेली होती है तो उसके बालों को कोई पीछे से सहला रहा हो जैसे महसूस करती है. मैं भूतों के बारे में ज़्यादा नहीं जानता हूँ, इसके अलावा कि वे सम्पूर्ण आत्माएँ नहीं होतीं. एक भूत आत्मा का एक अंश है, किसी भावनात्मक अनुभव के साथ जुड़ा हुआ, जो तब पीछे रह गया था जब आत्मा का प्रमुख अंश मृत्यु के समय ऊपरी आत्मा से मिलने के लिए शरीर को छोड़ा था. आत्मा का यह टुकड़ा महसूस करता है कि वह जा नहीं सकता और इस धरातल पर अधूरे कार्य के कारण वह पीछे रह गया है. वे शांत नहीं होतीं और यूँ ही घूमती रहती हैं, अनेक कारणों से उत्तेजित या परेशान रहती हैं. उदाहरणार्थ, यह उनके जीवन में किये गये कार्यों के अनसुलझे अपराध या उनके मृत शरीरों के अनसुलझे मुद्दों के कारण हो सकता है, जिनका उल्लंघन किया गया हो या उन्हें ढंग से दफ़न न किया गया हो. भूत कभी-कभी जीवित प्राणियों का ध्यान आकर्षित करने के लिए उन्हें यन्त्रणा देते हैं.”

रिक्की ने पूछा, “तो फ्यल्गजुर के अलावा दुष्ट आत्माएँ और भूत भी होते हैं?”

सिग्गी ने कहा, “हाँ, यही जीवन है. जब हम धरती पर अपना जीवनकाल पूरा करते हैं, सब के लिए यह आसान नहीं होता कि वे आध्यात्मिक आयाम के घर का रास्ता आसानी से पा लें.”

रिक्की के पास सोचने के लिए बहुत कुछ था. कल्पित बौनों के साथ अपने अनुभवों के बारे में और अपने फ्यल्ग्जा से मिलने के बारे में उसने अपने अंकल को बताकर राहत महसूस की थी. लेकिन इससे यह लगता था कि जटिल समस्याओं का एक नया पिटारा खुल गया है. उसे यह समझ में आना शुरू हो गया था कि जीवन में उसके अलावा और भी बहुत कुछ है जो शुरू में उसने सोचा था.

रिक्की और सिग्गी सेल की दक्षिणी बाह्यसीमा पर पशुओं के दरवाज़े पर पहुँचे और एक बजरी के रास्ते फॉर्म की ओर बढ़े, जो कुछ मैदानों से आगे ले जाता था. जब वे पहुँचे तो सेल के किसान ने उनका अभिवादन किया और उन्हें गोशाला में ले गया. साँड को अपने स्टाल से उसकी नाक में पड़ी नकेल से बाहर लाया गया और गाय से पहचान कराई गई, जिसने चमत्कारिक ढंग से साँड का एक टन का भार धक्का मारते और कराहते हुए सहन कर लिया जब वह उसके ऊपर चढ़ा. जब साँड का काम ख़त्म हो गया तो उसे दूर ले गये और गाय को सम्भलने का मौक़ा दिया गया. इस दौरान दोनों किसान और रिक्की ने दोपहर की चाय और गर्म जिंजरब्रेड कुकी का मज़ा लिया, जिन्हें किसान की पत्नी ने तुरंत अपने ओवन से निकाला था. जलपान के बाद रिक्की और सिग्गी अपनी गाय के साथ वापिस लक्जमोट की यात्रा पर निकल पड़े.

इस समय मध्य-दोपहर हो रही थी. जब वे गाय को बजरी के रास्ते से वापिस ले जा रहे थे, सिग्गी ने वार्तालाप वहीं से शुरू किया जहाँ उन्होंने छोड़ा था और कहा, “मैं जानता हूँ कि धरती पर हमारा भौतिक संसार और आध्यात्मिक आयाम में हमारा घर-संसार होता है. मुझे बौनों की भूमि वाले आयाम के बारे में कम यकीन है, यद्यपि हमारा लोकसाहित्य वैसी कहानियों से भरा पड़ा है, जैसी तुमने पहले बताई थी. इन कहानियों में कल्पित बौने दुःख में मनुष्यों की सहायता करते हैं और मनुष्य भी कल्पित बौनों की वैसी ही परिस्थितियों में सहायता करते हैं. हालाँकि कल्पित बौने हमेशा ही अपनी कोशिशों के बदले में कुछ चाहते हैं और यदि उन्हें वह नहीं मिलता तो बदला लेने वाले होते हैं – लेकिन वे उन्हें उपहार और अच्छे भाग्य का इनाम भी देते हैं जो उनकी सहायता करते हैं, अक्सर उदारता के साथ.

सिग्गी ने जारी रखा, “फिर विशाल दैत्य होते हैं जो ‘अज्ञात’ जगह पर रहते हैं, बहुत दूर पहाड़ियों में जहाँ मनुष्य नहीं बस सकते. कभी तुमने विशाल दैत्यों की कहानियाँ सुनी है?”

रिक्की ने कहा, "मैंने ग्रिला नामक दैत्य-स्त्री और उसके पति लेप्पालुडी[32] के बारे में सुना है, जो क्रिसमस के मौक़े पर आते हैं और उन बच्चों को थप्पड़ मारते हैं जो शरारती होते हैं. वे उनको चुरा लेते हैं जो ख़ास कर बुरे होते हैं. मुझे बताया गया है कि वे उनको एक विशाल थैले में डाल कर बहुत दूर एक गुफा में ले जाते हैं, जहाँ वे अपने भूखे बच्चों को उनको खिला देते हैं."

सिग्गी ने कहा, "हाँ, विशाल दैत्यों के बारे में लोककथाएँ इसाई धर्म के संधर्ष के आसपास केन्द्रित हैं जिसे लगभग 900 वर्ष पहले 1100 ईसवी के आसपास कई आइसलैंड वासियों ने अपनाया था और उन पर थोपा था जो इसमें 'विश्वास नहीं करते थे'. कथाएँ सामान्यतया दैत्य-स्त्रियों का वर्णन करती हैं जो पादरियों को और ईश्वर से डरने वाले लोगों को तड़पाती हैं जब वह चर्च में जाते हैं या क्रिसमस जैसे सार्वजनिक धामिर्क उत्सवों में भाग लेते हैं. हालाँकि बू-कोल्ला नामक गाय की कहानी भी है. मेरे लिए यह उचित होगा कि आज मैं तुम्हें इसको सुनाऊँ. क्या तुमने यह कहानी सुनी है?"

रिक्की, जो सिग्गी के लोकसाहित्य के ज्ञान से और कहानी सुनाने के प्रेम से परिचित था, ने कहा कि उसने बू-कोल्ला नामक गाय के बारे में नहीं सुना है. लक्जमोट घर वापिस जाते हुए समय गुज़ारने के लिए एक डरावनी कहानी सुनने को वह उत्सुक था.

सिग्गी ने अपनी कहानी शुरु की, इसमें स्थानीय ज़िले के थल-चिन्हों को बुनते हुए और घटनाओं का अपना संस्करण जोड़ते हुए, ताकि वह इसे जितना संभव उतना डरावना बना सके.

बू-कोल्ला की कहानी[33]

एक बार एक किसान था जो अपनी पत्नी और इकलौते बेटे के साथ कोट में रहता था – वह छोटा-सा फॉर्म जहाँ तुम रविवार को अपने मित्र से मिलने जाते हो. उनके पास केवल एक गाय थी, जिसका नाम बू-कोल्ला था. कहानी तब शुरू हुई जब एक दिन बू-कोल्ला ने बछड़ा दिया. उसी दिन बाद में बू-कोल्ला और बछड़ा ग़ायब हो गये और वे कहीं भी नहीं मिले. किसान और

32 आइसल. नाम; Gríla और Leppalúði.

33 यह कहानी बूकोल्ला नामक एक पौराणिक गाय के बारे में एक उत्कृष्ट आइसलैंडिक लोककथा का परिवर्तित रूप है.

उसकी पत्नी ने उसे दूर-दूर तक ढूँढने के बाद, जिसका कोई फायदा नहीं हुआ, अपने इकलौते बेटे को कुछ खाने के इंतज़ाम और जूतों के एक नये जोड़े के साथ गाय और उसके नवजात बछड़े को ढूँढने अज्ञात स्थान पर भेजा. बेटा बहुत दूर तक और व्यापक चला – घाटियों से तथा दलदल और पहाड़ों से होकर – जब तक वह पहाड़ी इलाके में अंदर तक नहीं चला गया. तब तक वह थक गया था, इसलिए वह बैठ गया और माता-पिता द्वारा तैयार किये गये खाने में से कुछ खाया. जब उसने पेट भर कर खा लिया तो वह खड़ा हुआ और बुलाया,

"अब रंभाओ बू-कोल्ला, अगर तुम कहीं पर जीवित हो." उसने गाय को कहीं दूर से रंभाते हुए सुना. वह उस दिशा में कुछ देर तक चला और फिर दोबारा कुछ खाने के लिए बैठ गया. बाद में उसने फिर खड़ा हो कर बुलाया, "अब रंभाओ बू-कोल्ला, अगर तुम कहीं पर जीवित हो." उसने फिर से गाय को पहले वाली जगह से कुछ नज़दीक रंभाते हुए सुना. वह उस दिशा में चलता रहा. वह कुछ घंटे तक चला और तीसरी बार बैठ गया, इस बार थीफ फेल्ल[34] नामक एक बड़े पर्वत कि चोटी पर जो आइसलैंड के मध्य भाग में लॉन्ग ग्लेशियर[35] और किंग्स पैलेस ग्लेशियर[36] के मध्य में स्थित है. कुछ आराम करने और खाने के बाद वह एक खड़ी पहाड़ी के किनारे खड़ा हो गया और तीसरी बार बुलाया, "अब रंभाओ बू-कोल्ला, अगर तुम कहीं पर जीवित हो." उसे आश्चर्यचकित करते हुए, गाय को उसने अपने पैरों के नीचे रंभाते हुए सुना. जब वह पलट कर देखा, उसने भेड़ों की एक पगडण्डी देखी जो उसको पर्वत की उत्तरी दिशा में टीला के किनारे ले जाती थी. वह उस रास्ते पर गया जब तक वह एक गुफा के पास नहीं पहुँच गया, जहाँ उसने बू-कोल्ला को एक स्टाल पर रस्सी से बंधा हुआ पाया. गाय के पास एक बड़ा हंडा था जिसमें एक बछड़े की हड्डियाँ समेत कुछ सूप बचा हुआ था, जिसे हाल ही में समाप्त किया गया था. गुफा में और पीछे तरफ़ वह देख सकता था कि एक विशाल दैत्य-स्त्री और उसकी बेटी सोयी हुई थीं और ज़ोर-ज़ोर से खुर्राटें ले रही थीं. लड़के ने अनुमान लगाया कि दैत्यों ने बू-कोल्ला के बछड़े को मार दिया है और फिर उसका सूप बनाया है और फिर गाय का पौष्टिक दूध, जो बछड़े के लिए था, निकाल कर पी लिया है. निस्संदेह अपने अगले भोजन के लिए उनकी योजना बू-कोल्ला को मारने की भी थी.

---

34 आइसल.नाम: Þjófafell.
35 आइसल.नाम: Langijökull.
36 आइसल.नाम: Hofsjökull.

लड़के ने चुपचाप गाय को खोला और उसे टीला के किनारे ले गया और गाय जितना तेज़ चल सकती थी उतनी तेज़ी से घर की ओर चल पड़ा. जब वह कुछ दूर चला गया तो उसने मुड़कर देखा कि दोनों विशाल दैत्य-स्त्रियाँ टीला के किनारे आ गईं थीं और उसकी ओर आ रहीं थीं. जब दौड़ते हुए उनके क़दम ज़मीन पर पड़ते थे तो गर्जन की भांति आवाज़ होती थी. उसे समझ में आ गया कि अपनी विशाल छलाँग के साथ वे उस तक जल्द ही पहुँच जायेंगी. इसलिए उसने कहा, "मेरी प्यारी बू-कोल्ला, अब हम क्या करेंगे?"

बू-कोल्ला ने उत्तर दिया और कहा, "मेरी पूँछ से एक बाल खींचो और उसे ज़मीन पर रख दो." उसने ऐसा किया और बू-कोल्ला ने बाल से कहा:

"मैं यह रखती हूँ और मैं यह कहती हूँ
एक महा झील बन जाओ, मैं प्रार्थना करती हूँ
कि केवल चिड़ियाँ उड़ कर इस ओर आ सकें."

बाल एकदम से बड़े झील में परिवर्तित हो गया. जब दैत्य-स्त्रियाँ झील के पास आईं, बड़ी वाली ने लड़के को पुकारा और कहा, "यह काम नहीं करेगा और मैं जल्द ही बू-कोल्ला को वापिस ले लूँगी." फिर उसने अपनी बेटी को कहा, "वापिस घर जाओ और अपने पिता का बड़ा बैल लेकर आओ." दैत्य-लड़की भाग कर गई और जल्द ही एक विशाल बैल के साथ लौट आई, जिसने तत्काल झील का पानी पी लिया.

लड़के ने पीछे मुड़कर देखा और पाया कि दैत्य फिर से उसके पीछे भाग रहे हैं और जल्द ही उसे दोबारा पकड़ लेंगी. इसलिए उसने कहा, "मेरी प्यारी बू-कोल्ला, अब हम क्या करेंगे?"

बू-कोल्ला ने उत्तर दिया और कहा, "मेरी पूँछ से एक बाल खींचो और उसे ज़मीन पर रख दो." उसने ऐसा किया और बू-कोल्ला ने बाल से कहा:

"मैं यह रखती हूँ और मैं यह कहती हूँ
एक भयंकर अग्नि बन जाओ, मैं प्रार्थना करती हूँ
कि केवल चिड़ियाँ उड़कर इस ओर आ सकें."

और बाल तत्काल एक प्रखर अग्नि में पारिवर्तित हो गया. जब दैत्य-औरत अग्नि के पास आई तो बड़ी वाली ने लड़के को पुकारा और कहा, "यह काम नहीं

करेगा और मैं जल्द ही बू-कोल्ला को वापिस ले लूँगी." एक बार फिर उसने अपनी बेटी को कहा कि वह वापिस घर जाये और अपने पिता का बड़ा बैल लेकर आये और उसे आग के पास ले आये, जो उसने किया. वह बैल अब पूरे पानी को जो उसने झील से पीया था उस आग पर पेशाब कर दिया और आग को बुझा दिया. दैत्य फिर लड़के के पीछे भागने लगे, अब एक पहाड़ी की चोटी से दूसरी चोटी तक लम्बी छलाँगें लगाते हुए, ख़ुशी से खिलखिलाते हुए, यह सोचकर कि उन्होंने लड़के को मात दे दी है.

लड़का बू-कोल्ला के साथ जल्दी-जल्दी भागा और पहाड़ी मैदानों से होते हुए, नीचे वाटर वैली[37] के रास्ते, जो झाड़ी घाटी के पूर्व में है, जहाँ लक्जमोट स्थित है, झाड़ी घाटी के किनारे-किनारे अपने घर कोट जाने की सोच रहा था. फिर भी जब उसने वाटर वैली में प्रवेश किया तो देखा कि दैत्य-स्त्री स्वाइन पहाड़[38] की चोटी पर खड़ी थी, जो घाटी के सामने है. उन्होंने घाटी में इतनी ज़्यादा मात्रा में पेशाब कर दिया कि नदी के किनारे कोमल धारा, जो साधारणतया घाटी में नीचे बहती थी, उफ़न गयी थी और तीव्रता से बहने लगी थी, जिससे लड़के और बू-कोल्ला के लिए आगे बढ़ना जोखिम भरा हो गया था.

एक बार फिर लड़के ने पूछा, "मेरी प्यारी बू-कोल्ला, अब हम क्या करेंगे?"

बू-कोल्ला ने दोबारा उत्तर दिया, "मेरी पूँछ से एक बाल खींचो और उसे ज़मीन पर रख दो." उसने ऐसा किया और बू-कोल्ला ने बाल से कहा :

"मैं यह रखती हूँ और मैं यह कहती हूँ
प्रचंड बिजली और गर्जन बन जाओ, मैं प्रार्थना करती हूँ
कि केवल चिड़ियाँ उड़कर इस ओर आ सकें."

और तत्काल बाल बिजली और गर्जन बन गया, जिससे बिजली की गाज बहते पानी पर गिरने लगी. बिजली की गाज के झटकों ने दैत्यों को उनकी पीठ के बल गिरा दिया और दहाड़ते गर्जन के डर ने उन्हें पीछे हटने के लिए मज़बूर कर दिया. लड़के ने अब बड़ी दैत्य को व्यथा और गुस्से में पुकारते हुए सुना, "यह काम नहीं करेगा और मैं जल्द ही बू-कोल्ला को वापिस ले लूँगी."

---

37 आइसल.नाम: Vatnsdalur.
38 आइसल.नाम: Svínadalsfjall.

घाटी अब चलने लायक हो गई थी और लड़के ने वाटर वैली के रास्ते से कोट में अपने घर की ओर बढ़ा. कुछ घंटों के बाद दैत्य ठीक हो गये और फिर से उनकी तरफ़ भागना शुरू कर दिया. लड़के की बू-कोल्ला के साथ घर की ओर यात्रा ख़त्म होने वाली थी और वह देख पा रहा था फॉर्म लक्जमोट को, उसकी दाहिनी ओर कुछ ही दूरी पर और उसके घर कोट को, कुछ रास्ते पर आगे. लड़के ने पीछे मुड़कर देखा और पाया कि दैत्य जल्द ही उसके नज़दीक पहुँच जायेंगे, क्योंकि वे लम्बी छलाँगों के साथ गरजते हुए आ रहे थे. इसलिए एक बार फिर उसने कहा, “मेरी प्यारी बू-कोल्ला, अब हम क्या करेंगे?”

बू-कोल्ला ने उत्तर दिया और कहा, ““मेरी पूँछ से एक बाल खींचो और उसे ज़मीन पर रख दो.” उसने ऐसा किया और बू-कोल्ला ने बाल से कहा :

“मैं यह रखती हूँ और मैं यह कहती हूँ
एक तीव्र ढलानवाला पहाड़ बन जाओ, मैं प्रार्थना करती हूँ
कि केवल चिड़ियाँ उड़कर इस ओर आ सकें.”

और तत्काल बाल एक बहुत बड़े पहाड़ में परिवर्तित हो गया, जो अभी झाड़ी घाटी पहाड़ के नाम से जाना जाता है और शान से लक्जमोट के पीछे खड़ा है. जब दैत्य पहाड़ के पास आये, बड़ी वाली ने लड़के को पुकारा, “यह

काम नहीं करेगा और मैं जल्द ही बू-कोल्ला को वापिस ले लूँगी.” उसने फिर अपनी बेटी से कहा, “अपने पिता की बड़ी छेद करने वाली मशीन को लेकर आओ और हम पहाड़ में छेद कर देंगे.” फिर उसने जोड़ा, “और बड़ा वाला सूप हंडा को लाना मत भूलना, क्योंकि इस कठिन दिन के बाद यह लड़का स्वादिष्ट भोजन साबित होगा. दैत्य-लड़की भाग कर घर गई और अपने पिता की छेद करने वाली मशीन और सूप के हंडे के साथ लौट आई, जिसके बाद दैत्य-स्त्री ने पहाड़ में छेद करना शुरू कर दिया. वह जल्द ही छेद में से दूसरी ओर देख पा रही थी, जहाँ वह लड़का और बू-कोल्ला लगभग कोट को घेरी हुई हरियाली के पास पहुँच चुके थे. इस पर वह इतनी बेसब्र हो गई कि उसने छेद करने वाली मशीन को फेंक दिया और ख़ुद को ऐंठ कर छेद में घुसा लिया, दूसरी ओर अपनी बाहें बढ़ाते हुए, जबकि दैत्य-लड़की उसे पैरों से पकड़ कर धकेल रही थी. लेकिन वह छेद बहुत छोटा था और दैत्य-स्त्री फँस गई और पत्थर में बदल गई. ये सब देखकर दैत्य-लड़की रोने लगी और हाथ में हंडा और छेद करने वाली मशीन लिये अपने पिता के पास वापिस लौट गई.

पत्थर में परिवर्तित विशाल बैल (फोटोग्राफर:ब्रागी इन्गीबर्गसन/ बीआरआईएन एचटीटीपी://ब्रिन.एलवाई.काम)

कुछ समय बाद एक मैदान में चरते हुए बू-कोल्ला ने एक विशाल बैल को चौड़ी फ्जोर्ड के किनारे, जो कुछ ही दूरी पर था, पानी पीते हुए देखा. यह याद करते हुए कि उस बैल ने उसके जादू को विफल करने के लिए कितना ख़तरा पैदा कर दिया था जब उसे दैत्य-स्त्री ने काम पर लगाया था, बू-कोल्ला ने अवसर का लाभ उठाते हुए अपनी जादूई मंत्र से बैल को तुरंत पत्थर में बदल दिया. आज तक बैल का चालीस फुट ऊँचा प्रतिबिम्ब उन्हें स्पष्ट दिखाई देता है जो फ्जोर्ड[39] के किनारे से होकर गुज़रते हैं.

सिग्गी जब तक अपनी कहानी को समाप्त करता रिक्की और सिग्गी लगभग घर पहुँच चुके थे और जैसे ही फॉर्म की ओर जाने वाले रास्ते से वे गुज़रे सिग्गी ने अपनी कहानी को समाप्त करते हुए रिक्की से कहा कि उसके दादा ने, जो एक भूविज्ञानी थे और झाड़ी घाटी पहाड़ में भूगर्भीय विन्यास पर शोध करते थे, उस स्थान की खोज की थी जहाँ पर दैत्य के हाथ और कलाईयाँ चट्टान के किनारे से बाहर निकली हुई थीं, पहाड़ के सामने आधी दूरी की ऊँचाई तक,

39 हुनाफ्लोई में हवीतसेर्कुर (Hvítserkur) नामक चट्टान की रचना का एक सन्दर्भ.

और उन्होंने यह भी खोज की थी कि दैत्य के पंजे और पैर दूसरी तरफ़ कहाँ पर देखे जा सकते थे.

सिग्गी ने रिक्की से कहा, "तुम किसी समय पहाड़ की दूसरी तरफ़ जा सकते हो और इस सबूत की जाँच कर सकते हो, यदि तुम में हिम्मत है." रिक्की और सिग्गी ठीक शाम को दूध निकालने के समय पर पहुँच गये. यह कहानी सुनने के बाद रिक्की अक्सर ख़ुद को झाड़ी घाटी पहाड़ की ओर झाँकते हुए पाता कि कहीं वह उस जगह का ठीक से पता लगा ले जहाँ दैत्य-स्त्री के हाथों को पहाड़ के सामने तरफ़ के चट्टान संरचनाओं के बीच देखे जा सकते हैं, लेकिन उसने उसके पैर और पंजों को दूसरी ओर देखने जाने का जोखिम कभी नहीं उठाया.

फॉर्म पर जीवन अपने सामान्य रूप से चल रहा था. सितम्बर बीत गया था. भेड़ों को पहाड़ी मैदान से इकट्ठा किया जा चुका था और मेमनों को उनकी माँ से अलग करके लगभग सभी को बूचड़खाना भेज दिया गया था. अक्टूबर में घोड़ों को पहाड़ी मैदान के दलदल से हाँक दिया गया और ज़्यादातर बच्चों को भी क़ीमती घोड़ा माँस के लिए बूचड़खाने भेज दिया गया. आइसलैंड में घोड़े का माँस लोकप्रिय माँस था और रिक्की का परिवार सामान्यतया एक पूरे बच्चे को ख़रीद लेते थे, जिसको उसकी माँ फ्रीजर में रखने के लिए तैयार करती थी.

इस समय पर गायों को रात को अंदर रखा जाता था, ज़मीन के पाले के कारण, इसलिए रिक्की को उन्हें सुबह लाना नहीं पड़ता था. रिक्की के लिए पतझड़ वर्ष का सुंदर और विषादपूर्ण दोनों ही समय था. वह अपने पिता के फॉर्म पर आने और उसे रिकिविक वापिस लेकर जाने से पहले दिन गिनना शुरू कर देता था – और स्कूल का एक और वर्ष.

निश्चित तौर पर यह गर्मियाँ रोमांच से भरी हुई थीं. रिक्की के ज्ञान की सीमा उसकी कल्पना से काफ़ी ज़्यादा बढ़ गई थी, जिसमें कल्पित बौनों और दैत्यों की कहानी शामिल थी और साथ ही आध्यात्मिक आयाम का ज्ञान भी. एक आत्मा होना जो कभी मर नहीं सकती, एक आत्मा जिसने कई जीवन जीये हैं और एक आत्मा जो एक ही साथ आध्यात्मिक आयाम और धरती पर रहती है, उसको सहज ज्ञान युक्त भावना प्रदान किया था. और भौतिक आयाम में जीवन को अपने बारे में कुछ सीखने के उद्देश्य से एक अस्थाई यात्रा की भांति देखना भी बहुत कुछ अर्थ प्रदान किया था.

रिक्की के लिए एक स्थिरता और एक आध्यात्मिक यथार्थता की अनुभूति उत्पन्न होनी शुरू हो गई थी और उसके जीवन में पहली बार यथार्थ में आने की शुरुआत हुई थी. उसने देखा कि अपने हकलाने को वह अच्छे तरीक़े से क़ाबू कर पा रहा था और हीथर हिल्ल पर पुरानी आत्मा से मुलाक़ात के बाद उसका आत्मविश्वास बढ़ना शुरू हो गया था. विरोधाभास यह था कि अपने हकलाने को वह स्वयं चुना है को स्वीकार करने का अनुभव उसके अंदर एक आंतरिक स्थिरता लाया था और यह स्वीकारोक्ति कि जीवन में संघर्ष उसे मजबूत बना सकता है.

रिक्की ने यह भी एहसास किया कि उसके पढ़ने-लिखने की समस्या ने उसे कैसे अलग कर दिया था. उसे सात वर्ष की आयु में कक्षा की 'ओ' श्रेणी के विद्यार्थियों के साथ रख दिया गया था और बारह वर्ष की आयु तक वह उसी श्रेणी में रहा. उसके स्कूल में कक्षाओं की केवल चार श्रेणियाँ थीं: 'ए' कक्षा, 'बी' कक्षा और 'सी' कक्षा, उसके बाद एक 'ओ' कक्षा. रिक्की अक्सर सोचता था कि 'डी' कक्षा, या 'ई' कक्षा, आदि का क्या हुआ? 'सी' अक्षर के बाद वाले वर्णमाला के किसी और अक्षर के नाम से कोई कक्षा क्यों नहीं है, अचानक ही 'ओ' कक्षा थी? ईश्वर का शुक्रिया है, कोई 'एक्स', 'वाई' या 'ज़ेड' कक्षा नहीं थी. वह उसके लिए एक बहुत ही बुरा स्थान होता !

फिर भी 'ओ' कक्षा में होना रिक्की के लिए ठीक था. इन वर्षों के दौरान उसने धीरे-धीरे अपने सहपाठियों से और दूसरी कक्षाओं के विद्यार्थियों से मिलना-जुलना शुरू कर दिया था और उसने कुछ अच्छे मित्र बनाये थे. और अब उस बात पर गौर ने, जो पुरानी आत्मा ने उसे जीवन एक यात्रा होने के बारे में कही थी, जल्दबाजी न करने और चिंता पर क़ाबू रखने की स्वतंत्रता दी थी. वह जानता था कि अंततः सब कुछ ठीक होगा और उसने अपने मन की शान्ति को पाना और अपनी पढ़ाई पर केन्द्रित करना तथा गृहकार्य पर जुटना शुरू कर दिया था. जैसे-जैसे पतझड़ से शरद ऋतु और वसंत तक महीने गुज़रते गये, उसने देखा कि उसका हकलाना लगभग ख़त्म हो गया है. वह अपनी पढ़ने-लिखने की समस्या को भी ठीक तरह से क़ाबू कर पा रहा है और उसके पढ़ने की क्षमता बढ़ गई है. उसे कम डर लगता था; वह कम अलग और कम अकेला महसूस करता था.

अध्याय 3

होलर फॉर्म

अगली गर्मी में रिक्की अपने पिता और अंकल को निराश करते हुए लक्जमोट वापिस नहीं गया, क्योंकि उसकी माँ के बाल अभी भी उस विचार से खड़े हो जाते थे कि भाइयों ने सिग्गी की एक बेटी के साथ रिक्की को बदलने की योजना बनायी थी. उसको यह भी आशा थी कि एक नया फॉर्म रिक्की के लिए कुछ नयी चुनौतियाँ ला सकता है.

इसलिए वसंत ऋतु की शुरुआत में रिक्की के लिए आइसलैंड के दक्षिण में होलर नामक एक फॉर्म पर गर्मी व्यतीत करने की व्यवस्था की गई. इस फॉर्म का नित्यकर्म वैसा ही था जिसका वह उत्तरी आइसलैंड में अपने अंकल के फॉर्म पर आदी था. यहाँ घोड़े और भेड़ें थीं और साथ ही गाय भी जिन्हें वह सुबह हाँक कर लाता था और फिर दूध निकालने के बाद उन्हें चारागाह में पुन: चरने के लिए छोड़ जाता था. जब रिक्की तेरह वर्ष का था तो उसने इस फॉर्म पर गर्मी का एक साधारण-सा समय व्यतीत किया था, लेकिन जब रिक्की चौदह वर्ष का हुआ तो किसान की कैंसर से मृत्यु हो गई. वह अपने पीछे अपनी पत्नी और एक बेटा फ्रेडरिक को छोड़ गया था जो उस समय अट्ठारह वर्ष का था और उसने फॉर्म को चलाने का काम संभाल लिया था. अगली गर्मी के दौरान रिक्की उस युवा किसान की सहायता में बहुत सक्रिय हो गया. यहाँ बहुत कुछ करने को था और बहुत सारे कार्य, जिनमें से कुछ हाथ से गायों का दूध निकालना था, यद्यपि दूध निकालने वाली मशीनों ने पास के फॉर्मों पर पैर जमा लिया था. रिक्की कई घंटों तक आसपास और चारों ओर के खेतों में, एकड़ के बाद एकड़,

ट्रेक्टर चलाते हुए व्यतीत करता था, गाने गाते हुए सूखी घासों को पलटता था, जैसे क्लिफ रिचर्ड्स का ये वाला गाना:

> “भाग्यशाली होंठ हमेशा चुमते हैं
> भाग्यशाली होंठ कभी नीले नहीं रहे.
> भाग्यशाली होंठ हमेशा सच्चे होठों का एक जोड़ा ढूँढ़लेंगे.
> नहीं चाहिए चार पत्तियों वाली तिपतिया धास,
> खरगोश का पैर या एक मोहक आकर्षण,
> भाग्यशाली होठों के साथ तुम हमेशा पाओगे
> एक शिशु अपने बाहों में.”[40]

बारह वर्ष की उम्र में रिक्की को यह पता लग गया था कि वह हकलाने के किसी आभास के बिना गा सकता है. यह उसे स्वतंत्रता दे रहा था. उसका सबसे अच्छा मित्र थोर गिटार बजाता था और उन लोगों ने बीटल्स गानों का और साथ ही अन्य लोकप्रिय संगीत का अभ्यास करना शुरू कर दिया. वे अनगिनित घंटों तक एक साथ गाना गाते और स्वर योजन करते थे, एक ऐसी गतिविधि जिसने जल्द ही एक बैंड की स्थापना करने की अगुवाई की, जिसका मुख्य गायक रिक्की था और अगली वसंत में उन लोगों ने स्कूल के नृत्यों में बैंड बजाना शुरू कर दिया. यह शौक कुछ वर्षों तक चला, जब तक रिक्की अपने चौदहवें वर्ष में नहीं पहुँच गया.

फ्रेडरिक जल्द ही अन्ना नामक एक स्त्री के प्रेम में पड़ गया, जिससे वह पास की एक नर्सरी में मिला था. कुछ वर्षों बाद उनका विवाह हो गया. लेकिन कुछ देर बाद ही उनके वैवाहिक जीवन का आनंद एकाएक समाप्त हो गया, जब एक भयानक घटना घटी. सामान्य गर्भ के बाद उनके पहले बच्चे को जन्म के कुछ ही हफ्तों में एक अनजान बीमारी हो गई जिसके कारण उसको लकवा मार गया और वह गंभीर रूप से मानसिक विकलांग हो गया. कुछ वर्षों बाद चिकित्सकों के बहुत सोच-विचार और सलाह से, जो बच्चे की बीमारी का कारण ढूँढ़ नहीं पाए, फ्रेडरिक और उसकी पत्नी ने दूसरे बच्चे को जन्म देने का जोखिम उठाया. उनको दूसरा बेटा हो गया और उन्हें यह देख कर अत्यधिक राहत मिली कि

---

40 क्लिफ रिचर्ड. लकी लिप्स. यू.के. में रिकार्ड किया गया, 1963. जेरी एवं माइक स्टोलर द्वारा लिखित.

जन्म के बाद वह बिलकुल स्वस्थ था और उसका विकास सामान्य हो रहा था. फिर उन्होंने महसूस किया कि तीसरा बच्चा पैदा करना भी सकुशल रहेगा, यह सोचते हुए कि उनके पहले बच्चे को एक विरला वायरस पकड़ लिया होगा या कोई अस्पष्ट आनुवंशिक अनुक्रम विकृत हो गया होगा जिससे बीमारी हो गई थी. उनका तीसरा बच्चा भी लड़का था. पर इस बार भाग्य उनके साथ नहीं था और उसके जन्म के कुछ सप्ताहोपरांत उसे भी वही बीमारी हो गई जो उनके पहले बच्चे को हुई थी.

फ्रेडरिक और अन्ना तबाह हो गये थे और यदि उनके समुदाय ने उनकी सहायता नहीं की होती और सहारा न दिया होता और जो आध्यात्मिक सहारा उनको चर्च से मिला था वह न मिला होता तो वे उसका मुक़ाबला नहीं कर पाते. रिक्की ने, उसको याद करते हुए जो पुरानी आत्मा ने उसके बारे में उसे कुछ वर्षों पहले कहा था कि उसने ख़ुद ही हकलाने और पढ़ाई में अपनी समस्या को चुना था, विस्मय प्रकट किया कि क्या इन बच्चों ने भी जन्म से पहले अपने भाग्य को चुना था और क्या किसान और उसकी पत्नी ने अपने आध्यात्मिक विकास के लिए इस भावुक और भौतिक बोझ को उठाने के लिए सहमत हुए थे. यदि ऐसा है तो निश्चय ही यह ज़िम्मेदारी लेने के लिए वे आगे आये हैं, क्योंकि लड़कों के लिए अपने प्रेम और देखभाल में वे कभी नहीं चूके थे – उनकी मानवीय भावना की एक जीत है. यह एक ऐसा विषय था जिसके बारे में निश्चित तौर पर रिक्की पुरानी आत्मा से चर्चा करना चाहता था, जब भी उनको फिर से मिलने का मौक़ा मिले.

इसी तरह एक भयावह आपदा फ्रेडरिक के सौतेले भाई और उसकी पत्नी पर भी टूट पड़ी, जो कुछ ही मील की दूरी पर समीप के एक शहर में रहता था. एक डंप ट्रक ने पीछे आते हुए उनके तीन-वर्षीय बेटे पर एक टन रेत पलट दी थी, जो ट्रक के पीछे खेल रहा था और रेत के भार से उसका दम घुट गया था. यह बेशक दूसरा विषय था जिसके बारे में रिक्की पुरानी आत्मा से चर्चा करना चाहता था. फिर रिक्की का एक सोलह वर्षीय मित्र था, जो एक कार दुर्घटना में मर गया था. वह एक यात्री था, जब उसके मित्र ने, जो कार चला रहा था, एक रात गाँव के नृत्य से वापिस लौटते हुए एक बजरी सड़क पर यान से नियंत्रण खो दिया था. ऐसी ही एक विपदा रिक्की के सहपाठियों में से एक पर टूटी थी, जिस पर वह अंदर ही अंदर प्रेमासक्त था, जिसके सिर में भी गाँव के डांस से वापिस लौटते हुए लारी के पीछे निकला एक लोहे का सरिया घुस गया था. वह तत्काल ही मर गया. यान के ड्राईवर को भी कमर के नीचे लकवा मार गया था, जो रिक्की

का एक प्रिय मित्र भी था और स्कूल में सबसे तेज़ दौड़ने वालों में था. और एक अंतिम कहानी – उसके हाई-स्कूल के बैंड के ड्रमर के साथ भी एक त्रासदी घट गई. वह तेरह वर्ष का था और बाहर के शिविर में दोस्तों के साथ शराब पी कर नशे की हालत में काई के दो गुच्छों के बीच उसका सिर फँस जाने से पीठ पर लेटे-लेटे मृत्यु को प्राप्त हो गया. उसने मुँह से उल्टी किया और उसका दम घुट गया. इन दुर्घटनाओं को समझने के लिए रिक्की संघर्ष कर रहा था. उन सब का क्या यही भाग्य था? यह क्या ईश्वर का काम था? रिक्की ने निश्चय किया कि पुरानी आत्मा से इन प्रश्नों का कुछ उत्तर प्राप्त करेगा जब वे अगली बार मिलेंगे.

एक और दिलचस्प घटना होनी शुरू हुई थी. कुछ वर्षो पहले रिक्की की बहन के जन्म से पहले उसकी माँ का गर्भ ठहरा था. लेकिन उस समय उसकी सेहत में जटिलतायों के कारण उसने देर की गर्भावस्था में गर्भपात कराने का विकल्प चुना. बच्चा एक लड़का था और वह आध्यात्मिक आयाम के अंदर बड़ा हो गया था.[41] मगर वह धरती पर जीवन के लिए लालायित था और अक्सर रिक्की के खाट के पैरहाने प्रकट होकर उससे मिलने आता था, जब वह निंद्रा में जाने वाला होता था, क्योंकि जब उसका शरीर सो रहा होता था तो वह उसके साथ दूसरे आयामों में कुछ समय व्यतीत करना चाहता था. यह रिक्की को परेशान नहीं करता था, लेकिन उसने इसके बारे में भी पुरानी आत्मा से पूछने की योजना बनायी थी, क्योंकि उसका 'आत्मा भाई' उसे एक ठेठ भूत नहीं लग रहा था.

प्रेम एवं सहवास

रिक्की ने जब से होलर फॉर्म पर अपनी गर्मियाँ बितानी शुरू की थी, तब से कुछ वर्ष बीत गये थे और वह मधुर सोलह का हो गया था. उसका सामजिक जीवन क्रियाशील था; उसे अच्छी तरह पसंद किया जाता था और उसके अनेक मित्र थे. उसके रूमानी आकर्षण थे जैसे उसके मित्रों के थे. हालाँकि अपने दोस्तों से अलग रिक्की की जितनी भी प्रेमासक्तियाँ थीं, वह दूसरे लड़कों के लिए थीं. वास्तव में जब वह इसके बारे में सोचता था, जितने समय पहले का वह याद कर पाता था, वह कभी भी लैंगिक दृष्टी से विपरीत लिंग की ओर आकर्षित नहीं हुआ था. जवानी आने से पहले उसने लड़कों और लड़कियों दोनों

41 ऐसे ही वृतांत के लिए देखें टॉड बुर्पो. हेवन इज फॉर रियल. नशविल्ले: थॉमस नेल्सन, 2010.

के साथ कई बार यौनाचार का परीक्षण किया था, लेकिन जवानी आने के बाद यह गतिविधि पुरुषों पर केन्द्रित हो गई थी. उस समय उसने यह तर्कसम्मत समझा कि उसकी यह प्राथमिकता उसकी इस चिंता के कारण होगी कि कोई लड़की गर्भवती न हो जाये. पर उसको यह समझने में कुछ वर्ष लगे थे कि वास्तव में वह कभी भी यौन-सम्बन्ध की दृष्टि से लड़कियों की ओर आकृष्ट नहीं हुआ था. उसके इस आत्मरहस्योदघाटन ने रिक्की को हिला दिया और इसे स्वीकार करना मुश्किल था. वह समझता था कि रूमानी ढंग से किसी दूसरे लड़के के लिए उसकी बेकरारी को उसके मित्रों की मंडली में "अच्छा" नहीं समझा जाता था.

इसीलिए इस कमी को पूरा करने के लिए रिक्की ने अपने कुछ आकर्षक साथियों के साथ कुश्ती करनी शुरू कर दी. इसने उसको अन्तरंग सम्पर्क का अवसर दिया, घास में लुढ़कना और अपने मित्रों को विभिन्न मुद्राओं में नीचे दबा कर उनके गर्म और धड़कते शरीर की उत्तेजना का आनंद उठाना, जब वे अपने-आप को छुड़ाने के लिए मशक्कत कर रहे होते तब. रिक्की के लिए यह सामजिक तौर पर स्वीकृत सबसे नज़दीकी शारीरिक सम्पर्क था जो दूसरे युवा आदमियों के साथ संभव था और जबकि उसके मित्रों के लिए यह केवल एक कुश्ती का मुक़ाबला था, रिक्की के लिए यह गुदगुदी भरा वर्जित आशिकाना अनुभव भी था. सोलह वर्ष की उम्र तक कुश्ती बहुत कम हो गई, मगर पारस्परिक हस्तमैथुन की निषेधित गतिविधिओं ने अक्सर इसका स्थान ले लिया. यह कामोत्तेजक और आनन्दमय समय था, लेकिन प्रणय के मामलों में ख़ाली, क्योंकि उसके सभी मित्र ज़ाहिर तौर पर असमलैंगिक थे.

रिक्की कुछ लड़कियों से थोड़े-थोड़े समय के लिए मिला था, यह सोचते हुए कि यह एक सामाजिक दायित्व है, लेकिन उसने उनके लिए कभी भी तीव्र यौनेच्छा या यौन आकर्षण महसूस नहीं किया था. वह किन्ही और लड़कों को नहीं जानता था जो उसके जैसे हों और जैसे-जैसे वर्ष गुज़रते गये वह सोचने लगा कि इस ग्रह पर वही एक है जो समान लिंग की ओर आकर्षित है. उसके किशोरावस्था के आख़िरी वर्षों में एक गहन अलगाव की भावना उसके अंदर आने लगी. वह उस प्रेम के लिए अकेलापन महसूस कर रहा था जिसके बारे में उसने कभी जाना नहीं था. क्या उसे आदमी के द्वारा प्यार करने का अनुभव कभी प्राप्त होगा? अपने असमलैंगिक मित्रों से अलग, जिनके प्रेम के किस्से खुले तौर पर स्वीकार किये जाते थे और उन पर लगातार चर्चाएँ होती रहती थीं, उसके रूमानी प्यार गोपनीय हो गये थे; इसलिए नहीं कि उसे चिढ़ाया जाता

था या उसे बहिष्कृत कर दिया गया था, मगर क्योंकि वह किसी और ऐसे को नहीं जानता था जो समान रूमानी इच्छाएँ रखता हो.

रिक्की को लगा कि इस बारे में वह ज़्यादा कुछ नहीं कर सकता था, इसके अलावा कि वह स्वयं को इसके अनुकूल बनाये और अपने इस पहलू को गुप्त रखे – और अपनी भावनाओं को छुपा कर रखे. पर उसके इस निर्णय ने उसके रूमानी प्यार की अभिव्यक्ति को दबा दिया था लेकिन इसने, जिसके बारे में वह उस समय अनभिज्ञ था, उसकी प्रेम भरे स्नेह को अनुभव करने की क्षमता को भी सामान्य रूप से कम कर दिया था. उसकी भावुकता कम हो गई थी. अपनी अन्तरंग भावनाओं को अनुभव और अभिव्यक्त करने में वह कम सक्षम था और दूसरों की पीड़ादायक भावनाओं के लिए भी वह कम सहानुभूतिशील था. वास्तव में वह कठोर हो गया था; किसी कठोर व्यक्ति की तरह नहीं बल्कि भावुक तौर पर जड़ हो जाने जैसे.

जैसे-जैसे उसने इसके बारे में सोचा, रिक्की ने निर्णय लिया कि अब वह अपने इस यौन झुकाव के मुद्दे पर पुरानी आत्मा के विचार पहले से कहीं अधिक जानना चाहता है.

अगले साल सत्तरह वर्ष की उम्र में रिक्की ने संकल्प लिया कि वह फिर पुरानी आत्मा से मिलने जायेगा. आख़िरी बार मिलने के बाद से पाँच वर्ष गुज़र गये थे और उसके पास जीवन के बारे में बहुत सारे प्रश्न थे जिनका उत्तर ज़रूरी था. शहर में घर लौटने के बाद स्कूल में नये वर्ष की तैयारी करते हुए रिक्की ने उत्तर की ओर अपने अंकल के लक्जमोट स्थित फॉर्म पर छोटी सी यात्रा करने का निर्णय लिया. यह अक्टूबर की शुरुआत थी और फॉर्म पर उत्तेजक समय था. सैकड़ों घोड़ों को, जो ज़िले के सभी फॉर्मों के थे, पहाड़ी मैदानों से घाटी में वापिस फॉर्मों की ओर हाँका जा रहा था. फॉर्म में गतिविधियों की हलचल थी, लेकिन रिक्की ने अपने घोड़े ट्रस्ट, जिसकी उम्र बढ़ती जा रही थी, की सवारी कर पुरानी आत्मा से मिलने हीथर हिल्ल जाने का समय निकाल लिया. पहले की भांति रिक्की चट्टान के ऊपर चढ़ गया और अपने घोड़े ट्रस्ट के बारे में प्रेम से सोचते हुए हीथर हिल्ल की तरफ़ मुँह करके सहज खड़ा हो जाने से पहले गोलाकार चक्कर काटा – तीन बार घड़ी की सुईयों कि दिशा में और तीन बार विपरीत दिशा में. समय ठहर गया था. हीथर हिल्ल खुली और पुरानी आत्मा ने दरवाज़े पर आ कर उसे अपने निजी अध्ययनकक्ष में ले जाने से पहले उसका

स्नेहपूर्वक स्वागत किया, जैसा उसने उनकी पहली मुलाक़ात के दौरान किया था.

इस बार रिक्की ने प्रश्नों की एक लम्बी सूची तैयार की थी, जिनमें जीवन और मृत्यु के बारे में तथा उसके मित्रों की मृत्यु और होलर फॉर्म पर दो लड़कों की बीमारी, जो उन्हें दिमाग़ी तौर पर विलम्बित और लकवा ग्रस्त कर दिया था, समेत त्रासदी होने के कारण संबंधी प्रश्न भी सम्मिलित थे. उसकी दिलचस्पी इसको सुनने में थी कि पुरानी आत्मा को उसके आत्मा भाई के बारे में क्या कहना था, जो आध्यात्मिक आयाम में बड़ा हो रहा था. सबसे अंत में कम से कम वह अपने यौन झुकाव के बारे में सलाह लेना चाहता था.

ऐसा लगता था कि रिक्की जो प्रश्न पूछना चाह रहा था पुरानी आत्मा उनके बारे में जानता था और उसने कहा, "तुमने मेरे लिए बहुत सारे महत्वपूर्ण प्रश्न तैयार किये हैं, लेकिन इससे पहले कि मैं तुम्हें उनके उत्तर दे सकूँ मुझे तुम्हें भौतिक संसार में तुम्हारे अस्तित्व की प्रकृति के बारे में कुछ पृष्ठभूमि सूचना देना होगा."

यह याद करते हुए कि कैसे पिछली बार की मुलाक़ात के दौरान समय ठहर गया था, रिक्की ने मज़ाक में कहा, "यह ज़्यादा समय नहीं लेगा, लेगा क्या?"

पुरानी आत्मा ने मुस्कराते हुए प्रतिक्रिया व्यक्त की, "नहीं, इस क्षण में तुम समय के आयाम से बाहर हो, लेकिन मैं तुम्हें कुछ ही पलों में इसके बारे में और बताऊँगा ... जैसा कहा जाता है."

रिक्की ने मुस्कराया और जितना अधिक सहज हो सकता था हो गया, उसी स्टूल पर बैठे हुए जिस पर वह उनकी पहली मुलाक़ात में बैठा था. जब उसने चारों और देखा, उसे सारे आध्यात्मिक ब्रम्हाण्ड का दृश्य दिखाई देता प्रतीत हुआ, इसके बावजूद कि वह पुरानी आत्मा के अध्ययनकक्ष के भीतर बंद था. उसे यह थोड़ा विचित्र लगा कि वह पुरानी आत्मा के अध्ययनकक्ष में बैठ सकता था, फिर भी सारे ब्रम्हाण्ड को देख सकता था. पर यह वही था जो हुआ था और यह साँस रोक देने वाला था.

पहले की तरह रंगीन गोलाकार आत्माएँ इधर-उधर आ जा रहीं थी. रिक्की जानता था कि पुरानी आत्मा भी एक गोलाकार आत्मा है, यद्यपि वह रिक्की को मनुष्य के रूप में दिख रहा था. लेकिन उसका कोई लिंग प्रतीत नहीं हो रहा था,

जिसने रिक्की को उलझा दिया था. इसलिए उसने पुरानी आत्मा से इसके बारे में पूछ लेने का निर्णय लिया, इससे पहले कि वे वार्तालाप जारी रखें.

रिक्की ने हिचकिचाते हुए पूछा, “मुझे क्षमा करना. मैं आशा करता हूँ कि तुम इस बारे में पूछने से बुरा नहीं मानोगे. तुम मनुष्य लगते हो, लेकिन मैं यह अनुमान नहीं लगा पा रहा हूँ कि तुम पुरुष हो या स्त्री.”

पुरानी आत्मा ने हँसी दबायी और उत्तर दिया, “मैं दोनों में से कुछ भी नहीं हूँ ... लेकिन मैं दोनों में से कुछ भी हो सकता हूँ. लिंग का निर्धारण तभी होता है जब किसी आत्मा ने धरती पर जीवनकाल का निर्णय लिया हो. भ्रूण के लिंग का निर्धारण गर्भावस्था में होता है. और क्योंकि तुम्हें धरती पर प्रजाति को पैदा करने और उसे बनाये रखने के लिए दो लिंगों की आवश्यकता होती है, हम शरीर को या तो पुरुष बनाते हैं या स्त्री. लेकिन यहाँ आध्यात्मिक आयाम में प्रजनन नहीं होता, इसीलिए पुरुष या स्त्री होने की कोई आवश्यकता नहीं है.”

“ओह, ठीक है.”

“पर मैं जानता हूँ कि तुम्हें सलाह लेना तब आसान लगेगा जब मैं तुम्हें पुरुष के रूप में दूँगा, कृपया मेरे बारे में पुरुष के रूप में सोचने और सम्बोधित करने के लिए अपने आप को स्वतंत्र महसूस करो.”

“ठीक है, मैं करूँगा.”

पुरानी आत्मा ने सफेद वस्त्र पहना था और एक हल्का नीला प्रभामंडल उसके आसपास से निकलता प्रतीत होता था. उसके गले में एक बड़ा पदक सुनहरी डोरी से लटक रहा था. वह पदक एक तरह का शीशा प्रतीत होता था, क्योंकि रिक्की जब भी उस पर देखने की चेष्टा करता था तो ऐसा लगता था जैसे अब तक का उसका सारा जीवन उसी की ओर प्रतिबिम्बित हो रहा हो.

रिक्की ने टिप्पणी की, “तुम्हारे पास वह एक सुन्दर पदक है. जब मैं उसकी ओर देखता हूँ तो मुझे अब तक का अपना सारा जीवन दिखाई देता है.”

“हाँ, यहाँ आत्माओं के संसार में हममें से बहुतों के पास यह है. फ्यल्जुर की हैसियत से हमारे काम में यह सहायता करता है.”

जब रिक्की ने पुरानी आत्मा की ओर देखा तो उसे एहसास हुआ कि यद्यपि वह पुरानी आत्मा को एक बहुत वृद्ध आत्मा की भांति जानता था, वह ऐसे लग

रहा था जैसे अपनी जवानी में हो – उसके पिता बल्दुर से भी छोटी आयु की. पुरानी आत्मा के गहरे सुनहरे बाल थे, मोटी-मोटी भौहें, और गहरी भूरी आँखें थीं.

जैसे ही उसने शान्तिपूर्वक बोलना शुरू किया पुरानी आत्मा से एक गहरी करुणा की भावना उभरी, "आओ अब हम अपने विषय पर लौटते हैं आज के अपने पाठ को प्रारंभ करते हैं."

रिक्की ने कुछ महत्वपूर्ण जानकारी लेने के लिए स्वयं को तैयार किया.

"तुम्हें एहसास नहीं है कि जो प्रश्न तुमने आज मेरे लिए तैयार किया है उनके उत्तर समझने के लिए तुम्हें कितनी जानकारी की आवश्यकता है."

रिक्की ने एक मुस्कराहट के साथ कहा, "ठीक है, क्योंकि मैं समय के आयाम से बाहर हूँ, मेरे विचार से जो समय तुम्हें वर्णन करने में लगेगा वह कोई मुद्दा नहीं होगा."

पुरानी आत्मा मुस्कराया, "इससे पहले कि मैं तुम्हारे प्रश्नों के कुछ उत्तर दूँ, मुझे तुम्हें कुछ अवधारणाओं के बारे में विस्तार से बताना होगा. पहले मैं तुम्हें थोड़ा-सा यह बताऊँगा कि ब्रम्हाण्ड की रचना कैसे होती है और फिर तुम इसमें अपनी वास्तविकता की रचना कैसे करते हो."

"वह बहुत सारी जानकारियों के समान लगता है."

"हाँ, ऐसा ही है. लेकिन तुम्हारे प्रश्नों का सम्बन्ध जीवन और मृत्यु के महत्वपूर्ण मुद्दों के साथ जुड़ा है और जब तक तुम्हें इन अवधारणाओं की मौलिक जानकारी नहीं होगी, तुम मेरे उत्तरों की वजह और तर्क नहीं समझ पाओगे."

"अच्छा, मैं तैयार हूँ. चलो शुरू करते हैं. क्या तुम यह सोचते हो मेरे लिए यह समझना संभव है कि ब्रम्हाण्ड की रचना कैसे होती है?"

पुरानी आत्मा ने उत्तर दिया, *"हाँ, सीमित रूप में."*

भाग II

अध्याय 4

ब्रम्हाण्ड का विकास

"ब्रम्हाण्ड एक साथ कैसे जुड़ा हुआ है इसका वर्णन मैं एक उपमा के माध्यम से करता हूँ. कल्पना करो कि 'सब वही है' या ईश्वर एक विशाल सचेत जीव है. जो कुछ भी विद्यमान है वह इसी जीव के अंदर है और इसीलिए उन सभी में चेतना है जो विद्यमान है. यह जीव आत्मनिर्भर है और यह अपने अंदर एक तरह की 'क्रिया' या 'घटना' की रचना करता है, यद्यपि यह प्रभु की इच्छा से होता है. यह क्रिया महीन कणों को सक्रिय करता है, जिन्हें हम 'चेतना इकाइयाँ' कहते हैं, जो इस जीव के अंदर मूलभूत निर्माण खंड हैं."

सारी वाणी, गतिविधि और व्यवहार चेतना के उतार-चढ़ाव हैं. सारा जीवन चेतना से उत्पन्न होता है और निरंतर चेतना में रहता है. सारा ब्रम्हाण्ड चेतना की अभिव्यक्ति है.
ब्रम्हाण्ड की वास्तविकता है कि यह चेतना का एक असीम समुन्द्र है, जो गतिवान है.

महर्षि महेश योगी

"ठीक है, मुझे याद है कि तुमने मुझे जो गृहकार्य हमारी पहली बैठक के बाद दिया था उसमें तुमने चेतना इकाइयों के बारे में कुछ बताया था."

"हाँ ... और आज मैं तुम्हें उन अवधारणाओं को विस्तार से बताऊँगा जो मैंने तब बताई थी.

"जब क्रिया इन चेतना इकाईयों को सक्रिय कर देती है तो वह अपनी विशिष्टता के अनुसार जुड़नी शुरू हो जाती हैं. तो, उदाहरणार्थ, जब ब्रम्हाण्ड की रचना हुई थी चेतनाओं के एक विशिष्ट समूह ने संगठित होकर आयाम बनाया था. उन्होंने भौतिक आयाम और आध्यात्मिक आयाम रचित किया था. इसके अतिरिक्त दूसरी चेतना इकाईयों ने इन आयामों के अंदर आयाम रचित किया था, जैसे कि तुम्हारे भौतिक आयाम के भीतर स्थान और समय के आयाम."

जो कुछ भी मौजूद है
उसमें चेतना है.

रिक्की ने सोचते हुए कहा, "ठीक है, मैं तुम्हारी बात समझ रहा हूँ."

"इन आयामों के बाहर भी चेतना इकाईयाँ थी जिन्होंने संगठित होकर एक सामान्य मंच या एक 'कैनवास' बनाया. सारे दिमाग़ी और भौतिक ढाँचे जो प्रकट होते हैं, या तो आध्यात्मिक इकाई या भौतिक इकाई में, इस कैनवास से बनते हैं. बेशक तुम्हारे दृष्टिकोण से यह कैनवास अदृश्य है; यह पृष्ठभूमि में है. तुम केवल उन्हीं ढाँचों को देखते हो जो तुम्हारे भौतिक ब्रम्हाण्ड में प्रकट होते हैं. उदाहरणों में आकाशगंगा, तारे, तुम्हारी सौर-प्रणाली और ग्रहों के साथ-साथ धरती पर सभी कुछ, समताप मंडल, जीव मंडल और ग्रह के सभी भौतिक ढाँचे आते हैं, पहाड़, पानी, वनस्पति और पशुओं समेत.

"कैनवास में रची गई घटनाएँ एक ऐसी प्रक्रिया की सहायता से तुम्हारे भौतिक आयाम में प्रकट होती हैं, जिसे मैं 'सामंजस्य का विकास' कहूँगा. सामंजस्य का विकास एक निरंतर प्रक्रिया है जो समय के आयाम में घटनाओं की श्रृंखला बनाती हैं. यह उन वृत्ताकार सार्वभौमिक स्वरूपों को समन्वय करने के लिए ज़िम्मेदार हैं जो तुम्हारे भौतिक आयाम में होते हैं, क्योंकि यह उन ढाँचों को प्रकट करता है जो कैनवास में रचे जाते हैं और उन्हें भौतिक आयाम में समय के अनुसार उत्तम सामंजस्य और उत्तम समकालिकता से श्रृंखलित करता

है. यदि सामंजस्य का विकास और समय का आयाम नहीं होता तो तुम्हारे भौतिक आयाम में हर चीज़ एकदम से होती हुई प्रतीत होती."

"ठीक है, मेरे विचार से मैं समझ गया हूँ. एक अदृश्य कैनवास ढाँचे रचता है और उन्हें सामंजस्य का विकास मेरे भौतिक संसार के समय के आयाम में लेकर आता है."

"ठीक है. उदहारण के लिए तुम वह नमूना देखते हो जिसमें चट्टानें बनती हैं और लाखों वर्षों के समय अन्तराल में नष्ट हो जाती हैं. उसी तरह, लेकिन समय के छोटे पैमाने पर, अधिक जटिल ढाँचे विकसित होते हैं, जैसे जीवन के स्वरूप, जिनके विकास की शैली भी वृत्ताकार है, साधारणतया जिसे जीवनकाल कहा जाता है. यह जीवन स्वरूप जटिलतम होते जाते हैं, जैसे-जैसे वह वनस्पति से पशुवर्ग में विकसित होते हैं, जिसमें स्तनधारी और मनुष्य शामिल हैं."

"ठीक है, मैं समझ गया हूँ."

"अब कार्य की इस स्थिति पर मनुष्य जानवर ही रहता, यदि आत्मा नहीं होती तो. आत्मा के साथ मिलने से मनुष्य संवेदनशील या आत्म-जागरूक हो जाता है."

"मैं समझ गया. आत्मा के भ्रूण में मिल जाने की तुम्हारी पहले वाली टिप्पणी मुझे याद है."

"हाँ ... मैंने तुम्हें जो गृहकार्य हमारी पिछली मुलाक़ात में दिया था उसमें इसी ओर इशारा किया था. भौतिक संसार में अपने बारे में जानने के मौक़ों का लाभ उठाते हुए ऊपरी आत्माएँ अपनी आत्माओं को गर्भावस्था के दौरान मनुष्य के भ्रूण की चेतना में डालते हैं. यह जैसे ही होता है, जानवर मनुष्य संवेदनशील और आत्म-जागरूक हो जाता है."

रिक्की ने मुस्कराते हुए उत्तर दिया, "अच्छा, यह एक राहत है. मैं औसत जानवर से अधिक विकसित हूँ." वह सोचते हुए थोड़ा रुका. "लेकिन यह अविश्वसनीय है !"

पुरानी आत्मा ने अपने विचार को फिर से व्यवथित किया और कहा, "हाँ, इसे ही कुछ लोग चमत्कार कहते हैं. इसी तरह हम आत्मा के रूप में भौतिक संसार में प्रवेश करते हैं, जब हम अवतरित होते हैं."

"मुझे यह पसंद है."

"हाँ, और सौभाग्य से ऐसी ऊपरी आत्माओं की कोई कमी नहीं है जो अपनी आत्माओं को धरती पर भौतिक आयाम में जीवनकाल का अनुभव लेने के लिए भेजने को उत्सुक नहीं हैं. इस तरह, फलस्वरूप, सभी मनुष्य संवेदनशील हैं."

"ठीक है, मैं समझता हूँ. हालाँकि, जल्दी से मेरा एक सवाल है. तुमने एक बार कहा था कि मैंने दर्जनों पिछले जीवन जीये हैं. क्या मैं वही आत्मा हूँ जो बार-बार जन्म लेती है?"

"तुम्हारी ऊपरी आत्मा ने पिछले सैंकड़ों वर्षों में धरती पर कई आत्माएँ भेजी हैं, पर कभी भी पूरी तरह वही आत्मा नहीं होती जो पुनर्जन्म लेती है. तुम्हारी ऊपरी आत्मा प्रत्येक पुनर्जन्म के लिए अलग आत्मा तैयार करती है.[42] प्रत्येक आत्मा में तुम्हारी ऊपरी आत्मा के कई गुण होते हैं, जिनमें तुम्हारी ऊपरी आत्मा की आत्माओं के पिछले जन्म के अनुभव भी होते हैं. और जैसा कि मैंने पहले बताया था, तुम्हारी ऊपरी आत्मा ने जिन आत्माओं को अवतीर्ण कराया है उनमें समानताएँ होती हैं. ये समानताएँ व्यक्ति के चरित्र और चेहरे के भाव दोनों में ही दिखाई देती हैं. यदि तुम हाल ही के अपने पूर्व जन्म की फोटो या चित्र को ढूँढ़ पाओ तो वास्तव में तुम अपने वर्तमान जीवन के चेहरे की दिखावट में अद्भुत समानता पाओगे."

रिक्की ने चिल्ला कर कहा, "वाओ ! वह बड़ा दिलचस्प होगा."

"पिछले जन्म के अनसुलझे मुद्दे भी अक्सर नयी आत्मा में सम्मिलित होते हैं, नयी आत्मा को उन मुद्दों पर आगे काम करने का अवसर देने के लिए. एक उदहारण जो तुमसे संबंध रखता है वह तुम्हारा पानी से डर है. यह डर बहुत पहले पैदा हुआ था, लेकिन अनसुलझा ही रहा. इसीलिए तुमने इसे वर्तमान जीवन में लाने का फैसला किया और अब यह सुलझ गया है. विशिष्ट प्रतिभाएँ भी अक्सर आगे के विकास के लिए साथ में लाई जाती हैं."

"तुम्हारा मतलब है एक बच्चों वाली विलक्षणता की तरह?"

---

42 सेठ, जेन राबर्ट्स के माध्यम से ऊपरी आत्मा के लिए अनगिनित सन्दर्भ देता है (उदहारण के लिए देखें, जेन राबर्ट्स. द नेचर ऑफ़ पर्सनल रियलिटी, पृष्ठ 170, 1974. मनोवैज्ञानिक एफ.डब्ल्यू. म्येर्स (1843-1901) ने भी गेराल्दिन कम्मिंस के माध्यम से, उसकी मृत्यु के तीस वर्ष बाद, इसे 'समूह-आत्मा' कह कर उसी अवधारणा का सन्दर्भ देता है. (जी. कम्मिंस, अध्याय 6, द रोड टू इम्मोर्टेलिटी, (मूलतः 1932 में प्रकाशित), ह्वाइट क्रो बुक्स, गिल्डफोर्ड, यू.के. 2012).

"हाँ. ऊपरी आत्मा एक विशिष्ट क्षमता को भी उसके साथ आगे काम करने के लिए शामिल कर सकती है, जो पूर्व जन्म या लगातार कई पिछले जन्मों में विकसित हुई थी.

"प्रत्येक जन्म की शुरुआत एक नवजात शरीर और एक नयी आत्मा के साथ होती है – या अधिक सटीकता से, एक नयी संशोधित आत्मा. नयी आत्मा तैयार करने में तुम व्यक्तित्व की कुछ महत्वपूर्ण विशेषताएँ भी बनाते हो जो तुम्हारे अनुमान से उन नियत घटनाओं की आवश्कताओं को पूरा कर पायेंगी, जो तुमने नियोजित की हैं, ताकि तुम्हें अपनी आंतरिक प्रकृति के बारे में अंतर्दृष्टि मिले. जैसे-जैसे ऊपरी आत्मा एक के बाद एक जन्म चक्र में अपने बारे में जानती है वह परिपक्व होती है और आध्यात्मिक रूप से विकसित होती है. तुम्हें यह भी जानना चाहिए कि प्रत्येक आत्मा, जिसे तुम्हारी ऊपरी आत्मा ने धरती पर भेजा है, जन्म के बाद अपनी पहचान बनाये रखती है और जब तुम्हारा जीवनकाल समाप्त हो जाता है और तुम आध्यात्मिक आयाम में वापिस आ जाते हो तो तुम इसकी यादों और भावुक अनुभवों तक पहुँच सकते हो. पूर्व-जन्म में वापसी के दौरान यदि तुम चाहो तो तुम वर्तमान जीवन में उन पूर्व जन्मों तक भी पहुँच सकते हो."

"ठीक है. उससे यह स्पष्ट हो जाता है.

"इससे पहले कि हम आगे बढ़ें एक और बात मैं थोड़े अच्छे ढंग से समझना चाहूँगा, यदि मैं समझ सकता हूँ तो?"

"बेशक ... तुम्हारे दिमाग़ में क्या है?"

"हमारी पहली मुलाक़ात के बाद तुमने जो गृहकार्य मुझे दिया था उसमें कहा था कि धरती पर जीवन मुख्यतः 'आंतरिक शिक्षा' के बारे में है जो तब होता है जब हम भावुक अनुभव बनाते हैं. बाक़ी उन सब चीज़ों के बारे में क्या होता है जो हमारे जीवनकाल में होती हैं जो विशेषतया भावुकता के बारे में नहीं हैं? क्या वह भी महत्वपूर्ण नहीं है?"

पुरानी आत्मा हिचकिचाया, "यह एक अच्छा प्रश्न है. यह हमें कुछ मिनटों के लिए विषय से भटका देगा, लेकिन मैं सोचता हूँ कि यदि मैं आगे बढ़ने से पहले संक्षिप्त उत्तर दूँ तो यह हमारी सहायता करेगा.

"धरती पर सामान्य दृष्टिकोण यह है कि जीवन मुख्यतः गतिविधियों के माध्यम से उपलब्धियों और सफलताओं के बारे में है, जैसा कि काम, लेकिन दरअसल वैसा नहीं है. जैसा कि मैंने पहले कहा है, तुम्हारे अवतरण का मुख्य कारण भावनाओं का अनुभव करना है जो यहाँ आध्यात्मिक आयाम में उत्पन्न नहीं होती है और आंतरिक शिक्षाओं से लाभ उठाना है जब तुम उन्हें प्राप्त करते हो. तुम्हारे जीवनकाल में बाक़ी सभी घटनाएँ मुख्यतः इन भावनात्मक अनुभवों को प्राप्त करने के लिए एक वाहन हैं."

"क्या तुम्हारा मतलब यह है कि बाक़ी सब कुछ जो लोग अपने जीवन में करते हैं, जैसे कि पढ़ना, जीविका के लिए प्रयास करना, काम करना, पैसा बनाना, इत्यादि महत्वपूर्ण नहीं है?"

"नहीं, यह कार्य करना भी अनिवार्य है. एक व्यक्ति के सारे जीवनकाल के दौरान ये संतुष्टि, उद्देश्य और अर्थ देते हैं और इसके बारे में मैं तुम्हें बाद में और बताऊँगा. लेकिन ज़्यादा महत्वपूर्ण ये है कि यह कार्य उस सन्दर्भ की रचना करने में सहायता करते हैं जिसमें भावनात्मक अनुभव घटित होते हैं. इन कार्यों के द्वारा लोग अपने आपको जीवन की भिन्न-भिन्न परिस्थितियों में पाते हैं, जिसमें उनका मानसिक चरित्र एक विशेष भावुक अनुभव घटित होने के लिए बीज प्रदान करता है, अगर स्थिति की विशिष्टता से उसको जोड़ा जाये तो."

रिक़्की ने विचारपूर्वक पूछा, "क्या जीवन भावनाओं के निर्माण के लिए ही होता है?"

"हाँ, संक्षेप में ऐसा ही है. विशिष्ट 'चेतना इकाइयाँ' संगठित हो कर एक 'अनुभूति की स्थिति' बनाती हैं जो सभी भावनाओं का आधार है. आपका सचेत प्रयोजन फिर इस अनुभूति की स्थिति की तीव्रता बढ़ाते हुए इसको निर्मित करता है. और अंत में यह एक तरफ़ तो तुम्हारी सचेत मंशा का और दूसरी तरफ़ तुम्हारे मानसिक चरित्र और जीवन की विशेष परिस्थिति का सम्मिश्रण है, जो तुम्हारी भावना को परिभाषित करती है – या इसे एक नाम देती है. उदाहरणार्थ, यदि तुम्हें एक लिफ्ट पर जाते हुए अत्यधिक डर का अनुभव होता है तो तुम अपने मानसिक चरित्र के अनुरूप शायद एक 'लिफ्ट का डर' विकसित कर लोगे. उसी तरह एक भवन की छत के ऊपर होने का डर शायद 'ऊँचाई से डर' में तब्दील हो जाये .

"एक बार कोई भावना उत्पन्न हो जाती है तो यह अक्सर दूसरी समान परिस्थितियों के लिए आम हो जाती है. उदाहरणार्थ, जिस व्यक्ति को लिफ्ट के डर और ऊँचाई के डर का अनुभव होता है उसे सभी बंद जगहों और ऊँचाई की सारी स्थितियों से भी डर लगने लगता है. उदाहरणार्थ सामान्यीकरण की यह विशेषता विशेष रूप से नकारात्मक भावनाओं के साथ समस्यात्मक होती है जिसमें डर, घबराहट, जलन, क्रोध, अवसाद और दोष भी सम्मिलित हैं – क्योंकि यह उन्हें कोहरे की तरह फैलाता है. यह जैसे-जैसे ठहरता है और व्यक्ति के चित्त में बैठता है, कभी-कभी कई दिनों, हफ़्तों और महीनों तक, तब कोहरा समान पारिस्थितियों के एक सम्पूर्ण क्षेत्र पर धुँध की चादर बिछा देता है. वही एक ही तरह का सामान्यीकरण सकारात्मक भावनाओं में भी होता है, जहाँ, उदाहरणार्थ, एक आनन्दमयी घटना के उपरान्त, प्रेम, आनन्द और ख़ुशी उस व्यक्ति को धूप की उदात्त किरणों से स्नान कराते हैं – अक्सर काफ़ी लम्बे समय के लिए. हालाँकि तुम्हें यह जानकर राहत मिलेगी कि समय के साथ-साथ सारी घटनाओं के लिए, जिनमें नकारात्मक और पीड़ादायक भावनाएँ शामिल होती हैं, प्रेम (जो आत्मा की मौलिक प्रकृति है) प्रमुख हो जाता है, जिससे नकारात्मक भावनाएँ लुप्त हो जाती हैं, जैसे सूर्य की किरण कोहरे की चादर को हटा देती हैं."

रिक्की, जो भावनाओं और बुद्धि के बीच के सम्बन्ध को अच्छी तरह से समझना चाह रहा था, ने पूछा, "पर बुद्धिमानी और बुद्धि-विषयक कार्यों के बारे में क्या स्थिति है? निश्चित रूप से धरती पर जीवन, भावनाओं की परवर्तनशीलता के मुक़ाबले बुद्धिमानी पर अधिक निर्भर करना चाहिए?"

"आत्मा की बुद्धिमानी को बढ़ाने के लिए कोई अवतार नहीं लिया जाता. ऊपरी आत्माओं और आत्माओं की बौद्धिक क्षमता उससे कहीं ज़्यादा है जो अवतरण के दौरान मानव शरीर के माध्यम से अभिव्यक्त की जाती है. इसलिए (और मैं इसके बारे में बाद में और बताऊँगा) तुम्हें यह स्वीकार करना चाहिए कि प्रत्येक मनुष्य समान रूप से मान्य है. जहाँ तक बुद्धिमानी का प्रश्न है, उस आत्मा में, जो किसी ऐसे व्यक्ति के शरीर में सम्मिलित है जो मानसिक रूप से बीमार है, जो पढ़ना-लिखना नहीं जानता, जो "लफँगा" है, या एक कूड़ा उठाने वाला है तथा उन व्यक्तियों की आत्माओं में, जो समाज के सबसे सफल व्यक्ति माने जाते हैं, जैसे नोबल पुरस्कार विजेता और देशों के प्रमुख, कोई अंतर नहीं है."

"मुझे समझ में नहीं आया. जैसा कि मैं देखता हूँ, इन व्यक्तियों के बीच बहुत बड़ा अंतर है."

"हाँ है, लेकिन इनकी आत्माओं की बौद्धिक क्षमताओं में कोई अंतर नहीं है, इसके बजाय बल्कि सुचिंतित नमूने में है जो गर्भावस्था में आत्मा के भ्रूण के साथ सम्मिलित होते समय बनता है. ऐसी परिस्थितियों के अनुभव की इच्छा करते हुए, जो उसे एक ख़ास तरह के गुण वाली भावना की ओर ले जाये, आत्मा ऐसे सांस्कृतिक और जनसांख्यिक विन्यास को चुनती है जिसमें वह अवतरित होगी और भ्रूण को एक ऐसी मानसिक क्षमता, एक ऐसा चरित्र देगी, जो अवतरण के दौरान उसे विशिष्ट कार्यों की ओर ले जायेगी या वहीं तक सीमित रखेगी. इसी तरह से आत्मा उस विशेष प्रकार के भावनात्मक अनुभव के लिए एक सर्वोत्तम सन्दर्भ को रचने की कोशिश करती है.

"ऊपरी आत्मा और आत्मा के दृष्टिकोण से किसी अवतरण के दौरान कार्यों का रूपरेखा मुख्यतः ऐसा बनाया जाता है जो ऐसी स्थितियाँ लायें कि एक विशेष तरह की भावना को अनुभव करने का मौक़ा मिले. बौद्धिक कार्य और क्षमताएँ जो एक जीवनकाल के दौरान प्रखर होते हैं वह भी महत्वपूर्ण होते हैं, लेकिन वह गौण होते हैं और आत्मा के अवतरण का मुख्य लक्ष्य नहीं होते."

रिक्की थोड़ा नरम पड़ गया और बोला, "ठीक, मैं समझता हूँ तुम्हारा क्या मतलब है. लेकिन तब क्या होता है जब भावनाएँ क़ाबू के बाहर हो जाती हैं? क्या तुम सोचते हो कि मनुष्य जाति को आत्म विनाश से बचाने के लिए धरती पर समुचित बुद्धि है?"

पुरानी आत्मा मुस्कराया, "हाँ, है."

आपनी टिप्पणियों को संक्षिप्त करते हुए पुरानी आत्मा ने जारी रखा, "सारी आत्माएँ जो धरती पर अवतरित होती हैं, कुछ आध्यामिक मार्गदर्शकों के अलावा, भावनाओं के बारे में सीखने के लिए ऐसा करती हैं. किसी अवतरण के दौरान अंतिम चुनौती यह है कि तुम अपना जीवन प्रेम की भावना के साथ जीयो (जो तुम्हारी आत्मा की प्रकृति का प्रतिबिम्ब है), जबकि उसी समय घटनेवाली सारी पीड़ादायक और नकारात्मक भावनाओं के बारे में अनुभव करो और सीखो. यह वह तरीक़ा है जिसमें तुम इन भावनाओं को तब नियंत्रित करते हो जब वह तीव्र और दबाने वाली हों और जो फैसले तुम उस समय लेते हो उनसे तुम्हें अपनी आंतरिक प्रकृति के बारे में पता चलता है. अंततः जब तुम

सीख लेते हो कि इन भावनाओं से कैसे ऊपर उठना है तुम आध्यात्मिक तौर पर विकसित हो जाते हो.

"मैं तुम्हें इस बारे में बहुत कुछ बाद में बताऊँगा, जैसे-जैसे हम अपनी चर्चा जारी रखेंगे, कि आंतरिक शिक्षा कैसे होती है. पर इस समय आओ हम अपने विषय पर वापिस चलते हैं."

रिक्की ने बीच में बोला, "ठीक है, इन मुद्दों को स्पष्ट करने के लिए धन्यवाद."

"जैसा कि मैं कह रहा था, मानव शरीर की बनावट पर प्रभाव डालने वाले एक बुनियादी जीवविज्ञान के अतिरिक्त यह आत्मा की ज़िम्मेदारी होती है कि मनुष्य को विशिष्ट और आत्म-जागरूक बनाये. आत्मा की चेतना और मानव शरीर की चेतना के सम्मिश्रण से एक संवेदनशील मनुष्य की रचना होती है. फलस्वरूप संवेदनशील मनुष्य दो तरह की चेतनाओं से बनता है – वह आंशिक रूप से जटिल आत्मा की चेतना और आंशिक रूप से कैनवास के अंदर मौजूद विशिष्ट चेतनात्मक इकाइयों से बनी प्रारंभिक चेतना से बनता है, जो भौतिक ब्रम्हाण्ड में सब कुछ रचित करती हैं."

"ठीक है, मैं समझ गया."

"तो यह शरीर और आत्मा का सम्मिश्रण है जो मनुष्य को संवेदनशील या आत्म-जागरूक बनाता है. शरीर एक व्यक्तिगत कैमरे की भांति है, जिसके माध्यम से तुम भौतिक संसार का अनुभव कर सकते हो और एक वाहन की भांति भी है, जिसे तुम ग्रह पर अपने जीवनकाल के दौरान इधर-उधर जाने के लिए प्रयोग करते हो. शरीर रूपी इस उपकरण के कुछ दिलचस्प गुण हैं और इनके लगातार रख-रखाव की आवश्यकता होती है. इससे पहले कि हम आगे बढ़ें यह महत्वपूर्ण है कि इनमें से कुछ का वर्णन मैं तुम्हें संक्षेप में दूँ."

"ठीक है. तुमने शरीर का वर्णन एक कैमरे और एक कार की भांति की है."

"हाँ, यह एक अच्छी उपमा है, क्या तुम ऐसा नहीं सोचते? और पिछले जन्मों में तुम्हारे पास अलग-अलग कारें थीं, उनमें से प्रत्येक थोड़े अलग ढंग से संचालित होती थीं, क्योंकि दो भौतिक शरीर बिल्कुल एक समान नहीं होते."

शरीर के महत्वपूर्ण पहलू

पुरानी आत्मा ने जारी रखा, "भौतिक शरीर की कुछ विशेषताएँ होती हैं जो हमेशा एक जैसी होती हैं. ये विशेषताएँ भौतिक संसार को समझने में शरीर को सामर्थ्य देती हैं और मैं उनका वर्णन तुम्हारे सामने पहले करूँगा. उसके बाद मैं उन आधारभूत ज़रूरतों का वर्णन करूँगा, जो ढंग से कार्य करने के लिए तुम्हारे शरीर को ज़रूर मिलनी चाहिए. और अंत में मैं संक्षेप में कुछ चुनौतियों के बारे में बात करूँगा जिनका सामना शरीर करता है,जब तुम इन्हें भौतिक संसार में पैंतरेबाज़ी करने के लिए प्रयोग करते हो.

"तुम्हारे शरीर की सबसे मौलिक विशेषता 'शारीरिक विषमता' को पता लगाने की उसकी क्षमता है.

"भौतिक शरीर सहजता से विषमता की ओर खींचा जाता है, क्योंकि यह वही मौलिक स्रोत है जिसके माध्यम से वह भौतिक संसार का अनुभव ले पाता है. अगर तुममें विषमता का पता लगाने की क्षमता नहीं है, तुम किसी भी चीज़ को समझ नहीं पाओगे और फलस्वरूप तुम्हें एक भी अनुभव नहीं होगा. विषमता की अनुभूति तुम्हें अपने संवेदी तंत्रों के माध्यम से मिलती है और उन्हीं माध्यमों के ज़रिये तुम अपने भौतिक अस्तित्व का अनुभव कर पाते हो. उदाहरण के लिए: तुम्हारी आँखों के पास रौशनी की आवृत्तियों को भाँपने की क्षमता है और वह वेवलेंग्थ की एक विशिष्ट सीमा के अंदर तुम्हें रंगों के एक स्पेक्ट्रम को देखने देती है; कानों के पास उन वेवलेंग्थों की विषमता को पहचानने की क्षमता है जो आवाज पहुँचाती हैं और तुम्हें एक विशिष्ट आवृत्ति सीमा के अंदर सुनने देती हैं; त्वचा के ग्रहीता (रिसेप्टर) तुम्हें गर्मी के रूप में ऊर्जा को भाँपने की क्षमता देते हैं और तुम्हें तापमान की परिवर्तनशीलता में विषमता को महसूस करने देते हैं, परिणाम-स्वरूप जो तुम्हें एक आरामदायक शारीरिक तापमान बनाये रखने में और अल्पोष्णता तथा गर्मी से थकान को रोकने में सहायता करती है. तुम्हारी त्वचा के स्पर्श ग्रहीता (टच रिसेप्टर) बनावट, दबाव, कंपन और दर्द की विभिन्नताओं का पता लगाकर तुम्हें विषमता का अनुभव करने देते हैं; तुम्हारी जिव्हा के स्वाद ग्रहीता (टेस्ट रिसेप्टर) तुम्हें पाँच तरह के स्वाद – नमकीन, खट्टा, कड़वा, मीठा और ख़ुशबूदार - की विषमता में भेद करने देते हैं. तुम्हारी नाक के सूंघने वाले ग्रहीता (ऑलफैक्ट्री रिसेप्टर) हवाई बूँदों का पता लगाते हैं और तुम्हें अलग-अलग गंधों में फर्क करने में सहायता करते हैं."

रिक्की ने ध्यान से सुनते हुए कहा, “हम्म ... वास्तव में मैंने इसके बारे में कभी ऐसे नहीं सोचा था.”

“बहुत सारे लोगों ने नहीं सोचा.”

“इन संवेदी तंत्रों से इकट्ठी की गई यह संयुक्त सूचना अनुभवों के एक बहुरूपदर्शक के साथ जुड़ता है जो तुम्हें भौतिक संसार को कई दृष्टिकोणों से समझने में सक्षम बनाता है.

“अब सही ढंग से कार्य करने के लिए तुम्हारे शरीर की जो बुनियादी ज़रूरतें हैं उनमें रौशनी, गुरुत्वाकर्षण, नींद, आराम, पानी और पोषण हैं. यह बेशक तुम्हारे लिए स्पष्ट है, लेकिन फिर भी मुझे इन पहलुओं पर संक्षिप्त में टिपण्णी करनी है.

“तुम्हारा शरीर और वास्तव में धरती की सतह पर सभी जीवन सूर्य की रौशनी से जीवित रहते हैं. अगर सूर्य की रौशनी को अचानक बंद कर दिया जाये तो धरती की सतह पर सारे जीवन 8.3 मिनटों के बाद नष्ट होना शुरू करेंगे, लगभग 300 लाख मीटर प्रति सेकेण्ड की गति से सूर्य से आने के लिए रौशनी के कण जितना समय लेती हैं.”

“ओह. वह तो एक अतिशीघ्र अंत होगा.”

“हाँ, लेकिन सौभाग्य से यह ऐसा कुछ है जिसके बारे में तुम्हें चिंता करने की आवश्यकता नहीं है. लेकिन तुम्हारे शरीर पर रौशनी का असर अनगिनत तरीक़ों से होता है; सबसे स्पष्ट यही है कि जब अँधेरा होता है तो तुम देख नहीं पाते, इसलिए रात में पैंतरेबाज़ी करने की तुम्हारी क्षमता कठोरता से प्रतिबंधित है. सूर्य की रौशनी तुम्हारे शरीर को विटामिन डी बनाने के लिए प्रेरित करती है जो तुम्हारे शरीर के लिए आवश्यक पदार्थ है. तुम्हारे दिमाग़ में यह न्यूरोकेमिकल रिएक्शन को भी अभिप्रेरित करती है जो तुम्हारी मनोदशा के निर्धारण के लिए बहुत महत्वपूर्ण है. इसीलिए सर्दी के महीनों में कुछ लोग उदास महसूस करना प्रारंभ कर देते हैं.”

“मैं कुछ लोगों को जानता हूँ जो सर्दी के अँधेरे महीनों में हमेशा उदास महसूस करते हैं.”

“हाँ, यह एक बहुत सामान्य समस्या है. सूर्य की रौशनी या चमकती हुई रौशनी उनके लिए अति-उत्तम इलाज है.

"गुरुत्वाकर्षण एक और ऐसा महत्वपूर्ण लक्षण है जो शरीर पर असर करता है.

"एक गुरुत्वाकर्षण बल सभी पदार्थों पर कार्य करता है, उन्हें नीचे की ओर तुम्हारे ग्रह की तरफ़ खींचते हुए. तुम्हारे शरीर को बड़ा होने और ढंग से कार्य करने के लिए इस बल की ज़रूरत होती है. यदि गुरुत्वाकर्षण नहीं होता तो तुम ग्रह की सतह पर चल नहीं पाते या नियमित व्यायाम के द्वारा अपने शरीर को स्वस्थ नहीं रख पाते. गुरुत्वाकर्षण बल ग्रह को घेरे हुए एक अदृश्य क्षेत्र के अंदर होता है और जैसे-जैसे तुम धरती से दूर जाते हो इसकी तीव्रता नष्ट और कम होती जाती है.

"अंत में नींद, आराम, पानी और पोषण भी ढंग से कार्य करने के लिए शरीर के लिए अनिवार्य हैं.

"रौशनी के अनुकूलन के लिए तुम्हारे शरीर ने घुमावदार लय विकसित की है, जहाँ यह एक ऐसा हॉर्मोन बनाता है जो नींद को प्रेरित करता है और अँधेरा हो जाने पर इसे आराम करने के लिए मजबूर करता है. जब रौशनी लौटती है तो शरीर एक दूसरा हॉर्मोन बनाता है, इसे जगाता है और इसे दिन भर फुर्तीला बनाये रखता है. नींद के दौरान तुम्हारा शरीर आराम करता है और उसे वापिस पहले वाली दशा में ले आता है. नींद का दूसरा सुविधाजनक प्रतिफल यह है कि तुम्हारा शरीर जब सो रहा होता है तो तुम्हारी आत्मा तुम्हारे शरीर को छोड़ सकती है और दूसरा कार्य कर सकती है. तुम्हारा शरीर जब सो रहा होता है तब की तुम्हारी आत्मा की गतिविधि सुबह उठने पर एक विकृत रूप में सपनों की भांति याद आती है. और अंत में तुम्हारे शरीर को नियमित अंतरालों पर बेशक समुचित पानी और पोषण मिलना चाहिए ताकि यह ढंग से कार्य कर सके."

रिक्की ने सपनों का विषय उठाते हुए कहा, "मेरा शरीर जब सो रहा होता है तो मैं दूसरे आयामों की यात्रा का आनन्द उठाता हूँ."

"हाँ, मैं जानता हूँ. तुम अपनी इन रोमांच की यादों को एक ऐसे तकनीक का प्रयोग करके बढ़ा सकते हो, जिसे 'स्पष्ट सपना देखना' कहते हैं, लेकिन वह एक ऐसा विषय है जिसके बारे में हम बाद में चर्चा कर सकते हैं."

पुरानी आत्मा ने जारी रखा, "अब जब मैंने संक्षिप्त में समीक्षा कर ली है कि तुम्हारा शरीर अपने चारों ओर की वस्तुओं को कैसे देखता है और रख-रखाव के लिए इसे किस चीज़ की आवश्यकता है, आओ हम कुछ शारीरिक

विकलांगताओं को भी देख लें जिनसे तुम्हें धरती पर ज़रूर संघर्ष करना होगा. पहले हम जलवायु को लेते हैं.

"जलवायु और समयानुकूल मौसम ढाँचे वह कारक हैं जो तुम्हारे शरीर को निश्चित वातावरणीय परिस्थितियों के साथ अनुकूलन करने के लिए और मौसम और ऋतु की विपरीतता को ध्यान में रख कर अपनी गतिविधियों को नियोजित करने के लिए मज़बूर करते हैं.

"अपनी धुरी पर हर चौबीस घंटे धरती के धूमने के कारण तुम इसके प्रभाव को अनुभव करते हो और जैसे-जैसे यह घूमती है बहुत सारे क्षेत्रों में दिन की रौशनी पर असर पड़ता है और सूर्य की रौशनी से उत्पन्न गर्मी के आभाव से तापमान में उतार-चढ़ाव आते हैं. इससे वायुमंडल में हलचल पैदा होती है जो मौसम के स्वरूप पर और साथ ही समुद्र की लहरों पर प्रभाव डालता है और यह अक्सर ग्रह पर मनुष्य की गतिविधि में रुकावट डालते हैं. इसके अतिरिक्त, क्योंकि धरती अपनी कक्षा में सूर्य के इर्द-गिर्द प्रत्येक 365 दिन में घूमती है और अपनी परिक्रमा के धरातल की तुलना में अपनी धुरी पर झुकी हुई होती है, तुम मौसमी जलवायु परिवर्तन देखते हो. यह मौसमी जलवायु परिवर्तन और भी स्पष्ट हो जाते हैं जैसे-जैसे तुम ग्रह के उन क्षेत्रों की ओर जाते हो जो मध्य-रेखा से दूर होते जाते हैं, जैसे कि यहाँ आइसलैंड में. उत्तरी गोलार्ध में मई, जून और जुलाई में सूर्य की रौशनी अधिक होती है, क्योंकि यह गोलार्ध उस समय सूर्य के सामने होता है, जबकि नवम्बर, दिसंबर और जनवरी में दक्षिणी गोलार्ध सूर्य के सामने होता है और उसे सूर्य की रौशनी मिलती है, जबकि यहाँ पर सबसे अँधेरा समय होता है. तुम बेशक अपने वातावरण के इस पहलू को स्वीकार करते हो और अपनी गतिविधियों को वैसे ही नियोजित करते हो."

"हरके चीज़ के लिए एक मौसम है,
और स्वर्ग के नीचे हरेक उद्देश्य का एक समय है"

एकक्लेसिअसटेस 3:1

पुरानी आत्मा ने जारी रखा, "एक ओर अतिरिक्त चुनौती है जिसे मैं इस समय बताऊँगा, यद्यपि यह तुम्हारे शरीर के मुक़ाबले तुम्हारी आत्मा से ज़्यादा सम्बन्धित है. इसका सम्बन्ध एक परेशान करने वाला काम से है जिसमें तम्हारी

आत्मा को धरती पर स्थान/समय आयाम में तुम्हारे शरीर की पैंतरेबाज़ी के लिए करना पड़ता है."

"इस उदहारण को तुम थोड़ा ज़्यादा दिलचस्प पाओगे. स्थान और समय के आयाम तुम्हें एक दूसरे से स्वतंत्र प्रतीत होते हैं, लेकिन वास्तव में वह एक साथ गुंथे हुए हैं. मैं उन्हें 'स्थान/समय' कहूँगा. स्थान/समय भौतिक संसार का वह पहलू है जो सभी आत्माओं के लिए एक चुनौती है जब वे अवतरित होती हैं, क्योंकि आध्यात्मिक आयाम में ये दोनों आयाम एक साथ मौजूद नहीं होते, केवल स्थान है पर समय नहीं है. इस अनुभव के बहुत सारे पहलू हैं जिनके बारे में हम बात कर सकते हैं, लेकिन इस समय मैं कुछैक के बारे में ही बताऊँगा."

एक मिनट कितना लम्बा है, यह उस पर निर्भर करता है
कि आप स्नानघर के दरवाज़े के किस ओर हैं.
ज़ाल का नियम

"जैसे कि एक, भौतिक शरीर के अंदर फँसी हुई एक आत्मा को जो समझौता करना पड़ता है वह आसान नहीं है. आध्यात्मिक आयाम में तुम 'विचार' के अभ्यस्त होते हो और तत्काल ही नए स्थान पर 'होने' के, लेकिन धरती पर तुम्हें दूर के स्थान पर किसी व्यक्ति से बात करने के लिए या तो टेलीफ़ोन करना पड़ता है या अपने भौतिक शरीर को एक जगह से दूसरी जगह ले जाने के लिए 'स्थान' से गुज़रना पड़ता है. हालाँकि तुम्हारे 'विचार' तत्काल जा पायेंगे और उसके द्वारा सुन लिए जायेंगे जिसको तुम भेजोगे, बशर्ते वह व्यक्ति दूरसंवेदी ग्राही हो, लेकिन आध्यात्मिक आयाम में इससे भिन्न, धरती पर बातचीत करने का यह विश्वसनीय तरीक़ा नहीं है. स्थान/समय से संधर्ष करना इकलौता परेशान करने वाला अनुभव है जो तुम्हारी आत्मा को तुम्हारे अवतरण के दौरान होगा और मैं इस बारे में बहुत कुछ और बाद में बताऊँगा."

"मुझे अब समझ में आया कि मैं अक्सर क्यों परेशान हो जाता हूँ जब मैं वहाँ नहीं पहुँच पाता जहाँ मैं जल्दी-जल्दी जाना चाहता हूँ"

"हाँ ... जैसा कि तुम जानते हो अनिवार्यत: समय के दो पहलू होते हैं जिनका तुम अभी अनुभव कर रहे हो. एक तरफ़ तुम्हारी 'घड़ी' का समय है (जो धरती द्वारा अपनी धुरी पर एक बार घूमने से निकाला गया है, 24 घंटों

के खंडों में बाँटा गया है; प्रत्येक घंटे को साठ मिनटों में और प्रत्येक मिनट को साठ सेकंडों में विभाजित किया गया है) और दूसरी ओर समय गुज़रने पर तुम्हारा व्यक्तिगत अनुभव. जैसा कि तुम जानते हो, तुम बार-बार इस समय के चित्रण में एक-दूसरे के साथ मतभेद अनुभव करते हो. पर यदि तुम धरती पर प्रभावपूर्ण ढंग से संचालन करना चाहते हो तो तुम्हें अपने जीवन को घड़ी के समय के अनुसार नियोजित करना ज़रूर सीख लेना चाहिए, क्योंकि तुम तब तक उन्नति नहीं कर पाओगे जब तक तुम, उदहारण के तौर पर, मुलाक़ातों के लिए, काम के लिए, या बस या रेलगाड़ी आदि पकड़ने के लिए घड़ी के समय के अनुसार नहीं चलोगे. मुश्किल यह है कि समय व्यतीत होने का आपका व्यक्तिगत अनुभव अक्सर घड़ी के समय के अनुसार नहीं होता. घड़ी के समय के मुक़ाबले कभी-कभी तुम्हें इसके तेज़ होने का अनुभव होगा और किसी दूसरे समय पर आहिस्ता होने का अनुभव होगा. उदाहरण के लिए तुम्हारी टिप्पणी के उत्तर में – जब तुम्हें कहीं जाने की जल्दी होती है, समय व्यतीत होने का तुम्हारा व्यक्तिगत अनुभव धीरे प्रतीत होता है और तुम्हें यह महसूस होता है कि अपने लक्ष्य तक पहुँचने के लिए चिरकाल लग जायेगा. जबकि यदि तुम किसी गतिविधि में डूबे हुए हो, जैसे अपना गृहकार्य कर रहे हो, तो तुम्हारा समय गुज़रने का अनुभव घड़ी के मुक़ाबले तेज़ होता है.

"समय के साथ समझौता करने में मुख्य समस्या यह है कि कभी-कभी तुम्हें यह लगता है कि तुम्हारे पास इसके प्रभाव को नकारने के लिए अवसर है, भौतिक संसार की अन्य निश्चित विशेषताओं से भिन्न जिन्हें तुम मानते हो कि तुम्हारे नियंत्रण से पूरी तरह बाहर हैं, जैसे कि गुरुत्वाकर्षण, मौसम के ढाँचे और धरती का अपनी धुरी पर और सूर्य के चारों ओर घूमना, इत्यादि. वह अनुभूति जिसे तुम्हें समय के प्रभाव पर कारक बनाने की ज़रूरत नहीं है धरती पर स्थानिक है और जीवन पर अनकहे तरीक़ों से नकारात्मक प्रभाव डालती है, विशेषतया लोगों को स्वयं पर, दूसरों पर और अनगिनित स्थितियों पर, जो जीवन की नैया पार करने में उत्पन्न हो सकती हैं, कुंठा और गुस्सा महसूस कराने में.

"मुझे इस मुद्दे पर और भी बहुत कुछ कहना है कि जब स्थान/समय को लोग नकारते हैं तो वे कैसे प्रभावित होते हैं."

रिक्की ने सिर हिलाया, "ठीक है ... मैं समझता हूँ."

"अब प्राथमिक शब्दों में मैंने वर्णन कर दिया है कि कैसे ब्रम्हाण्ड की रचना हुई और यह कैसे चलता है. मैंने इसका वर्णन भी कर दिया कि कैसे संवेदनशील मनुष्यों की रचना होती है और जलवायु तथा स्थान/समय के इस पर कुछ प्रतिबंधों समेत भौतिक शरीर के बुनियादी पहलू का भी वर्णन कर दिया है.

"अब मुझे तुम्हें इस बात को विस्तार से बताने की कोशिश करनी है कि मानव शरीर के प्रयोग से कैसे हम अपनी वास्तविकता को रचते हैं."

तुम स्वयं अपनी वास्तविकता की रचना करते हो

पुरानी आत्मा ने जारी रखा, "याद करो, मैंने कहा था कि ढाँचे कैनवास में रचित होते हैं, और सामंजस्य का विकास इन ढाँचों की उपस्थिति का भौतिक आयाम में समन्वय करता है."

तुम केवल वही वास्तविकता रचते हो जो तुम देखना चाहते हो.

"हाँ. प्रत्येक चीज़ जो मैं अपने भौतिक संसार में देखता हूँ वह पृष्ठभूमि कैनवास से रची जाती है."

"हाँ ... लेकिन तुम वही देखते हो जो तुम देखना चाहते हो या जो तुम देखने की आशा करते हो."

"सच में? यह कैसे होता है?"

"तुम्हारे और तुम्हारे वातावरण के बीच अस्थिर बातचीत होती है जो निर्धारित करती है कि तुम्हारे आसपास जो है उसे तुम कैसे देखते हो. एक भी बातचीत ऐसी नहीं है जो इसका ज़िम्मेदार हो कि तुम अपने संसार को कैसे देखते हो, लेकिन कई चीज़ें हैं जो इकट्ठे होकर, सभी एक-दूसरे को प्रभावित करते हुए, अस्थिरता से कार्य करती हैं. मैं तुम्हें इनमें से कुछ प्रक्रियायों की व्याख्या करने की कोशिश करूँगा."

"ठीक है, मैं सुन रहा हूँ."

"पहले मैं यह चाहूँगा कि तुम यह कल्पना करो कि तुम्हारा शरीर एक हाथ में पकड़ने वाला कैमरा है. जब तुम इधर-उधर चलते हो कैमरे के लेंस को जिस

ओर तुम करते हो उसे रिकॉर्ड कर लेते हो. एक तरफ़ तुम यह जानते हो कि तुम्हारे चारों ओर भौतिक ढाँचे हैं, लेकिन दूसरी ओर तुम केवल उसी की प्रति बनाते हो जो लेंस पर पड़ता है."

"ठीक है, तो मैं केवल वही देखता हूँ जिस पर मेरी नज़र पड़ती है, लेकिन मैं जानता हूँ कि उसी समय आसपास और भी दूसरी चीज़ें हैं."

> वास्तविकता बिना जमा हुआ जेल-ओ है. उसमें एक बहुत बड़ा मध्यवर्ती कीचड़ है जो हमारा संभावित जीवन है. और हम, हमारे हस्तक्षेप की क्रिया से, हमारे देखने की क्रिया से, हमारे निरीक्षण से, उस जेल-ओ को जमाते हैं. इसलिए हम वास्तविकता की सारी प्रक्रिया के लिए स्वाभाविक हैं. हमारी सहभागिता वास्तविकता की रचना करती है.
>
> लिन्न एमसी तग्गार्ट

"हाँ, और जो तुम देखते हो कम से कम दो स्तरों पर उसका मतलब निकाला जाता है. जब तुम अपने लेंस से किसी चीज़ की ओर देखते हो तो तुम उसकी एक प्रति बनाते हो. लेकिन इस प्रति के बारे में और भी कुछ है जो आँख देखती है. तुम यह मूल्यांकन नहीं कर सकते कि यह कितना महत्वपूर्ण है जब तक कि तुम अपनी प्रतियों की तुलना अपने मित्र की प्रतियों से नहीं कर लेते जो, उदाहरण के लिए, तुम्हारे साथ उसी गली में चला है और अपने लेंस से उन्हीं ढाँचों की ओर देखा है. जो तुम पाते हो वह ये कि तुम उसी से सहमत हो जो तुमने सतही तौर पर देखा है. तुम यह कह सकते हो कि विश्लेषण के इस स्तर पर तुम्हारा अवलोकन वस्तुपरक है. फिर भी जब तुम विवरण को देखते हो तो तुमको एकदम से पता चलता है कि जो कुछ उसने देखा है उसकी व्याख्या तुम्हारी व्याख्या से बिल्कुल अलग है, लगभग उस सीमा तक कि यह ऐसा लगे कि तुम दोनों बिल्कुल ही अलग गलियों से गुज़रे हो. निष्पक्षता से तुम दोनों एक ही गली से गुज़रे थे, लेकिन व्यक्तिपरक ढंग से जो अनुभव की प्रति तुमने बनाई थी वह उसकी प्रति से एकदम भिन्न है. जब तुम सतह के नीचे समानता को देखोगे तो तुम्हें पता चलेगा कि तुम्हारा व्यक्तिपरक अनुभव वास्तव में विशिष्ट है."

"मैं समझ गया. मुझे इस हद तक एहसास नहीं हुआ था."

"हाँ. यह उसका उदहारण है जहाँ तुम दोनों ने अलग-अलग वास्तविकता की रचना की थी. तुमको यह पता लगा कि जो वास्तविकताएँ तुमने रचित की थी वह सतही तौर पर एक जैसी हैं, लेकिन एक व्यक्तिपरक दृष्टिकोण से जब उसका गहन विश्लेषण किया जाता है तो विशिष्ट हैं."

इतनी भारी सामग्री के बाद थोड़ा-सा हल्कापन ठीक है, यह महसूस करते हुए रिक्की को एक वाक्य याद आया जो उसने कुछ दिन पहले जेन बुद्धिज़्म के बारे में एक लेख में पढ़ा था और चिढ़ाते हुए उसने कहा, "तो मेरे लिए इस प्रश्न का उत्तर दो. जंगल में गिरने वाले एक पेड़ का दृश्य क्या है, जब कोई नहीं देख रहा है? और एक हाथ से ताली बजने की आवाज़ कैसी है?"

पुरानी आत्मा हँसा. "यह एक बहुत पुरानी शरारत है, अज्ञेय पर सवाल करना. आज यहाँ हमारे प्रयोजन के लिए, जो शुद्ध रूप से व्यवहारिक है, तुम्हारे लिए मेरा उत्तर होता : जब तक तुम घटना की एक दृष्टव्य या श्राव्य प्रति नहीं बना लेते, तब यह हुआ नहीं था. तुम्हारे प्रश्न के अनुसार यदि तुमने पेड़ को गिरते हुए नहीं देखा और यदि तुमने एक हाथ की ताली की आवाज़ नहीं सुनी, तो यह घटित नहीं हुआ है."

"उसका क्या यदि किसी ने मुझे उस चीज़ के बारे में बताया जो मैंने नहीं देखा या सुना था, या मैं इसके बारे में पढ़ता हूँ. क्या वह हुआ था?"

"तुम्हें यह संभावना देखनी है कि क्या वह हुआ था. तुम्हारे पास बस उस अनुभव की प्रति है जो तुमने इसके बारे में सुनकर या पढ़कर बनाई है. वह तुम्हारी वास्तविकता है. और जैसा कि मैंने पहले कहा था, जितना तुम ध्यान से अपने कुछ पढ़ने या सुनने के अनुभव की जाँच करोगे और फिर उसकी तुलना किसी और के अनुभव से करोगे, तुम्हें अपना अनुभव उतना ही अलग लगेगा. तुम्हारी वास्तविकता विशिष्ट है. तुम इसकी रचना अपने लिए स्वयं करते हो."

रिक्की ने मुस्कराते हुए कहा, "ठीक है, मैं समझ गया. और फिर तब क्या होगा जब मैंने इसके बारे में कभी सुना नहीं और यह कभी नहीं जानता था कि यह घटित हुआ है. क्या तब यह घटित हुआ था?"

पुरानी आत्मा ने मुस्कराते हुए कहा, "तुम हार नहीं मानते, क्या तुम मानते हो? बेशक कुछ घटनाएँ घटती हैं जिन्हें तुम जानते हो कि घट सकती हैं, लेकिन तुम यह नहीं जानते कि वह घटित हुई थी या नहीं. घटनाएँ – जो तुम्हें बाद में पता चलती हैं कि वह या तो घटित हुई थीं या नहीं घटित हुई थीं – या हो

सकती थीं. ऐसी भी घटनाएँ हैं जिनके बारे में तुम नहीं जानते कि जो घटी हैं वह घट सकती थीं, पर वह अवश्य घटती हैं और तुम्हें बाद में पता चलता है कि या तो वह घटी थीं या नहीं घटी थीं – या यह कि तुम उनके बारे में कभी नहीं जान सकते कि वह कभी घटित भी हुई थीं."

रिक्की और पुरानी आत्मा दोनों ही अब बहुत अधिक मुस्करा रहे थे, जब रिक्की अज्ञेय के बारे में इस मौखिक शरारत से मशक्कत कर रहा था.

"अंत में तुम्हारे दिमाग़ में एक घटना की जो भी प्रति है, वह वास्तविकता है जो तुमने अपने लिए रची है.

"जब तुम अज्ञेय के बारे में बहस करते हो, वृहत स्तर पर कोई भी उत्तर सही या ग़लत नहीं है. केवल एक ही उत्तर है : वह उत्तर जो तुम्हारे लिए काम करता है.

"अब मैं वहीं से आगे बढ़ता हूँ जहाँ पर हमने छोड़ा था."

इस छोटे विषयांतर से आनंदित होकर रिक्की ने कहा, "ठीक है."

पुरानी आत्मा ने जारी रखा, "इस कारण का सम्बन्ध कि तुम अपनी विशिष्ट वास्तविकता स्वयं बनाते हो तुम्हारे इतिहास से है. पिछले जन्मों के दौरान तुम्हारी ऊपरी आत्मा की उन सभी अनुभवों की सारी यादें, गैर-भौतिक ब्रम्हांडों के अनुभवों सहित, तुम्हें विशिष्ट बनाया है. पिछले जन्म के यह प्रभाव, तुम्हारे वर्तमान जीवनकाल में हुए अनुभवों के साथ-साथ, तुम्हें वो बनाते हैं जो तुम हो. और इसी कारण से तुम्हारा व्यक्तिपरक निरीक्षण किसी और के निरीक्षण से मेल नहीं खाता.

"जो तुम्हें पहली नज़र में लगता है उससे कहीं अधिक इसमें है, क्योंकि यह पिछले जन्म के अनुभव तुममें एक तरह की अचेतन अवस्था भी बनाते हैं. एक अचेतन अवस्था वह है जब तुम्हारा ध्यान किसी और चीज़ की ओर आकृष्ट होता है जो तुम कुछ कर रहे होते हो या जो हो रही होती है, उस हद तक कि जो आसपास हो रहा उस पर तुम कम ध्यान दो. वास्तव में सच्चाई यह है कि सभी हरदम अचेतन अवस्था में रहते हैं."[43]

43 अचेतन अवस्थाओं पर और जानकारी के लिए आदम क्रैबट्री देखें, ट्रांस ज़ीरो: ब्रेकिंग द स्पेल्ल ऑफ कांफर्मिटी, टोरंटो: सोम्मेरविल्ले हाउस, 1997.

"ओह, सच में?"

"हाँ, और यह अचेतन अवस्था आंशिक रूप से यह वर्णन करती है कि तुम्हारी व्यक्तिपरक वास्तविकता विशिष्ट क्यों है. उदहारण के लिए तुम एक अचेतन अवस्था में हो जब तुम किताब पढ़ते हुए किसी चीज़ के बारे सोच रहे होते हो या किसी से बात कर रहे होते हो. इस समय के दौरान तुम्हारा ध्यान केन्द्रित होता है और जो कुछ तुम्हारे आसपास हो रहा होता है उस पर तुम कम ध्यान देते हो. यह अचेतन की स्थितियाँ हैं; वह केंद्रबिंदु बनाते हैं और तुम्हारे अभिप्राय को अनुकूलित करते हैं."

पुरानी आत्मा ने जारी रखा, "अब जब भावना को अचेतनता से जोड़ते हो तो और भी अधिक केन्द्रित हो जाते हो. और भावना जितनी तीव्र होती है, अचेतनता उतनी ही गहरी हो जाती है."

"वाओ. मैं समझ गया."

"यह उन लोगों के लिए समस्या बन सकती है जिन्हें तीव्र भावनाओं का अनुभव होता है, उदहारण के लिए जब वे उदास या चिंतित होते हैं, क्योंकि अचेतन अवस्था उनके लिए इसमें बाहर निकलना मुश्किल कर देती है. लेकिन मैं उसके बारे तुम्हें बाद में और बताऊँगा. अभी के लिए मैं यह चाहता हूँ कि तुम इसे समझ लो कि तुम्हारी विशिष्टता, अचेतन अवस्था और भावना का सम्मिश्रण है जो तुम्हारे व्यक्तिपरक अनुभव पर प्रभाव डालता है या वास्तव में तुम इसे अपने लिए कैसे रचते हो.

वास्तविकता में, हम वास्तव में यह नहीं कह सकते कि हम संसार को निष्पक्ष भाव से देख रहे हैं जैसा वह है. किसी भी चीज़ का सम्पूर्ण वस्तुनिष्ठ मूल्यांकन नहीं होता, क्योंकि हरेक चीज़ पर हमारे मूल्यांकन का संबंध हमारे पिछले अनुभवों और हमारी भावनाओं से है. प्रत्येक चीज़ के साथ एक भावनात्मक मूल्यांकन जुड़ा है.
डेनियल मोंटी, एम.डी.

"ठीक है."

"लेकिन अतिरिक्त प्रक्रियाएँ भी हैं जो मिलकर तुम्हारी व्यक्तिपरक वास्तविकता को उत्पन्न करती हैं. तुम्हारे विचार, तुम्हारे अभिप्राय और तुम्हारी इच्छाशक्ति भी काफ़ी महत्वपूर्ण भूमिका अदा करते हैं."

"वह किस तरीक़े से होता है?"

"पहले मुझे उस खोज के बारे में बताने दो जो भौतिकशास्त्र में हुई है. इसका सम्बन्ध उस विशेष तरह की समस्या से है जो तब होती है जब तुम बहुत ही छोटी भौतिक इकाइयों को देखने की कोशिश करते हो. दूसरे शब्दों में स्पेक्ट्रम के उस छोर पर परिमाण के स्तर पर और उससे आगे, भौतिकशास्त्रियों ने खोज की है कि उनकी अपनी चेतन मंशा वस्तुतः वही रचित करती है जिसे वह देखने की आशा करते हैं. वास्तव में उन्होंने यह खोज की कि वे स्वयं ही अपने प्रोयोगों के नतीजों की रचना करते हैं. या दूसरे शब्दों में परिमाण के स्तर पर वे अपनी वास्तविकता की रचना करते हैं."[44]

"ओह, वैज्ञानिक सबूत. यह विलक्षण है. क्या यह विज्ञान के लिए एक समस्या है?"

"नहीं, सामान्यता नहीं, क्योंकि सारे शोध उन्हीं तत्वों का जोड़-तोड़ करते हैं जिनका आकार परिमाण से बड़ा होता है. लेकिन तुम्हारे लिए यह जानना महत्वपूर्ण है कि यहाँ क्या होता है, क्योंकि इसका सम्बन्ध उससे है कि तुम अपने अनुभवों की रचना कैसे करते हो. इसका कारण उस तथ्य में है कि तुम आंशिक रूप से एक ही तरह की चेतनात्मक इकाइयों से बने होते हो जिससे वह कैनवास बना होता है जिसे तुम देखते हो."

"ओह. तुम्हारा क्या मतलब है?"

"समस्या यह है कि तुम्हारा जिस अंश का निर्माण कैनवास की मूल चेतना से होता है तुम उसी तरह की चेतना का अध्ययन करने की कोशिश कर रहे होते हो. कुछ तरीक़ों से परिमाण स्तर पर अपना अध्ययन करते हुए तुम दर्पण में देख रहे हो. परिमाण के स्तर पर तुम्हारी अपनी चेतना कैनवास में चेतनात्मक इकाइयों पर सीधा प्रभाव डालना शुरू कर देती है. तुम्हारी सचेत मंशा कैनवास की चेतना पर प्रभाव डालती है और वास्तव में कैनवास के कपड़े को खींचती है

44 जोसेफ नारवुड. फिजिक्स, कांशिअसनेस एंड द नेचर ऑफ एक्जिसटेन्स, जोसेफ नारवुड, 2002.

और इसमें से वह बना देती है जो तुम देखना चाहते हो. इस तरीक़े से परिमाण स्तर पर वैज्ञानिकों ने सिद्ध किया है कि तुम अपनी वास्तविकता के रचयिता हो. इस स्तर से आगे भौतिक घटना का कोई वैज्ञानिक अध्ययन व्यर्थ है, क्योंकि यह वह रास्ता है जहाँ से गुज़र कर विचार प्राकृतिक बन जाते हैं."

"मैं समझ गया."

"जो मैं बताना चाहता हूँ वह यह है कि यह वह रास्ता है जिसमें से दिमाग़ी छवियाँ भौतिक ब्रम्हाण्ड में प्रकट होती हैं. इसी तरह के रास्तों से गुज़रने के बाद यह होता है कि तुम्हारी अपनी सचेत मंशा – तुम्हारे विचार, इच्छाएँ और स्वप्न – प्रकट होते हैं और तुम्हारे भौतिक संसार में वास्तविकता बन जाते हैं.[45] तो एक बार फिर इस तरह से तुम अपनी वास्तविकता की रचना करते हो."

रिक्की अचरज से चिल्लाया, "तो यह सच है? मेरी आशाएँ और सपने सच हो सकते हैं?"

अपनी आराम कुर्सी पर पुरानी आत्मा ने आगे की ओर झुका और जारी रखा, "हाँ, हो सकते हैं. लेकिन तुम अपनी वास्तविकता कैसे रचते हो उसमें कुछ और भी है. भाग्य भी है."

"मुझे लगता है तस्वीर को वह और भी जटिल बना देती है?"

"खैर, यह बनाती है ! जब तुम एक दीर्धकालिक लक्ष्य रखते हो तो तुम्हारे विचारों और अभिप्रायों तथा तुम्हारे भाग्य के बीच एक अस्थिर बातचीत होती है. याद रखो तुम एक ही समय पर समय के आयाम के बाहर भी रहते हो और यह सामंजस्य का विकास ही है जो घटनाओं को समय के आयाम में शृंखलित करता है. तुम्हारा भौतिक शरीर समय के आयाम में फँसा हुआ है, लेकिन तुम्हारे विचार नहीं. अब तुम्हारे संबंधित एक घटना घटने के लिए पहले तुम्हें वह विचार आना आवश्यक है. जितनी अधिक शक्ति तुम अपने विचार पर डालोगे या तुम्हारी सचेत मंशा जितनी मज़बूत होगी उतनी ही अधिक इसकी संभावना है कि वह विचार अंततः सफल होगा. इसीलिए यह तुम्हारे लिए महत्वपूर्ण है कि तुम दीर्घकालिक लक्ष्य रखो यदि तुम कुछ विशेष पाना

45 इस विषय पर और पढ़ने के लिए कृपया देखें: नार्मन फ्राइडमैन, ब्रिजिंग साइंस एंड स्पिरिट. सेंट लुई: लिविंग लेक बुक्स, 1990. इसके अतिरिक्त, रोसेनब्लूम एंड कूटनर, द क्वांटम एनिग्मा: फिजिक्स एनकाउंटर्स कांशियसनेस. न्यू यॉर्क: ऑक्सफ़ोर्ड यूनिवर्सिटी प्रेस, 2006.

चाहते हो तो. जब तुम अपने दीर्घकालिक लक्ष्य रखोगे, तुम एक गोलपोस्ट की परिकल्पना भी करोगे; तुम एक अंतिम लक्ष्य की रचना करोगे जो तुम्हें उसकी ओर काम करने के लिए और किस पर अपने विचार तुम्हें केन्द्रित करना है इसके लिए एक निर्णयात्मक दिशा देगी. और समय के साथ इस लक्ष्य को पाने की तुम्हारी मंशा कैनवास की पृष्ठभूमि में चेतनात्मक इकाईयों पर प्रभाव डालेंगी – जो अंततः तुम्हारी इच्छा को पूरा करेगी."

"मैं समझ गया. लेकिन मैं जानता हूँ कि तुम मुझे यह कहने वाले हो कि यह इतना आसान नहीं है. क्योंकि अगर यह आसान होता तो हर कोई वह पा लेता जिसकी वह कामना करता."

"बिल्कुल सही ... इस प्रक्रिया में और भी बहुत कुछ है जिससे तुम जीवन में अपने लक्ष्य को पाते हो. यह थोड़ा अधिक जटिल है."

रिक्की ने मुस्कराते हुए जारी रखा, "ऐसा होना क्यों ज़रुरी है?"

"अच्छा ... मैं तुम्हें इसके बारे थोड़ा और बताऊँगा. इसका सम्बन्ध तुम्हारे भाग्य और तुम्हारी स्वतंत्र इच्छा के बीच अस्थिर बातचीत से है. जैसा कि मैंने हमारे पिछले सत्र के बाद तुम्हें दिये गये गृहकार्य में बताया था, इस जीवनकाल में जो तुम करना चाहते हो इसके बारे में अपने जन्म से पहले तुमने कुछ कच्ची योजनायें बनाई थी – तुम उन लोगों से मिलोगे जो तुम्हारे जीवन में मुख्य किरदार अदा करेंगे, वह स्थान जहाँ तुम अपने जीवन के ज़्यादातर समय व्यतीत करोगे और तुम किस प्रकार की चुनौतियों का सामना करोगे. यह नियत घटनाएँ हैं जिनकी होने की बहुत संभावना है.

"तुमने अपने लिए कुछ लक्ष्य भी नियत किया था जो तुम अपने इस जीवनकाल में प्राप्त करने की आशा करते हो, कुछ नियत घटनाओं के साथ जो इन लक्ष्यों से जुड़े हैं. तुम्हारी 'आन्तरिक पहचान' इस व्यवस्था से अवगत है. लेकिन यह व्यवस्था स्थिर नहीं है और जैसे-जैसे तुम जीवन में आगे बढ़ोगे तुम इसमें संशोधन कर सकते हो, क्योंकि तुम्हारे पास स्वतंत्र इच्छा है."

"क्या तुम यह कह रहे हो कि मेरे पास अपने भाग्य को बदलने का नियंत्रण है?"

"हाँ. हरेक दीर्घकालिक लक्ष्य के साथ जो तुम निश्चित करते हो, कई नियत घटनाओं को भी तुम निश्चित कर लेते हो जो तब घटेंगी जब तुम उस गन्तव्य स्थान या लक्ष्य की ओर बढ़ोगे. यह सम्बन्ध अस्थिर है. दूसरे शब्दों में तुम्हें

पूरी स्वतंत्रता है कि जब भी तुम्हारी इच्छा हो तुम अपने दिमाग़ को बदल लो और नये गोलपोस्ट निश्चित करलो, लेकिन जब तुम ऐसा करते हो तो अनजाने में तुम अपने रास्ते पर नयी नियत घटनाएँ भी निश्चित कर लेते हो. दीर्घकालिक लक्ष्य, जो तुम निश्चित करते हो और नियत घटनाओं के बीच हमेशा ही बातचीत होती है."

> अस्थिर सम्बन्धों के माध्यम से तुम अपनी वास्तविकता को रचते हो जो : तुम्हारी आत्मा की विशिष्टता, अचेतन स्थितिओं, भावनाओं, दीर्घकालिक लक्ष्यों, मंशा, भाग्य और स्वतंत्र इच्छा के बीच होते हैं.

"मेरे दीर्घकालिक लक्ष्य और मेरे भाग्य में सम्बन्ध क्यों है?"

"याद रखो तुम्हारा अस्तित्व एक ही समय पर आध्यात्मिक आयाम में भी है और उस नज़रिये से तुम अपने संभावित भविष्य को भौतिक आयाम में देख सकते हो. धरती पर तुम्हारा जीवन एक सीमित यात्रा है, जिसके दौरान तुमने अपने लिए कुछ लक्ष्य निर्धारित किया है. तुम्हारे लक्ष्य में हमेशा कुछ ज़्यादा ही होता है जो आँख नहीं देख पाती या एक विशिष्ट दीर्घकालिक लक्ष्य जो तुम अपने लिए निर्धारित कर सकते हो. तो जब तुम वर्तमान में एक दीर्घकालिक लक्ष्य का निर्णय लेते हो तो तुम उसी क्षण उस लक्ष्य के भविष्य के परिणामों को देख सकते हो. और जब तुम ऐसा करते हो – वह भी उसी क्षण में – तो तुम विशिष्ट नियत घटनाओं को तुम्हारे भविष्य के रास्ते में स्थापित कर देते हो, जो तब प्रकट होंगी जब घटनाओं का विकसित सामंजस्य उन्हें सामने लायेगा. यह सब तुम्हें अपने जीवनकाल में जितने भी लक्ष्य संभव हों उन्हें पाने के अवसर प्रदान करने के लिए है."

रिक्की गंभीर हो गया, "ठीक है. जो तुम कह रहे हो उससे ऐसा लगता है कि मेरा अपने जीवन पर नियंत्रण है और यह कि मैं अपनी स्वतंत्र इच्छा के माध्यम से अपने जीवन की दिशा को हर क्षण संचालित करता हूँ. और उसी समय मैं अपने आध्यात्मिक उद्देश्यों को पाने के लिए भी सतर्क हूँ और इसीलिए मैं अपने रास्ते पर नियत घटनाओं को स्थापित करता हूँ."

"हाँ. हरेक बदलाब का केंद्र हमेशा इसी क्षण में है – तुम्हारे वर्तमान क्षण में. तुम्हारे पास स्वतंत्र इच्छा है, तुम निर्णय लेते हो और तुम लक्ष्य निर्धारित करते

हो. याद रखो तुम्हारे आध्यात्मिक और भौतिक आयामों के अस्तित्वों के बीच एक आगे-पीछे का सम्बन्ध है. और क्योंकि तुम्हारा एक महत्वपूर्ण अंश समय के आयाम से बाहर रहता है, तुम्हारे पास पहले से ही अपने कृत्यों के परिणाम जानने की सुविधा है. बेशक तुम्हारा बाहरी अहम इसके बारे में नहीं जानता, लेकिन तुम्हारी आत्मा और ऊपरी आत्मा निश्चित रूप से जानती हैं."

"मैं समझ गया."

पुरानी आत्मा ने जारी रखा, "तो यह दूसरा तरीक़ा है जिससे तुम अपनी वास्तविकता को रचते हो – अपनी स्वतंत्र इच्छा और दीर्घकालिक लक्ष्यों के साथ-साथ नियत घटनाओं को निर्धारित करने की स्वतंत्रता के माध्यम से."

रिक्की ने मुस्कराया, "अब मुझे वृहत तस्वीर दिखनी शुरू हो गई है."

पुरानी आत्मा अपने भाषण में थोड़ा रुका और बोला, "आज हमने बहुत सारी सामग्री पूरी कर ली है और मैं तुम्हें आगे बढ़ने से पहले थोड़ा विश्राम देना चाहूँगा. आज मैंने जो कुछ तुम्हें बताया उसे आत्मसात करने के लिए तुम्हें थोड़े समय की ज़रूरत है."

"हाँ, यह एक अच्छा विचार प्रतीत होता है. इसमें ज़रूर देर लगती होगी."

पुरानी आत्मा मुस्कुराया, "नहीं, ज़रुरी नहीं ! पर मैं चाहूँगा कि हमारे आगे बढ़ने से पहले तुम इनमें से कुछ सूचनाओं को अपने कुछ धरती वाले समय के लिए आत्मसात कर लो. क्या तुम कल फिर से मिलने आ सकते हो?"

"हाँ ... उसमें कोई समस्या नहीं होगी.

पुरानी आत्मा खड़ा हो गया और रिक्की के साथ एक दरवाज़े तक गया. जैसे ही उसने दरवाज़ा खोला, रिक्की उसके आर-पार भौतिक संसार में देख सकता था, जैसे कि वह किसी छेद में से देख रहा हो. जैसे ही उसने आगे बढ़ा एक बल उसको आगे की तरफ़ खींचता हुआ-सा प्रतीत हुआ और उसी क्षण उसने स्वयं को हीथर हिल्ल के बाहर खड़ा हुआ पाया. और जैसे ही पुरानी आत्मा से मिलने की उसकी पहली यात्रा के दौरान हुआ था, समय थम-सा गया था. उसका घोड़ा ट्रस्ट ठीक उसी स्थिति में खड़ा था. ज़रा-सी हरकत भी नहीं हुई थी – इतनी भी नहीं कि जैसे उसका सिर हिला हो, उसके नथुनें फुले हों, उसकी पूँछ हिली हो या फिर उसकी आँख झपकी हो. रिक्की को इस बार अच्छी तरह से समझ

में आ गया था कि वह कैसे आध्यात्मिक आयाम के अंदर गया और वहाँ से कैसे लौकिक आयाम में बाहर आया.

रिक्की जब फॉर्म पर वापिस जा रहा था तो उसने अपने पूर्व दिशा में दूरी पर कम से कम 200 घोड़ों का एक झुण्ड देखा जो एक बजरी की सड़क पर धूल का एक बादल उड़ाते हुए दुलकी चाल चल रहे थे, जब वे पहाड़ी मैदान से झाड़ी घाटी की ओर बढ़ रहे थे. जब उसने घोड़ों के झुण्ड को अपनी ओर आते हुए देखा, उसे याद आया कि पुरानी आत्मा ने उसको स्थान और समय के बारे में क्या कहा था – उसके और झुण्ड के बीच की दूरी और उनके पास आने में जो समय लगा था. पहली बार उसने अपने दिमाग़ में इन आयामों को स्पष्ट रूप से निरुपित कर पाया था. वह अपनी संवेदनाओं के बारे में बहुत अधिक जागरूक था. आसपास की हरेक चीज़ ज़्यादा स्पन्दनशील और तीव्र लग रही थी, जैसे ही वह आकाश में रंगों के अंतर, प्रकृति की आवाज़ें, उसके चेहरे पर बिखरे हीथर की सुगंध और उसके घोड़े की मीठी कस्तूरीयुक्त सुगंध की सराहना करते हुए सावधानीपूर्वक दलदल के टुकड़ों में से अपना रास्ता बना रहा था और भेड़ों के पुराने रास्ते पर धीरे-धीरे छोटे बजरी के ढेरों के किनारे से फॉर्म की ओर चला जा रहा था.

आज उसने जो कुछ सीखा था, उसमें से बहुत कुछ पर गौर करना था और तुरंत सब के बारे में बहुत कुछ सोचना था. कुछ चीज़ें उसके दिमाग़ में स्पष्ट हो गयी थीं जब वह अपने फॉर्म पर वापिस जा रहा था.

रिक्की जब सवारी कर रहा था, वह स्वयं से एक आंतरिक वार्तालाप में व्यस्त था : इसे जानना दिलचस्प था कि हरेक के समझ से परे एक चेतन कैनवास है जो अक्षरशः हर उस चीज़ के लिए एक मंच का कार्य करता है जो भौतिक संसार में प्रकट होता है, न सिर्फ़ भौतिक ढाँचों के लिए बल्कि घटनाओं के लिए भी. लेकिन अस्थिर वार्तालाप के कारण, जो मंच की चेतना और हमारी अपनी चेतना के बीच होता है, हम इस कैनवास को सही ढंग से कभी नहीं समझ सकते जब इसकी ओर हम देखते हैं.

रिक्की ने इन धारणाओं को सुस्पष्ट करने की कोशिशें जारी रखीं. हरेक व्यक्ति जिस चीज़ को देख रहा होता है उसकी एक व्यक्तिपरक छाप उत्पन्न करता है, जो उसके साथ स्वयं को पंक्तिबद्ध कर लेती है जिसे वह देखने की आशा करता है. इसीलिए हरेक व्यक्ति हुबहू उसकी एक विशिष्ट प्रति रचता है जिसे वह

अपनी आँखों से देखता है. हो सकता है यह आंशिक रूप से अंधा होना जैसा हो; तुम एक बुनियादी खाका देखते हो और फिर उसको तुम विस्तृत बना लेते हो.

रिक्की ने आगे सोचा : यह केवल उसी के लिए सच नहीं है जो हम अपनी आँखों से देखते हैं, घटनाओं के लिए भी यह ऐसा ही है. प्रत्येक व्यक्ति एक घटना की व्यक्तिपरक छाप उत्पन्न करता है जो उसकी उम्मीदों के साथ ख़ुद को पंक्तिबद्ध कर लेती है. तो हरेक व्यक्ति प्रत्येक घटना की, जो उसने अनुभव किया है, हुबहू विशिष्ट प्रति रचता है. हो सकता है यह एक धारणा की तरह हो; किसी चीज़ के बारे में तुम्हारी अस्पष्ट भावना है और फिर तुम उसका पूरा विस्तार बना लेते हो.

और उसका विचार जारी रहा : रचना की यह प्रक्रिया बहुत हद तक व्यक्तियों के बीच एक समान है कि वे किसी भी वस्तुनिष्ठ चीज़ के बारे में बात कर सकते हैं, लेकिन जब तुम उन्हें उनके निरिक्षण का विश्लेषण गहराई से करने के लिए कहोगे तो तुम उनमें बहुत ज़्यादा व्यक्तिपरक अंतर पाओगे, क्योंकि प्रत्येक व्यक्ति विशिष्ट है. इसके अतिरिक्त और भी है. हम हमेशा अवचेतन की स्थिति में रहते हैं जो हमारी भावनाओं की तीव्रता के अनुसार घटता और बढ़ता रहता है. और हम नियत घटनाओं को अपने मार्ग पर रखकर अपनी भावनाओं की रचना करते हैं जो हमें इन भावनाओं की रचना करने का अवसर देती हैं, ताकि हम अपनी आन्तरिक प्रकृति के बारे में जान सकें.

रिक्की जब फॉर्म पर पहुँचा तो घोड़ों का झुण्ड, ज़्यादातर घोड़ियाँ और उनके बच्चे, घास के मैदान और पत्थर की दीवार, जो लॉन के आसपास फॉर्म के पश्चिमी दिशा में एक आंशिक बाड़ बनाती थी, के बाहर पुराने रास्ते पर दुलकी चाल चलते आ रहे थे. घोड़े थके हुए थे, उन्हें पसीना आ रहा था और वे हाँफ रहे थे, जब वे भूमि के उस टुकड़े की ओर जा रहे थे जिसके आसपास बाड़ बनी हुई थी; यह वह जगह थी जहाँ उन्हें रात गुज़ारनी थी. सचमुच में यह एक सुंदर नज़ारा था. जब तक घोड़े वहाँ पहुँचे सूर्य अस्त होना प्रारंभ किया था और शाम के दूध निकालने का काम लगभग समाप्त हो गया था. पहाड़ी मैदान से घोड़ों को लाने के लिए सिग्गी ने तीन दिन की यात्रा की थी और क्योंकि रिक्की लक्जमोट पर पिछले दिन ही पहुँचा था, उसे अपने अंकल से मिलने का अवसर अब तक प्राप्त नहीं हुआ था.

रिक्की को देखकर ख़ुश होते हुए सिग्गी ने उसका स्वागत किया और पूछा क्या उसको इस यात्रा के लिए उत्तर की तरफ़ ले आया.

रिक्की ने उत्तर दिया, "मैं हीथर हिल्ल पर अपने फ्यल्जा से मिलने आया था।"

सिग्गी ने कहा, "कम से कम पाँच वर्ष बीत गये होंगे जब तुमने उससे पहली बार मिला था।"

रिक्की ने प्रतिक्रिया व्यक्त की, "हाँ, समय उड़ान भरता है।" सिग्गी ने मुस्कराते हुए पूछा, "क्या वह घर पर था?"

रिक्की ने कहा, "हाँ, उसने मुझे कुछ बुनियादी चीज़ों के बारे में बताया, जैसे ब्रम्हाण्ड की रचना कैसे हुई और हम अपनी वास्तविकता कैसे बनाते हैं।"

विषय वस्तु की गहराई पर ध्यान न देते हुए सिग्गी ने मज़ाक में पूछा, "आध्यात्मिक आयाम में मौसम कैसा है? क्या वहाँ बारिश हो रही थी?"

मुस्कराते हुए रिक्की ने उसी हलके लहजे में उत्तर दिया, "नहीं. सूर्य निकला हुआ था !"

घोड़ो को सुरक्षित करके और गायों की देखभाल के बाद सिग्गी और रिक्की परिवार के बाक़ियों के साथ उनके आसपास बैठ गये और पुराने समय तथा तब की घटनाओं को स्मरण करने लगे जब से रिक्की ने वहाँ अपने गर्मी के दिन व्यतीत करना बंद किया है.

अध्याय 5

अगली सुबह रिक्की ने अपने घोड़े पर हीथर हिल्ल के लिए निकलने से पहले दूध निकालने में मदद की. जब वह वहाँ पहुँचा तो वह चट्टान पर गया और पहले की भांति हीथर हिल्ल की ओर मुँह करके स्थिर खड़ा होने से पहले गोल चक्कर में घूमा – तीन बार घड़ी की सुई की दिशा में और तीन बार विपरीत दिशा में – अपने घोड़े ट्रस्ट के बारे में एक प्यार भरे विचार के साथ. समय थम गया था. हीथर हिल्ल खुली और पुरानी आत्मा दरवाज़े पर आकर उसे अपने अध्ययनकक्ष में ले गया और उन लोगों ने स्वयं को आरामदायक स्थिति में कर लिया.

मुस्कराहट के साथ पुरानी आत्मा ने कहा, "शुभ प्रभात पृथ्वीवासी और आध्यात्मिक आयाम में तुम्हारा फिर से स्वागत है."

रिक्की ने विनम्रता से उत्तर दिया, "धन्यवाद."

मूल आस्थाएँ और तुम्हारी वास्तविकता पर उनका प्रभाव

पुरानी आत्मा ने जारी रखा, "अब जब तुम कुछ प्रक्रियाओं को समझते हो जो तुम्हारी वास्तिविकता रचते समय घटती हैं, मैं तुम्हें थोड़ा-सा यह बता दूँ कि कैसे तुम धरती पर जीने के अनुभव को अपने लिए बेहतर तरीक़े से अनुकूल बना सकते हो. जैसा कि मैंने तुम्हें कल बताया था, तुम्हारे विचार तुम्हारी

वास्तविकता बनाते हैं. इसीलिए यह महत्वपूर्ण है कि तुम्हें इस बात की अच्छी समझ हो कि तुम्हारे विचार वास्तव में तुम्हारे अनुभवों को कैसे आकार देते हैं और फलस्वरूप तुम क्या चाहते हो. जिन विचारों के बारे में मैं बात कर रहा हूँ वह जो तुम सामान्यतया सोचते हो उनकी सतह के नीचे या पीछे होते हैं और मैं उन्हें मूल आस्थाएँ कहूँगा.

"अब मैं तुम्हें विस्तार से यह बता दूँ कि यह मूल आस्थाएँ संसार को कैसे उस तरीक़े से आकार देती हैं जो तुम उसके बारे में समझते हो और वास्तव में जब तुम अपनी वास्तिविकता बनाते हो तो वह कैसे कारक बनते हैं."

"क्या वृहत तस्वीर और भी वृहतर हो जाएगी?"

"जीवन एक जटिल मामला है और इतना जटिल होने के कारण यह मनोहर है, क्या तुम ऐसा नहीं सोचते?"

"हाँ, लेकिन वास्तव में इस मुलाक़ात के लिए जो प्रश्न मैंने तैयार किये थे उन पर तुम्हारी टिप्पणियाँ सुनने का इंतज़ार कर रहा हूँ."

"मैं जानता हूँ. अब मैं जब तुम्हें मूल आस्थाओं के बारे में बताऊँगा तो तुम्हें वास्तव में इनमें से ज़्यादातर प्रश्नों के उत्तर मिल जायेंगे."

"ठीक है, वह अच्छा रहेगा."

पुरानी आत्मा के अध्ययनकक्ष में किताबों की अलमारियाँ लगी हुईं थीं और उसने एक खाने में से एक किताब निकाली, अपनी गोद में रखा और बोला, "मेरे पास एक किताब है. इसका शीर्षक मूल आस्थाएँ है. उनके बारे में मैं तुम्हें बताता हूँ."

पुरानी आत्मा ने शुरू किया, "यह किताब भौतिक संसार की कुछ मौलिक विशेषताओं का वर्णन करती है, जो तुम्हें ज़रूर समझनी होगी, स्वीकार करनी होगी और उनकी सीमा के अंदर रह कर कार्य करना होगा, ताकि जीवन में जो कुछ करने का निर्णय तुम करते हो उसमें उन्नति कर सको."

"ऐसा लगता है जैसे यह मेरे रोज़ाना जीवन में सहायक होगी."

"हाँ, और जब तुम इन मौलिक विशेषताओं को अपने भीतर समावेश कर लोगे, तब धरती पर जीवन के विकसित होने संबंधी मूल आस्थाओं का एक अटल समूह तुम्हारे मस्तिष्क में स्थापित हो जायेगा. ये मूल आस्थाएँ तुम्हें

एक दृष्टिकोण देंगी जो तुम्हें अपने अनुभवों को ऐसे विवेचन करने देगी कि वह तुम्हारे भौतिक संसार में मौजूद बुनियादी निर्माण खंड के अनुरूप होगा – जिसका वर्णन मैंने तुम्हें कल दिया था.”

जीवन स्वयं को खोजने के बारे में नहीं है. जीवन स्वयं को बनाने के बारे में है.

जॉर्ज बर्नार्ड शॉ

पुरानी आत्मा थोड़ा रुका और फिर बोला, “ये मूल आस्थाएँ तुम्हारे शेष जीवन के दौरान तुम्हारे बेकार के गुस्से से अनगिनत घंटे बचायेंगी, यदि तुम अपने अंदर उन्हें समावेश करने में सफल हो जाते हो तो.”

उत्साहित होकर रिक्की ने पूछा, “एक मूल आस्था क्या है? क्या तुम मुझे एक उदाहरण दे सकते हो?”

तुम्हारी जो 'मूल आस्थाएँ' हैं वे तुम्हारे संसार को उस तरीक़े से आकार देती हैं जैसे तुम उसे समझते हो और उस पर एक सीधा प्रभाव डालती हैं जैसे तुम अपनी वास्तविकता को बनाते हो.

यह जानते हुए कि यह लम्बा पाठ होगा पुरानी आत्मा ने मुस्कराते हुए और अपनी आँखों में एक चमक के साथ उत्तर दिया, “मैं तुम्हें अनगिनत उदाहरण दूँगा. तुम्हारे समझने के लिए एक महत्वपूर्ण पहलू यह है कि ये मूल आस्थाएँ जिनके बारे में मैं तुम्हें बताने जा रहा हूँ वो 'अर्थ' की अवधारणा के सहारे हैं.”

“अर्थ से तुम्हारा क्या मतलब है?”

“मैं विस्तार से बताता हूँ. तुम्हारे जीवनकाल के दौरान घटनाएँ घटती हैं. तुम इन घटनाओं को पीछे मुड़कर देखते हो और स्वयं से पूछते हो कि ऐसा क्यों हुआ? मैंने क्या सीखा? यह घटना मुझे मेरे बारे में क्या बताती है अब जब मैं पीछे मुड़कर इसका अवलोकन करता हूँ ? यह मेरे लिए किस तरीक़े से अर्थवान थी? यह मनुष्य की प्रकृति का स्वत: होने वाला पहलू है कि घटना घट जाने के

बाद वह सोचता है और उसे अर्थ देता है. परिणाम स्वरूप यह तुम्हें वर्तमान में उद्देश्य की अनुभूति देता है और यह तुम्हें उस क्षण में संतुष्टि महसूस कराने में सहायता करता है. घटनाओं की यह निरंतर 'पाचक प्रक्रिया' जब गुज़रती है तो तुम्हें यह अपने भविष्य का अनुमान लगाने और जीवन में आगे बढ़ने में सहायता करती है."

"ठीक है. मैं समझ गया."

"अब किसी घटना को अर्थ देना हमेशा व्यक्तिपरक प्रक्रिया होती है. अर्थात, एक घटना का अर्थ उसके स्वामी द्वारा ही खोजा जा सकता है या उस पर निर्णय लिया जा सकता है. इसीलिए तुम किसी दूसरे व्यक्ति की घटना को अर्थ नहीं दे सकते. दूसरे शब्दों में तुम दूसरे व्यक्ति के लिए कभी यह निर्णय नहीं ले सकते कि उसके लिए क्या अर्थवान है."[46]

"ठीक है. जब मैं सलाह दे रहा होऊँगा तो उसे दिमाग़ में रखूँगा."

"और यह एक के बाद एक अर्थपूर्ण घटनाओं के माध्यम से ही होता है कि एक व्यक्ति अपने जीवनकाल के दौरान अपनी यात्रा का संपूर्ण अर्थ खोज सके.

"अब जब तुम समझते हो कि अर्थ से मेरा मतलब क्या है, मुझे कुछ मूल आस्थाओं का वर्णन करने दो."

पुरानी आत्मा कुछ रुका और बोला, "जो धारणाएँ मैं तुम्हें बताऊँगा, वे हैं भाग्य, स्वतंत्र इच्छा, विशिष्टता, कार्य, संज्ञानात्मक विषमता, आयु की वृद्धी और मृत्यु."

रिक्की ने बीच में रोका, "लेकिन हमने पहले ही कल भाग्य और स्वतंत्र इच्छा के बारे में बात कर ली है."

"हाँ, लेकिन अब मैं जिस पर ज़ोर देना चाहता हूँ वह यह है कि तुम्हें भाग्य और स्वतंत्र इच्छा को भी मूल आस्थाओं की भांति लेना चाहिए. यह तब स्पष्ट होगा जब मैं तुम्हें इन धारणाओं के बारे कुछ अतिरिक्त जानकारी दूँगा और विशेषतया भाग्य और स्वतंत्र इच्छा की ओर तुम्हारा रवैया कैसा है वह तुम्हारे रोज़ाना के अनुभवों को आकर देता है और उन पर प्रभाव डालता है."

---

46 विक्टर ई. फ्रेंकल. द विल्ल टू मीनिंग: फाउंडेशनस एंड एप्लीकेशनस ऑफ लोगोथेरेपी. न्यू यॉर्क: पेंगुइन बुक्स, 1969.

"ओह, ठीक है."

"कल मैंने इन धारणाओं का उस दृष्टिकोण से परिचय करवाया था कि तुम अपने भाग्य को कैसे बनाते हो और स्वतंत्र इच्छा होने के कारण तुम अपने भाग्य को कैसे बदलते हो जब तुम दीर्घकालिक लक्ष्य निर्धारित करते हो. मैंने यह भी बताया था कि नियत घटनाएँ कैसे विकसित सामंजस्य के अंदर रहती हैं और वह कैसे तुम्हारे वर्तमान में लाई जाती हैं, जब विकसित सामंजस्य उन्हें समय के आयाम में लेकर आता है. अब मैं इन धारणाओं को एक अधिक व्यक्तिगत दृष्टिकोण से बताना चाहूँगा, इस आशा से कि तुम उनसे अच्छी तरह जुड़ पाओ."

भाग्य और सामंजस्य का विकास

पुरानी आत्मा ने जारी रखा, " तुम्हारे जन्म से पहले धरती पर घटनाओं का समक्रमिक और सामंजस्य के विकास का एक अस्तित्व था, जो समय के आयाम तक फैला हुआ था. यह विकास ऐसा लगता है जैसे उस क्षण में अवसरों की खिड़की खोलते हुए भविष्य से तुम्हारी ओर आ रहा है, इससे पहले कि वे बंद और लुप्त हो जायें. यदि तुम अवसर को तब मुट्ठी में बंद कर लेते हो जब खिड़की खुली है तो तुम अपने लिए इतिहास की रचना करते हो. यह जीवन की प्रक्रिया है जो हर क्षण घटित होती है. भौतिक संसार में तुम्हारे जन्म ने तुम्हें घटनाओं के विकास की इस नदी में फेंक दिया है.

"जैसा कि तुम जानते हो, तुम अपने भविष्य को नहीं देख सकते. एकदम सटीक भविष्यवाणी कि कल क्या हो सकता है संभव नहीं है, लेकिन तुम काफ़ी सही अनुमान लगा सकते हो कि अगले कुछ घंटों में क्या हो सकता है और उन घटनाओं का कम सटीक अनुमान लगा सकते हो जो भविष्य में आगे जाकर हो सकती हैं. तुम अपने भविष्य की एक संक्षिप्त झलक अक्सर सपने में देख सकते हो और कभी-कभी थोड़ी देर बाद ही जाग कर इसको घटते हुए अनुभव भी कर सकते हो.

"दिव्यद्रष्टा लोग कभी-कभी भविष्य की झलक देख लेते हैं जो सच भी हो जाती है, लेकिन घटनाओं की ये झलक फिर भी उन व्यक्तियों पर कोई प्रभाव नहीं डालती या उनके जीवन को नहीं बदलती जो उनके बारे में जानते हैं."

"ऐसा क्यों है?"

"यह तुम्हारे उद्देश्य को, तुम्हारे जीने के कारण को कमज़ोर करेगा. जो अनुभव तुमने अपने मार्ग में निर्दिष्ट किये हैं उनका पूरा लाभ उठाने के लिए यह महत्वपूर्ण है कि तुम्हें अपने भाग्य के बारे में पहले से पता न हो. न जानना, तुम्हें इन घटनाओं के प्रभाव का अत्यधिक अनुभव लेने देता है और जब वह घटित होती हैं तो तुम्हें अत्यधिक मात्रा में आंतरिक शिक्षा हासिल करने देता है. वास्तव में तुम पूर्ण रूप से भाग्य की दया पर हो. जो तुम कर सकते हो वह यह है कि इसको जवाब दो."

> अतीत कुछ और नहीं शुरुआत की एक शुरुआत है. और
> वह जो सब कुछ है और रह चुका है
> भोर के धुंधलके के सिवा कुछ नहीं है.
>
> एच.जी. वेल्स

सतर्क लगते हुए रिक्की ने जोखिम उठाया, "मुझे लगता है मुझे स्वयं को जीवन में कुछ कठोर अध्यायों के लिए तैयार कर लेना चाहिए"

"मत भूलो तुम्हारे लिए भी आगे बहुत सारे अद्भुत और आनंदपूर्ण नियत अनुभव हैं."

"हाँ. मुझे यकीन है कि मेरे भाग्य में हैं."

> भाग्य को गले लगाओ:
> बेहतर बनो, कड़वे नहीं.

"अब तुम्हारे पास एक विकल्प है. तुम दो में से एक तरीक़े से प्रतिक्रिया कर सकते हो जब भाग्य 'तुम्हारे मुँह पर चाँटा मारता है', कहा जाये तो. तुम या तो बेहतर होने का चुनाव कर सकते हो या तुम कड़वे होने का चुनाव कर सकते हो. अगर तुम नियत घटना के बाद कड़वा होने का चुनाव करते हो और लगातार क्रोध में रहते हो तो तुम लगातार उसी भाग्य का अलग-अलग परिस्थितियों में अनुभव करोगे, जब तक तुम वह पाठ न सीख लो जो तुमने अपने लिए सोचा

था. दूसरी तरफ़ तुम 'बेहतर' होने को चुन सकते हो और 'नियत घटना' को एक सकारात्मक रूप से गले लगा सकते हो और गुस्सा या चिंता नहीं कर सकते हो. अगर तुम कार्रवाई के इस रास्ते को चुनते हो तो जो तुम सीखना चाहते हो उस पर ध्यान दो और उस ज्ञान को सम्मिलित करने का प्रयत्न करो जो उस नियत घटना का तुम्हें बताने का आशय था."

"यह एक अच्छी सलाह लगती है."

"हाँ. और इस प्रयास की सहायता के रूप में तुम्हारे लिए इस पर विचार करना लाभदायक होगा कि तुम एक विशेष भाग्य से 'ग्रेजुएट' हो सकते हो. जब तुम ग्रेजुएट होगे तो वह विशेष तरह की नियत घटना तुम्हें पटरी से उतारना बंद कर देगी. घटना लगातार घट सकती है, लेकिन तुम इसे अपने मार्ग की रुकावट की भांति प्रतिक्रिया देनी बंद कर दोगे. तुम इसे जल्दी गुज़र जाने दोगे, जैसे एक बत्तख की पीठ से पानी. तुम्हें मेरी यह सलाह होगी कि तुम भाग्य को गले लगाओ और इसे 'प्रेम से आमंत्रण' दो, यह जानते हुए कि यह एक चुनौती की तरह है जो तुमने स्वयं को दी है. वह एक मूल आस्था होनी चाहिए."

"भाग्य को गले लगाना. वह इसे देखने का एक अलग तरीक़ा है. बहुत सारे लोग भाग्य को एक नकारात्मक सन्दर्भ में सोचते हैं, कुछ दुर्भाग्य की भांति."

"हाँ, और भाग्य को गले न लगाने का एक नकारात्मक दुष्प्रभाव यह है कि तुम्हें संसार पर क्रोध आता है और तुम उन व्यक्तियों की ओर बदले की भावना रखते हो जो उन नियत परिस्थितियों के अगुआ थे, जिन्हें तुमने अपने मार्ग में पहले से निर्दिष्ट किया हुआ था. लेकिन मैं तुम्हें बदला लेने के बारे में बाद में थोड़ा और बताऊँगा.

"सामंजस्य का विकास न केवल धरती पर सारी भौतिक घटनाओं का चक्रीय समन्वय करता है, अपितु यह एक बार होने वाली नियत घटनाओं के समय का भी समन्वय करता है. एक नियत धटना का एक विशिष्ट उदाहरण है, जो हमारे पहली भेंट के बाद सर्दियों में तुम्हारे जन्म से पहले ही तय कर दिया गया था. तुमसे वो बस छूट गई थी जो सामान्यतया तुम्हें सुबह 7:30 बजे स्कूल ले जाती थी. जब तुम अगली बस का इंतज़ार कर रहे थे तो तुम्हारे पिता का एक पुराना मित्र ने संकेत किया, जिसे तुमने बहुत समय से देखा नहीं था. जब तुम एक साथ बस का इंतज़ार कर थे तो तुमने उसके साथ बातचीत की और उससे कहा कि अगली गर्मी में तुम शायद उत्तर में अपने अंकल के फॉर्म पर नहीं आओगे.

उसने तुमको कहा कि उसका एक मित्र जिसका फॉर्म आइसलैंड के दक्षिण में है, वह एक कृषि श्रमिक को ढूँढ़ रहा है. बाद में जब तुम्हारे माता-पिता ने बात कर ली, इस पर सहमति हुई कि अगली गर्मी में तुम उस फॉर्म पर जाओगे. अब तक तुमने इस फॉर्म पर पाँच गर्मियाँ बितायी है और उस फॉर्म पर अगली पाँच गर्मियों तक तुम्हारे काम करने की योजना है. यह एक नियत घटना थी जो सामंजस्य के विकास में तुम्हारे जन्म से पहले ही निर्दिष्ट कर दी गई थी, जिसका प्रारूप इस तरह से बनाया गया था कि तुम अपने अंकल के फॉर्म पर एक किसान की भांति अपना पूरा जीवनकाल नहीं बिताओगे."

"ठीक है, मैं समझ गया. लेकिन मैं सोचता हूँ कि मैं किसान बनकर आनंद लेता."

"हाँ, तुम्हें आनंद आता. लेकिन तुम जानते हो कि एक आध्यात्मिक स्तर पर तुम्हारे भविष्य के लिए और भी अन्य घटनाएँ नियत हैं जो तुम्हें अधिक संतुष्टि देंगी. विचार करने लायक एक और पहलू यह है कि सामंजस्य के विकास ने न केवल यह नियति तुम्हारे लिए बनायी है, इसने तुम्हारी माँ की इच्छा भी पूरी की है कि तुम अपने अंकल के फॉर्म पर वापिस न जाओ और साथ ही उस किसान की इच्छा भी जो दक्षिण में एक कृषि-सहायक ढूँढ़ रहा था. यह उसका एक उदाहरण है कि भाग्य कैसे जीवन में आता है और कैसे सामंजस्य का विकास सभी घटनाओं को समक्रमिक बनाता है और उनका समन्वय करता है. भाग्य के घटित होने को देखने का एक तरीक़ा यह भी है कि भाग्य सामंजस्य के विकास की पीठ पर लदकर चलता है."

"क्या तुम मुझे थोड़ा और बेहतर समझने में सहायता कर सकते हो – 'भाग्य' और 'सामंजस्य के विकास' की परिभाषाओं में क्या अंतर है?"

"मैं जानता हूँ यह भ्रामक हो सकता है. ये घटनाएँ एक दूसरे के साथ गुँथी हुई हैं, जिसमें नियत घटनाएँ और भी अधिक व्यापक घटनाओं के सामंजस्य के विकास में घटित होती हैं. मुख्य अंतर यह है कि एक नियत घटना तुम्हारी ऊपरी आत्मा और तुम्हारी आत्मा द्वारा प्रारंभ की जाती है और यह एक ही बार होने वाली घटना है जिसे तुमने स्थान/समय में प्रकट होने के लिए तय किया था, जबकि सामंजस्य का विकास करने वाली घटनाओं का सम्बन्ध लगातार होती रहने वाली चक्रीय प्रक्रियाओं से है, संसार में भौतिक ढाँचों के उद्गम और लुप्त होने के गोलाकार स्वरूप; ये सब 'सब वही है' के द्वारा निर्देशित होता है."

"ठीक है, मैं समझ गया."

"तुम्हें शायद अब यह समझ में आ गया है कि धरती पर कुछ भी बेतरतीब नहीं होता. सभी चीज़ें किसी रूप में किसी और चीज़ पर क्रियाशील हैं. इसीलिए कोई भी चीज़ ऐसी नहीं है जो पूर्ण रूप से संयोग या भाग्य से होती हो."

"बिंगो या लाटरी जीतने के बारे में क्या विचार है? या रेस में या खेल में शर्त लगाना? अपने सच्चे प्रेम से मिलना? लोग अक्सर यह बात करते हैं कि वे कितने भाग्यशाली रहे हैं और ये भी कि वे कितने दुर्भाग्यशाली हो सकते हैं."

"ये सब घटनाएँ भाग्य से होती हैं. जबकि बहुत सारे लोग स्वीकार करते हैं कि कुछ परिस्थितियों में भाग्य का अस्तित्व है, जैसे अपने सच्चे प्रेम से मुलाक़ात, जिनसे वे शादी करते हैं और 'हमेशा ख़ुशी से' रहते हैं, उनको यह भी विश्वास होता है कि वे भाग्यशाली हो सकते हैं, जैसा कि तुम कहते हो, उदाहरण के लिए बिंगो में या लाटरी में, या रेस में बाज़ी लगाने पर या खेलों में. भाग्य नियति से ज़्यादा वास्तविक या उत्तेजक महसूस होता है, हमेशा यह महसूस होता है कि अपनी बाज़ी पर क़ाबू पाने के लिए तुम कुछ कर सकते हो. बेशक जब तुम अपनी बाज़ी पर क़ाबू पाने के लिए ध्यान केन्द्रित करते हो तो तुम मंशा का प्रयोग करते हो – जिसका असर कैनवास की पृष्ठभूमि पर होता है जिसके बारे में पहले हमने बात की थी, जो इसकी संभावना बढ़ा देता है कि तुम्हारी इच्छा सच हो जायेगी और यह कि इसे सामंजस्य के विकास द्वारा आगे लाया जायेगा. यह वही तरीक़ा है जिससे एक दीर्घकालिक लक्ष्य प्राप्त होगा, जैसे कि मैंने पहले वर्णन किया था.

"अंत में परिणाम एक जैसा ही है. इससे कोई अंतर नहीं पड़ता कि तुम इसे भाग्य कहो या नियति. यह केवल एक अर्थ निकालने का मामला है. परिणाम एक ही है. मुख्य अंतर का सम्बन्ध आस्था से है. नियति में आस्था तुम्हें एक उद्देश्य की भावना और जीवन का गहरा अर्थ देती है, जबकि भाग्य यह बतलाता है कि जो कुछ भी होता है वह बेतरतीब होता है और यह कि उस घटना का कोई वृहत अर्थ नहीं है."

कोई संयोग या भाग्य नहीं है.

"ठीक है, मैं उसे समझ सकता हूँ."

"तुमने 'बुरे' भाग्य के बारे में भी ज़िक्र किया. उसी तरह नियति में जब आस्था नहीं है तो बुरे भाग्य को स्वीकार करना उतना ही मुश्किल है, क्योंकि कोई ऐसा संभावित अर्थ नहीं है जो निकाला जा सके, उदाहरण के लिए बाज़ी में अपना सारा पैसा हार जाना. चरमसीमा तक जाते हुए एक आस्था के और भी व्यापक असर हैं कि प्रत्येक चीज़ भाग्य है, क्योंकि इसका तात्पर्य यह है कि जो कुछ भी होता है वह बेतरतीब है. तुम्हारा अस्तित्व एक बेतरतीब घटना है और जीवन का कोई गहरा अर्थ नहीं है. वो लोग जो इस प्रतितीकरण से जीते हैं मुश्किल समयों से बाहर निकलना बहुत मुश्किल पाते हैं, उदाहरण के लिए उनके साथ यदि कोई दुखद घटना घटी है जिसने उन्हें पागल कर दिया है और वह उदास महसूस कर रहे हैं. उनके लिए जीवन में अर्थ देखना असंभव है जब सब कुछ जो होता है वह बेतरतीब है और अच्छे भाग्य या बुरे भाग्य का परिणाम है. इसीलिए यह आस्था रखते हैं कि नियति बहुत ही महत्वपूर्ण है. तुम बेहतर उन्नति करोगे यदि तुम्हारा यह विश्वास है कि नियति है; वह तुम्हारी एक मूल आस्था होनी चाहिए."

"हाँ, मैं समझ सकता हूँ कि वह कैसे सहायक होगा."

"अब मैं तुम्हें स्वतंत्र इच्छा के बारे में थोड़ा और बताऊँगा. मैंने इस अवधारणा के बारे में कल भी ज़िक्र किया था, दीर्घकालिक लक्ष्य नियत करने के सन्दर्भ में, लेकिन मैं तुम्हें और भी बताना चाहता हूँ कि तुम अपने रोज़ाना जीवन में स्वतंत्र इच्छा का अनुभव कैसे करते हो."

स्वतन्त्र इच्छा

पुरानी आत्मा ने कहना शुरू किया, "स्वतंत्र इच्छा तुम्हें तुम्हारी नियत परिस्थितियों के अंदर अपने जीवन के साथ कुछ भी करने की स्वतंत्रता प्रदान करती है. ज़्यादातर मामलों में तुम्हें पूर्वाभास के द्वारा पता चल जाता है कि अपनी आंतरिक प्रकृति के बारे में जानने के अवसरों को अधिकतम करने के लिए और आध्यात्मिक रूप से विकसित होने के लिए तुम्हें क्या विकल्प चुनने हैं. और साधारणतया तुम वही विकल्प चुनोगे जो सकारात्मक नतीजे की ओर ले जाते हैं. लेकिन कभी-कभी तुम दुविधा में रहते हो और तुम यह नहीं जानते

कि क्या करना है. जब तुम्हारे सामने इस तरह की दुविधा आती है तो मेरी तुम्हें यह सलाह है कि अंतरात्मा की आवाज़ के अनुसार चलो और अपने विकल्प को उसके अनुसार चुनो जो तुम्हारा उच्चतम आदर्श है जिसकी तरह तुम बनना चाहते हो."

"ठीक है ... मैं इसे याद रखूँगा. लेकिन उस स्थिति के बारे में क्या करूँ जब मेरे मित्र मुझे कुछ ऐसा करने के लिए प्रोत्साहित करते हैं जो मैं जानता हूँ कि ग़लत है."

"वह एक मुश्किल स्थिति हो सकती है. बेशक तुम्हारे पास अपने उच्चतम आदर्श के अनुसार विकल्प चुनने की हमेशा स्वतन्त्र इच्छा है. फिर भी मैं जानता हूँ कि तुम इस उत्तर की तलाश में नहीं हो. तुम्हारे प्रश्न का उत्तर चरित्र की मज़बूती से सम्बन्ध रखता है और तुम उसके बारे में सीखोगे जब हम आज दूसरी मूल आस्थाओं के बारे में बाद में बात करेंगे. अभी के लिए मैं बस यही कह सकता हूँ कि उसके विरुद्ध जाना जिसे तुम जानते हो कि यह करने के लिए सही चीज़ है, तुम्हें इस बात की याद दिलायेगा कि तुम क्या नहीं हो. आध्यात्मिक रूप से यह ज्ञानवर्धक नहीं है, क्योंकि तुम अपने बारे में कुछ नया नहीं सीखते हो. यह एक पीछे ले जाने वाला क़दम है और यह आध्यात्मिक रूप से तुम्हारे विकास को नहीं बढ़ायेगा. अपनी अंतरात्मा की आवाज़ के विरुद्ध तुम जितना जाओगे और वह बनोगे 'जो तुम नहीं हो', तुम्हारा आध्यात्मिक उत्थान उतना ही धीमा होगा."

"ठीक है, मैं समझ गया. लेकिन तब क्या होगा जब एक जुर्म करने वाला व्यक्ति यह तर्क देता है कि जुर्म उसकी अंतरात्मा की आवाज़ के अनुसार न्यायोचित है?."

"लोग जो भी करते हैं हमेशा उनके पास उसका औचित्य होता है. यह तोड़ा-मरोड़ा गया हो सकता है और तुम उससे सहमत नहीं हो सकते हो, लेकिन उनके लिए यह हमेशा तर्कसंगत है. इसके अलावा तुम्हारे प्रश्न का कोई सरल उत्तर नहीं है कि हम यह कहें कि जो विकल्प तुम चुनते हो हमेशा उसके परिणाम होते हैं. और कभी-कभी वह विकल्प तुम्हें पीड़ादायक अनुभव देते हैं, अपने लिए भी और दूसरों के लिए भी. ये नियत घटनाएँ होती हैं जो तुमने अपने मार्ग में स्थापित की है, और तुम जानते हो कि जब इस तरह की स्थितियाँ आती हैं, तब तुम्हें स्वयं को योग्य साबित करना होगा.

"स्वतंत्र इच्छा रखना एक दोधारी तलवार है. कभी-कभी यह जानना मुश्किल हो जाता है कि इसे किस ओर से चलायें. सबसे मुश्किल स्थिति तब होगी जब तुम ऐसी स्थिति का सामना करते हो जहाँ तुम्हें मालूम है कि जो विकल्प तुम्हें चुनना है वह तुम्हारी नैतिकता या तुम्हारे बेहतर निर्णय के विरुद्ध है, फिर भी यही एक विकल्प है जो वही नतीजा लायेगा जो तुम चाहते हो. जब इस तरह के निर्णय का सामना करना पड़ता है तो तुम निश्चित हो सकते हो कि तुम अपनी आंतरिक प्रकृति के बारे में कुछ नया सीखने जा रहे हो."

"वह बहुत कठिन लगता है."

"हाँ, ऐसा ही है. अंतर्ज्ञान से तुम जानते हो कि आध्यात्मिक रूप से विकसित होने के लिए तुम्हें कभी-कभी सिक्के के दोनों तरफ़ का अनुभव लेना होगा – बुरा लगने से कैसा लगता है और अच्छा लगने से कैसा लगता है; वह करने से कैसा लगता है जो तुम्हें पता है कि सही है और वह करने से कैसा लगता है जो तुम्हें पता है कि ग़लत है. या दूसरे शब्दों में कभी-कभी तुम्हें वो होना पड़ेगा 'जो तुम नहीं हो', गहरे स्तर पर यह पता लगाने के लिए कि तुम कौन हो."

"क्या यह वही स्थिति नहीं है जो मैंने ऊपर बताई थी, जहाँ तुम जानते हो कि यह एक जुर्म है, लेकिन तुम इसे अपनी अंतरात्मा की आवाज़ से सही ठहराते हो."

"नहीं. इस घटना में कृत्य पूर्वकल्पित नहीं है. तुम्हारे मामले में एक उदाहरण यह कि जैसे किसी को अपनी रक्षा करते हुए मारना, क्योंकि मैं जानता हूँ तुम अमनपसंद हो, या किसी पर हिंसापूर्वक हमला करना जो किसी ऐसे व्यक्ति को ज़ख्मी किया हो जिससे तुम बहुत अधिक प्रेम करते हो. एक दूसरी घटना में कृत्य क़ानूनी तौर पर सही हो सकता है और तुम अपने नैतिक जमीर के विरुद्ध कृत्य करने को मज़बूर हो. इसका एक सामान्य उदाहरण लड़ाई के दौरान घटित होता है, जब किसी व्यक्ति को ज़बरन भर्ती के बाद उस स्थिति का सामना करना पड़ता है कि उसको अपने देश की सेवा के लिए या किसी और अच्छी बात के लिए किसी को मारना पड़ता है. जब तुम्हारे सामने इस तरह की स्थितियाँ आती हैं तो तुम वह होने के लिए मज़बूर महसूस करते हो या मज़बूर होते हो 'जो तुम नहीं हो'. ऐसी स्थितियों में तुम्हारे कृत्यों के परिणाम से तुम्हारे अंदर तक हिल जाने की संभावना होती है और तुम बर्बाद हो सकते हो. लेकिन समय के साथ और राख से निकल कर तुम एक गहरी और ज़्यादा

निपुण आध्यात्मिक परख के साथ फिर से विकास करोगे जब तुम्हें पता लगेगा कि सच में तुम हो क्या."

"जीवन में ये अध्याय बहुत मुश्किल प्रतीत होते हैं."

"ऐसी परिस्थितियों में तुम्हारे विकल्पों के परिणाम हमेशा इस चीज़ को बदल देंगे कि तुम अपने आपको अपने गहरे स्तर पर क्या समझते हो. एक 'आंतरिक अनुभव' के साथ यह अनुभव तुम्हें अपने आपको फिर से अविष्कार करने देती हैं अन्यथा जो संभव नहीं होता. स्वयं की खोज या आंतरिक शिक्षा के ऐसे ही अनुभव अधिक सामान्यत: तब घटित होते हैं जब व्यक्तिगत सम्बन्ध तबाह होते हैं, जहाँ बाद में अवलोकन करने से तुम्हें यह पता चलता है कि तुम्हें बहुत पीड़ा देनी पड़ी थी, स्वयं को भी और दूसरों को भी, यह पता लगाने के लिए तुम कौन थे. यह अनुभव तुम्हारे संसार को बदल देते हैं और तुम्हें बाद में समझ आता है कि जो चीज़ें तुम्हारे लिए पहले महत्व रखती थीं अब वो उनसे पूरी तरह भिन्न हैं जो अनुभव के बाद महत्वपूर्ण हुईं; तुम अपने जीवन को एक अलग ही लेंस से देखते हो. तुम अपने आपको अलग महसूस करते हो और तुम जानते हो कि तुम्हारे मूल्य मौलिक रूप से थोड़े बदल चुके हैं."

"तुम किस तरह के व्यक्तिगत सम्बन्धों में असफलताओं की बात कर रहे हो?"

"अनेक हैं – जो शारीरिक शोषण, यौन शोषण, मदिरा शोषण, ड्रग शोषण, सम्बन्धों में धोखे के माध्यम से होते हैं. ऐसी स्थितियाँ जिनमें तुम्हारी स्वतंत्र इच्छा विनाशकारी परिणामों की ओर ले जाती है. ये अनुभव नियत हैं और अपने आपको खोजने में यह उस व्यक्ति की ज़िम्मेदारी है कि वह अपनी स्वतंत्र इच्छा का प्रयोग करे और ऐसे विकल्पों का चयन करे, जो उसे उसके उच्चतम आदर्शों के अनुसार अच्छा इन्सान बनायेंगे, ताकि वह यह पता लगा सके कि 'वह क्या नहीं है'.

रिक्की ने आह भरी. "जीवन कठोर हो सकता है."

"हाँ ... और सुखद रूप से सुंदर भी. सौभाग्य से ज़्यादातर लोग अपने जीवनकाल के दौरान इनमें से बदतर स्थितियों का सामना नहीं करते."

पुरानी आत्मा बोलता रहा, "अब जब हमने नियति और स्वतंत्र इच्छा के बारे में कुछ विस्तार से विचार कर लिया है, हम अपना ध्यान विशिष्टता की

अवधारणा की ओर मोड़ेगे. मैंने इस अवधारणा के बारे में तुमसे कल ज़िक्र किया था कि तुम्हारी वास्तविकता की रचना में यह क्या भूमिका अदा करती है. लेकिन आज हम इसे एक ज़्यादा व्यक्तिगत दृष्टिकोण से देखेंगे."

विशिष्टता

पुरानी आत्मा ने बोलना जारी रखा. "तुम विशिष्ट हो. यह एक सबसे महत्वपूर्ण अवधारणा है जिसके बारे में आज मैं तुम्हें विस्तार से बताऊँगा. तुम बेशक अंतर्ज्ञान से यह जानते हो कि तुम विशिष्ट हो, लेकिन तुम्हें इसे अपने रोज़ाना जीवन की सचेत जागरूकता में ज़रूर लाना होगा. सारा दिन इस तथ्य के बारे में अपने आपको अक्सर याद दिलाओ. इससे यह भी निष्कर्ष निकलता है, क्योंकि तुम विशिष्ट हो, तुम्हें बदला नहीं जा सकता. कोई भी उस विशिष्ट योगदान को बदल नहीं सकता जो तुम इस भौतिक संसार को देते हो. सभी मनुष्य विशिष्ट हैं, कोई भी एक समान नहीं है. वास्तव में कभी भी एक जैसा दो मनुष्य नहीं हुए हैं, आदमी के इतिहास में कभी भी – और भविष्य में कभी भी नहीं होंगे. हर समय यह याद रखना तुम्हारे लिए मौलिक है कि तुम विशिष्ट हो और इसीलिए बेबदल हो.[47] तुम्हारी उन्नति के लिए यह ज़रूर एक मूल आस्था होनी चाहिए."

"ठीक है, मैं विशिष्ट हूँ और बेबदल हूँ. मैं इसे अपना मन्त्र बना लूँगा."

तुम विशिष्ट और बेबदल हो.

"अच्छा विचार है. अगली अवधारणा का सम्बन्ध कार्य से है. ब्रम्हाण्ड के अंदर गतिविधि के संबंध में मैंने 'कार्य' के बारे में पहले भी बताया था. लेकिन कार्य का और भी व्यक्तिगत पहलू है, एक बार फिर तुम्हारे रोज़ाना जीवन के अनुसार."

47 विक्टर ई. फ्रेंकल. द विल्ल टू मीनिंग: फाउंडेशनस एंड एप्लीकेशन्स ऑफ लोगोथेरेपी. न्यू यॉर्क : पेंगुइन बुक्स, 1969.

कार्य

पुरानी आत्मा ने जारी रखा, "तुम पहले ही जानते हो कि धरती पर एक जीवनकाल बिताने का निर्णय तुमने अपनी आन्तरिक प्रकृति को जानने के लिए लिया है. तुम यह भी जानते हो कि यह शिक्षा तब होता है जब तुम अपने अंदर दूसरों के साथ तुम्हारा पारस्परिक क्रिया के परिणाम स्वरूप भावनाएँ पैदा करते हो. तुम अब यह भी जानते हो की तुम विशिष्ट हो. इन स्थतियों के साथ यह निष्कर्ष निकलता है कि तुम्हारी अपने लिए सबसे मौलिक ज़िम्मेदारी (और दूसरों के लिए, क्योंकि वे तुमसे पारस्परिक क्रिया से सीखते हैं) अपने अवतरण के दौरान कार्य करना है या कार्यवाही करना है. अपने आपको एक फूल की तरह सोचो जो खिलता है. अपनी पंखुड़ियाँ खोलो और जीवन को गले लगाओ. तुम्हारे पास एक सीमित जीवनकाल है, वह सब आत्मसात करने के लिए जो तुम कर सकते हो. इसीलिए कार्यवाही करो और ख़ुद बने रहो बिना क्षमाशील हुए. तुम अपनी क्रियाओं से ही अपनी आंतरिक प्रकृति के बारे में जान सकते हो. यह ज़रूर एक मूल आस्था होनी चाहिए."

कार्य करो. बिना क्षमाशील हुए ख़ुद बने रहो.

"ठीक है. मैं विशिष्ट हूँ और मैं बेबदल हूँ, और मैं कार्यवाही करूँगा और बिना क्षमाशील हुए ख़ुद बना रहूँगा."

"अच्छा है."

"तब क्या होगा जब लोग मुझे पसंद नहीं करेंगे और मुझे आँकेंगे?"

"हमेशा ऐसे लोग होंगे जो तुम्हें पसंद करेंगे और ऐसे भी जो तुम्हें पसंद नहीं करेंगे. याद रखो तुम विशिष्ट हो. एक दूसरे के लिए राय बनाना और आँकना भी लोगों के लिए स्वाभाविक है. मैं तुम्हें इन विषयों के बारे और बहुत कुछ बाद में बताऊँगा, इसीलिए धैर्य रखो. अभी के लिए तुम्हें मेरी यही सलाह है: अपने बारे में राय मत बनाओ, इसे दूसरों पर छोड़ दो; यह सोचो की दूसरे लोग तुम्हारे बारे में क्या सोचते हैं उससे तुम्हारा कुछ लेना-देना नहीं है." हिचकिचा कर मुस्कराते हुए रिक्की ने बोला, "ठीक है, मैं उस पर काम करूँगा."

"अब अगली अवधारणा एक दिलचस्प अवधारणा है. इसे मैं 'संज्ञानात्मक विरोधाभास' कहता हूँ."

एक दिन से दूसरे दिन के लिए और एक चक्र से दूसरे चक्र के लिए न टालें, इस विश्वास से कि आप रहस्यों का पता लगाने में सफल होंगे जब अगले चक्र में आप संसार में लौटकर आयेंगे.

जीसस क्राइस्ट

(ग्नोस्टिक धर्मग्रंथ से, पिस्तिस सोफ़िया)

संज्ञानात्मक विरोधाभास

पुरानी आत्मा ने जारी रखा, "तुम्हें याद होगा कि कल मैंने तुम्हें भौतिक विरोधाभास के बारे में थोड़ा-सा बताया था, इस दृष्टिकोण से कि शरीर भौतिक अनुभवों को कैसे समझता है. विरोधाभास की एक और महत्वपूर्ण विशेषता का सम्बन्ध तुम्हारे विचारों की विशिष्टता से है. तुम जानते हो, क्योंकि तुम विशिष्ट हो, धरती पर किसी को भी बिल्कुल वैसे अनुभव नहीं हुए जैसे तुम्हें हुए और इसीलिए किसी का भी दृष्टिकोण तुम्हारे जैसा नहीं है. इसलिए यह निर्धारित है कि हरेक चीज़ के बारे में तुम्हारे विचार, रवैया, सुझाव और व्यक्तिगत आस्थाएँ किसी तरीक़े से विशिष्ट हैं और इसीलिए वह दूसरों से भिन्न हैं.

"जैसा कि मैंने पहले कहा था, तुम धरती पर सीखने के लिए आये हो और तुम्हारा उन सभी दूसरे मनुष्यों के साथ एक अव्यक्त समझौता है जिनका तुम सामना करते हो स्वयं को सौंप देने के लिए, जैसे वे अपने आपको तुम्हें सौंप देते हैं. इसलिए धरती पर तुम्हारी सबसे बुनियादी ज़िम्मेदारी है अपनी विशिष्टता को संसार में धकेलना. तुम्हारा योगदान दूसरों की सहायता करेगा, क्योंकि तुम्हारे विचार उनसे भिन्न हैं. यह इस विषमता के माध्यम से है कि वे अपने विचारों का मूल्यांकन करें और अपनी विशिष्टता को समझें. दूसरे शब्दों में अपने विचारों को कहने से और संप्रेषण करने से तुम दूसरों के लिए मापदंड

प्रदान करते हो जिन्हें वे अपने विचारों को निरुपित करने में प्रयोग कर सकें, इसके अनुसार कि वह तुम्हारे विचारों से कितने भिन्न हैं. क्या तुम्हें अब तक समझ में आ गया है?"

"हाँ, मैं समझ गया."

"तुम्हें यह भी समझना चाहिए कि सबसे मौलिक स्तर पर सभी मनुष्य समान रूप से मान्य होते हैं और सारे विचार और सुझाव समान रूप से मान्य होते हैं.[48] जिस संदर्भ में हम बात कर रहे हैं, उसके बारे में तुम्हारे लिए यह सोचना ग़लत होगा कि तुम्हारे विचार या सुझाव किसी दूसरे से बेहतर हैं या संसार में एक मनुष्य दूसरे मनुष्य से अधिक मान्य योगदान करता है."

सभी मनुष्य समान रूप से मान्य होते हैं और सभी विचार और सुझाव समान रूप से मान्य होते हैं.

"मैं समझ गया."

"और भी अपने मन की बात कहते हुए इस कारण से न हिचकिचाओ कि तुम सोचते हो कि तुम किसी चीज़ के बारे में ग़लत हो. कोई भी विचार या सुझाव ऐसा नहीं होता जो अपने-आप में 'सही' या 'ग़लत' होता हो.[49] लक्ष्य यह है कि एक समाधान पर पहुँचना है जो एक ख़ास स्थिति के लिए पूर्णतया उपयुक्त है और परिणामस्वरूप अत्यधिक सामंजस्य की ओर ले जाता है. तो उदाहरण के लिए एक ऐसी परिस्थिति में जहाँ एक मुद्दे पर निर्णय लेने की आवश्यकता है, हरेक अलग विचार या सुझाव का यह योगदान है जो विषमता प्रदान करता है, लिहाजा विरोधी विचारों और सुझावों में विकास की प्रक्रिया के लिए रास्ता बनाता है और एक मुद्दे पर सर्वसम्मति का विकास करता है जो एक दी गई परिस्थिति के लिए सबसे उत्तम है. यह महत्वपूर्ण नहीं है कि तुम्हारा योगदान एक 'सही' योगदान हो या उसके अनुसार हो जिस पर अंतिम मतैक्य है. इस मामले में एक 'ग़लत' विचार या एक विचार जो उपयुक्त न हो, भी समान रूप से मान्य है, क्योंकि इसके बिना कोई चर्चा नहीं हो सकती थी कि यह किस

48 विक्टर ई. फ्रेंकल. द विल्ल टू मीनिंग: फाउंडेशनस एंड एप्लीकेशन्स ऑफ लोगोथेरेपी. न्यू यॉर्क : पेंगुइन बुक्स, 1969.
49 नेअले डोनाल्ड वेल्श. कान्वर्सेशनस विद गॉड. भाग 1. न्यू यॉर्क: पूतनम्स संस, 1996.

वजह से उपयुक्त नहीं है. और उसी मापदंड से 'सबसे उत्तम' विचार या सुझाव का मूल्यांकन संभव नहीं हो पाता."

"अपनी बात कहना सबके लिए आसान नहीं है, विशेषतया तब जब उनकी आत्म-योग्यता शून्य हो. इसके बजाय कि अपनी बात कहे और दूसरों की नज़र में आये, मेरा मित्र पीछे रहना पसंद करता है. बाद में वह अपने मन की बात बोलने या टिप्पणी करने का अवसर खो देने लिए अपना तिरस्कार करता है."

"तुम सही हो. कईयों के लिए अपनी बात कहना, बिना क्षमाशील हुए ख़ुद बने रहना और संसार में काम करना बहुत मुश्किल होता है, जो वास्तव में अपने जीवन का हिसाब देने के लिए उनकी अत्यंत मौलिक ज़िम्मेदारी है. कईयों को यह विश्वास करने में मुश्किल होता है कि उनका योगदान उपयुक्त है. तुम्हारे मित्र के लिए मेरा एक सुझाव है जब वह अगली बार अपने आपको ऐसी स्थिति में पाता है तो."

"ठीक है. वह क्या है?"

"उसे इस बात पर ध्यान केन्द्रित करने के लिए कहो कि जो कुछ भी दूसरे व्यक्तियों से वह कहता है उनके लिए वह उसका एक उपहार है. एक विशिष्ट उपहार जो उसके द्वारा ही दिया जा सकता है, क्योंकि वास्तव में वह विशिष्ट है. इस कार्य में उसे सहायता करने के लिए उसे अपने पसंदीदा भोजन के बारे में सोचने के लिए कहो. उसका पसंदीदा खाना क्या है? वह कह सकता है, 'मुझे अपनी माँ के हाथ की स्पघेटी पसंद है. यह सबसे उत्कृष्ट है !' फिर उसे कहो अगली बार जब वह अपने मन की बात कहने में हिचकिचाये तो यह कल्पना करे कि वह अपने दर्शकों को या उस व्यक्ति को जिससे वह बात कर रहा है अपनी माँ के हाथ की बनी स्पघेटी दे रहा है. यह हमेशा का सबसे उत्कृष्ट स्पघेटी है, यह उनके लिए उसका विशिष्ट उपहार है और इसे किसी और चीज़ से बदला नहीं जा सकता.

"जब वह बिना क्षमाशील हुए अपनी हिचकिचाहट पर क़ाबू पाने और अपनी बात बोलने का अभ्यास कर रहा होगा तो यह उसकी सहायता करेगा."

रिक्की ने मुस्कराते हुए कहा, "यह मज़ेदार लगता है, लेकिन यह एक अच्छा सुझाव है. मैं उसे बताऊँगा."

"अंत में तुम्हें यह समझना होगा कि विषम विचार संबंधित इस बातचीत और प्रतिस्पर्धा या शक्ति में कोई भ्रम नहीं होना चाहिए. हमने जो चर्चा की है

उस सन्दर्भ में तुम्हारा लक्ष्य किसी और से बेहतर या श्रेष्ठ होने के लिए किसी प्रेरणा से संचालित नहीं होना चाहिए. और यह शक्ति या नियंत्रण पाने के लिए नहीं होना चाहिए. हम केवल विशिष्ट योगदानों के बारे में बात कर रहे हैं. उन्नति करने के लिए तुम्हें अपनी विशिष्टता और अपने विचार तथा अभिप्राय को गले लगाना चाहिए जो दूसरों के लिए विरोधाभास प्रदान करते हैं. यह महत्वपूर्ण है कि यह एक मूल आस्था की भांति स्थापित है."

"ठीक है, मैं समझ गया. तुम मुझे प्रतिस्पर्धा या शक्ति के बारे में शिक्षित करने की कोशिश नहीं कर रहे हो."

"वह सही है."

रिक्की का कौतूहल धीरे-धीरे बढ़ता जा रहा था, क्योंकि भौतिक संसार को एक साथ कैसे लाया गया, यह कैसे संचालित होता है, इस के अंदर उसने अपना अनुभव कैसे उत्पन्न किया और मूल आस्थाओं के द्वारा यह विशेष साधन कैसे निर्धारित किये गये, इसका एक ढाँचा कुछ व्यावहारिक अवधारणायें प्रदान करते प्रतीत होता था जिन्हें वह वास्तव में अपने रोज़मर्रा के जीवन में इस्तेमाल कर सकता है.

पुरानी आत्मा ने जारी रखा, "और भी है. अब मैं तुम्हें आयु की वृद्धी के बारे में बताऊँगा. बूढ़ा होना भौतिक जीवन का एक और पहलू है, जिसे स्वीकार करने में लोगों को अक्सर मुश्किल होती है."

आयु की वृद्धी

पुरानी आत्मा ने बोलना जारी रखा, "प्रत्येक व्यक्ति के लिए यह स्वीकार करना महत्वपूर्ण है कि धरती पर जीवन सीमित है. जैसे कि सभी वृत्ताकार प्रक्रियाओं के साथ होता है, जो सचेत कैनवास में शुरू होती हैं और सामंजस्य के विकास के माध्यम से तुम्हारे भौतिक संसार में प्रकट होती हैं, तुम्हारा शरीर बीज से बड़ा होता है, बूढ़ा होता है और मुरझा जाता है, जब तक यह और नहीं चल पाता और मर जाता है. यह बूढ़े होने की प्रक्रिया कइयों के लिए स्वीकार करनी मुशिकल होती है और लोग चरमसीमा की हद तक जाकर अपने शरीर को बदल कर युवा दिखना चाहते हैं. जबकि पश्चिमी सभ्यता में युवा दिखना

सराहा जाता है, इसे स्वीकार करना अंततः महत्वपूर्ण है कि बुढ़ापे की प्रक्रिया सामान्य है और अपरिहार्य है. इसे एक मूल आस्था बनने की आवश्यकता है."

धरती पर जीवन सीमित है: तुम बीज से बड़े होते हो, बूढ़े होते हो, मुरझा जाते हो और मर जाते हो.

रिक्की बीच में बोल उठा, "मुझे इससे परेशानी नहीं होती – अभी तक !"

पुरानी आत्मा ने मुस्कराते हुए बोला, "सत्तरह साल की उम्र में यह परेशान नहीं करना चाहिए, लेकिन संभावना है कि जैसे-जैसे तुम बूढ़े होगे तुम जवान होना चाहोगे.

"आज के लिए लगभग समाप्त हो गया है. मृत्यु के बारे में कुछ टिप्पणियों के साथ मैं समाप्त करूँगा."

मृत्यु

"याद रखो कि तुम्हारी आत्मा के साथ तुम्हारे शरीर के सहजीवी सम्बन्ध होने के कारण तुम्हारा शरीर मर जायेगा जब तुम इससे बाहर निकल जाओगे. बहुत सारे लोग अपनी मृत्यु का सही समय नहीं जानते, लेकिन उनकी ऊपरी-आत्मा और उनकी आत्मा सामान्यतया बाहरी अहम को बिना बताए और कभी-कभी आंतरिक पहचान को भी बिना बताए कभी-कभी पहले ही निर्णय ले लेती हैं. इसीलिए कोई आकस्मिक मृत्यु नहीं होती, जहाँ तक ऊपरी-आत्मा और आत्मा का सम्बन्ध है. आत्माएँ अपने अनुभव के लिए अपने बाहर निकलने की परिस्थितियों को स्वयं चुनती हैं – और अपने प्रियजनों की सहमति से, जिन्होंने अपने विकास के लिए अपने आगामी दुःख का अनुभव करना चुन रखा है."

कोई भी मृत्यु आकस्मिक नहीं होती.

"मैं अपने मरने से कुछ समय पहले जानना चाहूँगा, यह कब होगा?"

"हो सकता है तुम्हें पता चल जाये. मुझे तुम्हें वह जानकारी देने की अनुमति नहीं है. ज़्यादातर मौतें शरीर के प्राकृतिक जीवन-चक्र की समाप्ति पर होती हैं. इन घटनाओं में आत्मा बीमारी को मृत्यु के लिए चुन सकती है, यदि बीमारी के अनुभव की चाहत हो तो. दूसरे समय में शरीर केवल ढह जायेगा और मृत्यु हो जायेगी, साधारणतया नींद में. कुछ आत्माएँ कई कारणों से जीवन में जल्दी निकल जाने को चुनती हैं, लेकिन यह हमेशा आध्यात्मिक स्तर पर निर्णय के बाद होता है, जो उस आत्मा, जो जाना चाहती है और ऊपरी-आत्मा तथा समकालीन आत्माओं, जो उनका शोक मनायेंगी, के बीच एक संयुक्त निर्णय पर आधारित है."

"मैं नहीं समझता की जिन लोगों को दुःख का अनुभव होगा वे सामान्यतया उससे सहमत होंगे."

"नहीं, यह एक ऐसी अवधारणा है जिसे बहुत सारे लोगों के लिए सुनना और स्वीकार करना मुश्किल है. फिर भी इसका ज्ञान होते हुए और यह जानते हुए की तुम्हारी आत्मा मरेगी नहीं, तुम्हें दुःख को पूरी ताकत से अनुभव करने में नहीं रोका जायेगा जब तुम्हारा कोई नज़दीकी मरेगा. यह सभी मनुष्यों के लिए स्वाभाविक है कि किसी ऐसे के खोने का दुःख मनायें जिसे वे प्यार करते हैं. लेकिन फिर भी यह जानना तुम्हें कुछ शान्ति देगा कि तुम्हारा प्रिय केवल आध्यात्मिक आयाम में गया है, संज्ञानात्मक और भावनात्मक रूप से ज्यों का त्यों और अपनी सारी यादों के साथ. और तुम भी अनिवार्य रूप से पीछे जाओगे. इस आध्यात्मिक प्रक्रिया को समझना कि कैसे और कब मृत्यु होती है, एक मूल आस्था होनी चाहिए, दुःख की अनिवार्य भावनाओं के माध्यम से तुम्हें प्रभावी ढंग से काम करवाने के लिए.

"जब लोग मरते हैं तो उत्तरजीवियों के लिए अपरिहार्य हानि का सामना करना हमेशा दुःखदायी होता है, चाहे वह बुढ़ापे में हो, प्रारंभिक जीवन में हो या आकस्मिक हो. लेकिन दिमाग़ में रखो तुम्हारा संसार एक अखाड़ा है जहाँ आत्माएँ परिस्थितियों को रूप देती हैं जो उन्हें वह अनुभव देती हैं जिनकी प्रतिक्रिया में वे अपनी भावनाओं की रचना करती हैं. सबसे पहले भौतिक जीवन का यही मुख्य कारण है. इस तरीक़े से आत्माएँ अपने बारे में जानती हैं जब वे एक के बाद एक जीवनकाल का अनुभव करती हैं. उदाहरण के लिए वे बारी-बारी से एक विजेता या एक खलनायक, एक सहायक या एक बाधक, एक विद्यार्थी या एक अध्यापक, एक मरीज या एक डॉक्टर, एक पिता या एक

बेटा बनकर ऐसा करती हैं – और भावनाओं के टेढ़े-मेढ़े पथ का अनुभव लेने के लिए, जो यह भूमिकाएँ उत्पन्न करती हैं. जीवनकाल के माध्यम से इन बहुल भूमिकाओं का संचय ऊपरी-आत्माओं को प्रत्यक्ष रूप से भावुक स्थितियों के कई पहलुओं को सीखने और अनुभव करने देता है. इन अनुभवों के माध्यम से ऊपरी-आत्माएँ विकसित होती हैं, क्योंकि वे धीरे-धीरे 'सब वही है' के साथ एक हमेशा बढ़ते रहने वाले सामंजस्य की ओर प्रवाहित होते हैं."

"तो हिटलर जैसा कोई व्यक्ति अच्छा आदमी था या बुरा आदमी था? क्या वह केवल अनुभव के लिए एक खलनायक था?"

"तुमने एक विवादास्पद विषय उठाया है. और यह विषय तुम्हारे लिए विशेष दिलचस्पी रखता है, यद्यपि तुम इसके बारे में चेतन स्तर पर नहीं जानते."

"तुम्हारा क्या मतलब है?"

"अच्छा, हाल ही का तुम्हारा जीवनकाल एक पोलिश ज्यू का था. तुम्हारी पत्नी और दो बच्चे 1939 में क्राकोव पर बम गिरने से मारे गए थे और थोड़े समय के बाद तुम्हें गेस्टापो द्वारा सिर के पीछे गोली मार दी गई थी."

आँखे फैलाकर रिक्की ने अविश्वासपूर्वक पूछा, "क्या? क्या वह सच है?"

पुरानी आत्मा ने धीरे से कहा, "हाँ, यह सच है. तुम्हारे अमनपसंद होने का यह एक कारण है. तुमने हाल ही में प्रत्यक्ष रूप से युद्ध देखा है और तुम्हें उस अमानवीयता को फिर से जीने की कोई चाह नहीं है, जो उन स्थितियों में बढ़ जाती है."

"ओह, मेरे भगवान."

"हाँ. मैं उस बारे में थोड़ा और बाद में बताऊँगा कि उस जीवन ने तुम्हारे वर्तमान अवतरण पर कैसे प्रभाव डाला है."

रिक्की ने साँस लिया, "मैं उसका इंतज़ार करूँगा."

"अब हिटलर के बारे में तुम्हारे प्रश्न के उत्तर. याद रखो तुम एक ही समय में दो दुनिया में रहते हो, इसीलिए तुम्हारे प्रश्न के दो उत्तर हैं : एक धरती पर तुम्हारे जीवन के दृष्टिकोण से और दूसरा आध्यात्मिक आयाम में तुम्हारे जीवन के दृष्टिकोण से. क्योंकि वर्तमान में तुम धरती पर रहते हो, तुम्हें

उस पर ध्यान केन्द्रित करना चाहिए जो भौतिक संसार में सबसे अधिक अनुकूलित कार्य करने का मार्ग हो. जिसे स्वीकार्य व्यवहार माना जाता हो उसकी सीमाएँ मूल्यों, आचारनीति और तुम्हारी संस्कृति की नैतिकता के प्रतिबिम्ब हैं. और तुम्हारे पास वह नियम हैं जो इन उपदेशों से निकाले गये हैं. हिटलर के मामले में उसके कृत्यों ने भावनात्मक पीड़ा उत्पन्न की, लाखों लोगों के लिए ही नहीं अपितु सारी पश्चिमी सभ्यता के लिए. और तुम्हारे पास इसके अतिरिक्त और कोई विकल्प नहीं है कि तुम उसे और इसी तरह के क्रूर व्यक्तियों को अपने सांस्कृतिक मूल्यों और नीतियों के सन्दर्भ में आँको. फिर भी आँकना इतना आसान नहीं है, क्योंकि यह भी सच है कि हिटलर और वह संस्कृति, जिसने उस समय उसका समर्थन किया था, को यह विश्वास था कि वे अपने उच्चतम आदर्शों के अनुसार कार्यवाही कर रहे हैं और यह कि उनके कृत्य सही है. इस तरह की सभी घटनाओं में यह सच्चाई है. तानाशाह अपने कृत्यों को इस तर्क से सही ठहराते हैं कि वह उनके उच्चतम आदर्श का प्रतिबिम्ब है. फिर भी अपरिहार्य रूप से तुम अपनी संस्कृति के सन्दर्भ में अपने मूल्यों, नीतियों और नैतिकताओं के आधार पर एक राय बनाने और आँकने से बच नहीं सकते."

"मेरे लिए यह स्वीकार करना बहुत मुश्किल है कि एक पूरे देश के उच्चतम आदर्श ज्यूयों, जिप्सियों, समलैंगिकों, विकलांगों और उन लोगों का विनाश करना हो सकता है जो दिमाग़ी तौर पर बीमार हैं."

"जर्मनी में सभी लोगों ने नाज़ी पार्टी को वोट नहीं दिया था और जिन्होंने दिया था उन्होंने कभी यह अनुमान नहीं लगाया था कि पार्टी के आदर्श ऐसी क्रूरता की ओर ले जायेंगे."

"भविष्य को जानते हुए आत्माएँ और ऊपरी-आत्माएँ ऐसी मार-काट के लिए कैसे ज़िम्मेदार हो सकती हैं?"

"युद्धों ने सदियों से धरती को तबाह किया है. दहशत और क्षति का भावनात्मक अनुभव उस यात्रा के भाग हैं जो आत्माएँ विकास करने के अनुभव के लिए चुनती हैं. फिर भी जैसा कि मैंने पहले उस गृहकार्य में कहा था जो मैंने तुम्हें तब दिया था जब हम पहली बार मिले थे कि दैविक चुनौती सलाह देती है कि जब तुम्हारी भावनाएँ ज़ोर पकड़ती हैं और क़ाबू में नहीं आती तो हमें स्वयं को या दूसरों को नहीं मारना चाहिए. नकारात्मक भावनाओं से अनुभव लेने और सीखने के लिए दुष्कर्म आवश्यक नहीं है.

"इस विषय के बारे में हम बाद में कभी विस्तार से चर्चा कर सकते हैं, लेकिन अभी के लिए मैं मृत्यु के विषय पर लौटूँगा."

"जैसा कि मैंने पहले कहा था, कोई मृत्यु आकस्मिक नहीं होती. फिर भी अचानक हुई मृत्यु से झटका लग सकता है और किसी के बाहरी अहम् और आन्तरिक पहचान द्वारा विरोध किया जा सकता है, जो मरने के लिए तैयार नहीं है या जो मरने से डरता है. ऐसे मामलों में मृत्यु के समय सम्पूर्ण चेतना आध्यात्मिक आयाम की ओर ऊपर नहीं जा सकते."

"मुझे याद है कि मेरे अंकल सिग्गी इसके बारे में कुछ वर्षों पहले कुछ बता रहे थे, जब हम अपनी एक गाय को पास वाले फॉर्म में गर्भाधान के लिए ले जा रहे थे."

"तुम सही हो. तुम्हारे अंकले ने इस तरह की कुछ घटनाओं का वर्णन किया था, जब तुम बारह वर्ष के थे, लेकिन मैं तुम्हारे लिए उनकी समीक्षा फिर से करूँगा और उसमें थोड़ी और जानकारी भी जोड़ूँगा जो उन्होंने तुम्हें बताया था."

प्रेतात्माओं का अस्तित्व

"आध्यात्मिक आयाम की ओर यात्रा सामान्यतया आसान होती है. मृत्यु के समय जब आत्मा ऊपरी-आत्मा से पुनर्मिलन की तैयारी करती है, व्यक्ति के सारे अनुभवों और यादों की अंतिम प्रति की आलोचना एक के बाद एक तेज़ी से की जाती है[50]. उस समय बाहरी अहम और आंतरिक पहचान आत्मा द्वारा अंतर्लीन कर लिए जाते हैं. विरली घटनाओं में हालाँकि चीज़ें वैसे नहीं होतीं जैसे नियोजित की जाती हैं और बाहरी अहम और आंतरिक पहचान के अंश आत्मा में समाहित नहीं किये जाते हैं. वे बिखर जाती हैं और एक उपेक्षा की स्थिति में समय के आयाम के बाहर धरती की सतह पर मंडराती रहती हैं. ये टुकड़े उस व्यक्ति की यादों और अनुभवों को स्मृति में रखती हैं, जब वह मनुष्य

50 वान पिम लोम्मेल. कांशिअसनेस बियॉन्ड लाइफ. न्यू यॉर्क: हार्पर कॉलिंस, 2010.

था और वो सामान्यतया अस्तित्व, प्रेतात्माओं के अस्तित्व या भूत के रूप में जानी जाती हैं," पुरानी आत्मा ने समझाया.

"जब यह होता है, तो निम्नलिखित तीन परिदृश्यों में से कम से कम एक परिदृश्य घटित हुआ होगा :

- जिस व्यक्ति की मृत्यु हो गई धरती पर उसका किसी अधूरे काम से लगाव रहा होगा जिसे पूरा करने के लिए वह मज़बूर महसूस करता है, इससे पहले कि वह आध्यात्मिक आयाम की ओर ऊपर चला जाये.[51] इन व्यक्तियों को सामान्यतया भूत कहा जाता है. वे समय के गुज़रने के बारे में नहीं जानते और अनगिनत वर्षों तक अक्सर कुंठा की स्थिति में भटकते रहते हैं, जब तक उन्हें शान्ति नहीं मिल जाती, जब वे आध्यात्मिक आयाम में ऊपर चले जाते हैं और अपनी ऊपरी-आत्मा से फिर से मिलते हैं.
- उस व्यक्ति ने कोई भयानक काम किया होगा और कठोर दंड के डर से वह आध्यात्मिक आयाम में जाने से डरता है. यह अस्तित्व शरारती हो सकते हैं. उनमें से कुछ अपने फ़ायदे के लिए ऐसे लोगों का लाभ उठाने में आनंदित होते हैं जो शंकालु नहीं होते, चालाकी से उनसे काम निकालते हैं और उन्हें नियंत्रित करने की कोशिश करते हैं.
- एक और घटना में वह व्यक्ति केवल सदमे में हो सकता है, न जानते हुए – या स्वीकार न करते हुए – कि उसका शरीर नष्ट हो चुका है. यह अस्तित्व इधर-उधर भटकते रहते हैं जैसे एक कोहरे में हों, अनजाने में, जब तक उन्हें यह न बताया जाये कि उनके साथ क्या हुआ है. जब वे भटक रहे होते हैं तो वे स्वयं को ऐसे व्यक्तियों की आभा की ओर आकर्षित पाते हैं जिनकी भावनाएँ वैसी ही होती हैं जैसी मृत्यु के पहले उनकी थीं. जब उनका एक उचित मेज़बान से सामना होता है तो वे उनके साथ संलग्न हो जाते हैं या उस व्यक्ति की आभा में निवास कर लेते हैं और वहीं रह जाते हैं जब तक उन्हें जगाया न जाये और इस बात की जानकारी न दी जाये कि उनके भौतिक शरीरों के साथ क्या हुआ है."

---

51 इस विषय पर दिलचस्प किताबें हैं : कार्ल विक्कलैंड. थर्टी इयर्स एमांग द डेड. पोमेरॉय: नेशनल साइकोलॉजिकल इंस्टिट्यूट. 1924 में पहला प्रकाशन; 1963 में दोबारा प्रकाशित. और भी, विलियम जे. बाल्डविन. स्पिरिट रिलीज़मेंट थेरेपी: ए तकनीक मैन्युअल. टेरा अल्टा: हैडलाइन बुक्स, 1992.

"वह कैसे होता है? कौन उन्हें जगाता है और उन्हें बताता है?"

"कभी-कभी मेज़बान एक चिकित्सक के पास जायेगा जिसने इन मामलों का प्रशिक्षण लिया हुआ है और जो अस्तित्व को 'छुड़ाने' में सक्षम है और आध्यात्मिक आयाम में जाने के लिए उन्हें निर्देश देता है. फिर भी सामान्यतया अस्तित्व मेज़बान के साथ ही रहता है जब तक उस व्यक्ति की मृत्यु न हो जाये और वह उस पार चला जाये जब मेज़बान के पीछे-पीछे वह आध्यात्मिक आयाम में चला जाता है. दूसरे अवसरों में एक 'उद्धार करने वाली आत्मा' के द्वारा आध्यात्मिक आयाम में जाने के लिए अस्तित्व की सहायता की जाती है. यहाँ आध्यात्मिक आयाम में कुछ आत्माएँ स्वयं को विशेष तौर पर उद्धार के कार्य में लगाती हैं."

" तब क्या होता है जब एक अस्तित्व स्वयं को किसी के प्रभामंडल के साथ चिपका लेता है?"

"यह एक अच्छा प्रश्न है. अस्तित्व अपनी जाग्रतावस्था के अनुसार अलग-अलग होते हैं. कईयों को यह नहीं पता होता कि वे निंद्रा में हैं, जबकि दूसरे अपने बारे में पूरी तरह चौकन्ने होते हैं. फिर भी आत्मा का अंश जब उनकी आभा में निवास करने लगता है तो सभी मामलों में मेज़बान को अपनी भावनाओं, व्यवहार या स्वास्थ्य में एक अकस्मात बदलाव महसूस होता है. यह इसलिए होता है क्योंकि भावना, व्यवहार या सेहत की चिंता, जो मृत्यु के समय अत्यधिक थी, वह मेज़बान के अंदर स्थानांतरित हो जाती है. अतएव उदाहरण के लिए मृत्यु के समय अगर व्यक्ति दुखी था तो मेज़बान को उदासी महसूस होगी. यदि व्यक्ति एक शराबी या धूम्रपान करने वाला था तो मेज़बान अचानक शराब के लिए ज़्यादा मात्रा में तरसना शुरू कर सकता है या अचानक सिगरेट के लिए एक लालसा विकसित कर सकता है. इसी तरह अगर एक व्यक्ति दिल के दौरे से या ऐसी बीमारी से मरा था जिसने उसे पीड़ा का अनुभव कराया था तो मेज़बान अचानक शरीर के उन्ही भागों में इन पीड़ा के लक्षणों का अनुभव कर सकता है. और अंत में यदि अस्तित्व की मृत्यु दुर्घटना में हुई थी, उदाहरण के लिए यातायात में, आग में, या डूबने से, तो मेजबान को अचानक इन स्थितियों से डर लगना शुरू हो सकता है.

"यदि आत्मा का अंश अपने आसपास के वातावरण के बारे में सचेत है तो वह मेज़बान को उन्हीं भावनाओं या व्यवहार का फिर से अनुभव करने के लिए फुसला सकता है जो उसकी मृत्यु के समय अत्यधिक थे. उन घटनाओं

में मेज़बान अपने मस्तिष्क में अस्तित्व के साथ एक वार्तालाप का अनुभव करता है, सचमुच जैसे वह पास खड़े किसी दूसरे व्यक्ति के साथ एक सामान्य वार्तालाप कर रहा है. ऐसी घटनाओं में जहाँ आत्मा जन्म से ही जुड़ जाती है, मेज़बान इसे सामान्य समझ सकते हैं, क्योंकि उन्होंने इसे कभी भी अलग रूप में नहीं जाना. बिना प्रश्न किये वे मान लेते हैं कि उनके सारे मित्रों के मस्तिष्क के अंदर भी कोई व्यक्ति है, जो उनसे बातचीत करता है और वे कभी भी इस पर सवाल उठाने के बारे में नहीं सोचते. हालाँकि इन घटनाओं में मेज़बान की कष्टप्रद भावना और व्यवहार पूर्ण रूप से उनके अपने नहीं होते, अपितु अस्तित्व के एक अंश होते हैं."

"यह एक श्रवण-वहम लगता है?"

"देखने वाला यदि प्रशिक्षित नहीं है तो उसे ऐसा लग सकता है. फिर भी इस घटना में ऐसा नहीं है. एक चिकित्सक जो इस संभावना से परिचित है और जिसे 'अस्तित्व मुक्ति चिकित्सा' का प्रशिक्षण प्राप्त है, आसानी से इसका पता लगा सकता है, क्योंकि असामी के माध्यम से अस्तित्व से बात करना बहुत आसान है.

"अच्छा समाचार यह है की जब ये अस्तित्व मुक्त होते हैं तो सम्बन्धित लक्षण भी तत्क्षण लुप्त हो जाते हैं."

"क्या इन अस्तित्वों की आत्मा होती है?"

"आत्मा कभी क्षतिग्रस्त नहीं होती, यह कभी किसी तरीक़े से टुकड़ों में नहीं बाँटी जा सकती. यह हमेशा ऊपर जाती है, सम्पूर्ण, शरीर जब मरता है. फिर भी जैसा मैंने पहले कहा था, हो सकता है उसके ऊपर जाने से पहले आंतरिक पहचान और बाहरी अहम पूरी तरह से आत्मा में लीन नहीं हुए हों. यह पहलू या आत्मा की उर्जा के अंश, जो सामान्यतया एक भावनात्मक अनुभव से जुड़े होते हैं, व्यक्ति की यादों के साथ-साथ उसकी पहचान को भी बनाए रखते हैं. उनकी सचेत जागरूकता या आत्मा की गुणवत्ता बहुत सीमित मात्रा से लेकर पूरी तरह बरक़रार होने जैसी दिखने तक की सीमा में रहती है. उदाहरण के लिए एक भूत की सचेत जागरूकता सामान्यतया बहुत सीमित होगी. इसलिए वे बार-बार ऐसे कृत्य करते हैं जो एक विशेष मंशा पर केन्द्रित होते हैं, हो सकता है किसी अधूरे कार्य को पूरा करने के लिए जिससे वे भावुक रूप से बहुत मज़बूती से जुड़े हैं. दूसरी ओर शरारती अस्तित्व अधिक बुद्धिमान

लगता है और उसकी चेतना बहुत व्यापक होती है, लेकिन यह भी सीमित होती है."[52]

रिक्की ने बुदबुदाया, "ठीक है, मैं समझ गया."

"अंत में एक अतिरिक्त परिस्थिति के बारे में बताऊँगा जो इतनी असामान्य नहीं है पर इससे कुछ ख़ास सम्बन्धित भी नहीं है, लेकिन वह कभी-कभी गर्भपात करवाने या गर्भ के गिरने से घटित होता है. बेशक इन सभी घटनाओं में आत्मा को पहले से ही पूरी तरह पता होता है कि भ्रूण अपनी पूरी अवधि तक नहीं पहुँचेगा."

बीच में रोकते हुए रिक्की ने पूछा, "क्या आत्माएँ पहले से ही जानती हैं कि उनका गर्भपात कर दिया जायेगा? कुछ लोग गर्भपात को कुछ और नहीं बल्कि पूर्व-विचारित हत्या मानते हैं."

"मैं जानता हूँ कि यह एक विवादास्पद विषय है, लेकिन हम इस सन्दर्भ में आत्मा के दृष्टिकोण से बात कर रहे हैं और जैसे तुम जानते हो आत्मा का अस्तित्व समय के आयाम के बाहर होता है और वह सही तरीक़े से जानती है कि आगे क्या होगा. फिर भी धरती के लोगों के लिए जैसा कि मैंने पहले कहा था – इसके अंदर मौजूद अपनी संस्कृति और प्रचलित रवैये तथा आस्थाओं के परिणाम बनने के अतिरिक्त तुम और कुछ नहीं कर सकते. अपने दृष्टिकोण के आधार पर राय बनाने के सिवाय तुम्हारे पास और कोई विकल्प नहीं है. परम सत्य यहाँ इतना महत्वपूर्ण नहीं है; याद रखो जीवन उसी के बारे में है जो भावनाएँ आप रचित करते हैं. इन्हीं के माध्यम से यह होता है कि तुम अपनी आंतरिक प्रकृति के बारे में जान पाते हो."

"तो यहाँ कोई सही या ग़लत राय नहीं है?"

पुरानी आत्मा ने धैर्यपूर्वक कहा, "नहीं, यह केवल भावनात्मक अनुभवों की रचना के अनुसार ही होता है कि तुम्हें अपनी आंतरिक पहचान के बारे में जानने की आवश्यकता पड़ती है.

---

52 इस तरह के अस्तित्व के अच्छे प्रमाण के लिए कृपया देखें: जोए फिशर. द साईरन कॉल ऑफ हंगरी घोस्ट्स. न्यू यॉर्क: पारा व्यू प्रेस, 2001.

“लेकिन मैं विषय पर वापिस आता हूँ. एक आत्मा जिसका पहले किसी भौतिक ग्रह पर अवतरण नहीं हुआ है अक्सर अस्थाई गर्भावस्था के अनुभव को चुनेगी, अनुभव लेने के लिए और भ्रूण की चेतना से मिलने के अभ्यास के लिए तथा जन्म से पहले आन्तरिक पहचान और बाहरी अहम बनाने के लिए. यदि आत्मा की मंशा भविष्य में धरती पर अवतरण करने की है तो यह अनुभव मूल्यवान अभ्यास प्रदान कराता है. गर्भपात के बाद आत्मा यह चुन सकती है कि वह भौतिक शरीर के एक नकली संस्करण के साथ काम करते रहे, जिस मामले में एक आभा जो भौतिक शरीर की नकल करता है आध्यात्मिक आयाम में विकास करते रहता है और परिपक्क होते रहता है. तुम्हारा ‘आत्मा’ भाई, तुम्हारी माँ को जिसका गर्भपात गर्भावस्था की विलंबित स्थिति में करवाना पड़ा था और जो तुमसे अक्सर मिलने आता है जब तुम सोने वाले होते हो, इस तरह की आत्मा का एक अच्छा उदाहरण है. वह एक मनुष्य जैसी आभा के साथ और एक नकली समय रेखा पर आध्यात्मिक आयाम में बढ़ रहा है.”

“धन्यवाद. वह मेरे प्रश्नों में से एक था.”

“हाँ, मैं जानता हूँ.”

पुरानी आत्मा अब आरामकुर्सी पर पीछे झुककर बैठ गया और बोला, “अब तुम्हें समझ में आ गया. मैंने वास्तविकता के कुछ बुनियादी पहलुओं या अवधारणाओं को दोहराया है. कल हमने उन अवधारणाओं को दोहराया था जो ज़्यादातर भौतिक पहलुओं से सम्बन्धित हैं और आज हमने उन अवधारणाओं को देखा जो मुख्यतः अर्थ में ठहरी हुई हैं. उसमें से सब कुछ, जो मैंने तुम्हें कहा है, वास्तविक है और भौतिक संसार में घटित होता है. मुझे पक्का भरोसा है कि तुम इसे लाभदायक पाओगे अगर तुम इस जानकारी को मूल आस्थाओं का मंच बनाने में शामिल करो, जिस पर तुम अपने अनुभव का निर्माण करते हो.”

रिक्की ने गंभीरतापूर्वक प्रतिक्रिया दी, “ठीक है, मैं उसे करने की कोशिश करूँगा.”

“तुम्हें यह जानने में दिलचस्पी होगी कि ज़्यादातर लोगों की मनोवैज्ञानिक समस्याएँ इस वास्तविकता से निकलती है कि उनके निर्माणात्मक वर्षों में उन्हें इन बुनियादी नियमों से अवगत नहीं करवाई गई थी. इसलिए जैसे-जैसे वे बड़े हुए उनमें से कुछ ने संसार में चलने के लिए ग़लत धारणाओं और ग़लतफ़हमियों के आधार पर झूठी मूल आस्थाएँ बना लीं. और जैसे-जैसे उनके अनुभव इकट्ठे

होते रहे और समय के साथ लगातार उनका ग़लत अर्थ निकाला जाता रहा तो बहुत गहरा भावनात्मक टकराव होना शुरू हो गया और कटुता शुरू हो गई. दुःखदायी सच्चाई यह है कि ये टकराव घटित ही नहीं होते यदि उन्हें शुरू में ही इन मूल आस्थाओं को अन्तस्थ करने का निर्देश दिया जाता, जिनके बारे में मैंने तुम्हें बताया था."

"मैं समझ गया."

"एक बार झूठी मूल आस्थाएँ स्थापित हो जाएँ तो समय के साथ भौतिक अस्तित्व का विषम अर्थ बनना शुरू हो जाता है और जैसे यह होता है मनोवैज्ञानिक टकराव होना शुरू हो जाता है. दुर्भाग्य से एक व्यक्ति के लिए यह बहुत मुश्किल होता है कि वह झूठी मूल आस्थाओं के आधार पर वर्षों के ग़लत आरोपण को समाप्त कर सके. इसलिए अक्सर चिकित्सा सहायता की आवश्यकता पड़ती है."

विस्मय से रिक्की ने ज़ोर से चिल्लाया, "मैं आश्चर्य हूँ कि मेरी कितनी झूठी मूल आस्थाएँ हैं?"

"तुम अच्छा काम करोगे अगर तुम उसके बारे में विचार करोगे जो मैंने तुम्हें कहा है और इन अवधारणाओं को अपने अंदर समावेश करने की कोशिश करोगे. संसार कैसे बना है, इसमें तुम्हारा क्या स्थान है और तुम अपने अस्तित्व का अर्थ कैसे निकालते हो, इन पहलुओं को तुम्हारी दूसरी प्रकृति बनने की आवश्यकता है, एक ऐसा लेंस जिसमें से तुम अपनी वास्तविकता का अर्थ निकालते हो और उसे समझते हो."

"ठीक है, मैं इस पर काम करूँगा और इसके बारे में अपने मित्रों से बात करूँगा."

"वह अच्छा होगा."

पुरानी आत्मा ने जारी रखा, "हमने बहुत सारी जानकारी पूरी कर ली है, फिर भी मैं जानता हूँ कि तुम्हारे पास जीवन और मृत्यु के बारे में बहुत सारे सामान्य प्रश्न हैं, साथ ही तुम्हारे लैंगिक रुझान के सन्दर्भ में व्यक्तिगत मुद्दों पर प्रश्न हैं, जिनके लिए तुम मेरी सलाह लेना पसंद करोगे."

रिक्की ने आभार प्रकट करते हुए कहा, "हाँ, तुम्हारी सलाह बहुत सराही जायेगी."

"मैं तुम्हारे प्रश्नों और तुम्हारी चिंताओं के बारे में जानता हूँ. फिर भी जब तुम उसके बारे में सोचोगे जिसके बारे में हमने आज और कल चर्चा की है, तुम्हें समझ में आयेगा कि तुम्हारे पास युवा व्यक्तियों की आकस्मिक मृत्यु के बारे में पहले से ही उत्तर हैं.

"अब तुम यह भी जानते हो कि वह बीमारी जिससे फॉर्म में दो लड़कों को पक्षाघात और मानसिक विकलांगता हो गई एक ऐसा विकल्प था जो उनकी आत्माओं ने जीवन के उस विशिष्ट परिप्रेक्ष्य का लाभ उठाने के लिए चुना था. वो व्यक्ति जो जन्म से या तो दिमाग़ी तौर पर या शारीरिक तौर पर विकलांग हैं, सामान्यतया अपने जीवनकाल में कष्ट नहीं भुगतते बशर्ते उनकी समुचित देखभाल हो. उनकी हालत पर क्रोध और उदासी ज़्यादातर उनके दिलों में पैदा होती है जो उन्हें प्यार करते हैं और उनकी परवाह करते हैं और यह उनकी दया के द्वारा ही होता है कि उन्हें अपनी आंतरिक प्रकृतियों के बारे में जानने का अवसर मिलता है."

"यह उन दो छोटे बच्चों के लिए अन्यायपूर्ण लगता है. मैं जब फॉर्म में होता हूँ तो मुझे उनकी देखभाल के लिए सहायता में बहुत मुश्किल होती है. मैं किसी भी तरह से उनसे जुड़ नहीं पाता हूँ और इसीलिए मुझे यह अच्छा नहीं लगता जब मुझे उनकी देखभाल करने के लिए कहा जाता है."

"अच्छा, उसके बारे में चिंता मत करो. इसके कारण का सम्बन्ध तुम्हारे एक पिछले जन्म से है जिसका तुमने पर्याप्त रूप से इस्तेमाल नहीं किया था."

"एक और पूर्व जन्म? यह कौन-सा वाला था?"

"सत्तरहवीं सदी में यूरोप में यह एक छोटा-सा जीवन था. तुम एक मंदबुद्धि लड़के थे. तुम्हारे माता-पिता ने तुम्हें त्याग दिया था, जो बहुत गरीब थे. तुम जीवन के लिए याचना करते रहे और नौ वर्ष की उम्र में मर गए, जब एक घोड़े की बग्गी ने तुम्हें धक्का दे दिया. तुम्हारे शरीर को कूड़े के साथ फेंक दिया गया."

"ओह ... मैं समझता हूँ कि उनके अनुभव में मैं किसी तरह से अपना प्रतिबिम्ब देखता हूँ."

"हाँ तुम देखते हो, अवचेतन रूप से. सौभाग्य से इन लड़कों को उससे बहुत अच्छी देखभाल मिल रही है जो तुम्हें मिली थी.

"वह कार दुर्घटना भी एक नियत घटना थी, जिसमें तुम्हारे मित्र को पक्षाघात हो गया था, जिसे उसने यह अनुभव करने के लिए चुना था कि वह इस तरह की चोट की चुनौतियों से सीख सके. और तुम्हारे सहित उन व्यक्तियों ने भी, जो उसको प्यार करते थे, उस भावनात्मक अनुभव को लेने का विकल्प चुना था, ताकि वह अपनी आंतरिक प्रकृति के बारे में कुछ सीख सके."

"हाँ, मैं समझ गया. लेकिन उसके बारे में सोचना मुझे परेशान करता है."

रिक्की को यह आश्चर्य होना शुरू हो गया कि क्या पुरानी आत्मा उसे उसके लैंगिक रुझान के बारे कोई निर्देश देने जा रही है.

"हालाँकि तुम्हारे लैंगिक-रुझान के लिए मेरी सलाह का इंतज़ार करना चाहिए. मुझ पर भरोसा करो कि तुम्हारे जीवन का विकास उसी तरह से हो रहा है जिस तरह से तुमने अपने जन्म से पहले इसे नियोजित किया था. तुम्हारे लिए आगे कुछ मुश्किल समय है और मैं तुम्हें उसमें से निकलने के लिए जितना अच्छा मार्गदर्शन दे सकता हूँ दूँगा, लेकिन उतना ही जितने से तुम्हारे उन अनुभवों का प्रभाव कम न हो, जो तुमने चुना है."

रिक्की ने कुछ निराशा से उत्तर दिया, "ठीक है, मैं समझ गया. क्या मैं ठीक रहूँगा?"

"हाँ, पर मैं तुम्हें इस समय इतना ही बता सकता हूँ. हमारी मुलाक़ात अब समाप्त होनी चाहिए, लेकिन मैं तुम्हें दूर रहकर समर्थन देता रहूँगा. हम निकट भविष्य में फिर मिलेंगे, जिस समय मैं तुम्हारे लैंगिक-रुझान के बारे में महत्वपूर्ण जानकारी दूँगा, साथ ही कई दूसरे मुद्दों पर. तुम्हारे आने का धन्यवाद. मेरे विचार हमेशा तुम्हारे साथ हैं."

रिक्की खड़ा हो गया और उसने पुरानी आत्मा का धन्यवाद किया. पुरानी आत्मा उसे द्वार तक ले गया, जिसने उसे वापिस भौतिक संसार में धकेल दिया. और पहले की तरह घड़ी में कोई समय व्यतीत नहीं हुआ था, जबकि समय व्यतीत होने के रिक्की के व्यक्तिगत अनुभव से ऐसा लगता था जैसे कई घंटे गुज़र चुके हैं.

अपने विचारों को थोड़ी देर तक संग्रह करने के बाद रिक्की अपने घोड़े पर चढ़ा और फॉर्म की और चल दिया. वह वयस्क और बुद्धिमान महसूस कर रहा था. उसके जीवन का परिप्रेक्ष्य और वह स्वयं इसे कैसे प्रयोग करेगा यह पुरानी

आत्मा से उसकी पाँच वर्ष पहले की पहली मुलाक़ात के बाद बदल गया था और अब एक बार फिर इन दो मुलाक़ातों के बाद लग रहा था कि उसे जीवन दोबारा मिल गया है.

जब रिक्की फॉर्म पर वापिस जा रहा था तो वह मनन करने लगा कि वास्तव में पुरानी आत्मा के साथ उसका क्या सम्बन्ध था. पुरानी आत्मा निश्चय ही एक सच्चा मित्र लगता था. हो सकता है जन्म से पहले एक-दूसरे को वे आत्माओं की तरह जानते हों? जब उसने इस विचार को अपने मस्तिष्क में सुनियोजित करना शुरू किया तो वह उस घास के मैदान/पत्थर की दीवार की परिधि पर पहुँच गया, जिनसे लॉन के पश्चिमी ओर एक बाड़ बनती थी और जिसने फॉर्म को चारों ओर से घेरा हुआ था.

स्थानीय बूचडखाने के एक ट्रक से उसका ध्यान भंग हुआ, जो आगे पशुओं के बाड़े के पास आ कर घोड़े के युवा बच्चों को लादने के लिए रुका था.

रिक्की घर वापिस लौटा और कुछ दिनों बाद स्कूल जाना शुरू कर दिया, पहले से अधिक कृत-निश्चय के साथ. कक्षा के पहले कुछ दिन तनावपूर्ण थे. उस वर्ष उसने विद्यार्थियों के एक नये समूह के साथ रिकिविक के व्यापारिक क्षेत्र में स्थित एक दूसरे स्कूल में जाना शुरू किया था. यह चार वर्ष का कोर्स था जो विद्यार्थियों को विश्वविद्यालय के लिए तैयार करने पर ध्यान केन्द्रित करता था. यह नया स्कूल रिकिविक के मध्य भाग में एक तालाब के नज़दीक एक पुरानी इमारत में था. एक कक्षा में बीस विद्यार्थी थे, जो एक टेबल पर दो-दो करके चार पंक्तियों में बैठते थे. कक्षा के आगे तरफ़ शिक्षक की मेज़ होती थी, जिसके पीछे की दीवार पर एक बहुत बड़ा ब्लैकबोर्ड था. बायीं तरफ़ खिड़कियाँ थीं, जिसमें से तालाब का दृश्य दिखाई देता था और प्रवेश द्वार के बाहर दाहिनी दीवार के साथ सटा हुआ एक गलियारा था. रिक्की एक छह फुट लम्बे लड़के के साथ बैठता था, जिसका नाम अल्फ्रेड था. उसके नैन-नक्श अच्छे थे, गहरे भूरे बाल थे और असामान्य रूप से सुंदर आँखें थी. रिक्की के विचार से अल्फ्रेड निराशाजनक रूप से पढ़ने-लिखने वाला लड़का था. पर उस वजह से उसके पढ़ने की कुछ अच्छी आदतें थीं और रिक्की के मुक़ाबले उसके ग्रेड हमेशा अच्छे होते थे. वे अच्छे दोस्त बन गये और वह बहुधा पढ़ाई में रिक्की की मदद किया करता था, स्कूल में भी और स्कूल के बाद भी.

पुरानी आत्मा से रिक्की ने जो सीखा था उसके बारे में वह लगातार उत्साहित रहता था और वह इन अवधारणाओं को स्कूल के वर्षों के दौरान लागू करना चाहता था, जैसा कि उसने वादा किया था. 15 मिनट की अवकाश अवधि उसके अन्वेषण के लिए एक अच्छा अवसर होता था. इस समय के दौरान अपने विचार की परीक्षा करने के लिए रिक्की अक्सर वार्तालाप में किसी एक अवधारणा का ज़िक्र किया करता था, जो उसने पुरानी आत्मा से सीखी थी. उदाहरण के लिए एक अवसर पर उसने कहा, "तुम जानते हो, अल्फ्रेड, मैं अपने आप में आज विशिष्ट और बेबदल महसूस करता हूँ."

अल्फ्रेड ने प्रतिक्रिया दी, "उससे तुम्हारा क्या मतलब है?"

रिक्की ने उत्तर दिया, "अच्छा, संसार में मेरे जैसा कोई और नहीं है. मैं विशिष्ट हूँ और इसलिए मैं किसी और के द्वारा बदला नहीं जा सकता."

अल्फ्रेड ने कहा, "मैं समझता हूँ हम दोनों ही ऐसे हैं !"

रिक्की ने जारी रखा, "मेरी उपस्थिति एक उपहार है. प्रत्येक शब्द जो मैं बोलता हूँ तुम्हारे संसार में वृद्धि करता है."

अल्फ्रेड ने फिर से जोड़ा, "और इसी तरीक़े से मेरे शब्द भी तुम्हारे संसार में वृद्धि करते हैं !"

इसे ऐसे ही न जाने देने के लिए रिक्की ने दृढ़ता से जारी रखा, "प्रत्येक दृष्टीकोण जो मैं तुम्हें वर्णित करता हूँ वह उसके विरुद्ध कहने के लिए तुम्हें सक्षम बनाता है जो तुम सोचते होगे और यह खोजने के लिए कि तुम मुझसे कैसे भिन्न हो."

अल्फ्रेड ने मुस्कराते हुए कहा, "मैं ईश्वर का धन्यवाद करता हूँ जब मुझे यह पता चलता है कि मैं तुमसे कैसे भिन्न हूँ."

रिक्की ने भी मुस्कराते हुए उत्तर दिया, "और मैं भी यही करता हूँ."

इस तरीक़े से और स्कूल के पूरे वर्ष के दौरान रिक्की उन अवधारणाओं का अभ्यास करता रहा जो पुरानी आत्मा ने उसे बताई थीं. अल्फ्रेड एक अच्छा साथी था और रिक्की की हरक़तों में भाग लेता था, जब वह पुरानी आत्माओं की अवधारणाओं को अभ्यास में लाता था.

एक दिन रिक्की ने कहा, "आज मुझे एक फूल की भांति महसूस हो रहा है, मैं खिल रहा हूँ, बिना क्षमाशील हुए मैं अपनी पंखुडियों को फैला रहा हूँ ताकि हर कोई देख सके."

एक संकोची व्यक्ति होने के नाते अल्फ्रेड ने उत्तर दिया, "तुम ऐसा क्यों करना चाहोगे?"

प्रतिक्रिया में रिक्की ने उत्तर दिया, "यह मेरी पहली और बुनियादी ज़िम्मेदारी है कि मैं अपने अस्तित्व के लिए जीवन का हिसाब दूँ. यह एक उपहार है. मेरी तरफ़ से तुम्हारे लिए उपहार; क्योंकि तुम मेरे लिए एक उपहार हो. होना या नहीं होना. वही एक प्रश्न है और चुनौती भी."

अल्फ्रेड ने उससे कहा, "तुम फिर से वही कर रहे हो. यह ऐसा लगता है जैसे तुम मुझे प्रस्ताव दे रहे हो !"

रिक्की ने मुस्कराते हुए कहा, "सच्चाई मेरे रोम-रोम से निकल रही है."

और इस तरह से यह चलता रहा. जैसे-जैसे सप्ताह गुज़रते गए रिक्की उन अवधारणाओं का अभ्यास करता रहा जो पुरानी आत्मा ने उसे बताई थीं. इस आध्यात्मिक अस्तित्ववादी दर्शन ने उसके जीवन के प्रति रवैये पर एक सकारात्मक प्रभाव डालना प्रारंभ कर दिया. हकलाने और शैक्षणिक समस्याओं को लेकर उसके पहले के संघर्षों के कारण जिस हिचकिचाहट भरे रवैया का विकास हुआ था, वह आंतरिक आत्मविश्वास द्वारा प्रतिस्थापित होना शुरू कर दिया. वह जितना अधिक मूल आस्थाओं को अन्तस्थ करने की कोशिश करता था और जीवन के ढाँचे को समझने की कोशिश करता था, जो वे प्रदान करते थे, वह उतना ही अच्छा कार्य करता प्रतीत होता था. ज़ाहिरा तौर पर जीवन आसान नहीं है, लेकिन मूल आस्थाओं द्वारा उसे दिये गये इन अनिवार्य उपकरणों ने उतार-चढ़ाव में से गुज़रना उसके लिए आसान कर दिया था, जिसका वह अनुभव कर रहा था. वह चकित था कि स्कूल में यह कभी क्यों नहीं पढ़ाया गया था. उसने सोचा, निश्चित तौर पर हरेक युवा विद्यार्थी इन मूल आस्थाओं से लाभ उठायेगा.

उसने खोज निकाला कि सामाजिक स्थितियों से परे रहने और क्षमाशील होने की आदत पर कैसे क़ाबू पाया जाये. वह अब जानता था कि ऐसा लगातार महसूस करते रहने के लिए उसके पास कोई कारण नहीं है, लेकिन आदत को छुड़ाना इतना आसान नहीं था, विशेषकर तब जब उसे अनिश्चय की

परिस्थितियों का सामना करना पड़ता था. इसलिए जब भी वह ऐसा महसूस करता था, उसने स्वयं को याद दिलाना शुरू कर दिया कि वह विशिष्ट है और उसका स्थान कोई नहीं ले सकता. किसी चीज़ पर ग़लत होना और सबसे अच्छा विचार के साथ न आना ठीक था, क्योंकि वार्तालाप में यह कम से कम एक विषम परिप्रेक्ष्य जोड़ता था; नहीं जानना उतना ही सही था जितना कि जानना. फिर भी अनेक चुनौतियाँ थीं, जैसे कक्षा में प्रश्न पूछना, जब उसे यह समझ में नहीं आता था कि अध्यापक क्या बोल रहा है. और छोटी-छोटी चीज़ें, जैसे अपने पार्ट-टाइम काम के दौरान फ़ोन का उत्तर देने में आत्मविश्वास लाना, यद्यपि उस प्रश्न का उत्तर न जानने हुए भी कि उसे जो पूछा जा सकता है.

फिर नियति थी. पुरानी आत्मा ने सलाह दी थी कि वह नियति को गले लगाये. इसीलिए एक दिन स्कूल में अवकाश के दौरान जब अल्फ्रेड कुछ तुच्छ दुर्भाग्य पर विलाप कर रहा था तो रिक्की ने टिप्पणी दी, "तुम जानते हो, यह तुम्हारे कहने से ही हुआ है!"

और एक अनचाहे ज्ञान के टुकड़े का अनुमान लगाते हुए अल्फ्रेड का उत्तर था, "क्या? मैंने कभी इसे होने के लिए नहीं कहा था. तुम्हारा क्या मतलब है?"

रिक्की ने उससे पूछा, "अच्छा, तुम जीवन के बारे में क्या सोचते हो?"

सोचने के लिए अल्फ्रेड ने कुछ सेकेण्ड लिया और उत्तर दिया, "सीखना, अनुभव लेना?"

रिक्की ने कहा, "बिल्कुल सही. तुम्हारा दुर्भाग्य एक सीखने का अनुभव था, क्या ऐसा नहीं है?"

अल्फ्रेड ने कहा, "हाँ, लेकिन मैंने इसके लिए नहीं कहा था. यह ज़रूर ईश्वर की इच्छा होगी."

रिक्की ने कहा, "क्या तुम सोचते हो कि ईश्वर तुम्हें परेशान करना चाहता है?"

अल्फ्रेड ने कहा, "अच्छा, नहीं. मैं सोचता हूँ कि मैं एक बहुत अच्छा लड़का हूँ."

रिक्की ने प्रतिक्रिया दी, "तो तुम क्यों सोचते हो कि वह ऐसा करेगा? तुम्हें दूसरे दृष्टिकोण से सोचना होगा. हो सकता है तुमने ही इसकी योजना बनाई

थी, इससे सीखने के लिए; यह पता लगाने के लिए कि तुम इससे कैसे निपटोगे; अपने बारे में सीखने के लिए. तुमने अभी-अभी कहा कि जीवन सीखने और अनुभव करने के लिए है."

अल्फ्रेड ने धीरे से कहा, "हाँ?"

रिक्की ने जारी रखा, "इसे इस रूप से देखो. तुम्हारी आत्मा शाश्वत है, लेकिन तुम्हारा शरीर नहीं है. तुम्हारे शरीर के जन्म से पहले तुमने इस जीवन के लिए योजनायें बनाई थीं. तुम क्या सीखना चाहते थे उसके लिए तुम्हारे विशेष लक्ष्य थे. तुमने अपने मार्ग में कुछ घटनाएँ रखीं जो तुम जानते थे कि तुम्हारे जीवनकाल में तुम्हारे मार्ग में आयेंगी. ये घटनाएँ होनी नियत है; वो तुम्हारी नियति हैं. अब तुम्हें यह पता लगाना है कि तुम अपने बारे में क्या सीखना चाहते थे."

झेंप के साथ मुस्कराते हुए अल्फ्रेड ने कहा, "ठीक है, मैं समझ रहा हूँ कि तुम क्या कह रहे हो. लेकिन मैं इसे पसंद नहीं करता. जीवन स्वच्छ नहीं है."

उसी समय अवकाश समाप्त होने की घंटी बज गई. जैसे ही अल्फ्रेड कक्षा में जाने के लिए मुड़ा, उसने टिप्पणी की, "तुम जानते हो, हम में से कोई भी इसमें से जीवित नहीं निकलेगा !"

रिक्की मुस्कराया, "क्या ! बेशक नहीं निकलेगा !"

अध्याय 6

जागने की पुकार

रिक्की अगली वसंत में होलर नहीं लौटा; इसके बजाय वह गर्म पानी की ड्रिलिंग रिग पर काम करना शुरू कर दिया. ये रिग आइसलैंड के कई क्षेत्रों में स्थित थीं जहाँ प्राकृतिक उष्मीय ऊर्जा मिल सकती थी और पाइपों के द्वारा घरों में गर्म पानी गर्म करने के लिए भेजा जाता था. सामान्यतया रिगों में आधा-दर्जन कर्मीदल होते थे जो बारह घंटे की पारी में काम करते थे, इसलिए ड्रिलिंग बिना रुके निरंतर जारी रहती थी. ड्रिलिंग रिग चलने-फिरने वाली थीं और ज़्यादातर बड़े, भारी ट्रकों के पीछे स्थापित की जाती थीं. मस्तूल-आदमी की हैसियत से रिक्की का काम था पाइपों को छेदों में डालना और बाद में बाहर निकाल कर हीरे के छेद करने वाले सिरों को बदलना, जो चट्टानों की सतह पर छेद करते-करते घिस जाते थे. जब किये गये छेद काफ़ी गहरे होते थे तो वह गर्म भाप की जलीय चट्टान पर्त तक पहुँच जाते थे, जहाँ से 200 डिग्री सेल्सियस तापमान की भाप निकाली जाती थी.

कर्मीदल के कर्मचारी तीन सप्ताह तक काम करते थे और फिर एक सप्ताह के लिए आराम करते थे. काम चुनौतीपूर्ण और ख़तरनाक था, लेकिन पैसे अच्छे मिलते थे. और अपने जीवन में पहली बार रिक्की के पास ख़र्च करने के लिए बहुत सारे पैसे इकट्ठे हुए थे, इसलिए वह अपना सप्ताहांत अपने मित्रों के साथ पार्टी करने में व्यतीत करता था. रिक्की, जिसने सत्तरह वर्ष की आयु तक शराब पीनी शुरू नहीं की थी, को लगा कि इसको पकड़ने के लिए उसके पास बहुत समय है.

उस समय से पहले रिक्की शनिवार की ज़्यादातर रातें शराब न पीने वालों के लिए उद्दिष्ट एक डांस हाल में अपने कुछ मित्रों के साथ सारी रात एकार्डियन के संगीत पर लोकनृत्य करते हुए बिताता था. वे अपने आपको तीन मस्केटियर कहते थे क्योंकि वे एक डांस के बाद दूसरे डांस में बारहसिंगा की तरह पंजे के बल चलते हुए मज़ाक करते थे और डांस के फर्श पर सारी रात उछल-कूद करते थे. वह समय अच्छा था. उस अवधि के अंत में रिक्की ने चुपके से पेंट के अंदर दोनों टांगों के बीच छुपाकर डांस हाल में शराब लाना शुरू कर दिया था, क्योंकि शरीर का वही हिस्सा था जिसकी तलाशी सुरक्षा कर्मचारी नहीं लेते थे जब मेहमान आते थे. ऐसे ही एक अवसर पर रिक्की ने घर में बनी शराब की एक मिक्की अपनी पेंट में छुपाई हुई थी, लेकिन डांस हाल में जाने के बाद वह इसके बारे में भूल गया. शराब ताज़ी बैच की थी और खमीर अभी बैठा नहीं था, इसीलिए बोतल में दबाव बढ़ गया. और हमेशा की तरह पहुँचने के बाद वह चारों ओर डोलते पोल्का और दूसरे शक्तिशाली नृत्य करते हुए बेफिक्री से डांस करना शुरू कर दिया और इस पूरे समय के दौरान शराब गर्म हो गई और उसकी दोनों टांगों के बीच वाली जगह पर इधर-उधर हिलने लगी. उसे शर्मिंदा करते हुए अचानक बोतल फट गई. सौभाग्य से इस घटना में उसका कोई भी महत्वपूर्ण अंग कटा नहीं था या क्षतिग्रस्त हुआ नहीं था, लेकिन इतना कहना काफ़ी है कि शराब न पीने वालों के डांस में यह उसकी अंतिम उपस्थिति थी.

स्कूल खुलने के बाद गर्मी के महीनों में और बाद में सर्दी आने तक बार-बार पार्टियों का होना बढ़ चुका था. रिक्की के ग्रेड नीचे गिरने लगे थे और अंततः अट्ठारह वर्ष की आयु में वह अपने सम्पूर्ण ग्रेड में अनुत्तीर्ण हो गया और वह स्कूल का वर्ष दोहराने के लिए मज़बूर हो गया. यह उसके लिए जागने की पुकार थी. उसको यह स्पष्ट हो गया कि यदि वह स्वयं को ठीक नहीं किया और अपने बाद के घंटों वाले सामाजिकता पर नियंत्रण नहीं रखा तो वह कभी भी विश्वविद्यालय नहीं पहुँच पायेगा.

उसको यह स्पष्ट हो गया था कि उसकी बार-बार देर-रात तक ख़ूब शराब पीने का सम्बन्ध उसके लैंगिक रुझान को छिपाये रखने से था. लेकिन उसे कोई विकल्प नहीं दिखाई देता था. रिक्की को महसूस होता था कि उस समय आइसलैंड में खुले तौर पर समलैंगिक होना पसंद नहीं किया जाता था.

इस समय तक रिक्की ने अपने आपको ज़्यादातर आइसलैंड के तटों में बंद महसूस करना शुरू किया था और वह जीविका के उन अवसरों की कमी के बारे

में चिंतित रहता था, जो उसे मिल सकते थे, ख़ासकर तब जब उसके लैंगिक रुझान का पता चल जाता तो. वह बहुधा आदमियों के साथ यौनक्रिया करते हुए रात गुज़ारा करता था और वह जानता था कि यह कुछ समय की ही बात है कि उसकी यौन प्राथमिकता सभी को पता चल जायेगी.

लड़कपन में पशुचिकित्सक बनने की रिक्की की दिलचस्पी की जगह कुछ समय पहले चिकित्सा अध्ययन के विचार ने ले ली थी. हालाँकि हाल ही की हरक़तों ने उसे इस लक्ष्य से दूर ले जाना शुरू किया था. उसने फैसला किया कि फिर से शुरू करना अच्छा होगा और उसके लिए सबसे अच्छा विकल्प हो सकता था आइसलैंड के बजाय विदेशों के विश्वविद्यालय में जाना. यह उसे कुछ और समय तक अपनी समलैंगिकता को छुपाये रखने का अवसर भी देगा. अपने दिमाग़ को विदेश जाने के लक्ष्य पर एकाग्र करने के बाद वह जानता था कि उसे विश्वविद्यालय में प्रवेश के लिए अच्छे ग्रेड चाहिए होंगे. इसलिए वह इस संकल्प के साथ कार्य में जुट गया और स्कूल के वर्ष को फिर से दोहराया. उसने विश्वविद्यालय में आवेदन किया, दो वर्ष के पूर्व-चिकित्सा कार्यक्रम में प्रवेश के लिए स्वीकृत हो गया और 20 वर्ष की आयु में कनाडा जाने के लिए उसने 1972 के पतझड़ में आइसलैंड छोड़ा.

मगर उसके लिए एक शर्त थी. पूर्व-चिकित्सा कार्यक्रम के बाद चिकित्सा स्कूल में प्रवेश के लिए रिक्की के नम्बर सीधे तौर पर ए होने चाहिए थे. लेकिन चीज़ें वैसी नहीं हुईं जैसी उसकी उम्मीद थी. सांस्कृतिक आघात और कमज़ोर अंग्रेज़ी निपुणता ने अपना दुष्प्रभाव डाला और उसके ग्रेड पहले सेमेस्टर में बहुत घटिया थे. वास्तव में उसकी कार्यसूची के छह कोर्सों में से मनोविज्ञान ही एक ऐसा कोर्स था जिसे उसने पास किया था. चिकित्सा में पढ़ाई करना अब उसका विकल्प नहीं रह गया था और उसे एक नई कार्यविधि की योजना पर निर्णय लेना था.

यह मुश्किल समय था. रिक्की स्तम्भित था. एक बार फिर वह फेल हो गया था – लगभग उसी नाटकीय ढंग से जैसे वह अपने सभी ग्रेडो में कुछ वर्ष पूर्व फेल हो गया था. लेकिन इस बार मुक्ति की छवि यह थी कि उसके लड़कपन का कोई भी मित्र इस बारे नहीं जानता था. जीवन एक संघर्ष था, लेकिन तब से पढ़ाई में संघर्ष करते हुए वह बड़ा हुआ था जब वह एक छोटा लड़का था. बेशक वह आचम्भित था : यह नियति क्यों? क्या उसने ऐसा होने की इच्छा की थी? उसे याद आया कि पुरानी आत्मा ने एक यह सुझाव दिया था कि वह

एक चिकित्सक की भांति काम करेगा, लेकिन रिक्की ने यह कल्पना कर ली कि यह एक मेडिकल डॉक्टर बनने के सन्दर्भ में था.

> तुम्हारा काम तुम्हारे जीवन के एक बड़े हिस्से को भरने जा रहा है और संतुष्ट होने का एक ही रास्ता है कि तुम वही करो जिसे तुम विश्वास करते हो कि वह एक महान काम है. और महान काम का एक ही रास्ता है कि जो तुम करते हो उसे प्रेम करो. अगर यह तुम्हें अभी तक नहीं मिला है तो इसे ढूँढते रहो.
>
> स्टीव जॉब्स

कुछ सप्ताहों के मानसिक आघात के बाद उसने नियति को गले लगाने का और 'कड़वा' बनने के बजाय 'बेहतर' बनने का निर्णय लिया, जैसा कि पुरानी आत्मा ने एक बार उसे सलाह दी थी. रिक्की को एक नया दीर्घकालीन लक्ष्य बनाना था. उन परिस्थितियों को देखते हुए मनोविज्ञान सबसे अधिक तर्कसंगत विकल्प लग रहा था, इसलिए उसने एक मनोवैज्ञानिक बनने का निर्णय लिया.

रिक्की ने धीरे-धीरे अपना पैर जमाया और उसके नये दृड़ संकल्प के साथ उसके ग्रेड चढ़ने शुरू हो गये. उसने मनोविज्ञान का आनंद उठाया. दीर्घकालिक लक्ष्य ने उसके काम को उद्देश्य दिया, वर्तमान में सिद्धि और पश्चदृष्टि में अर्थ भर दिया जैसे ही उसने अपने आपको एकनिष्ठ होकर लक्ष्य प्राप्ति की ओर काम में लगाया. विश्वविद्यालय ने उसके साथ सहमति व्यक्त की. उसने उत्कृष्ट प्रदर्शन किया और एक के बाद एक डिग्री पूरी की – एक स्नातक डिग्री, एक स्नातकोतर डिग्री और एक रोग-विषयक मनोविज्ञान में प्रशिक्षण.

जल्द ही रिक्की को आइसलैंड छोड़े आठ वर्ष हो गये थे. ये वर्ष व्यस्त थे और वह सप्ताहांतों में देर रात तक पुस्तकालय में किताबों पर ध्यान लगाते हुए कई घंटे व्यतीत किया, जब उसने स्वयं को एकनिष्ठता से अपना लक्ष्य पाने के लिए प्रयुक्त किया. इस दौरान रिक्की ने अपने रूमानी विचारों को अपने तक ही सीमित रखना जारी रखा और वह भेदभाव के डर से अपने छुपे हुए रूप में ही रहने लगा. एक पीएच.डी. कार्यक्रम में स्वीकृत होना आखरी रूकावट थी. उसने सोचा उसके बाद छुपे हुए रूप से बाहर आना सुरक्षित हो सकता है.

उस समय तक रिक्की कनाडा में रहते हुए ऊब गया था और एक बार फिर चाहता था कि कहीं और जाये. इस बार उसका चुनाव इंग्लैण्ड था. उसने यॉर्क विश्वविद्यालय में आवेदन किया और देखते ही देखते वह स्वीकृत हो गया. मनोवैज्ञानिक बनने का लक्ष्य नज़र में था और उसे बस यही करना था कि अपनी डिग्री को पूरा करने के लिए बिना रुके मेहनत करनी थी. अब अंत में छुपे हुए रूप से बाहर आने में वह सुरक्षित महसूस किया.

यॉर्क में उसका नया प्रोफ़ेसर, जो प्रशिक्षण के दौरान उसका प्रोफ़ेसर था और स्नातकोत्तर डिग्री का प्रोफ़ेसर था, एक दूसरे को वे आयु के तीसवें वर्ष के प्रारंभिक वर्षों से जानते थे, जब वे लन्दन में एक ही विश्वविद्यालय में मनोविज्ञान पढ़ रहे थे. लेकिन उन सब का सम्पर्क टूट गया था और उसके बाद से कोई बातचीत नहीं हुई थी. उनको इस ताल्लुक के बारे में पता नहीं था जो रिक्की के शैक्षणिक करियर के माध्यम से बना था जब तक उसने उनको बताया नहीं. जब उसे यह कड़ी समझ में आई तो रिक्की ने अपने आप में सोचा की यह अच्छी नियति का उदाहारण है. उसे जो मार्गदर्शन मिला था और जो विश्वविद्यालय के इन तीनों लम्बे समय के मित्रों से मिलने वाला था उस पर उसे अचम्भा होता था. वह अब जानता था कि ऐसी कोई चीज़ नहीं है जिसे यथार्थ में संयोग कहा जाये. इसका केवल एक ही स्पष्टीकरण हो सकता है कि उसके जीवन में उनकी उपस्थिति नियत थी. क्या उसने उनसे जन्म से पहले सम्पर्क किया था? क्या वे रणनीतिक रूप से दैवनिर्दिष्ट थे कि उसे समर्थन देने के लिए उसकी यात्रा के मार्ग में विश्वविद्यालय पर मिलें? इसके बारे में किसी समय पुरानी आत्मा से पूछने का उसने निर्णय लिया.

ऐलान और कामुकता

रिक्की ने अंत में अपने छुपे हुए रूप से बाहर आने का साहस किया. यह एक राहत थी. सात वर्ष की उम्र से वह एक दिन भी ऐसा याद नहीं कर पाया जब वह किसी पर रूमानी तौर पर प्रेमासक्त नहीं हुआ था. कुछ प्रेमासक्तियाँ कुछ महीनों तक रहती थीं और दूसरे एक या दो साल तक, लेकिन उन सब ने उसके दिल के तारों को तोड़ दिया था और उसे अंतहीन घंटों की पीड़ा दी थी. उसकी रूमानी भावनाएँ हमेशा विपरीतलिंगकामी दोस्तों पर केन्द्रित होती थीं जहाँ रिक्की को ये समझ में आना शुरू हो गया था कि उसकी ज़रूरतें कभी

पूरी नहीं होंगी. कुछ दोस्तों के द्वारा रिक्की के प्यार को दोस्ती में आत्मीयता के माध्यम से लौटाया गया था और कभी-कभी कामुक स्थितियों से, जब वे देर रात तक शहर में रहने के बाद काफ़ी हद तक मदोन्मत्त होते थे, लेकिन रूमानी रूप से कभी भी नहीं. बाद में सोचने पर उसे समझ में आया था कि यह मित्रताएँ सुरक्षित थीं, क्योंकि वास्तविक प्रेम की कभी भी कोई संभवना नहीं थी और उसे अपने यौन रुझान का कभी भी खुले रूप से सामना नहीं करना पड़ा था. वह अपने छुपे हुए रूप में सुरक्षित था.

अब अपनी आख़िरी शैक्षणिक रुकावट से निकलने के बाद वह निश्चिन्त हो गया था. उसका प्रेम में पड़ना, ख़ुद बनना और मनोवैज्ञानिक बनने के अपने सबसे अधिक पोषित लक्ष्य को ख़तरे में डाले बिना समलैंगिक बनना सुरक्षित था. ज़्यादा समय उसने नहीं गुज़रा जब स्कूल के काफ़ीहाउस में उसने केल्विन को देखा था. केल्विन उससे नौ वर्ष कनिष्ठ था, वह विश्वविद्यालय में अपने पहले वर्ष में था और एक बिल्ले की तरह आकर्षक था. उसके लहराते, गहरे भूरे बाल, उसकी यौनसम्बन्ध सूचक आँखें, उसकी चित्तग्राही रूपरेखा रिक्की को ग्रीक भगवान अपोलो की छाती की याद दिलाती थी, जो उसके घर था. (रिक्की को बाद में समझ में आया कि जो भी हो उसकी इस परख पर उसकी प्रेमासक्ति के आवरण का ज़्यादा प्रभाव था.) रिक्की को यह नहीं मालूम था कि क्या केल्विन समलैंगिक है और न ही केल्विन को रिक्की के यौन रुझान के बारे में पता था.

कुछ दिनों के बाद जब केल्विन स्कूल के काफ़ीहाउस के गलियारे में पिनबाल मशीन पर खेल रहा था तो रिक्की ने मौक़े का लाभ परिचय के लिए उठाया.

रिक्की ने हिचकिचाते हुए मुस्कराकर शुरू किया, "हाय, कैसे हो तुम?" केल्विन ने उत्तर दिया, "बहुत अच्छा."

यह ध्यान रखते हुए कि अपना हाथ अभिनंदन में न उठाये ताकि पिनबाल के खेल में केल्विन को बाधा न पहुँचे, रिक्की ने कहा, "मैं रिक्की हूँ."

केल्विन वापिस मुस्कराया, "मैं केल्विन हूँ."

कुछ तकलीफ़देह सेकंडों की चुप्पी के बाद रिक्की ने टिप्पणी की, "तुम इस खेल के अच्छे खिलाड़ी लग रहे हो."

केल्विन ने कहा, "हाँ, अभी तक मैंने इस मशीन पर उच्चतम स्कोर किया है."

यह देखते हुए कि केल्विन ने अपनी एकाग्रता खोनी और खेल में हारना शुरू कर दिया है रिक्की ने चतुराई से कहा, "जब तुम्हारा खेल समाप्त हो जाये तो हम बार में मिलते हैं. मैं तुम्हें एक बियर पिलाऊँगा."

केल्विन ने उत्तर दिया, "बढ़िया है. मैं तुम्हें कुछ ही मिनटों में मिलता हूँ."

रिक्की बार की ओर गया जो काफ़ीहाउस से थोड़ी दूरी पर गलियारे के दूसरी ओर था. उसने कुछ पिंट के लिए आदेश दिया और बैठ गया, उत्तेजित और चिंतित दोनों होते हुए. उसका दिमाग़ तेज़ी से चल रहा था. उसे जल्दी से सोचना था. वे किस बारे में बात करेंगे? कुछ मिनटों के बाद जैसे ही केल्विन ने प्रवेश किया, रिक्की ने बार की पिछली दीवार पर लटके हुए एक डार्टबोर्ड को देखा, और केल्विन की ओर मुस्कराते हुए मुड़कर कहा, "डार्ट का खेल खेलना पसंद करोगे?"

रिक्की उस खेल को खेलना नहीं जानता था और उसे जल्द ही पता चल गया कि केल्विन भी नहीं जानता है.

हिचकिचाते हुए केल्विन सहमत हो गया, "हाँ, यह बहुत बढ़िया रहेगा."

अगला एक घंटा केवल एक ही नहीं बल्कि डार्ट की दो खेल खेलते हुए बीता. केल्विन, जो इंग्लैंड के दक्षिणपश्चिम में सॉमरसेट से था, स्थानीय उच्चारण और बोली में बात करता था. वह चीज़ों को ऐसा कहता था, "ओओह अर्र", जिसका अर्थ था "ओह, हाँ." जब रिक्की किसी तरह एक डार्ट को डार्टबोर्ड के आस-पास कहीं फेंक देता था तो केल्विन कहता था, "उचित काम", जिसका अर्थ था "बढ़िया किया". कुछ पिंटों के बाद और एक अच्छी चिनवाग (अर्थात वार्तालाप) के बाद रिक्की ने सोचा कि अब केल्विन को अधिक आत्मीयता के साथ जानने का समय आ गया है और कहा, "क्या तुम शहर में आना पसंद करोगे और कल शाम को एक पिंट पीना चाहोगे?"

केल्विन ने उत्तर दिया, "ओओह अर्र, मैं उसको पसंद करूँगा."

रिक्की जारी रहा, "क्योंकि मैं शहर में रहता हूँ, तुम मेरे घर क्यों नहीं आ जाते और हम वहाँ से पैदल चलेंगे."

केल्विन ने पूछा, "यह कहाँ के लिए है?" (इसका मतलब था, "यह कहाँ है?" या "तुम कहाँ रहते हो?"

रिक्की ने जब पता दे दिया और उसे बता दिया कि वहाँ कैसे पहुँचना है, केल्विन ने फैसला किया वह अपने छात्रावास से शहर साइकिल से जायेगा और वह अपनी बाइसाइकिल रिक्की के घर छोड़ेगा जब वे कुछ पिंट लेंगे.

केल्विन अगली शाम पहुँचा और तभी वे सड़क के पार एक शराबघर में चले गये. उस समय छोटे से शहर यॉर्क में तीन सौ पैंसठ से ज़्यादा शराबघर थे – साल के प्रत्येक दिन के लिए एक – तो एक शराबघर खोजने में कोई दिक्कत नहीं थी. क्योंकि रिक्की को मालूम नहीं था कि केल्विन समलैंगिक है या नहीं, उसने उसे कुछ शराबघरों में ले गया इससे पहले कि वे अपनी शाम यॉर्कशायर आर्म्स पर ख़त्म करें, जो शहर का एकलौता समलैंगिक शराबघर था. जब वे वहाँ बैठ गये, रिक्की ने उसे दबी आवाज़ में पूछा, “क्या तुम इस शराबघर के असामियों में कोई आसाधारण चीज़ देख रहे हो?”

केल्विन, जो उनके प्रवेश करते ही तत्काल भाँप लिया था कि यह एक समलैंगिक संस्थान है, शरारती मुस्कान के साथ बोला, “ओओह अर्र. यहाँ बहुत सारे पूफ्टर हैं.” (मतलब, बेशक, बहुत सारे समलैंगिकों से था.)

तब तक न तो रिक्की ने, न ही केल्विन ने यह बताया था कि वह समलैंगिक है. वे एक दूसरे को पसंद करते थे और दोनों में से कोई भी सम्बन्ध में खटास लाना नहीं चाहता था, अगर दूसरा समलैंगिक न हुआ तो. और इसीलिए वे बातचीत और हँसी की एक दिलचस्प शाम व्यतीत करते रहे, जबकि दोनों ही ‘कमरे में हाथी होने’ की बात करने से कतराते रहे. आख़िरी बुलावा और अख़बार में लिपटे तथा भूरा सिरका छिड़के हुए मछली और चिप्स को परोसने और कस्तूरी गंध वाले मटर के अतिरिक्त आर्डर के बाद वे वापिस कमरे में चले गये. रिक्की ने केल्विन को रात को शराब पीने के लिए आमंत्रित किया. किचन की मेज़ पर कुछ पेय पीने के बाद उन्होंने अपना-अपना राज़ कबूल किया. एक चीज़ दूसरी की ओर ले गयी और केल्विन ने अपनी रात वहीं बितायी. जैसा कि पूर्वानुमान लगाया जा सकता था, आनेवाले दिनों में भावनाओं का एक तूफान उमड़ पड़ा, जब वर्षों का छिपा हुआ अस्वीकृत प्यार फिर कभी न दबने के लिए बह निकला.

रिक्की से मिलने के पहले केल्विन ने मोरक्को में अपने मित्रों के साथ एक सप्ताह की छुट्टियाँ बिताने का इंतज़ाम किया था और क्योंकि टिकट ख़रीदी जा चुकी थीं वह मुकर नहीं सका. इसीलिए रिक्की ने निर्णय लिया कि उसके लिए यह एक अच्छा अवसर होगा कि वह साइकिल से स्कॉलैंड की यात्रा पर

जाये, जिसकी योजना उसने कुछ समय पहले बनाई थी. केल्विन के जाने के बाद उसने यॉर्क से एडिनबर्ग के लिए रेलगाड़ी पकड़ी और फिर वहाँ से छोटे से शहर थुर्सो के लिए रेलगाड़ी बदली, जो स्कॉटलैंड के उत्तरी तट पर स्थित है. फिर वह बाइसाइकिल पर पाँच दिन की साइकिल सवारी के लिए निकल पड़ा जो उसे उत्तरी तट के किनारे और नीचे पश्चिमी तट से होते हुए ग्लासगो की ओर ले गया.

यह एक सुखद यात्रा होनी थी, लेकिन रिक्की के दिल में एक नयी भावना बैठ गई थी. उसे प्रेम हो गया था और प्रेम का कष्ट बहुत भारी था. दिल के दर्द की यह भावना नयी थी, एक आश्चर्यजनक बात थी और बिलकुल भी सुखद नहीं थी. केल्विन से अलग होने की पीड़ा उसको महसूस हो रही थी. उसका ध्यान बंट गया था और वह किसी और चीज़ के बारे में सोच नहीं पा रहा था. वह पहली बार समझा था कि इतने वर्षों तक प्रणय के लिए दरवाज़ा बंद करने से उस पर क्या प्रभाव पड़ा था. बाहर निकलने और बहिष्कृत होने के डर ने उससे प्रेम में पड़ने की इन बुलंद ऊँचाईयों को छीन लिया था. हालाँकि यह भावना बिलकुल नयी नहीं थी. वह पहले भी अपने कुछ मित्रों के लिए ऐसी ही भावनाओं का अनुभव किया था – लेकिन क्योंकि किसी ने भी उसे वापिस प्रेम नहीं किया था, उसने कभी अपने आपको पूरी तरह उन पर मन्त्रमुग्ध नहीं होने दिया. अब वह पूरी तरह मन्त्रमुग्ध था और इसकी तीव्रता दस गुना से भी ज़्यादा थी, दस गुना अधिक अद्भुत थी – और दस गुना अधिक पीड़ादायक थी.

जब रिक्की पहाड़ी घाटियों और सुंदर मैदानों से गुज़र रहा था तो वह अपने-आप से ज़ोर-ज़ोर से बात कर रहा था : मैं कभी नहीं समझा था कि प्रेम में पड़ने से स्वतंत्रता की ऐसी भावना आती है. इसमें से निकलने का मुझमें साहस आने से पहले कोई भी मुझे इसका वर्णन नहीं कर सकता था. मैं समझता हूँ यह एक पिंजड़े में बंद जानवर की भांति है जिसे कभी निर्बाध भागने नहीं दिया गया हो, वे इसकी कमी तब तक महसूस नहीं करते जब तक कि वे इसके आनंद का अनुभव नहीं कर लेते. यात्रा के दौरान रिक्की ने कभी-कभी अपने-आप से बात करना जारी रखा, ऐसी चीज़ें कहते हुए : मैं आशा करता हूँ कि हरेक समलैंगिक कभी इसका अनुभव लेगा. सभी समलैंगिकों को समलैंगिक-विरोधी कट्टरपंथियों द्वारा इस अनुभव से वंचित रखा गया है. मैं दोबारा कभी भी उस छिपे हुए रूप में जाने के लिए मज़बूर नहीं किया जाऊँगा. मुझे बहुत अच्छा लग रहा है. अंततः मैं स्वतंत्र हूँ. और जब साइकिल बंजर भूमि से होती हुई हल्की ढलान से उल्लापूल शहर में उसके अंतिम पड़ाव शिविरभूमि की ओर

तेज़ गति से जा रही थी तो उसने एक गाना गाया, "गाओ अगर तुम समलैंगिक होकर ख़ुश हो, गाओ अगर तुम इस तरीक़े से ख़ुश हो ... हे ... गाओ अगर तुम समलैंगिक होकर ख़ुश हो, गाओ अगर तुम इस तरीक़े से ख़ुश हो."[53]

कुछ देर बाद रिक्की ने अपनी डायरी में लिखा :

> जब मैं छोटा था तो सोचता था कि मैं सामान्य हूँ. यह कि मैं जो हूँ वह ठीक है. मेरी पसंद और नापसंद थीं, जैसे कि हरेक की होती है. मैं स्वतंत्र था. हमेशा ही कोई 'विशेष' होता था जिस पर मुझे प्रेमासक्ति होती थी. यह मेरा रहस्य था. मुझे बताने में शर्म आती थी और शर्मिंदा महसूस करता था जब किसी को पता चल जाता तो. मैं जानता था कि यह सामान्य था. मेरे मित्र भी मेरे जैसे ही थे. हम सब भयंकर शर्मीले थे जब कोई हमें हमारे 'विशेष' मित्र के बारे में चिढ़ाता था, जिसके बारे में हम सपने देखते थे, इसलिए सामान्यतया कोई भी ऐसा नहीं करता था.
>
> एक दिन मैं भौंचक्का रह गया, मुझे सही-सही पता नहीं है कब. मुझे अचानक यह लगा, मैं अलग हूँ! तब तक मैंने अपनी संस्कृति और नैतिकता के मूल्य अन्तस्थ कर लिए थे और मैं जानता था कि क्या सही है और क्या ग़लत, क्या सामान्य है और क्या असामान्य. मैं जानता था कि मैं सामान्य रूप से दूसरों की तरह ही था, लेकिन एक विशेष तरीक़े से मैं अजीब था. मुझे कभी भी विपरीत लिंग की ओर आकृष्ट होने की भावना नहीं आई थी, केवल अपने लिंग की ओर ही आकृष्ट होता था. यह ख़राब था ! मुझे क्या करना चाहिए था? यह बहुत शर्मनाक था ! अगर कभी किसी को पता चल गया तो मैं मर जाऊँगा. मेरे मित्रों और मेरे परिवार द्वारा मेरी हँसी उड़ाई जायेगी और तिरस्कार किया जायेगा. मैंने अपनी रूमानी भावनाओं को उत्पन्न होने से रोकने की कोशिश की, लेकिन जल्द ही मुझे पता चल गया कि मैं नहीं कर सकता था. पर मैं उन्हें गुप्त रख पाया था.

53 टॉम राबिनसन. टॉम राबिनसन बैंड, यू. के., 1978 द्वारा रिकार्ड किया गया.

इस दौरान हरेक के प्रेम का उत्सव मनाया जाता था, उस के बारे में बात होती थी और उसे सराहा जाता था. तुम जहाँ भी देखते थे आदमी और औरत गले मिल रहे होते थे चुम्बन कर रहे होते थे, डांस कर रहे होते थे, एक साथ बैठे होते थे, यौनक्रिया कर रहे होते थे, शादी कर रहे होते थे, बच्चे पैदा कर रहे होते थे; कभी भी दो आदमी नहीं होते थे, कभी भी दो औरतें नहीं होती थीं ! तुम्हें स्वीकृति चाहिए थी, इसलिए तुमने दिखावा किया. तुमने एक झूठ को जीना शुरू कर दिया था. तुमने विशेषकर उन सबसे झूठ बोला जिन्हें तुम सबसे अधिक चाहते थे – तुम्हारा परिवार और तुम्हारे अन्तरंग मित्र. इससे चोट पहुँचती थी. प्रेम की भावनाओं को कोई अभिव्यक्ति नहीं मिली थी और यदि मिली भी थी तो उनको प्रत्युत्तर नहीं मिला था. प्रेम कुचला हुआ था और अस्त-व्यस्त था या दूसरों पर या स्वयं पर गुस्से के रूप में अंदर से बाहर निकलता था.

कुछ लोगों के लिए जब यह चरमसीमा तक पहुँच जाता है तो समलैंगिकों को पीटने या आत्महत्या करने में परिवर्तित हो जाता है. यद्यपि ज़्यादातर ऐसा नहीं होता, इसका परिणाम बदमाशी या अवसाद में निकलता है और लगभग हमेशा आंतरिक समलैंगिक भय और रूमानी अकेलेपन में निकलता है.

समय के साथ हममें से ज़्यादातर अपनी आंतरिक प्रकृति को स्वीकार कर लेते हैं और खुले तौर पर रहने का साहस जुटा लेते हैं. हमें समझ में आ गया था कि हम अकेले नहीं थे.

मेरा पहला समलैंगिक दिवस का गर्वपूर्ण उत्सव एड्रेनैलिन के इंजेक्शन की भांति था, एक अस्तित्व की स्वीकारोक्ति, एक जनजाति से परिचय और समुदाय में सामर्थ्य और सबसे ऊपर स्वत: स्वीकारोक्ति. उस दिन मेरी आत्मा ने अपनी पंखुड़ियों को फैलाया, खिल उठा. मैंने निश्चय किया कि बिना क्षमाप्रार्थी हुए जीऊँगा. एक अदृश्य भार जिसने मेरी आत्मा को वर्षों तक दबा कर रखा था उठ गया था और अंत में एक बार फिर मैं स्वतंत्र था, जैसे यह सब शुरू होने से पहले मैं अपनी अल्पायु में हुआ करता था. मैं स्वयं को विशिष्ट और बेबदल महसूस कर रहा था.

यॉर्क लौटने के बाद रिक्की का केल्विन के साथ पुनर्मिलन हो गया था और वह पहली बार प्रेम को वापिस पाने के अनुभव का आनन्द उठा रहा था. अपने रूमानी आकर्षणों को छुपाने के कारण जो भावनात्मक सुन्नपना इतने वर्षों में आ गया था अब कम होना शुरू हो गया था, क्योंकि उन कोमल और कमज़ोर भावनाओं का एक बाँध धीरे-धीरे खुल रहा था, जो उसके यौवन आने के समय से दबा हुआ था. यह 1981 था, जब राजकुमार चार्ल्स और राजकुमारी डायना का विवाह सेंट पाल कैथेड्रल में हुआ था.

अगले कुछ महीनों में उसकी माँ, उसके पिता और उसके भाइयों तथा बहनों के समेत उसके परिवार और मित्रों को ऐलान करने का मुद्दा था. उसकी माँ, जो उसके विश्वविद्यालय जाने के थोड़े दिनों बाद ही उसके पिता से अलग हो गई थी और कनाडा चली गई थी, इस ख़बर को अच्छे तरीक़े से ली और केवल यही चिंता की थी कि वह ठगों के द्वारा परेशान किया जा सकता है या पीटा जा सकता है. उसके भाइयों और बहनों ने भी इस ख़बर को बिना अपना सन्तुलन खोये लिया. फिर भी रिक्की को चिंता थी कि उसके पिता, जिन्होंने दोबारा शादी कर ली थी और अभी भी आइसलैंड में ही रहते थे, इस ख़बर को कुछ बुरे तरीक़े से ले सकते हैं.

अगली गर्मी में रिक्की ने निर्णय लिया कि अब उसके पिता को बताने का समय आ गया है और यह कि केल्विन को उनसे परिचय करवाना चाहिए. उसको घर गये हुए और हीथर हिल पर पुरानी आत्मा से मिले बहुत वर्ष हो गये थे और वह एक और मुलाक़ात के लिए बहुत इच्छुक था. जीवन के बारे में बहुत सारे प्रश्न थे जिन्हें वह जानना चाहता था, ख़ासकर लैंगिक रूझान के मुद्दे पर और क्यों उसे पुरानी आत्मा इस सम्बन्ध में सलाह नहीं देना चाहती थी जब वे पिछली बारे मिले थे.

उस गर्मी में रिक्की और केल्विन एक्सप्रेस ट्रेन से यॉर्क से एडिनबर्ग के लिए प्रस्थान किया और वहाँ से थुर्सो शहर के लिए, जहाँ रिक्की अपनी साइकिल की यात्रा पर गया था. वहाँ से एक नौका उन्हें दो दिनों की यात्रा पर फ़ारोए द्वीपों से होते हुए आइसलैंड के पूर्वी तट पर ले गई. वहाँ से वे उत्तर की ओर मुफ्त सवारी करते हुए कुछ दिनों के बाद लक्जमोट फॉर्म पर पहुँचे. फॉर्म पर उसके आख़िरी बार जाने के बाद से बहुत सारे वर्ष गुज़र चुके थे, लेकिन हमेशा की तरह उसको बाहें खोल कर गले लगाया गया और स्वागत किया गया. दोपहर के हार्दिक भोजन के बाद रिक्की ने सिग्गी को बताया कि वह हीथर हिल पर

पुरानी आत्मा से मिलना चाहता है, क्योंकि पिछली बार मिलने के बाद दस वर्ष बीत चुके हैं. सिग्गी ने मज़ाक में उत्तर दिया, "जब तुम पिछली बार यहाँ आये थे, उसके बाद से मैंने हीथर हिल की ढलान पर कोई ज़्यादा गतिविधि नहीं देखी है, इसके अलावा कि कुछ भेड़ें कभी-कभी वहाँ चरती हैं."

रिक्की ने वापिस पूछा, "क्या भेड़ें आध्यात्मिक रूप से प्रेरित लगती हैं?" मुँह दबाकर हँसते हुए सिग्गी ने बोला. "नहीं, लेकिन वे 'मेमने की एक अच्छी टांग' ज़रूर मुहैया कराते हैं."

उस दोपहर को सिग्गी की योजना थी कि घोड़े पर काठी डाले और भेड़ों की कुछ बाड़ों का निरीक्षण करे, जिनको दुरुस्त करने की आवश्यकता थी और उसने केल्विन को अपने साथ सवारी करने के लिए प्रस्ताव दिया, जबकि रिक्की पुरानी आत्मा से मिलने हीथर हिल की ओर चल पड़ा.

इस अवसर पर रिक्की ने पर्वत पर चल कर जाने का निर्णय लिया, क्योंकि कुछ समय पहले उसका घोड़ा ट्रस्ट अधिक आयु होने के कारण गिर गया था. वह बड़ी चट्टान की सतह पर गया और पहले की तरह गोलाकार चक्कर में घूमा – तीन बार घड़ी की सुईयों की उल्टी दिशा में और तीन बार घड़ी की सुईयों की दिशा में – और फिर हीथर हिल की ओर मुँह करके खड़ा हो गया, इस बार पुरानी आत्मा के बारे में एक अच्छी बात सोचते हुए, जिसका वह इन वर्षों के दौरान प्रशंसक हो गया था. पहाड़ी में जाने के लिए दरवाज़ा खुला और पुरानी आत्मा ने उसे अपने अध्ययनकक्ष में आमंत्रित किया, जैसा कि उसने पिछले अवसरों पर किया था.

अभिवादन के आदान-प्रदान और रिक्की की यात्राओं के बारे में सुनने के बाद, पुरानी आत्मा जानता था कि रिक्की को कोई चीज़ परेशान कर रही है और उसने कहा, "पिछली बार जब हम मिले थे तो मैं तुम्हें यह सलाह नहीं दे सका था कि तुम्हें अपने लैंगिक रुझान से कैसे निपटना चाहिए."

रिक्की ने उत्तर दिया, "धन्यवाद, लेकिन मैंने एक तरीक़े से उसे तुम्हारी सहायता के बिना ही हल कर लिया है. यह मेरे जीवन का बहुत ही महत्वपूर्ण मुद्दा रहा है."

रिक्की अपनी आवाज़ के लहजे से हैरान था जब उसने बिना सोचे समझे ये शब्द कहे थे, लेकिन पुरानी आत्मा ठीक तरह से जानता था कि वह इतने वर्षों

में कई अवसरों पर इस मुद्दे को लेकर कितना परेशान था और कितनी चोटें खाई थीं.

"हाँ मुझे मालूम है. तुमने अपने आप में बहुत अच्छा किया है."

"मैं तुम्हारी सहायता ले सकता था."

"हाँ, लेकिन तुमने ख़ासतौर पर कहा था कि तुम्हें सहायता नहीं चाहिए थी."

"तुम क्या कह रहे हो?"

"तुमने विशेष रूप से यह कहा था कि मैं तुम्हारी सहायता न करूँ और बोला था कि तुम इस मुद्दे पर अपना रास्ता ख़ुद ढूँढ लोगे और मैं तुम्हें तुम्हारी यात्रा सुगम करने के लिए कोई टीका-टिप्पणी न दूँ."

"क्या मैंने ऐसा कहा था?"

"हाँ, हमने इस बारे में तुम्हारे जन्म से पहले चर्चा की थी और इसलिए मैंने तुम्हें कोई विशेष सलाह नहीं दी थी. खेद है, लेकिन मेरे हाथ बंधे हुए थे."

आश्चर्यचकित होकर रिक्की बोला, "हम एक-दूसरे को मेरे जन्म से पहले जानते थे?"

"हाँ, बेशक. याद करो जब हम पिछली बार मिले थे तो मैंने क्या कहा था? तुमने अपने जीवन के सभी मुख्य पहलुओं को जन्म से पहले ही स्थापित कर लिया था, उन लोगों से मिलने के साथ जो तुम पर मुख्य प्रभाव डालेंगे. यद्यपि मैं पूरी तरह से आदमी नहीं हूँ, लेकिन मैं उनमें से एक हूँ और उसी तरह, उदाहरण के लिए, तुम्हारा मित्र केल्विन है."

"ओह, मैं समझ गया."

"पिछली बार जब हम मिले थे तो मैं तुम्हें तुम्हारे लैंगिक रुझान के बारे में नहीं बता पाया था, लेकिन अब मैं बता सकता हूँ. जो तुम जानते हो उससे भी ज़्यादा एक अच्छा सौदा है. जैसा कि मैंने अभी कहा है, कुछ नियत घटनाएँ हैं जो तुमने अपने जन्म से पहले अपने मार्ग में स्थापित की थीं. इनमें से एक ऐसी स्थिति पैदा करना था जो तुम्हें आइसलैंड को छोड़ने और विदेश में विश्वविद्यालय में पढ़ाई करने के लिए प्रेरित करे. जिस दौर से तुम गुज़र रहे थे

उसके बारे में अगर मैं पिछली बार जब हम मिले थे तब तुम्हें अच्छा महसूस करा दिया होता तो यह तुम्हारी दिशा को बदल देता और तुमने आइसलैंड को नहीं छोड़ा होता. और यह भी तुम जानते हो कि अब सत्तर के उत्तरार्ध और पिछले कुछ वर्षों में एक बीमारी ने समलैंगिक समुदाय को बरबाद कर दिया है, जिसे एड्स कहा जाता है. लेकिन क्योंकि तुम छिपे हुए थे, तुमने समलैंगिक समुदाय में यौन मिलन के लिए बाहर निकलने का जोखिम नहीं उठाया और तुमने स्वयं को इस संक्रमण से बचा लिया, जिसने पहले से इतने लोगों को मारा है. अगर मैं तुम्हारा समलैंगिक व्यक्ति के रूप में समर्थन करता और तुम्हारे लैंगिक रुझान को स्वीकारोक्ति दे देता तो तुम बाहर निकल आते और तुम एचआईवी वायरस से ग्रसित हो जाते इससे पहले कि यह पता चलता कि यह कैसे संक्रमित हुआ. और अभी तुम एच आई वी वायरस से संक्रमित होते."

"ओह ... मैं समझ गया. मैं सोचता हूँ यहाँ तुम्हारी बात तर्कसंगत है."

"अब तुम यह अच्छी तरह से समझ सकते हो कि जीवनकाल जैसा है उसका ढाँचा वैसे क्यों बनाया जाता है. बहुत सारे कारक अपनी-अपनी भूमिका अदा करते हैं, जिसमें बहुत सारे लोगों के जीवन शामिल होते हैं जिनके साथ तुम सम्पर्क में आते हो और जिनके जीवन पर तुम्हारी विशिष्ट उपस्थिति से प्रभाव पड़ता है. अगर तुम आइसलैंड नहीं छोड़ते और अगर तुम अभी वायरस से संक्रमित होते तो उनमें से किसी भी व्यक्ति के जीवन को तुम्हारी उपस्थिति से प्रभावित होने का अवसर नहीं मिला होता जिनसे तुम पिछले दस वर्षों में मिले हो. बेशक तुम यहाँ आइसलैंड में दूसरों से मिलते, लेकिन तुम्हारा जीवनकाल संक्षिप्त हो जाता और उतना संतोषप्रद और आध्यात्मिक रूप से प्रेरित न होता जितना यह अब हो गया है. इसीलिए तुमने इस जीवन की योजना बनाते हुए यह प्रार्थना की थी कि मैं तुम्हारे लैंगिक रुझान के संघर्ष के मामलों में, जो तुम कर रहे थे, तुम्हें कोई सुविधा प्रदान न करूँ."

"धन्यवाद. मैं सोचता हूँ कि तुमने मेरा जीवन बचाया है या मैंने स्वयं ही इसे बचाया है, मेरे जन्म लेने से पहले ! मुझे अब समझ में आया कि इस तरह की चीज़ें बाद में कैसे समझ में आती हैं."

"हाँ, तुम्हारे सीमित दृष्टिकोण से. लेकिन समय के आयाम से बाहर होने के कारण मेरे सुविधाजनक स्थान से मैं यह देख सकता हूँ कि तुम्हारे निर्णयों के आधार पर तुम्हारा भविष्य कैसे होने जा रहा है. और प्रमुख निर्णयों के परिणामों को मेरे लिए देख पाना बहुत आसान है, जैसे कि आइसलैंड को

छोड़ना और अपने गुप्त रूप से अब तक बाहर न आना. लेकिन मैं तुम्हें उसके बारे में और बाद में और बताऊँगा."

रिक्की ने मुर्ख महसूस किया. "मुझे अपने क्रोध और क्रोध भरे विस्फोट पर खेद है."

"कोई परेशानी की बात नहीं है. मुझे इसके बारे में भली-भांति पता था कि यहाँ आने से पहले आज तुम कैसा महसूस कर रहे थे. मैं तुम्हें थोड़ा-बहुत लिंग चयन और लैंगिक रुझान के बारे में बताऊँगा, जिन विषयों पर हमने दस वर्ष पहले चर्चा नहीं की थी."

"ठीक है."

"तुमने एक बार टिप्पणी की थी कि जब मैं तुम्हें दिखाई देता हूँ तो मैं उभयलिंगी लगता हूँ. तुम सही हो. मैं एक ऊपरी-आत्मा हूँ और सभी ऊपरी आत्माएँ उभयलिंगी होती हैं. तुम यह नहीं कह सकते कि मैं पुरुष अधिक लगता हूँ या स्त्री अधिक लगता हूँ; न ही तुम यह बता सकते हो कि मेरी पहचान पुरुष या स्त्री की तरह है. इसका कारण यह है कि आध्यात्मिक आयाम में लिंग निरूपणों की कोई आवश्यकता नहीं है. पर धरती पर प्रजनन आवश्यक है और पुरुष शरीर और स्त्री शरीर प्रजातीय फैलाव की आवश्यकता को पूरा करने के लिए विकसित हुये हैं. आत्मा की हैसियत से तुम्हारे लिए पुरुष बनाम स्त्री के रूप में अवतरण बेशक एक भिन्न अनुभव है. और लिंगों में मौजूद दिलचस्प सामाजिक गतिशीलता के कारण अतिरिक्त अनुभव भी होते हैं, जो इस पर निर्भर करता है कि तुमने अपनी पहचान के रूप में क्या होना चुना है.

"इसलिए गर्भावस्था में सबसे पहली चीज़ जो तुम करते हो वह शरीर के लिंग को परिभाषित करना होता है. तुम यह भी चुनते हो कि तुम्हारी पहचान पुरुष के रूप में होगी या स्त्री के रूप में. बहुत सारी आत्माएँ अपनी पहचान को शरीर के लिंग के साथ मिला लेती हैं – एक पुरुष की पहचान एक पुरुष शरीर में या एक स्त्री की पहचान एक स्त्री शरीर में. लेकिन सभी आत्माएँ इस ठोस मिलान को नहीं चुनती और कई भिन्नताएँ होती हैं. स्पेक्ट्रम के विपरीत सिरे पर एक पुरुष शरीर में एक स्त्री की पहचान होती है और एक स्त्री शरीर में एक पुरुष की पहचान होती है. इस तरह की व्यवस्था, जो किसी व्यक्ति को विपरीतलिंगी बनाती है, अवतरण के दौरान अनुभव के विशिष्ट अवसर प्रदान करती है. गर्भावस्था के दौरान भौतिक शरीर के लिंग निर्धारण के साथ हेरा-

फेरी करना भी सम्भव है. उदाहरण के लिए आत्मा की स्त्री बनने की इच्छा हो सकती है और पुरुष शरीर के रूप को दोनों ही 'स्त्री-पुरुष लिंग' के बनाते हुए शरीर के सामान्य एक्स वाई जोड़े में एक अतिरिक्त एक्स गुणसूत्र जोड़कर बदल सकती है. तो तुम देखते हो, अनेक उलट-पलट संभव हैं."

"मैं समझ गया. मुझे कभी एहसास नहीं हुआ था ..."

"अपना लिंग और अपनी पहचान चुनने के बाद तुम अपना रूमानी रुझान चुनते हो – विपरीत लैंगिक होना या समलैंगिक होना. तुम्हारा लिंग, तुम्हारी पहचान और तुम्हारा रूमानी रूझान, उन सबसे अधिक मौलिक प्रकार के अनुभवों का आधार बनते हैं जिनका तुम अपने जीवनकाल में अनुमान लगा सकते हो.

"इस जीवनकाल में तुमने एक पुरुष शरीर चुना, एक पुरुष की पहचान चुनी और रूमानी रूप से एक ही लिंग की ओर आकर्षित होना चुना."

"हाँ."

"तुम इसे 'लैंगिक' रुझान के बजाय 'रूमानी' रुझान क्यों कहते हो?"

"मैंने यह जानबूझ कर कहा है. 'रूमानी' रूझान के बजाय 'लैंगिक' रुझान की बात करना सामान्यतया ग़लत नाम का प्रयोग करना है जो मुद्दे को धुंधला देता है. जब तुम 'लैंगिक' शब्द का प्रयोग करते हो तो यह एक निर्विवाद सन्दर्भ है कि यौनक्रिया ही रुझान का प्रमुख निर्धारक है – लेकिन ऐसा नहीं है. यह रूमानी कल्पना है और विपरीत लिंग के प्रति – या उसी लिंग के लिए – एक प्रेममय आकर्षण है, जो एक व्यक्ति के रूझान को तय करता है, न कि यौनक्रिया के कृत्य को. यह वो है जो तुम सोचते हो, वह नहीं जो तुम करते हो, जो तुम्हें समलैंगिक या विपरीतलिंगकामी बनाता है."

"ठीक है. मैं समझ गया."

तुम अपना लिंग, अपनी पुरुषोचित/स्त्रियोचित पहचान
और अपने लैंगिक रुझान को निर्धारित करते हो.

“बेशक कई स्थितियों में यौनक्रिया होती है, लेकिन यह उन व्यक्तियों के लिए बहुत संतोषप्रद है जो इसमें तब लिप्त होते हैं जब यह प्रेम की अभिव्यक्ति के साधन की तरह प्रयोग होता है. लेकिन, जैसा कि तुम जानते हो, अक्सर ऐसा नहीं होता. लोग यौनक्रिया कई कारणों से करते हैं, जिसमें सामाजिक दायित्व भी होते हैं, बच्चों की एक इच्छा, अपने-आप को शारीरिक दृष्टि से ख़ुश करना, अपने साथी या जीवनसाथी को ख़ुश करने के लिए या समलैंगिकों के मामले में जो छुपे हुए रूप में हैं, बाहर निकाले जाने या बहिष्कृत होने के डर से. जब तक वास्तविक प्रेम का बंधन न हो, उन परिस्थितियों में दोनों साथियों के लिए संतोष हमेशा सीमित ही होगा.

“अब हम चुनाव की ओर वापिस चलते हैं. ज़्यादातर आत्माएँ अपने लैंगिक रुझान को ऐसा एक मुद्दा नहीं बनाती हैं जिसके साथ उन्हें अपने जीवन में संघर्ष करना पड़े और वे अपने भौतिक शरीरों को अपनी पुरुष या स्त्री की पहचान के साथ मिला लेती हैं और विपरीतलिंगी हो जाती हैं. कुछ ऐसी भी होती हैं जो द्विलिंगी होना चुनती हैं, जो उन्हें पुरुषों और स्त्रियों के बीच एक रूमानी इच्छा की वस्तु के रूप में मंडराने देती है.

“तुमने समलैंगिक होना चुना है, जो तुम्हें आज धरती पर मौजूद बहुत सारे समुदायों में प्रचलित सामाजिक मानदंडो के विरुद्ध खड़ा करता है. कुछ देशों में तुम जेल जा सकते हो या तुम्हें मौत की सज़ा मिल सकती है.”

अचरज में रिक्की ज़ोर से बोला, “मैंने ऐसा मुश्किल मार्ग क्यों चुना?”

“इसका सम्बन्ध तुम्हारी आत्मा की विशेष भावनाओं का अनुभव लेने की इच्छा से है, जैसा कि हमने पहले बात की थी. अपने जन्म से पहले जीवनकाल को नियोजित करना एक गंभीर काम है और तुमने जो निर्णय लिया है उन पर विचार करने के लिए तुमने बहुत समय लिया था.

“तुम्हें मेरी विशेष सलाह के अनुसार अब यह महत्वपूर्ण है कि तुम अपने लैंगिक रूझान को गले लगाओ. तुमने समलैंगिक होना चुना था. यह तुमने दो कारणों से किया : इनमें से एक कारण का सम्बन्ध तुम्हारे हाल ही के पिछले जीवनकाल से है जो दूसरे विश्वयुद्ध में समाप्त हो गया था, पोलैंड में एक ज्यू के रूप में, जिसके बारे में मैंने तुम्हें पिछली बार बताया था जब हम मिले थे. उस जीवनकाल के दौरान तुम शादी-शुदा थे और तुम्हारे दो बच्चों थे, जिसमें से सारे एक बमबारी आक्रमण में मारे गये थे. तुम आक्रमण में बच गये थे और

बाद में मारे गये थे, लेकिन कभी भी तुम अपने परिवार को खोने के दुःख पर क़ाबू नहीं पा सके. इसी समय तुमने निर्णय लिया कि बच्चे लेने का विचार उन्हें खोने की बहुत सारी पुरानी यादों को ताज़ा कर देगा और इसके अतिरिक्त तुम दूसरे मुद्दों पर ध्यान केन्द्रित करना चाहते थे. तुम्हारे समलैंगिक होने का चुनाव तुम्हें एक प्रभावपूर्ण ढंग से बच्चों के होने और उन्हें खोने की उन अन्तरंग यादों से दूर ले गया."

"हाँ, मेरे लिए यह बहुत अर्थपूर्ण है."

"तुमने समलैंगिक होना इसलिए भी चुना कि तुम मनोचिकित्सा के काम को गहराई से समझ पाओ, जो तुम आगे चल कर एड्स की महामारी के शिकारों के लिए करने वाले हो. एड्स जल्द ही हज़ारों समलैंगिकों को मार देगा और यह आने वाले कुछ दशकों के लिए सारे संसार में लाखों लोगों को मारता रहेगा."

"ओह ... यह एक भयंकर समाचार है."

"यह एक ऐसी घटना है जो सामाजिक स्तर पर होनी नियत है. अपनी नियति तुम स्वयं निर्धारित करते हो, जैसा कि मैंने तुम्हें पहले कहा था. लेकिन संसार में इससे भी ज़्यादा कुछ हो रहा है. तुम्हारे दीर्घकालीन लक्ष्यों पर भी विकास की प्रक्रियाओं के भीतर काम होना चाहिए, जो सामाजिक स्तर पर होती हैं. अगर कोई संघर्ष है तो तुम लक्ष्य को नहीं पा सकोगे या यह बदल जायेगा ताकि नियत घटनाओं के संपूर्ण विकसित सामंजस्य के अंदर यह समा सके, क्योंकि उसके अंदर सारे समाज और सारी आत्माएँ आध्यात्मिक रूप से विकसित होती हैं. जबकि एड्स विध्वंसकारक है संस्कृतियों में अनेक तरीक़ों से विकास का अवसर बनायेगा, केवल नैतिकता और दया के रूप में ही नहीं, अपितु विज्ञान के अनुसार भी."

पुरानी आत्मा के लिए रिक्की का रोष अब तक कम हो चुका था. अपने लैंगिक रुझान के लिए उसे जो समर्थन मिला उसे सुनकर उसको एक स्थिरता और शान्ति की भावना महसूस हुई. उसे यह भी समझ में आ गया कि इस मुद्दे पर उसे पुरानी आत्मा के प्रति रोष की भावना नहीं आयी होती अगर पुरानी आत्मा की शिक्षाओं पर पहले ही वह चलता और अपनी नियति को गले लगाता – यह स्वीकार करते हुए कि उसको अपनी कामुकता पर वह जानकारी नहीं मिली जो वह चाहता था और इस पर विश्वास करते हुए कि वह इन अनुभवों से कुछ सीखना चाहता था. बाद में सोचकर वह अब आभारी महसूस कर रहा था,

क्योंकि इस घटना को अर्थ दे दिया गया था. छुपे हुए रहने के लिए वह कृतज्ञ था और अपने में वह सोचा आज तक सभी मुश्किलों के बावजूद मैं कुछ भी नहीं बदलूँगा. मैं जो हूँ, जो मैं बन गया हूँ उसे पसंद करता हूँ.

पुरानी आत्मा ने उसके विचारों को पढ़ते हुए कहा, "हाँ, तुमने अभी तक ठीक किया है. नियति को गले लगाना अब याद रखो, अनुसरण के लिए यह आसान मार्ग है."

"मैं अब इसे समझ गया. धन्यवाद. लेकिन इससे पहले कि मैं भूल जाऊँ, मैं तुमसे अपने पर्यवेक्षक प्रोफ़ेसरों के बारे में पूछना चाहता हूँ. क्या मैं उन तीनों को अपने जन्म से पहले जानता था?"

"हाँ, तुम जानते थे. वे तुम्हारे अन्तरंग मित्रों के दायरे में नहीं आते, लेकिन वे तुम्हारी सहायता के लिए सहमत हुए थे, अगर तुम उनके दरवाज़े पर दस्तक दोगे तो."

अध्याय 7

मस्तिष्क की भावुक स्थितियाँ और तुम्हारी वास्तविकता पर उनका प्रभाव

पुरानी आत्मा ने जारी रखा, "अब जब हमने लिंग के चुनाव और कामुकता के विषय के बारे में पता लगा लिया है तो मैं भावुकता के विषय को उठाना चाहूँगा जिसका ज़िक्र मैंने संक्षिप्त में किया था जब हम पिछली बार मिले थे."

पुरानी आत्मा खड़ा हो गया और अपनी किताबों के एक अलमारी तक गया. उसने एक किताब निकाली, मस्तिष्क की भावुक स्थितियाँ और कहा, "जब हम पिछली बार मिले थे तो मैंने ज़िक्र किया था कि भावनाएँ कैसी हमारी वास्तविकता की रचना में भूमिका अदा करती हैं. मैं तुम्हें अब और विस्तार से बताना चाहूँगा कि तुम्हारे व्यक्तिगत दृष्टिकोण से यह कैसे काम करता है – कैसे तुम्हारा अपनी भावनाओं का व्याख्या तुम्हारे अनुभवों की रचना करता है. प्रेम के साथ तुम्हारे अपने संघर्षों को, साथ ही कई दूसरी भावुक स्थितियों को समझने में इस किताब की सामग्री तुम्हें सहायता करेगी."

रिक्की ने सिर हिलाया और कहा, "हाँ, वह सहायक होगा."

प्रत्येक पैसेज पर चर्चा के लिए समय लेते हुए पुरानी आत्मा ने किताब में से पैसेज पढ़ने शुरू किये, यह सुनिश्चित करने के लिए कि रिक्की सामग्री को अच्छी तरह समझ ले.

"जो कुछ मैंने पहले कहा है उसमें से कुछ को दोहराते हुए मैं शुरू करूँगा, जबकि जैसे-जैसे मैं आगे बढ़ूँगा कुछ अतिरिक्त महत्वपूर्ण विवरणों को जोड़ूँगा.

आत्मा की प्रमुख भावना प्रेम है और प्रेम सभी भावनाओं का मौलिक तत्व है.

"जैसा कि मैंने पहले कहा है सारी ऊपरी आत्माएँ और आत्माएँ बहुत ही बुद्धिमान विचारों के रूप हैं. उनकी प्रमुख भावना प्रेम है. प्रेम के साथ निर्मल अनुभव के जुड़े होने के अतिरिक्त भावनाओं का अनुभव लेने के अवसर आध्यात्मिक आयाम में सीमित हैं और यह मुख्यतः इसी कारण से है कि ऊपरी आत्माएँ अपनी आत्माओं को धरती पर अवतरण के लिए प्रकट करना चाहती हैं. अवतरण के दौरान भौतिक शरीरों के माध्यम से आत्माओं को भावनाओं के नकारात्मक पहलुओं को अनुभव करने का मौक़ा मिलता है, जो आध्यात्मिक आयाम में जीवन का सामान्य हिस्सा नहीं है.

"प्रेम, जो आत्मा की प्रकृति की मूल अभिव्यक्ति है, सभी तरह की भावनाओं के लिए मौलिक है. पशुओं के प्रति तथा जीवन के दूसरे रूपों के प्रति प्रेम सहित आनन्द और दूसरों के लिए प्रेम दोनों के माध्यम से इसका अनुभव धरती पर विकृत रूप में होता है. प्रेम का अनुभव 'भावनात्मक पीड़ा' में भी होता है. इन पीड़ादायक भावनाओं की तीव्रता और गहराई अक्सर पूरी तरह से पता नहीं चल पाती जब तक एक वस्तु जिसे कोई प्रेम करता है वह समाप्त नहीं हो जाती, उदहारण के लिए जैसे मृत्यु के कारण या किसी सम्बन्ध टूटने से इसका वापिस खींच लिया जाना.

"जैसा कि मैंने पहले बताया है तुम्हारे अवतरण के दौरान तुम स्वयं को परिस्थितियों में धकेलते हो जो भावना पैदा करती हैं और फिर जब तुम जीवन में धीरे-धीरे आगे बढ़ते हो तो सभी परिस्थितियों का सामना होने के फलस्वरूप संभावित शिक्षाओं को तुम आत्मसात कर लेते हो. भावनात्मक उथल-पुथल के समय तुम्हें इन सामनाओं का अर्थ स्पष्ट नहीं होता, लेकिन बाद में अवलोकन करने से पता चलता है, दूसरे शब्दों में उस विशेष भावनात्मक अनुभव से बाद में तुमने सीख लिया है, जो कुछ तुम

सीखना चाहते थे. कुछ मामलों में घटना होने के तुरंत पश्चात उसका अर्थ तुम्हें प्रत्यक्ष हो जाता है, जबकि दूसरे समय में तुम्हें यह वर्षों तक पता नहीं चलेगा – तुम्हारे मृत्यु शैय्या तक या तुम्हारी भौतिक मृत्यु के बाद भी जब तुम आध्यात्मिक आयाम में लौट आते हो."

"अर्थ के लिए या जिन मुश्किल समयों से तुम गुज़रे हो उनका अर्थपूर्ण समझ के लिए इंतज़ार करना एक लम्बा समय प्रतीत होता है."

"हाँ, लेकिन तुम्हें हैरानी होगी कि एक जीवनकाल कितनी जल्दी बीत जाता है. अब सोचो, उदहारण के लिए, पिछली बार जब हम मिले थे तो तुम्हें तुम्हारे लैंगिक रूझान के बारे में मैंने जो समर्थन नहीं दिया था उस घटना को तुमने अभी-अभी क्या अर्थ दे दिया : इस घटना को बीते हुए दस वर्ष हो चुके हैं. फिर भी सामान्यतया वह अंतर्दृष्टि जिससे घटना को अर्थ दे दिया जाता है वह ज़्यादा समय नहीं लेती, लेकिन कुछ घटनाओं में इसे बहुत देर लगती है."

पुरानी आत्मा कहता गया, "अब हम प्रेम, डर, चिंता, क्रोध और अवसाद की भावनात्मक स्थितियों पर संक्षिप्त में जायेंगे. मैं जानता हूँ तुम्हारे पास उन उदाहरणों के बारे में पहले ही कुछ अन्तरंग अनुभव हैं जिनके बारे में तुम्हें मैं बताऊँगा, लेकिन यह तुम्हारे लिए उन्हें यहाँ दोहराने में अच्छी तरह काम करेगा, सम्पूर्णता के लिए."

"ठीक है."

"प्रेम इन भावनाओं में से सबसे ज़्यादा बुनियादी है, इसीलिए पहले इसे देखते हैं."

प्रेम

"जैसा कि मैंने अभी-अभी बताया मनुष्य होने का मौलिक पहलू प्रेम की अभिव्यक्ति है. फिर भी लोग अक्सर दूसरों के साथ अपने सम्बन्ध में मुश्किल में पड़ जाते हैं जब प्रेम के सम्बन्ध में वे यह आशा कर लेते हैं कि उन्हें उनसे कैसा प्रेम मिलना चाहिए. यह निश्चय ही कुछ ऐसा है जिसका अनुभव पहले ही तुम्हें कई अवसरों पर हुआ होगा जब तुम अतीत में पुरुषों को बहकाने की कोशिश करते थे. यहाँ प्रेम के कुछ बुनियादी पहलू हैं जिसको तुम्हें समझना चाहिए.

"तुम्हारे लिए यह जानना महत्वपूर्ण है कि प्रेम 'एकतरफ़ा' होता है. सभी गहन उद्देश्यों के लिए जो प्रेम तुम्हारा दूसरे व्यक्ति के लिए है वह केवल तुम्हारी ओर से उसकी ओर बहकर जाता है जिसके लिए यह अभिप्रेत है. वह व्यक्ति तुम्हारे प्रेम की पहचान कर सकता है और इसकी सुगंध में स्नान कर सकता है. मगर तुम्हारा प्रेम दूसरे व्यक्ति से प्रतिबिंबित होकर तुम्हारे पास नहीं आता. फिर भी दूसरा व्यक्ति तुम्हारे लिए वैसा ही महसूस कर सकता है और अपना प्रेम तुम्हारी ओर निर्देशित कर सकता है, तुम्हें भी उसी तरह की भावना में स्नान कराने के लिए, लेकिन यह तुम्हारा 'प्रेम' नहीं है जो प्रतिबिंबित होता है. इसीलिए याद रखो यदि कोई तुम्हें वापिस प्यार नहीं करता जब तुम उसे प्यार करते हो तो परेशान मत होओ. यह एक ग़लत अनुमान है कि प्रेम वापिस प्रतिबिंबित होगा, जब कि प्रेम एकतरफ़ा है."

"ओह, मुझे लगता है वह कुछ बातों का स्पष्टीकरण करता है."

पुरानी आत्मा ने जानबूझ कर मुस्कराया और जारी रखा, "यह भी महत्वपूर्ण है कि तुम यह समझ लो कि प्रेम 'बिना शर्त' के होता है. अर्थात तुम किसी से प्रेम करने की या उस पर दया करने की एवज में किसी चीज़ की वापसी की आशा मत रखो. प्रेम और दया ऐसे उपहार हैं जिन्हें मुक्त भाव से दिया जाता है. यह उम्मीद करना कि इन कार्यों या भावनाओं के बदले में कुछ मिलना चाहिए यह एक त्रुटिपूर्ण अनुमान है, जब कि प्रेम और दया बिना शर्त के होते हैं. इसीलिए इस नियम को दोहराते हुए : तुम्हें यह जानने की आवश्यकता है कि जो प्रेम या दया का कर्म तुम किसी को प्रस्तुत करते हो वह मुक्त भाव से नहीं किया गया है यदि तुम बदले में उस व्यक्ति से कुछ पाने की आशा करते हो. यह विकृत आशा बहुत सामान्य है और बहुधा लेने वाले के लिए भ्रम पैदा करता है और देने वाले के लिए निराशा. यदि तुम अपने प्रेम या दया के कर्म के बदले कुछ आशा करते हो, चाहे यह माँगी गई हो या नहीं माँगी गई हो, तो अपनी आशा को अपने मुँह से व्यक्त करो, उदाहरण के लिए, 'मैं इसके बदले में तुमसे कुछ आशा करूँगा' या 'अब तुम पर मेरा एक एहसान है !' इस उदाहरण में तुम किसी पर कृपा कर रहे हो और यद्यपि उनके लिए यह तुम्हारे प्रेम या दया भावना से प्रेरित हो सकता है, तुम्हारी कृपा इन सब भावनाओं से अलग है और यह सशर्त है; यह प्रेम या दया का सीधा कर्म नहीं है, यह एक कृपा है. और इस तरह के उदाहरण में यह उम्मीद मत रखो कि प्राप्तकर्ता तुम्हारे दिमाग़ की बात समझने में क़ामयाब होगा और वह बिना माँगे तुम्हारी कृपा के बदले में कुछ देगा, जो उसके लिए तुमने की होगी. हो सकता है यह उसके दिमाग़ में आयेगा ही नहीं और उसके

लिए तुम्हें उससे शिकायत करने का कोई अधिकार नहीं है. इस उदाहरण में वह सिद्धांत 'माँगो और तुम्हें मिलेगा' बड़े उपयुक्त रूप से लागू होता है."

> उस बुराई को भूल जाओ जो तुम्हारे साथ किसी ने की है और उस अच्छाई को भूल जाओ जो तुमने दूसरों के साथ की है.
>
> सत्य साई बाबा

रिक्की इसे अच्छी तरह समझ गया और पुरानी आत्मा से अपने मित्र ब्जोर्न के बारे में ज़िक्र किया, यह टिप्पणी करते हुए, "ब्जोर्न का अपनी माँ के साथ एक बहुत ही ख़राब सम्बन्ध है. वह अक्सर मिलने आता है और लम्बे समय तक अड्डा मारता है. मैं समझता हूँ उसकी माँ का उसके लिए प्यार स्पष्ट रूप से उस प्रेम का एक अच्छा उदाहरण है जो बिना शर्त का नहीं है. उसके हर स्नेहमय इशारे के साथ शर्तें जुड़ी होती हैं, जो वह उसके लिए करती है, उनमें से सब अनचाहे और अवांछित हैं. वह चिल्लाती है और ऐसी चीज़ें कहती है, 'आख़िरकार मैंने तुम्हारे लिए किया है, क्या बदले में मुझे यही सब कुछ मिलना है', 'बेइज्जती', 'तुम हरामी'. ब्जोर्न उसकी माँ के एक आदमी के साथ रात भर के सम्बन्ध की उपज था, जो बाद में उससे कोई सम्बन्ध नहीं रखना चाहता था, लेकिन वह उसके साथ कुछ वर्षों तक एक अपमानजनक सम्बन्ध में रहती रही,"

"हाँ, यह अच्छा उदाहरण है. मगर मैं अपशब्द पर बाद में टिप्पणी करूँगा. प्रेम के कुछ बुनियादी पहलुओं पर मैं जारी रखूँगा.

"प्रेम को ज़बरदस्ती माँगा नहीं जा सकता. तुम किसी से यह माँग नहीं कर सकते कि वह तुम्हें प्यार करे और स्वयं को भी तुम उसको प्रेम करने के लिए मज़बूर नहीं कर सकते जिसको तुम प्रेम नहीं करते, फर्क नहीं पड़ता चाहे तुम कितनी भी ज़ोर से कोशिश कर लो. तुम्हारा प्रेम दूसरों के लिए और तुम्हारे लिए उनका प्रेम, या तो 'है' या 'नहीं है'. उसे बदलने के लिए तुम ज़्यादा कुछ नहीं कर सकते.

"प्रेम की एक और सामान्य विकृत अभिव्यक्ति जो सम्बन्धों में होती है वह ईर्ष्या है. जिसको तुम प्रेम करते हो उसके प्रेममय स्नेह को किसी और को खो देने का डर है ईर्ष्या. यह भावनात्मक पीड़ा को चरमसीमा तक ले जा सकता है.

यह बहुत अधिक पीड़ा की भावना है और इसकी विशेषता एक प्रेमी को उसकी रूमानी आसक्ति को दूसरी तरफ़ मोड़ने और किसी और पर केन्द्रित करने से रोकना की एक लालची इच्छा में है. ईर्ष्यालु व्यक्ति उसके स्नेह फिर से पाने के लिए जो उससे दूर चला गया है, अपने जीवनसाथी पर हावी होने की कोशिश कर सकता है या उस पर अपना स्वामित्व दिखा सकता है. फिर भी इस मोड़ पर किसी सम्बन्ध में डर बैठ जाता है और प्रेम अपनी स्वाभाविक अभिव्यक्ति को नहीं पाता; सम्बन्ध प्रेमरहित हो जाता है. हमेशा उन विकृत भावनाओं से बचो जहाँ प्रेम ईर्ष्या और हावीपन में फँस जाता है. ये कपटपूर्ण होते हैं और बहुधा तब विकसित होते हैं जब रूमानी सम्बन्ध बिगड़ जाते हैं."

"मैं समझता हूँ मुझे इन वर्षों में इस ईर्ष्या की भावना के कुछ आभास हुए हैं."

"हाँ, मैं जानता हूँ.

"तुम्हें यह भी समझना चाहिए कि प्रेम व्यक्तिपरक अनुभव है और इसका होना व्यक्तिगत अनुभव के इतिहास से उत्पन्न होता है जो बेशक हरेक मनुष्य के लिए अलग है. अगर तुम्हें तुमसे प्यार करने वाले के शरीर में घुसने का मौक़ा मिलता और संसार को वैसे अनुभव करने का जैसे उसकी आँखों से देखा जा रहा है तो तुम अपने विस्मय से भी ज़्यादा पा सकते हो कि तुम्हारे लिए उसका प्रेम उसके लिए तुम्हारे प्रेम से बिल्कुल अलग मान्यताओं पर आधारित है. उदाहरण के लिए तुम्हारा प्रेम आंशिक रूप से साथी की तुम्हारी आवश्यकता का प्रतिबिंबन हो सकता है, जबकि तुम्हारे लिए उसका प्रेम उसकी सुरक्षा की आवश्यकता को प्रतिबिंबित कर सकता है. फिर भी साधारणतया रूमानी सम्बन्धों में प्रेम श्रेष्ठ होता है और ऐसी प्रेरणा पर आधारित होता है जिसके बारे में दोनों लोगों को ज्ञान नहीं होता."

"हाँ, मुझे सही तरीक़े से यह ढूँढ़ पाने में मुश्किल है कि केल्विन में ऐसा क्या है जिससे मैं प्रेम करता हूँ."

"प्रेम एक जटिल मामला है.

"पसंद किये जाने की आवश्यकता और 10 प्रतिशत का नियम लागू होता है," पुरानी आत्मा ने जारी रखा. "प्रेम से अन्तरंग सम्बन्ध होने का मतलब है दूसरों के द्वारा पसंद किया जाना और अन्तरंग मित्र होना. युवा लोगों को विशेषतया यह स्वीकार करना मुश्किल होता है जब वे पाते हैं कि उन्हें हर कोई पसंद नहीं करता."

"मैं हरेक के द्वारा पसंद किया जाना चाहता हूँ, सच, ज़्यादातर लोगों के द्वारा चाहे जैसे भी हो."

प्रेम: एकदिशात्मक, बिना शर्त का है, इसे माँगा नहीं जा सकता और यह व्यक्तिपरक है.

"हरेक के द्वारा पसंद किया जाना संभव नहीं है और मैं बताऊँगा क्यों. मैं तुम्हें इस तथ्य की याद दिलाता हूँ कि तुम विशिष्ट हो. इस समय ग्रह पर कई अरब लोग हैं और उनमें से एक भी तुम्हारे जैसा नहीं है. लोगों में इतना अधिक अंतर होता है कि यह आशा करना तर्कहीन है कि उनमें से ज़्यादातर लोग तुम्हें पसंद करेंगे या उस बात के लिए तुम उन्हें पसंद करोगे. मैं तुम्हें यह कहूँगा कि यदि तुम्हारे एक या दो 'सबसे अच्छे मित्र' हैं तो तुम मित्रता में अमीर हो.

"तुम्हारे पसंद किये जाने संबंधित दिमाग़ में रखने के लिए एक अच्छा अनुभवसिद्ध नियम है जिसे मैं 10 प्रतिशत नियम कहता हूँ. मेरा सुझाव यह है कि यदि तुमसे मिलने वाले दस लोगों में से एक से अधिक व्यक्ति के साथ अच्छा संबंध रखना चाहते हो या तुम यह आशा करते हो कि तुमसे मिलने बाले हरेक व्यक्ति में से 10 प्रतिशत से अधिक लोग तुम्हें दोस्त बनाना चाहेंगे तो तुम धोखे में हो."

"ठीक है. जब मैं इसके बारे में सोचता हूँ तो मुझे समझ में आता है कि जो तुम कह रहे हो वह शायद सही है. वास्तव में मुझे शक है कि मैं जिन लोगों से मिलता हूँ उनमें से 10 प्रतिशत से अधिक लोगों के साथ 'चल' भी पाऊँगा. लेकिन मैं यह भी सोचता हूँ कि हर कोई मुझे पसंद करे."

10 प्रतिशत नियम को याद रखो और बिना क्षमाशील हुए जो हो वही रहो.

"अच्छा, वह यथार्थ में होता भी नहीं. औसतन 10 प्रतिशत तुम्हें पसंद करेंगे, 80 प्रतिशत इसकी परवाह नहीं करते कि तुम कौन हो और 10 प्रतिशत तुम्हें पसंद नहीं करेंगे – तुम्हारे मुँह खोलने से पहले ही."

रिक्की ने आह भरा. "हाँ, मैं समझता हूँ तुम सही हो. मैं भी दूसरों के लिए ऐसा ही महसूस करता हूँ, जिनसे मिलता हूँ, यदि मैं इसके बारे इमानदार होऊँ तो."

"मुझे शक है कि अगर तुम अपने दोस्तों और पहचान वालों से इसके बारे में पूछोगे तो तुम्हें पता चलेगा कि उनमें से कई इसी भ्रम में रहते हैं. लोगों के लिए यह मानना असामान्य नहीं है कि 30 प्रतिशत या 50 प्रतिशत लोग भी जिनसे वे मिलते हैं उन्हें अच्छी तरह से पसंद करेंगे ताकि उनसे दोस्ती कर सकें.

"इस तरह के भ्रम में रहने से सामान्यतया ज़्यादातर लोगों को समस्या नहीं होती, लेकिन कुछ लोगों के लिए होती है. दुर्भाग्य से कुछ लोगों के लिए पसंद किये जाने की चाहत एक सनक बन जाती है और बहुत सारे समय और ऊर्जा इस न मिलने वाले लक्ष्य को पाने के लिए बर्बाद कर दिये जाते हैं. यह अनुसरण निरपवाद रूप से अपने-आपको हराने वाला है और यह कई रूप ले लेता है. उदाहरण के लिए एक व्यक्ति इस लक्ष्य को पाने की कोशिश में किसी का अध्ययन कर सकता है, जिसे वह आकर्षित करना चाहता है या ऐसा करने की कोशिश करता है कि वह व्यक्ति यह सोचे कि वह उस प्रकार का व्यक्ति है जिसे वह पसंद करेगा. ऐसा करने में बेशक वे पसंद किये जाने के लिए या प्रेम किये जाने के लिए अपनी निराशा में अपनी आवश्यकताओं की कुर्बानी दे देते हैं. जो समस्या होती है वह यह है कि यह निराशामय अनुसरण कुछ लोगों के लिए होने का एक तरीक़ा बन जाता है. चरम स्थिति में वे यह भूल जाते हैं कि वे कौन हैं. वे यह भूल जाते हैं कि वे विशिष्ट हैं. वे केवल अपने साथी की आवश्यकताओं, चाहतों और इच्छाओं के बारे में सोचते हैं और वे स्वयं के साथ अपना सम्बन्ध भूल जाते हैं. ये लोग निरपवाद रूप से कम आत्म-महत्व से ग्रसित होते हैं और धीरे-धीरे जब वे भूल जाते हैं कि वे कौन हैं, वे उत्तरोत्तर अपनी प्रेम की चाहत की आवश्यकता को इस डर से त्यागना मुश्किल पाते हैं कि कोई उन्हें पसंद नहीं करेगा या प्रेम नहीं करेगा. वे एक नकाब ओढ़ कर रहते हैं और ऐसा करने से अपने अस्तित्व के बुनियादी आधार का उल्लंघन करते हैं – जो बिना क्षमाशील हुए ख़ुद बने रहना है. यह खेल ज़्यादातर अचेतन अवस्था में कई घुमाव और मोड़ लेता है और दुःख में समाप्त होता है जब भागीदार व्यक्ति एक-दूसरे को अधिक अंतरंगता से जानते हैं और उन्हें पता चलता है कि वे एक-दूसरे के लिए उपयुक्त नहीं हैं."

"मैं इस तरह के कुछ लोगों को जानता हूँ. यह लगभग ऐसा लगता है जैसे वे अवचेतन में हैं."

"हाँ, तुम सही हो. तुम्हें याद है जब हम पिछली बार मिले थे तो हमने थोड़ी-बहुत अवचेतन अवस्थाओं के बारे में बात की थी. भावना जितनी तीक्ष्ण होगी, अवचेतन अवस्था उतनी ही गहरी होगी. या इस उदाहरण में पसंद आने की या प्रेम पाने की मायूसी जितनी तीव्र होती है, कोई व्यक्ति उतना ही बैचेन महसूस करता है, यह चिंता करते हुए कि उसे कोई प्यार नहीं करता. एक व्यक्ति के लिए इस आदत से बाहर निकलना बहुत मुश्किल है और कई बार यह एक सनक बन जाती है.

मनुष्य की प्रकृति का सबसे गहरा नियम प्रशंसा की लालसा है.

विलियम जेम्स

"सिक्के के दूसरी तरफ़, इस तरह के सामाजिक वार्तालाप के संबंध में, जब एक व्यक्ति अपने साथ इमानदार होता है और बिना क्षमाशील हुए अपनी बात को अभिव्यक्त करता है तो उसके मित्र उसे प्रामाणिक रूप से जान जाते हैं. वह अपने लिए और दोस्तों के लिए प्रामाणिक होता है. इसके बदले में वे उसी तरह प्रतिक्रिया देते हैं और उनसे जो प्रतिपुष्टि उसे मिलती है वह उसे याद दिलाती है कि वह ख़ुद को किस रूप में जानता है. दूसरे लोगों की यह प्रतिपुष्टि या प्रतिध्वनि उसकी पहचान को; वह कौन है के बारे में उसकी समझ को या स्वयं के बारे में उसकी समझ को सुदृढ़ बनाती है. बाहरी संसार से प्रतिबिम्बित यह पुष्टि मनोवैज्ञानिक ठहराव के लिए अत्यंत महत्वपूर्ण है. जब कोई व्यक्ति मुखौटा पहनता है और कोई अलग होने का दिखावा करता है तो वह जो प्रतिध्वनि प्राप्त करता है वह उसकी आंतरिक पहचान से मेल नहीं खाती और वह स्वाभाविक रूप से यह निष्कर्ष निकालता है कि उसके मित्र उसे नहीं जानते, वास्तव में जो वे नहीं जानते. बाहरी संसार से स्वयं की पुष्टि का न होना एक व्यक्ति को उत्तरोत्तर अलग-थलग महसूस कराता है. वह अकेला महसूस करना शुरू कर देता है जब दोस्तों से घिरा होता है तब भी. और यदि यह व्यवहार लम्बा चलता है तो उसे घबराहट के दौरे पड़ने शुरू हो सकते हैं. इसी कारण तुम्हें अपने अस्तित्व का पहला नियम ज़रूर मानना चाहिए, जैसा कि मैंने पहले कहा था, बिना क्षमाशील हुए तुम स्वयं बने रहो.

"अब 'प्रेम' के बारे में और 'पसंद किये जाने की' अपनी इच्छा के बारे ये कुछ टिप्पणियाँ अपने दिमाग़ में रखने की कोशिश करो, जब तुम ऐसी स्थितियों का

सामना करते हो जो ऐसी भावनाएँ पैदा करती हैं और तुम अपने सम्बन्ध में दूसरों से बहुत ज़्यादा कलह को टाल पाओगे."

"ठीक है, मैं रखूँगा."

पुरानी आत्मा ने जारी रखा, "जैसा कि मैंने पहले कहा था, प्रेम का आनंदमय अनुभव केवल वही भावना है जो तुम सामान्यतया आध्यात्मिक आयाम में अनुभव करते हो. प्रेम का नकारात्मक पहलू जो सम्बन्धों में होता है, उस तरह का जिसकी हमने ऊपर चर्चा की है, जिसमें तुम्हें भावनात्मक पीड़ा का अनुभव होता है वह केवल भौतिक संसार में पाया जाता है. और जैसे तुम अच्छी तरह से जानते हो भावनात्मक पीड़ा अनेक भावनात्मक स्थितियों के साथ भी जुड़ी हुई होती है. उदाहरण के लिए इनमें डर, चिंता, क्रोध, अवसाद, दोष, घृणा और शक्ति शामिल हैं. इसे थोड़ी अच्छी तरह से समझना तुम्हारे लिए सहायक होगा कि जब तुम्हें इन भावनाओं का अनुभव होता है तो तुम उनका अर्थ कैसे निकालते हो, क्योंकि इन्हीं के माध्यम से तुम्हारी वास्तविकता का अनुभव रचित होता है. हम इन पर बारी-बारी से नज़र डालेंगे."

भय और उत्सुकता

"भय और उत्सुकता प्राथमिक भावनाएँ हैं. वे अलग-अलग स्रोतों से उत्पन्न होती हैं: डर एक ऐसी भावना है जो तब उत्पन्न होती है जब किसी व्यक्ति को ख़तरे की आशंका हो और यह भौतिक शरीर में जन्मजात 'बुनियादी चेतना' से उत्पन्न होती है. यह एक स्वत: प्रवृत्त बचने की क्रियाविधि है और शरीर को किसी शारीरिक हानि तथा अनुगामी शारीरिक पीड़ा के अनुभव से बचाने का काम करती है. दूसरी ओर उत्सुकता जीवन के 'अस्तित्ववादी' पहलुओं से जुड़ी हुई है और यह आत्मा की चेतना से उत्पन्न होती है."

"क्या मतलब है तुम्हारा?"

"क्या तुम्हें याद है जब हम पिछली बार मिले थे तो उस समय मैंने यह बताया था कि तुम कैसे दो प्रकार की चेतना का मिश्रण हो – भौतिक शरीर की 'बुनियादी चेतना' और आत्मा की जटिल चेतना?"

"हाँ, मुझे याद है."

"बढ़िया. डर बुनियादी चेतना से उत्पन्न होता है. यह प्राथमिक है. मनुष्य समेत सभी प्राणी डर का अनुभव करते हैं जब उन्हें ख़तरा महसूस होता है और जब वह प्राणी विषम परिस्थितियों में फँस जाता है और भाग नहीं सकता तो वह एक 'भाग जाने वाली' प्रतिक्रिया या एक 'लड़ने वाली' प्रतिक्रिया प्रकट करता है. दूसरी ओर उत्सुकता आत्मा की चेतना से प्रकट होती है और उसका सम्बन्ध भौतिक संसार में जीवित रहने की घबराहट से है. बुनियादी तौर पर दो तरह की उत्सुकता होती हैं – सामान्य, जो प्रत्येक दिन की उत्सुकता है और अस्तित्ववादी उत्सुकता."

"ठीक है, मैं समझता हूँ."

"पहले मैं तुम्हें सामान्य प्रतिदिन की उत्सुकता के बारे में बताऊँगा. इस प्रकार की उत्सुकता का सम्बन्ध सामान्यतया उन स्थितियों से है जिनकी कल्पना की जाती है और अस्थाई हैं या वह स्थितियाँ जिनका अनुमान लगाया जाता है. इस तरह की उत्सुकता हमेशा ऊर्जा को नाश करती है. इससे कुछ प्राप्त नहीं होता और यह सामान्यतया तुम्हारे मित्रों को खिजाता है जब उन्हें तुम इसके बारे में बताते हो, विशेषतया तब जब तुम उनकी सलाह के बावजूद इसे सुलझाने की कोई कोशिश नहीं करते."

"इस तरह के किसी को मैं जानता हूँ. उसके पूर्व-पुरुषमित्र ने उसके मन में घर कर लिया है और वह उसके बारे में शिकायत करती रहती है, लेकिन वह कभी भी मेरी सलाह नहीं मानती कि वह उस स्थिति में अच्छा महसूस करने के लिए क्या करना चाहिए."

"इस तरह की स्थितियों में मेरी सामान्य सलाह होगी – अगर तुम एक समस्या को सुलझा सकते हो तो कार्यवाही करो और इसे सुलझाने के लिए आवश्यक विकल्प पैदा करो. अगर तुम इसे नहीं सुलझा सकते तो इसके बारे में मत सोचो. इसे जाने दो."

"वह एक अच्छी सलाह हो सकती है, लेकिन करने से कहना आसान है. उत्सुकता को महसूस होने से रोकना इतना आसान नहीं है, उदाहरण के लिए किसी रूमानी सम्बन्ध के बारे में जो बहुत बड़े संकट में है."

"हाँ, मैं जानता हूँ. ऐसी चिकित्सा की तकनीकें हैं जो एक व्यक्ति को इस तरह की स्थितियों पर नियन्त्रण पाने के लिए सहायता करेंगी."

"क्या तुम्हारी कोई सिफ़ारिश है?"

"तुमने 'विचार रोकने' की तकनीक के बारे में पढ़ा है जिसका मैं वर्णन करने जा रहा हूँ, लेकिन फिर भी मैं इसे तुम्हारे लिए दोहरा रहा हूँ, क्योंकि यह बहुत ही प्रभावशाली है यदि ढंग से लागू की जाये तो. किसी व्यक्ति के उत्सुक विचार को और परिणाम स्वरूप एक उत्सुकता की भावना को छोड़ने में सहायता करने पर यह ध्यान देती है – क्योंकि भावना से पहले विचार आता है. पहली चीज़ जो लोगों को ज़रूर समझनी चाहिए वह यह है कि वे उसके नियन्त्रण में हैं जिसे वे स्वयं को सोचने देते हैं. तुम – कोई और नहीं – यह फैसला करते हो कि किन विचारों को तुम्हें अपने दिमाग़ में आने देना है. यह विचार रोकने की तकनीक तुम्हें अपने दिमाग़ से अनचाहे विचार को हमेशा के लिए बाहर निकालने में सहायता करेगी.

एक विचार-रोकने की तकनीक उत्सुकतापूर्ण सनकी विचारों को कम करने में सहायता करती है.

"पहले उस सनकी विचार को स्पष्ट रूप से पहचानो, जिससे तुम छुटकारा पाने की कोशिश कर रहे हो. इसे परिभाषित करो और लिख लो. यह विशिष्ट होना चाहिए. उदाहरण के लिए यह एक विशिष्ट पूर्व-प्रेमी हो सकता है जिसे तुम दिमाग़ से बाहर नहीं निकाल सकते, एक विशिष्ट घटना या एक विशिष्ट प्रसंग जो तुम्हें परेशान करता रहता है और तुम इसके बारे में सोचना बंद नहीं कर पाते हो.

"फिर अपने मस्तिष्क में एक कार्यकारी निर्णय लो कि तुम इस अनचाहे विचार को निकालने के लिए तैयार हो. अपने उदाहरण में हम पूर्व-प्रेमी को लेते हैं. इस दृष्टांत में तुम्हें पूर्णतया विश्वास होना चाहिए कि तुम उसे मन में घर करने से रोकने के लिए तैयार हो. एक बार तुम्हें पूरी तरह विश्वास हो जाये कि तुमने यह निर्णय ले लिया है तो तीसरे उपाय की ओर चलो.

"अब हर बार जब वह अनचाहा विचार तुम्हारे मन में उभरता है तो तुम अपने-आप से कहो 'रुको', उस अनचाहे विचार को बाहर धकेलने की कोशिश में. इस काम में अपनी सहायता के लिए तुम्हें किसी ध्यान बंटाने वाले कार्य पर ध्यान केन्द्रित करना होगा, कुछ ऐसा जो तुम्हारे मस्तिष्क को व्यस्त रखे ताकि

तुम उसी समय में उस अनचाहे विचार के बारे में न सोच सको जिससे छुटकारा पाने के लिए तुम अभ्यास कर रहे हो. तो एक उदाहरण के तौर पर जब तुम्हारे पूर्व-प्रेमी का विचार तुम्हारे दिमाग़ में उभरता है तो कहो 'रुको' और फिर निम्नलिखित किसी एक ध्यान बंटाने वाले कार्य में व्यस्त हो जाओ : जितनी जल्दी तुम कर सको उतनी जल्दी सौ से पीछे की ओर तीन-तीन छोड़कर गिनो; अक्षरों को पीछे की दिशा या एक अक्षर को छोड़कर पीछे की दिशा में पढ़ो; या नम्बरों का वर्गमूल निकालो. कोई भी दिमाग़ी कार्य चलेगा, जब तक यह तुम्हें इतना व्यस्त न रखे कि तुम उसी समय में अनचाहे विचार को अपने मन में ला सको.

"ध्यान बंटाने वाले कार्य को अपने दिमाग़ में करते रहो जब तक तुम्हें यह न लगे कि अनचाहा विचार लुप्त हो गया है.

"जब तुम पहली बार इसकी कोशिश करोगे तो यह कुछ मिनट लेगा, लेकिन मुझ पर भरोसा रखो यह काम करेगा; अनचाहा विचार अंततः ग़ायब हो जायेगा.

"एक बार जब तुम्हें यह महसूस हो कि अनचाहा विचार तुम्हारे दिमाग़ से बाहर धकेल दिया गया है तो अपने दिमाग़ को किसी ऐसी गतिविधि पर केन्द्रित करो जो तुम्हारे लिए करनी आवश्यक है और जो तुम्हारे दिमाग़ को व्यस्त रखती है. उदाहरण के लिए तुम्हारे मामले में तुम्हें बैठ जाना चाहिए और अपना स्कूल का कार्य करना चाहिए."

"ऐसा लगता है यह काम करेगा."

"हाँ, यह करेगा. इससे पहले कि मैं समाप्त करूँ सावधानी के कुछ शब्द बताता हूँ. इस विचार-रोकने वाली तकनीक को शुरू करने के बाद पहले कुछ दिनों के दौरान शुरुआत में तुम्हें बहुत सतर्क रहना होगा, क्योंकि अनचाहा विचार लौट आयेगा और यह अचानक तुम्हारे अनजाने में दिमाग़ में होगा. जब ऐसा होता है तो तुम्हें तत्काल स्वयं से कहना है, 'रुको' और फिर अपने ध्यान बंटाने वाले कार्य पर लग जाओ जब तक अनचाहा विचार दोबारा दिमाग़ से ग़ायब नहीं हो जाता. जब तुम पहली बार इस तकनीक का प्रयोग करना शुरू करोगे तो भ्रम में मत रहना, क्योंकि तुम इसे करोगे तो पहले कुछ बार में तुम्हारे अनचाहे विचार के ग़ायब होने में कई मिनट लगेंगे, लेकिन अगर तुम अनुशासित हो और इस तकनीक की सफलता केवल तुम्हारे स्वयं के लिए

अनुशासित होने पर ही निर्भर करती है तो तुम जल्द ही जान जाओगे कि तुम अब अनचाहे विचार से ग्रसित नहीं हो.

"एक अंतिम सिफ़ारिश : कुछ दृष्टान्तों में अपने मस्तिष्क के शुद्धिकरण से पहले तुम अनचाहे विचार को जाने देने के लिए पूरी तरह से तैयार नहीं हो सकते. अगर ऐसा मामला है तो मैं सुझाव दूँगा कि तुम अपनी डायरी में एक बार सूचीबद्ध करलो, सप्ताह में एक बार से अधिक नहीं और एक समय पर दस मिनट से अधिक नहीं जब तुम स्वयं को इस अनचाहे विचार के बारे में सोचने दोगे, दूसरे शब्दों में, हमारे उदाहरण में तुम्हारा पूर्व-प्रेमी. इससे पहले कि तुम यह करो, घड़ी में दस मिनट बाद बजने के लिए एक अलार्म सेट कर लो. फिर पेन और पेपर ले कर बैठ जाओ और अपने पूर्व-प्रेमी के बारे में सारे विचार और चिंताएँ लिख लो. जब अलार्म बंद हो जाये तो स्वयं से कहो, 'रुको' और ध्यान बंटाने वाला कार्य प्रारंभ करो जब तक तुम अनचाहे विचार को ख़त्म न कर दो. अलार्म बंद होते समय अगर तुम सभी अनचाहे विचारों को सोचना ख़त्म नहीं कर पाते तो अगले हफ़्ते वही अनुसूची बनाओ. याद रखो कि तुम अनचाहे विचारों को स्वयं पर नियन्त्रण करने देने के विरुद्ध जो तुम सोचते हो उस पर नियन्त्रण रखने के लिए अपने-आपको प्रशिक्षित कर रहे हो. यह अंतिम सिफ़ारिश तुम्हें अपने पूर्व-प्रेमी के बारे में किसी भी बचे हुए मुद्दे से निपटने देगी, जो तुम्हारे मन में हो सकता है, लेकिन तुम्हारी अपनी शर्तों पर और तुम्हारे अपने नियंत्रण में."

"यह अच्छा है. अगली बार जब मेरी मित्र अपने पूर्व पुरुषमित्र के बारे में बात करेगी तो मैं उसको इसकी सिफ़ारिश करूँगा. ऐसा लगता है यह किसी भी व्यक्ति के लिए ठीक तरह से सहायक होगा जो उसमें दिलचस्पी न लेने वाले किसी व्यक्ति पर सनक की हद तक आसक्त है या किसी के लिए जो किसी भी चीज़ के लिए सनकी है."

"हाँ, यह एक अच्छी सामान्य तकनीक है."

पुरानी आत्मा ने जारी रखा, "अब जब हमने सामान्य रोज़ाना की उत्सुकता की जाँच कर ली है तो मैं तुम्हें थोड़ा-बहुत 'अस्तित्ववादी' उत्सुकता के बारे में बताऊँगा. प्रतिदिन की आम उत्सुकता जैसे अस्तित्ववादी उत्सुकता का भी सम्बन्ध घबराहट से है जिसका अनुभव आत्मा अपने अवतरण के दौरान करती है. लेकिन यह जीवन के उद्देश्य और अर्थ के साथ ज़्यादा निकटता से जुड़ी हुई है. अस्तित्ववादी उत्सुकता कई तरह की परिस्थितियों में उत्पन्न हो सकती है.

उदाहरण के लिए यह उन लोगों के लिए असामान्य नहीं है जो अपने पेशे में ख़ुश नहीं हैं. जब उन्हें संतोष नहीं मिलता और वे जीवन में अपने उद्देश्य के लिए चिंतित होते हैं तो वे खिन्न महसूस करते हैं और अक्सर घबराहट के दौरे और विशिष्ट रूप से उत्सुक और उदास महसूस करते हैं, विशेषतया रविवार को जब सोमवार को उन्हें काम पर जाने से डर लगने लगता है. एक और उदाहरण तुम्हारे जैसे विद्यार्थी का होगा जो स्कूल में अनुत्तीर्ण हो गया था. अचानक भविष्य अनिश्चित हो जाता है और अस्तित्ववादी उत्सुकता पैठ जाती है."

"हाँ, मुझे इसी तरह की भावना का अनुभव हुआ था जब मुझे अपना रिपोर्ट कार्ड मिला था जिसमें यह लिखा था कि मैं उच्च स्कूल में पूरे वर्ष के लिए अनुत्तीर्ण हो गया हूँ और यह कि मुझे इसे दोबारा करना पड़ेगा. मुझे घबराहट का दौरा पड़ गया था. मैं अपनी उत्सुकता को नियंत्रित नहीं कर पाया था और उस क्षण मुझे शर्मिंदगी महसूस हुई थी. और मुझे विश्वविद्यालय में पहले सेमेस्टर के बाद भी ऐसा ही अनुभव हुआ था जब मैं मनोविज्ञान के अतिरिक्त प्रत्येक कोर्स में फेल हो गया था."

"हाँ. तुमने उस समय अस्तित्ववादी उत्सुकता के संक्षिप्त प्रकरण अनुभव किया था. यह एक बहुत ही असहज भावना है और यह सामान्यतया किसी व्यक्ति को ऐसे विकल्प चुनने के लिए प्रेरित करती है जो जीवन में कुछ महत्वपूर्ण बदलाव की ओर ले जाते हैं. एक उदाहरण के तौर पर तुम्हारे मामले में तुमने एकदम से ही अपनी एक अलग दिशा बनानी शुरू कर दी जो तुम्हें वर्तमान पेशे की ओर लेकर आया है. अच्छी बात यह है कि इस तरह की परिस्थितियों में जैसे ही एक सकारात्मक कार्यवाही की जाती है अस्तित्ववादी उत्सुकता के लक्षण कम होने लगते हैं. दोनों ही अवसरों पर जब यह तुम्हारे साथ हुआ था तुमने शीघ्रता से एक नये दीर्घकालीन लक्ष्य पर निर्णय ले लिया और अपने नये गंतव्य की ओर जाने के लिए कार्य शुरू कर दिया. इन लक्ष्यों ने तुम्हें अपने जलयात्रा स्थापित करने दिया और तुम्हारी नाँव को एक उद्देश्य के साथ अपने लक्ष्य की ओर ले गये, जो तुम्हारी नज़र में था. इस तरह से वास्तव में तुमने स्वयं को ऐसी परिस्थिति के बाहर आगे की तरफ़ धकेला, जिसमें तुम्हें अस्तित्ववादी डर का अनुभव हुआ था."

"हाँ, अब मैं समझ सकता हूँ."

"पर जो कुछ तुमने अनुभव किया है उससे भी अधिक अस्तित्ववादी उत्सुकता का एक और गम्भीर रूप है. जैसा कि तुम जानते हो तुम्हारी ऊपरी-

आत्मा तुम्हारे अवतरण के दौरान आध्यात्मिक आयाम में बने रहती है, जबकि तुम्हारी आत्मा, तुम्हारी आंतरिक पहचान और तुम्हारा बाहरी अहम तुम्हारे शरीर के भीतर और उसके आसपास रहते हैं. फिर भी कभी-कभी जब किसी व्यक्ति को चरम उत्सुकता का अनुभव होता है या गंभीर रूप से आघात होता है तो बाहरी अहम और आन्तरिक पहचान ठीक तरह से काम करना बंद कर देते हैं; वो टूट जाते हैं और आत्मा के साथ सम्पर्क करने में बाधा पहुँचाते हैं. कुछ मामलों में यह बाधा बहुत लम्बे समय तक चलती है. इन स्थितियों में एक व्यक्ति को आघात के बाद वाला तनाव विकार का अनुभव होता है, जो अस्तित्ववादी उत्सुकता का एक गंभीर रूप है जिसके साथ गहरी भावनात्मक पीड़ा जुड़ी हुई होती है. इस दशा को सामान्यतया मनोचिकित्सीय हस्तक्षेप की आवश्यकता होती है."

अस्तित्ववादी उत्सुकता को कम करने में सहायता के लिए दीर्घकालीन लक्ष्य नियत करो.

"मुझे नहीं लगता कि मैंने इस तरह की अस्तित्ववादी उत्सुकता का अनुभव किया है."

"नहीं, सौभाग्य से तुमने नहीं किया – इस जीवनकाल में तो नहीं.

"अब हम दूसरी तरह की भावनाओं का पता लगाना जारी रखते हैं. जैसा कि मैंने पहले कहा था प्रेम, जो आत्मा की बुनियादी अभिव्यक्ति है, सभी भावनाओं का मौलिक तत्व है. डर और उत्सुकता प्राथमिक भावनाएँ हैं, लेकिन अक्सर वह गौण भावनाएँ भी पैदा करती हैं. क्रोध, उदासी, और अपराधबोध गौण भावनाओं के उदाहरण हैं. अब हम क्रोध से शुरू करते हैं."

क्रोध

"क्रोध एक गौण भावना है जो डर और उत्सुकता से पैदा होता है. यह अक्सर तब उत्पन्न होता है जब किसी व्यक्ति को ख़तरा महसूस होता है और उसे किसी चीज़ से डर लगता है. "सबसे सामान्य रुकावट जो क्रोध पैदा

करता है उसका सम्बन्ध स्थान/समय के आयाम से होता है. तुम्हें याद होगा जब हम पिछली बार मिले थे तो हमने इसके बारे में थोड़ी-बहुत बातें की थी?"

"हाँ. तुमने इस बारे में बात की थी कि आत्माओं के लिए स्थान/समय आयाम के अनुकूल बनना कितना निराशाजनक है जब वे भौतिक शरीर का प्रयोग करके एक जगह से दूसरी जगह जाना चाहती हैं या सम्पर्क करना चाहती हैं."

"हाँ, और वे अक्सर क्रोधित हो जाती हैं. सामान्य दृष्टांत जो क्रोध दिलाते हैं, उदाहरण के लिए, वह हैं यातायात में फँस जाना, किसी के लिए प्रतीक्षा करना जब उसे समय देने के बाद देर हो जाये या किसी महत्वपूर्ण चीज़ को पूरा करने के लिए समय न होना. इस तरह के उदाहरण, जहाँ स्थान और समय किसी लक्ष्य को पाने के लिए महत्वपूर्ण भूमिका अदा करते हैं, बहुधा निराशा और गुस्से के कारण होते हैं."

"हाँ, मैं समझता हूँ. जो तुमने कुछ वर्षों पहले कहा था मैंने उसका अभ्यास करने की कोशिश की थी, लेकिन मैं अभी भी इस तरह की स्थितियों में अपना धैर्य खो देता हूँ, यद्यपि तब की तुलना में अब ऐसा बहुत कम होता है जब तुमने मुझसे इसके बारे में पहली बार बताया था."

"वह अच्छा है. मैंने तुम्हें इस अवधारणा को कुछ अवसरों पर अपने मित्र अल्फ्रेड के साथ अभ्यास करते हुए देखा था. बौद्ध सन्यासी उन व्यक्तियों के अच्छे उदाहरण हैं जिन्होंने इस कला में निपुणता हासिल की है, लेकिन इसमें अच्छा करने के लिए तुम्हें समाधि के अभ्यास की या साधु बनने की आवश्यकता नहीं है. लेकिन तुम्हारा यह पता लगाना सही है कि एक आत्मा को स्थान/समय आयाम में इधर से उधर जाने की कोशिश में निराश और क्रोधित न होने के लिए बहुत अधिक अभ्यास और लगातार होशियारी की आवश्यकता है. 'धैर्य एक बल है' वाली कहावत में एक सच्चाई है क्योंकि यह गुस्से को शांत करता है.

"एक तकनीक जिसकी तुम कोशिश कर सकते हो वह यह है कि समय आयाम को किसी उपमा के रूप में अपने मस्तिष्क की कल्पना में लाओ जो इसे ज़्यादा ठोस और कम काल्पनिक बना देगा."

"उसको मैं कैसे करूँगा?"

"रचनात्मक तरीक़े से सोचो. यह कुछ ऐसा है जिसका पता तुम्हें ख़ुद के लिए ज़रूर लगाना चाहिए. एक सुझाव यह हो सकता है कि तुम स्वयं को

एक सामान ले जाने वाली पट्टी पर फँसे होने की कल्पना करो, जैसे यह तुम्हें समय में से आगे बढ़ाती है और तुम्हारे पास इसे रोकने का, इसे पीछे ले जाने का या इसकी गति बढ़ाने का कोई अवसर नहीं है. दूसरे शब्दों में तुम घटनाओं को या तुम्हारे किये हुए कार्यों को पूर्ववत नहीं कर सकते समय जब एक बार गुज़र जाये तो. तुम्हारे पास एक ही विकल्प है 'उस क्षण में' नये निर्णय लेने का. अगर तुम्हें इस तरह समझ में आये कि समय स्वशासी है और तुम इस पर कोई प्रभाव नहीं डाल सकते तब तुम इस बात की सराहना करना शुरू कर सकते हो, उदाहरण के लिए, कि पछतावा तुम्हारे लिए कितना तर्कहीन है. तुम्हारे पास किसी क्षण में जो कुछ इस्तेमाल करने के लिए है वह यह है कि तुम जिन परिस्थितियों में अपने-आप को पाते हो उनमें अपना सर्वश्रेष्ठ करो और किसी मनुष्य से इन्हीं सब की आशा की जा सकती है. इसीलिए यह महत्वपूर्ण है कि तुम रोज़ाना समय आयाम को अपनी सचेत जागरूकता में लाने के लिए एक इमानदार कोशिश करो. जब तुम इसका अभ्यास करोगे तो तुम्हें पता चलेगा कि समय आयाम का प्रभाव कितना स्थिर और न बदलने वाला है और यह कितनी आम बात है कि लोग रोज़ाना इसके प्रभाव को नकारते हैं, जिससे उन्हें निराशा होती है और क्रोध आता है."

"मैं समझ गया तुम्हारा क्या मतलब है. मैं वैसा ही करने की कोशिश करूँगा."

"नियति भी समय के साथ इस मिश्रण में बुनी हुई है, साथ ही सामंजस्य का विकास भी, जिसमें तुम्हें जन्म के समय फेंक दिया गया था. नियति हर मोड़ पर अचानक होने वाली घटनाओं को निर्धारित करती है. इनमें से कुछ का सम्बन्ध तुम्हारी व्यक्तिगत नियति से है, लेकिन दूसरे सामान्यतया जीवन के मार्ग में आने वाली रुकावटें होती हैं जो घटनाओं के सामंजस्य के विकास के माध्यम से आती हैं. तुम्हारे लिए अपनी एक समरूपता का प्रयोग सहायक सिद्ध होगा जिसमें तुम स्वयं नाँव में बैठ कर एक नदी में बहते हुए जा रहे हो और तुम्हें सतह के नीचे की चट्टानों के बारे में जानकारी नहीं है, जिससे तुम्हारी नाँव अचानक पलट जाती है और तुम्हारी यात्रा में व्यवधान पड़ जाता है. या तुम यह कल्पना कर सकते हो कि तुम स्थिर खड़े हो, जबकि तुम्हारी ओर बहने वाली हवा अपने साथ अप्रत्याशित घटनाएँ ले कर आती है. ये घटनाएँ चाहे तुम्हें अच्छी लगने के लिए विशेष रूप से नियत की गई हों या जीवन के मार्ग की केवल एक सामान्य रूकावट हो, सुलझाने की ज़रूरत पड़ती है. इन रूकावटों की तरफ़ यह तुम्हारा नज़रिया ही है जो क्रोध उत्पन्न करता है. तुम्हारी नदी के प्रवाह की गति से अधिक गति पर स्थान/समय में से जल्दी निकलने की कोशिश

या हवा पर तुम्हारी अधीरता जब यह बह न रही हो, केवल तुम्हें परेशान और क्रोधित करेंगे. तुम स्थान/समय के बाहर नहीं हो सकते या इससे बच नहीं सकते; तुम्हारे पास इसके सिवाय कोई विकल्प नहीं कि तुम इसको स्वीकार करो और इसकी सीमा के अंदर काम करो."

रिक्की ने सिर हिलाया. "हाँ, मुझे पूर्ण शांति पाने के लिए और अभ्यास की आवयश्कता होगी."

> स्थान/समय के आयाम में चलते हुए निरंतर होशियारी की आवश्यकता होती है.

"बेशक क्रोध के दूसरे स्रोत भी हैं. उदाहरण के लिए यदि तुम्हें यह पता चलता है कि किसी ने तुम्हें झूठ बोला है या कोई अपना वादा तोड़ता है तो मायूसी महसूस करने से क्रोध आ सकता है. इन दृष्टान्तो में क्रोध मायूसी के कारण आता है. गहरे स्तर पर यह गुस्सा अक्सर पसंद न किये जाने या प्यार न किये जाने की भावना से आता है. क्रोध तब भी सामान्य है जब सम्बन्ध टूटते हैं, जहाँ एक प्रेमी को खोने की भावनात्मक पीड़ा परित्याग और पसंद न किये जाने या प्यार न किये जाने के डर की ओर ले जाती है.

"क्रोध का एक और स्रोत विकृत आशाएँ हैं जो कुछ लोग दूसरों के द्वारा माँगी गई या बिना माँगी गई सहायता के बदले रखते हैं, जब वे ग़लती से उन्हें प्यार या दया का कार्य मान लेते हैं. मैंने इसके बारे में पहले बिना शर्त प्रेम या बिना शर्त दया के सन्दर्भ में बात की थी. लेकिन मैं इसके बारे में और विस्तार से बताता हूँ, क्योंकि इसका सम्बन्ध क्रोध से भी है. कुछ दृष्टान्तो में एक देने वाला निरंतर सहायता करता रहता है, जबकि उसके बदले में उन्हें कभी कुछ नहीं मिलता. इस दृष्टांत में उसे धीरे-धीरे यह लगने लगता है कि उसका फ़ायदा उठाया जा रहा है और यह कि वह बेकार में कुर्बानी दे रहा है. उसे ठेस पहुँचनी शुरू हो जाती है, फिर उसे गुस्सा आता है. उसका क्रोध बढ़ता जाता है और वह दूसरों से चिढ़ने लगता है और तुनकमिजाज हो जाता है. अंततः वह फूट पड़ता है, कभी-कभी पहले से न सोचे हुए व्यक्ति पर जो उसकी सहायता पा रहा है, लेकिन ज़्यादातर उस व्यक्ति पर जो उसके अधिक नज़दीक है या पहले से न सोचे हुए किसी ऐसे व्यक्ति पर जो ग़लत समय पर ग़लत स्थान पर है. या वह

अपना गुस्सा अंदर ही अंदर अपने पर भी निकाल सकता है, जिस मामले में वह उदास महसूस करना शुरू कर देता है."

"मैं समझता हूँ, मैं किसी ऐसे व्यक्ति को जानता हूँ – मेरी मित्र सिंडी. पहले यह पता लगना मुश्किल था, लेकिन अब जब तुमने इसके बारे में विस्तार से बता दिया है तो यह उस पर पूरी तरह से लागू होता है. मेरे स्कूल वर्ष के दौरान वह मेरे साथ काफ़ी की दुकान पर अंशकालिक तौर पर काम करती थी. वह ख़ुश रहने का बहाना करती है, लेकिन मैं कह सकता हूँ कि वह अंदर से क्रोधित है. वह हमेशा यही बात करती है कि वह किस तरह दूसरों के साथ अच्छा करती है, वह उनके लिए क्या-क्या की है, वह कितनी सहायक रह चुकी है और कैसे वह मुश्किल से कभी उसकी सहायता के बदले में एक-आध आभार पाती है. मैं समझता हूँ कि मुझे होशियार रहना चाहिए; हो सकता है वह कभी अचानक अपना गुबार मुझ पर न निकाल दे."

प्रतिशोध कभी भी भावनात्मक पीड़ा को
कम नहीं करता.

"हाँ, वह कर सकती है. ऐसा लगता है वह अपने गुस्से को अण्डों की तरह सेती रहती है और यह बढ़ता रहता है.

"क्रोध कभी-कभी भावनाओं को चरम सीमा तक पहुँचा देता है, जैसे कि बदला लेना. पिछली मुलाक़ात में मैंने तुम्हें बदला लेने के बारे में बताया था, जब मैंने तुम्हें सलाह दी थी कि नियति को गले लगाना हमारे लिए कितना महत्वपूर्ण है ताकि हम प्रतिशोधी न बनें. जब किसी व्यक्ति ने प्रतिशोध से पागल हुआ है तो वह अपनी आत्मा और दूसरों की आत्मा के बीच का प्रेम सम्बन्ध खो दिया है. वह ग़लती से प्रतिशोध के परिणाम में शांति ढूँढने की आशा करता है. बोलचाल की कहावत 'दो ग़लतियाँ एक हो कर कभी सही नहीं हो सकती' और 'हिंसा से हिंसा होती है' का विकास इस खोज से निकला है कि मनुष्य की पीड़ा बदले से नहीं जाती. इसका कारण है कि सभी आत्माओं में प्रेम की मौलिक भावना होती है और एक उच्च आध्यात्मिक स्तर पर वे सब आपस में जुड़ी हुई होती हैं. यह ऐसा है जैसे वे सब एक हाथ की अँगुलियाँ हैं; यदि एक अँगुली को दर्द होता है तो पूरा हाथ को महसूस होता है. यही कारण है कि

प्रतिशोध कभी भावनात्मक पीड़ा को नहीं घटाता; तुम बस अपने-आप को एक आध्यात्मिक स्तर पर फिर से चोट पहुँचा रहे हो."

"मैं समझ गया. अब जैसे-जैसे उदाहरण इकट्ठे हो रहे हैं मैं भली-भांति समझ गया हूँ कि तुम्हारा उससे क्या अर्थ था जब तुमने यह कहा था कि मुझे नियति को गले लगाना चाहिए. अलग-अलग संदर्भों में वह विचार बार-बार उठता है."

"अच्छा है, तुम इनसे जुड़ रहे हो."

"लेकिन उन लोगों के बारे में क्या जो कहते हैं कि न्याय के लिए प्रतिशोध की आवश्यकता होती है, उस भयानक घटना की समाप्ति के लिए जिसको किसी ने उनके विरुद्ध की थी."

"न्याय के माध्यम से समापन ढूँढने में कुछ अनुचित नहीं है. फिर भी अगर वह व्यक्ति न्याय के लिए दूसरे व्यक्ति की मौत चाहता है तो उसके लिए समापन मायावी सिद्ध होगा, क्योंकि एक व्यक्ति की मृत्यु दूसरे व्यक्ति की मृत्यु को सही नहीं ठहरा सकती. समापन दुःख के उपचार के बारे में है, एक आँख के बदले आँख लेना नहीं है. अपनी नियति को प्रेम से गले लगाओ. तुम्हारी चुनौती भावनात्मक अनुभव से सीखना है जो दुःख में उत्पन्न होता है और समय के साथ उस अनुभव से ऊँचा उठना है."

"हाँ मैं सहमत हूँ, लेकिन नियति को गले लगाना पहली बात नहीं है जिसके बारे में लोग सोचते हैं, उदहारण के लिए जब उनके परिवार का एक सदस्य कत्ल करा दिया गया हो."

"मैं जानता हूँ. यह एक बहुत कठिन आध्यात्मिक पाठ है. लेकिन सभी नियतियों की भांति इसे भी तुम्हारे द्वारा ही अपनी आंतरिक प्रकृति को जानने के अवसर के लिए नियोजित किया गया है.

"अब मैं तुम्हें थोड़ा-सा अवसाद के बारे में बताऊँगा. अवसाद भी एक गौण भावना है, लेकिन क्रोध से अलग जो डर और उत्सुकता के परिणामों को बाहरी तौर पर अभिव्यक्त करता है, अवसाद डर और उत्सुकता को आंतरिक तौर पर अभिव्यक्त करता है."

अवसाद

"जैसा कि तुम जानते हो अवसाद के साथ नाउम्मीदी, निराशा, आसन्न नाश, हताशा और चरम मामलों में आत्महत्या की भावना जुड़ी होती है. एक बहुत ही दुखी आदमी में बाहरी अहम काम करना बंद कर देता है और आंतरिक पहचान तितर-बितर हो जाती है. भौतिक संसार के साथ सम्बन्ध ख़त्म हो जाता है और व्यक्ति जीवन से असंलग्न हो जाता है : उसकी संलग्न होने की भावना उसके अस्तित्व की इच्छा के साथ बिखर जाती है; वह अपने आसपास के जीवन के साथ भावनात्मक सम्बन्ध खो देता है और वह भावनात्मक रूप से सुन्न महसूस करता है. उसे आनन्द महसूस नहीं होता और वह अपने-आप को उस आनंद से जुड़ा हुआ नहीं पाता जो वह दूसरों में देखता है; वह किसी दया की भावना को महसूस नहीं करता. वह वास्तव में जीवन से असंलग्न हो जाता है. वह उस ज्ञान की सीमा से नीचे गिर जाता है जहाँ से भावनाएँ महसूस की जाती हैं. उसको यह पता हो सकता है कहीं दूर ज्ञान की सीमा है, लेकिन वह वहाँ अपने-आप नहीं पहुँच सकता. फिर भी जब अवसाद ख़त्म होना शुरू होता है तो ज्ञान की झलक दिखनी शुरू हो जाती है – पहले छुट-पुट रूप में और फिर बढ़ती हुई बारंबारता के साथ."

रिक्की विचारपूर्वक सुन रहा था.

"जैसा कि तुम जानते हो जीवन में जो घटनाएँ व्यक्ति को दु:खी करती हैं वह बहुसंख्यक और हृदय को छूने वाली होती हैं, लेकिन अपनी आंतरिक प्रकृति के बारे में जानने के लिए इस अनुभव को लेना आत्मा ने ही चुना है. क्यों?, पूछो. उत्तर विरोधाभास की अवधारणा में है जिसके बारे में हमने पिछली मुलाक़ात में चर्चा की थी. तुम आनंद की ऊँचाइयों और परमानन्द के अनुभव को नहीं समझ सकते जब तक तुम इन उन्नत मूड की स्थितियों और उदासी जैसी उनकी विपरीत स्थितियों में फर्क नहीं कर सकते. रूपांतरण के तौर पर तुम पहाड़ की चोटी पर खड़े होने की आनन्दमय सुन्दरता की सराहना नहीं कर सकते यदि तुमने घाटी में कठिन परिश्रम नहीं किया है. तुम यह नहीं जानते कि एक उजला दिन कैसा लगता है जब तक तुमने बादलों वाले एक दिन की उदासी न अनुभव की हो. और सूची बढ़ती जाती है. एक अनुभव के बारे में जानने के लिए तुम्हें इसकी विपरीत भावना के साथ अंतर करना होगा. दुखी होना प्रत्यक्षत: एक सुखद अनुभव नहीं है, लेकिन यह एक ऐसी भावना है जिसका तुम्हें इसकी विपरीत भावना के बारे में जानने के लिए अनुभव करना चाहिए."

"क्या तुम यह कह रहे हो कि अवसाद को टाला नहीं जा सकता और यह कि अपने जीवन में मुझे किसी समय अवसाद ग्रस्त होने का अनुभव लेना ही पड़ेगा?"

"जब तुम अपने मार्ग में आने वाली नियत घटनाओं से निबटते हो तो उतार-चढ़ाव का अनुभव करना जीवन का एक सामान्य हिस्सा है. फिर भी यह आवश्यक नहीं है कि तुम प्रत्येक जीवनकाल में नैदानिक अवसाद का अनुभव करो, क्योंकि तुमने अपने दूसरे पिछ्ले जीवनकालों में अवसाद का समुचित अनुभव ले चुका होगा, जिस स्थिति में तुम्हें इस बार फिर से उसका अनुभव करने की कोई आवश्यकता नहीं है. यह भी हो सकता है कि तुमने अपने भविष्य के जीवन में नैदानिक तौर पर अवसाद ग्रस्त होने की योजना बना रखी है."

"ठीक है, वह एक राहत है – मैं समझता हूँ."

"सिक्के के दोनों तरफ़ का अनुभव लेने के दृष्टिकोण से तुम्हें यह भी याद होगा कि जब हम पिछ्ली बार मिले थे तो मैंने दैविक चुनौती का सामना करने की एक ऐसी ही अवधारणा के बारे में ज़िक्र किया था. उस दृष्टांत में एक व्यक्ति उस चीज़ का अनुभव करने के लिए कभी-कभी मज़बूर किया जाता है या वह ख़ुद चुनता है कि वह क्या नहीं है, ताकि यह बेहतर समझ सके कि वह कौन है. वह कठिन परिस्थिति बेशक अवसाद की भावना उत्पन्न करती है, क्योंकि व्यक्ति तबाह हो सकता है और भावनात्मक रूप से टूट सकता है जब वह स्वयं को उस कार्य को करते हुए पाता है जो उसके संपूर्ण विपरीत है जो वह ख़ुद को समझ रहा है कि वह यह है."

"हाँ, मैं समझ सकता हूँ कि वह कैसे होगा."

"जैसा कि उन सभी आकस्मिक भेंट में होता है जो भावनाएँ उत्पन्न करती हैं, तुम एक ऐसी परिस्थिति में डाल दिये जाते हो जो तुम्हारे अंदर वह भावनात्मक स्थिति पैदा करती है. एक बार जब भावना अच्छी तरह से महसूस हो जाती है तो तुम सारी संभावित सीख को उस आकस्मिक भेंट से आत्मसात करते हुए धीरे-धीरे आगे बढ़ना शुरू हो जाते हो. फिर भी कुछ दृष्टान्तों में अवसाद के साथ विशेषतया तब जब अवसाद की स्थिति बहुत गहन है तो तुम्हारे बाहरी अहम की निष्क्रियता पर क़ाबू पाने के लिए और उसे फिर से संचालित करने के लिए धकेलने या खींचने की ज़रूरत होगी. इतने लम्बे समय तक अवसाद में रहने का हमेशा एक ख़तरा होता है कि वह एक जीवनशैली या एक तक़लीफ़देह आदत बन जाती है."

रिक्की ने आश्चर्य जताया, "तुम्हारा मतलब है एक व्यक्ति तब भी अवसाद ग्रस्त रहता है जब अवसाद उत्पन्न करने वाली परिस्थितियों को बीते हुए काफ़ी समय हो गया होता है?"

"हाँ. लोग कभी-कभी फँस जाते हैं. कुछ लोग पाते हैं कि एक बार वे अवसाद ग्रस्त हो गये तो अवसाद ग्रस्त रहने के गौण फ़ायदे होते हैं. तब वह भावना लम्बे समय तक रहती है और अवसाद ग्रस्त मिजाज़ उनके व्यक्तित्व का एक पहलू बन जाता है. यदि तुम कभी यह देखो कि ऐसा हो रहा है तो कल्पना करो कि तुम एक पहाड़ी की चोटी पर खड़े हो और ढलान पर नीचे से ऊपर पहुँचने के लिए तुम संघर्ष कर रहे हो. अपने-आप से पूछो, 'मैं ख़ुद को सबसे बढ़िया क्या सलाह दे सकता हूँ ताकि मैं चढ़ाई चढ़ कर ऊपर पहुँच सकूँ और इस झंझट से बाहर निकल सकूँ?" याद करो तुम्हीं ने यह घटनाएँ रचित की थी जिनसे यह अवसाद की स्थिति उत्पन्न हुई है; और तुम्हें अपने-आप को इससे ज़रूर बाहर निकालना है, बेशक जब तक तुम वहीं रहना चाहते हो ! तुम्हारे पास स्वतंत्र इच्छा है और चुनाव हमेशा ही तुम्हारा अपना है. ज़्यादातर लोगों को मनोचिकित्सा से फ़ायदा होता है और कभी-कभी मनो-औषधीय सहायता से भी, जब वे अपने बाहरी अहम को फिर से शुरू करने के लिए और अवसाद से उत्पन्न हुई निष्क्रियता पर क़ाबू पाने के लिए अपने-आप को इस परिस्थिति में पाते हैं."

"तुमने अभी-अभी कहा, 'तुमने स्वयं अवसाद उत्पन्न किया है, अब तुम स्वयं अपने-आप को इसमें से बाहर निकालो.' क्या वह उस व्यक्ति को थोड़ा कटु नहीं लगेगा जो अवसाद ग्रस्त महसूस कर रहा है?"

"हाँ, लगेगा, लेकिन कभी-कभी कटु शब्द किसी व्यक्ति की सहायता करेंगे जिसके लिए अवसाद एक आदत बन चुकी है; निष्क्रियता पर क़ाबू पाने और दूसरे विकल्पों पर सोचना प्रारंभ करने में सहायता करेगा. तुम्हें याद होगा पिछली बार जब हम मिले थे तो मैंने भावनाओं की मोहावस्थाओं के भीतर बुने हुए होने के बारे में क्या कहा था. एक अवसाद ग्रस्त व्यक्ति भी मोहावस्था में होता है और मोहावस्था ही उसके अवसाद को बनाये रखने के लिए ज़िम्मेदार होती है. पीछे से एक धक्का मारना उसे मोहावस्था से बहार निकाल सकता है."

रिक्की ने हिचकिचाते हुए कहा, "मैं समझ गया ... मैं नहीं समझता कि मैं कभी उस रूप में अवसाद ग्रस्त रहा हूँ, जिसका तुमने अभी-अभी वर्णन किया."

"नहीं, लेकिन तुम्हें समय-समय पर उदासी के कुछ लक्षणों का अनुभव हुआ है."

अपने अतीत को दर्शाते हुए रिक्की ने याद किया, "मुझे अपनी आसक्तियों से बाहर निकलने में हमेशा कुछ समय लगा है."

"हाँ, आसक्तियाँ एक अच्छा उदाहरण है. जब तुम आसक्त होते हो तो मोहावस्था बहुत प्रबल होती है."

एक दुखी व्यक्ति मोहावस्था में भी होता है.

"हाँ, मुझे लगा मैं मोहावस्था में था."

"तुम उस समय हल्के-से अवसाद ग्रस्त थे, जैसे बहुत सारे युवा लोगों के साथ होता है जब वे उन अशान्तिपूर्ण भावनाओं के साथ संघर्ष करते हैं जो उन्हें पहली कुछ बार महसूस होते हैं जब वे एकतरफ़ा प्रेम का अनुभव करते हैं.

"अवसाद के साथ एक समस्या यह है कि लम्बे समय से अवसाद ग्रस्त व्यक्ति की आत्मा की भौतिक संसार में स्वयं को अभिव्यक्त करने की क्षमता बहुत सीमित होती है, इस वजह से कि बाहरी अहम विफल हो जाता है और यह जानकारी को और आत्मसात नहीं कर पाता. इसीलिए आत्मा का भौतिक संसार के साथ सम्पर्क अवरुद्ध हो जाता है. जब यह स्थिति बहुत लम्बे समय तक रहती है तो आत्मा और परिणामस्वरूप ऊपरी आत्मा अवतार से नई जानकारी का अनुभव नहीं ले सकतीं. इसीलिए जीवनकाल के उद्देश्य को नकार दिया जाता है. ऐसी स्थिति की अंतिम प्रतिक्रिया यही होती है कि बाहरी अहम अपना नाश कर देना चाहता है, संभवत: आत्महत्या के माध्यम से, क्योंकि उसे लगता है कि वह बेकार हो चुका है. यह ग़लत तर्क देता है, आंतरिक पहचान के साथ, जिसका सम्पर्क अवसाद के कारण आत्मा के साथ क्षतिग्रस्त हो चुका है, कि वे बेकार और पुराने हो चुके हैं."

यद्यपि संसार दुखों से बहुत भरा हुआ है, उस पर क़ाबू करने के लिए भी यह परिपूर्ण है.

हेलेन केलर

"वह अच्छा प्रतीत नहीं होता."

"समस्या बाहरी अहम के साथ होती है जो क्षतिग्रस्त हो चुका है, लेकिन यह इतना भी क्षतिग्रस्त नहीं होता कि ठीक न हो सके. आत्महत्या करने वाले व्यक्ति का बाहरी अहम इसको भले ही स्वीकार न करना चाहे, लेकिन इसके पास हमेशा कई विकल्प होते हैं, जब बात मौत और जीवन में से एक को चुनने पर आती है. आत्महत्या से तुम अवसाद ग्रस्त होने के भावनात्मक अनुभव के आगे और कुछ सीखने और अंततः अवसाद से सही हालत में आने के अवसर को त्याग देते हो. तुम वास्तव में जीवन में 'विफल' हो जाते हो. और यह कुछ दृष्टांतों में व्यर्थ है वरना शरीर जहाँ शारीरिक रूप से स्वस्थ है. यह संवेदनाशून्य लग सकता है, क्योंकि मैं जानता हूँ कुछ समय ऐसा होता है कि भावनात्मक पीड़ा प्रत्यक्ष रूप से सहन नहीं की जा सकती और दुखी व्यक्ति एक भी पल के लिए यह स्वीकार नहीं करता कि उसने इस रूप में पीड़ा को महसूस करना चुना है. लेकिन याद रखो तुम्हारी आत्मा तुम्हें कभी भी ऐसी स्थिति में नहीं डालेगी जिसे वह जानती है कि अंततः तुम उसे संभाल नहीं सकते. हमेशा आगे बढ़ने का रास्ता होता है. कभी भी ऐसी अँधेरी रात नहीं होती कि अगले दिन उजाला न हो.

आत्महत्या करने से तुम जीवन में विफल हो जाते हो.

"कुछ लम्बे समय के अवसाद की घटनाओं में कई और प्रेरणाएँ भी ज़िम्मेदार हो सकती हैं. याद रखो आत्मा ने उन परिस्थितियों को आमंत्रित किया है जिनसे अवसाद उत्पन्न हुआ है और यह अवसाद को और भी लम्बे समय के लिए बढ़ाना चाह सकती है, उदाहरण के लिए अवसाद ग्रस्त व्यक्ति के परिवारजनों और उसकी देखभाल करने वालों को किसी लम्बे समय से अवसाद ग्रस्त व्यक्ति की देखभाल करने का अनुभव देने के लिए. फिर भी अंतिम अर्थ, उसकी मृत्यु के बाद उसको या उसकी देखभाल करने वालों को मालूम नहीं हो सकता, कारण किसी व्यक्ति का अवसाद ग्रस्त मिजाज ठीक होने से इंकार कर देता है."

अवसाद के बारे में पुरानी आत्मा ने उसको क्या कहा था उसे दर्शाते हुए रिक्की ने टिप्पणी की, "मेरे मित्र ब्जोर्न की माँ ने कुछ वर्षों पहले अपने-आप को मारने की कोशिश की थी. उसने अधिक मात्रा में गोलियाँ खा ली थीं. पर

वह उसी दिन स्कूल न जाने का फैसला किया और अप्रत्याशित रूप से वह घर पहुँच कर उसको बैठक के सोफे पर बेहोश पाया और उसने अम्बुलेंस बुलाया. मैं समझता हूँ कि वह हैरान हुई जब उसे समझ में आया कि उसके मरने का समय नहीं आया है."

"तुम सही हो, मृत्यु कभी भी दुर्घटना नहीं होती, लेकिन ज़्यादातर लोगों को पहले से जानकारी नहीं होती कि उनकी मृत्यु कब होगी. फिर भी तुम्हारे मित्र की माँ की परिस्थिति में कई जटिल कारक हैं जिन पर विचार किया जा सकता है. एक तो उसका इतिहास है, जिसका वह सामना नहीं करना चाहती. फिर भी मृत्यु के निकट पहुँच कर बच जाने के अनुभव ने उसे जीवन का एक नया दृष्टिकोण दिया है और अपने कुछ दानवीय गुणों का सामना करने की इच्छाशक्ति दी है. यह पता लगने के बाद कि उसकी माँ ने उसे बड़ा होते हुए देखने की बजाय मरना चाहा था, ब्जोर्न का जीवन भी हमेशा के लिए बदल गया. अपनी माँ को मृत्यु की कगार से बचाने के बाद, जैसे भी हो, उसे अपनी माँ के साथ अपने सम्बन्ध का पुनर्मूल्यांकन करना पड़ा – जिसे उसको करने की आवश्यकता थी. जैसा कि तुम देख सकते हो जीवन एक जटिल मामला है ! इसका कोई भी सरल उत्तर नहीं है !"

"हाँ, मैं उसे समझता हूँ."

अब पुरानी आत्मा ने कहा, "आज हमने बहुत सारी जानकारी पूरी कर ली है और इससे पहले कि हम आज के लिए अपनी चर्चा समाप्त करें मैं और भी चर्चा करना चाहूँगा. पर कुछ ऐसे मामले हैं जिन्हें मुझे करना है और मैं कुछ क्षणों में लौट कर आता हूँ. तब तक मेरी खिड़की से आध्यात्मिक आयाम का विहंगम दृश्य देखो."

पुरानी आत्मा अब लुप्त हो गया, जब रिक्की खड़ा हो गया और खिड़की की ओर जाकर बाहर देखने लगा. इस समय जो विशेष चीज़ दिखाई दे रही थी वह थी व्यापक प्रेम और शान्ति का एहसास जो इस ब्रम्हाण्ड को नहलाते हुए प्रतीत हो रहा था. जैसा कि पिछले अवसरों पर हुआ था, उसने हज़ारों आत्माएँ देखीं, जो धड़कती हुई गोलाकार आकृति जैसी थीं. कुछ तो नज़दीक थीं और कुछ बहुत दूर.

अध्याय
8

पुरानी आत्मा पल भर के लिए लौटकर आया और वार्तालाप को जहाँ पर छोड़ कर गया था वहीं से शुरू किया और बोला, "तीन और अतिरिक्त भावनात्मक अवस्थाएँ हैं जिनके बारे में मैं तुम्हें बताना चाहूँगा, कुछ मायनों में जो प्रेम, डर, उत्सुकता, क्रोध और अवसाद जैसी भावनाओं के मिश्रित पहलू हैं, जिन्हें अभी-अभी हमने दोहराया. ये मस्तिष्क की वह अवस्थायें हैं जो तब पैदा होती हैं जब एक व्यक्ति अपराध बोध, सत्ता के लिए एक सख्त आवश्यकता और घृणा का एहसास महसूस करता है.

"पहले हम अपराध बोध के बारे में कुछ शब्दों से प्रारंभ करते हैं."

अपराध बोध

पुरानी आत्मा ने जारी रखा, "अपराध बोध दिमाग़ की एक भावनात्मक स्थिति है जिसमें एक व्यक्ति कुछ करने के बाद, जो वह मानता है कि उसे नहीं करना चाहिए था, भावनात्मक संघर्ष करता है (या उलटा, कुछ न करने के बाद कोई यह मानता है कि उसे वह करना चाहिए था). अपराध बोध सामान्यतया बना रहता है और आसानी से नहीं जाता. बुनियादी तौर पर अपराध बोध दो तरह के होते हैं जिनके बारे में तुम्हें पता होना चाहिए. एक वास्तविक अपराध बोध होता है और एक अवास्तविक अपराध बोध होता है. उदाहरण के लिए वास्तविक अपराध बोध का एक दृष्टान्त पहले से सोचे हुए

जुर्म के बाद पाया जा सकता है, जहाँ किसी व्यक्ति को पहले से ही पता होता है कि जो काम वह करने जा रहा है वह ग़लत है, लेकिन फिर भी उसने उसको किया. बाद में उसे वास्तविक अपराध बोध होता है और वह किसी समय पर अपने कृत्य के लिए इस उम्मीद में प्रायश्चित करना चाहता है कि उसे क्षमा कर दिया जायेगा. दूसरी ओर अवास्तविक अपराध बोध वह भावना है जो एक झूठी मूल आस्था से उत्पन्न होती है जिसका सम्बन्ध सामान्यतया स्थान/समय के आयाम से होता है."

रिक्की ने हस्तक्षेप किया, "फिर स्थान/समय की कठिन परिस्थिति चीज़ों को जटिल बना देती है."

"यह सबसे आम रुकावट है जिससे आत्माओं को संघर्ष करना पड़ता है."

"इसका एक उदाहरण आम दोषारोप है : 'तुम्हें अच्छी तरह से पता होना चाहिए था' – जब वास्तव में तुम पहले से ही नहीं जान सकते थे. या किसी चीज़ के बारे में भर्त्सना जिसे तुम्हारे लिए पहले से जानना असंभव था. जैसा कि क्रोध आने से होता है, हमने जिसके ऊपर चर्चा की, अवास्तविक अपराध बोध का सम्बन्ध सीधे तौर पर इस तथ्य से है कि एक व्यक्ति इस बात से पर्याप्त सावधान नहीं होता कि वह स्थान/समय के आयाम में फँस गया है और इसीलिए वह यह नहीं जान पाता कि आगे क्या होगा. उदाहरण के तौर पर तुम अपने ऊपर इल्जाम लगा सकते हो और कह सकते हो 'यदि मैं जानता कि वैसा होगा तो मैं ऐसे नहीं करता' या 'यदि मैं वहाँ समय पर पहुँच जाता तो ऐसा नहीं होता.' यह सूची असीम है.

"बेशक यह अपने-आप को दोष देने जैसे दृष्टान्तों में अतार्किक और असंगत है, फिर भी तुम्हारा समाज तुम्हें ऐसा करने के लिए तैयार करता है, यह सलाह देते हुए कि 'तुम्हें यह पता होना चाहिए था कि क्या होगा.' बेशक तुम्हें अगर पता होता तो तुम अलग तरीक़े से करते. लोग नियमित इस तरह के इल्जाम लगाते हैं, यह जानने के बावजूद कि किसी के लिए भी पहले से यह जानना असंभव है कि आगे क्या होने वाला है. इन परिस्थितियों में मैं आग्रह करता हूँ तुम : अपने-आप को इस वास्तविकता की याद दिलाओ कि धरती पर कोई नहीं जानता कि आगे क्या होने वाला है और इसे पहचानो कि तुम्हारी ज़िम्मेदारी सिर्फ उसे सर्वश्रेष्ठ रूप में करने की है जो तुम हरेक परिस्थिति में कर सकते हो. तुम्हें अपने दिमाग़ में यह भी रखना चाहिए कि तुम्हारा 'सर्वश्रेष्ठ' उन परिस्थितियों के अनुसार अलग-अलग हो सकता है जिनमें तुम अपने-आप

को पाते हो. उदाहरण के लिए तुम अलग-अलग समय पर थके हुए हो सकते हो, श्रांत हो सकते हो, विचलित हो सकते हो, गहरी सोच में हो सकते हो या अन्यथा अन्यमनस्क हो सकते हो, जो तुम्हारे प्रदर्शन के स्तर को बदल सकता है. तुम ख़ुद को केवल अपना सर्वश्रेष्ठ करने के लिए ही कह सकते हो और वास्तव में किसी को भी. कोई भी बस यही कर सकता है. दिन समाप्त होने पर जब तुम सो जाओगे, तो अपने-आप को केवल यही याद दिलाना है कि परिस्थितियों को देखते हुए तुमने अपना सर्वश्रेष्ठ किया है. फिर इसे जाने दो. (बेशक तुम अगर काम को बिगाड़ना चाहते थे और तुम सफल हो गये तो तुम या तो कोई अपराध बोध महसूस नहीं करते या वास्तविक अपराध बोध से ग्रसित होते हो.) याद रखो अवास्तविक अपराध बोध से ग्रसित होना समझ में एक ग़लती है जो स्थान/समय के आयाम की अवास्तविक मूल आस्था पर आधारित है."

जब तुम अपराध बोध का कष्ट महसूस करते हो,
तो यह तय करना याद रखो:
क्या यह वास्तविक अपराध बोध है या अवास्तविक
अपराध बोध, जिससे तुम ग्रसित हो?

"यह निश्चित तौर पर पारिचित-सा लगता है. मुझे विशेषतया एक घटना की याद आती है जो काफ़ी वर्षों पहले मेरे साथ स्कूल में हुई थी. प्रशिक्षक ने हमें स्लाइड रूल पर गणना सिखाने में कुछ समय लगाया था. मैं इसमें बहुत अच्छा था – जब तक उसने मुझे कक्षा में आकर अपनी निपुणता प्रदर्शित करने के लिए नहीं कहा था. मैं अपने सहपाठियों के सामने खड़े होने पर घबरा गया, भ्रांत हो गया और उस क्षण में भूल गया कि इसे कैसे करना है. अध्यापक बहुत क्रोध में आ गया और चिल्लाया, "तुम इतने मूर्ख क्यों हो? तुम जानते हो इसे कैसे करना है.' मैंने भयानक रूप से शर्मिंदगी और बहुत अपराध बोध महसूस किया जब मैं स्तब्ध-सा विचलित होते हुए वापिस अपनी सीट पर लौटा. मैंने अपना सर्वश्रेष्ठ किया, लेकिन मेरी घबराहट मेरे सर्वश्रेष्ठ पर क़ाबू पा लिया. बाद में मैंने अपराध बोध महसूस किया. मैं समझता हूँ कि यह अवास्तविक अपराध बोध था?"

"हाँ, यह एक अच्छा उदाहरण है और मुझे पक्का यकीन है कि तुम ऐसे बहुत सारे सोच सकते हो जो उसके बाद घटित हुए हैं.

"एक और आम लक्ष्य जो अवास्तविक अपराध बोध उत्पन्न करता है वह है 'सर्वोत्कृष्ट' बनने का प्रयास. यह फिर से स्थान/समय के आयाम की अवास्तविक मूल आस्था पर आधारित होती है. तुम्हारी संस्कृति में अच्छी मंशा वाले माता-पिता और अध्यापकों द्वारा बच्चों को सर्वोत्कृष्ट बनने के लिए हिदायत दी जाती है, जो तुम्हें प्रेरित करने की चेष्टा करते हैं. इसलिए तुम स्वाभाविक रूप से यह मानते हो कि 'सर्वोत्कृष्टता' कुछ ऐसी चीज़ है जिसे प्राप्त किया जा सकता है. पर तुम पाते हो कि कभी भी तुम सर्वोत्कृष्टता प्राप्त करने में सफल नहीं होगे. जब तुम अपनी आशाओं पर खरा नहीं उतरते तो तुम्हें बुरा लगता है और तुम्हें अपराध बोध होता है कि तुमने अपने बड़ों के द्वारा निर्धारित मानदंडों के अनुरूप नहीं कर पाया. जैसे-जैसे समय बीतता है बार-बार की विफलता तुम्हारे आत्मविश्वास को कमज़ोर करना शुरू कर देती है और तुम अपनी कोशिशों में हिचकिचाने लगते हो, क्योंकि तुम यह पाते हो कि वास्तविक सर्वोत्कृष्टता भ्रामक है.

एक प्रसन्न व्यक्ति वह नहीं है जो निश्चित परिस्थितियों में प्रसन्न है;
लेकिन इसके बजाय एक ऐसा व्यक्ति है जिसके कुछ निश्चित रवैये हैं.

ह्यू डाउन्स

"तुम्हारे लिए यह समझना महत्वपूर्ण है कि सर्वोत्कृष्टता जैसी कोई चीज़ नहीं है. यह धारणा एक अवास्तविक मूल आस्था पर आधारित है. तुम कभी भी सर्वोत्कृष्ट होने की आशा नहीं कर सकते, क्योंकि सर्वोत्कृष्टता का अर्थ है एक संतोष की अवस्था जिसके आगे भविष्य में कोई उन्नति नहीं है और ऐसी किसी अवस्था का अस्तित्व नहीं है. जिसे तुम इस क्षण में सर्वोत्कृष्ट मानते हो अगले क्षण में वह सर्वोत्कृष्ट नहीं होगा. तुम्हारे अपने निर्णय और दूसरे लोगों के निर्णय भौतिक संसार के बाक़ी सारी चीज़ों के साथ-साथ सभी स्तरों पर पल-पल में बदलती हैं, क्योंकि सारा ब्रम्हाण्ड धीरे-धीरे अंदर और बाहर की ओर सांस लेता है, जैसा कि घटनाओं के विकसित सामंजस्य में प्रतिबिंबित होता है जब वे अस्तित्व में आते और लुप्त होते हैं. सर्वोत्कृष्टता के बारे में चिंता मत करो; यह प्राप्त नहीं की जा सकती. यह विचार कि तुम सर्वोत्कृष्टता को प्राप्त कर सकते हो

या तुम सर्वोत्कृष्ट बन सकते हो एक अवास्तविक मूल आस्था है. यह कभी प्राप्त नहीं की जा सकती. इसे जाने दो."

"मैं जानता हूँ मैं कभी सर्वोत्कृष्ट नहीं बन सकता, लेकिन क्या मुझे ज़रूर त्रुटिपूर्ण बनना चाहिए?"

"तुम अपने आपको जितना बारीक़ी से जाँचोगे – तुम्हारा शरीर, तुम्हारे प्रदर्शन या तुम्हारी याददाश्त – तुम उतना ही अपने-आप को अभावग्रस्त पाओगे. यह शाश्वत सत्य है. तुम्हें याद होगा जब हम पिछली बार मिले थे तो मैंने तुम्हें कहा था कि अपने-आप को मत परखो."

"हाँ ... तुम मुझे अपने अस्तित्व के लिए क्षमाशील न होने को बोल रहे थे."

हमेशा अपना सर्वश्रेष्ठ करो और यह जान लो कि
सर्वोत्कृष्टता मौजूद नहीं है.

"हाँ, तुम्हारा ध्यान अपने-आप पर केन्द्रित नहीं होना चाहिए. तुम अपने-आप से परे और अपने आसपास के भौतिक संसार पर ध्यान केन्द्रित करना चाहिए. अपनी आँखों को उस पर केन्द्रित करो जो तुम संसार में कर रहे हो, अपनी नाभि पर नहीं. बिना तुम्हारे सचेत ध्यान के उन पर केन्द्रित हुए तुम्हारे शरीर और दिमाग़ काम करने के लिए हैं. स्कूल में तुमने शारीर के स्वचालित तंत्रिका तंत्र के बारे में पढ़ा है और उदाहरण के लिए तुम जानते हो कि तुम्हारा हृदय बिना तुम्हारे इसके बारे में सोचे धड़कता है. तुम्हारा पाचन बिना तुम्हारे सचेत ध्यान के उस पर केन्द्रित हुए होता है. फिर भी यदि तुम अपना ध्यान इन स्वचालित प्रक्रियाओं पर केन्द्रित करना शुरू करते हो तो तुम इन्हें सचेत जागरूकता में ले आते हो और वे उतने प्रभावशाली ढंग से काम करना बंद कर देते हैं.

"यही बात आत्म-निर्णय के लिए भी सच है. तुम्हारे समाज में लगभग हमेशा युवा लोग स्वयं को किसी एक या दूसरे रूप में चाहे जाने के लिए ख़ुद को आँकते हैं. अपने-आप को मत आँको. यह दूसरों पर छोड़ दो कि वे तुम्हारे बारे में अपनी राय बनायें. तुम बस यही करो कि अपनी आँखों से संसार को देखो – अपने शरीर से परे – और बिना क्षमाशील हुए ख़ुद बने रहो. ख़ुद पर अपना ध्यान

केन्द्रित करना और इस बात पर मन में घर कर लेना कि दिमाग़ी रूप से मैं कितना अच्छा कर रहा हूँ या शारीरिक रूप से तुम्हारा शरीर कितना अच्छा कर रहा है केवल उस प्रक्रिया में बाधा पहुँचाना है जो स्वचालित बनने के लिए है. इसका एक अच्छा उदाहरण यौन प्रदर्शन में है; जितना ज़्यादा तुम इस बात पर स्वयं को केन्द्रित करते हो कि तुम्हारा शिश्न कैसे काम कर रहा है, उतना ही कम सही ढंग से यह काम करेगा. यह शिथिल हो सकता है या तुम चरम-आनन्द तक नहीं पहुँच पाओगे. अपने शरीर से दूर और तुम्हारी आकांक्षित वस्तु पर ध्यान केन्द्रित करो और तुम्हारा शरीर स्वयं ही अपनी देखभाल कर लेगा और शानदार ढंग से काम करेगा."[54]

"मुझे यह पसंद आया. मैं नाभि की ओर देखना बंद कर दूँगा."

पुरानी आत्मा ने जारी रखा, "अब कुछ शब्द प्रभुत्व के माध्यम से शासन पर."

शासन

"जबकि प्रभुत्व के माध्यम से शासन की आवश्यकता अपने-आप में एक भावना नहीं है, मैं इसका ज़िक्र यहाँ करूँगा, क्योंकि यह मस्तिष्क की एक ऐसी अवस्था है जिसका सम्बन्ध दूसरों के स्नेह और प्रेम खो देने के भय से है.

"प्रभुत्व के माध्यम से शासन विशेषतया रूमानी रिश्तों में और व्यक्ति के काम की जगह पर रिश्तों में भी आम हैं. इन सभी दृष्टान्तों में यह एक भय से प्रेरित कोई कार्य है या तो प्रेम न पाने के या किसी को पसंद न आने के या अनचाहा या परित्यक्त व्यक्ति होने के. लेकिन प्रभुत्व के माध्यम से शासन का निरपवाद रूप से ठीक उल्टा प्रभाव होता है जो आशायित था. यह प्रभुत्व रखने वाले और जिस पर वह प्रभुत्व रखता है दोनों को एक-दूसरे से दूर करता है, क्योंकि प्रेम और दया की भावनाओं में रूकावट आती है और कोई अभिव्यक्ति नहीं मिलती. जब यह होता है तो प्रभुत्व रखने वाला धीरे-धीरे अस्तित्ववादी

54 'प्रतिबिम्ब की अवनति' ('de-reflection) की चिकित्सापरक अवधारणा पर अधिक जानकारी के लिए देखें विक्टर ई. फ्रेंकल. द विल्ल टू मीनिंग: फाउंडेशनस एंड एप्लीकेशन्स ऑफ लोगोथेरेपी. न्यू यॉर्क: पेंगुइन बुक्स, 1969.

उत्सुकता का अनुभव करना शुरू कर देता है, जिसकी प्रतिक्रिया वह सम्बन्ध में ज़्यादा शक्ति का प्रयोग करके इस आशा में देता है कि उसको फिर से प्रेम किया जायेगा, लेकिन यह कभी काम नहीं करता."

"मेरे मित्र ब्जोर्न ने एक बार मुझे बताया था कि उसके पिता ने उसकी माँ का शारीरिक शोषण किया था. वह डरा-धमका कर और आक्रामकता से उस पर कुछ वर्षों के लिए प्रभुत्व जमाता रहा, जब तक उसमें एक दिन छोड़कर चले जाने का साहस नहीं आ गया. मैं समझता हूँ कि वह दशा जो तुम वर्णन कर रहे हो उस पर पूरी तरह से खरा उतरता है?"

"हाँ, वह एक अच्छा उदाहरण है : वैवाहिक शोषण और जिसे 'पिटी हुई पत्नी का लक्षण' कहा जाता है. पिटने वाले जीवनसाथी का आत्मविश्वास और आत्म-महत्व इतना कम हो जाता है कि उनमें छोड़कर जाने का साहस समाप्त हो जाता है, तब भी जब उनके जाने के लिए दरवाज़े खुले होते हैं.

"प्रभुत्व के माध्यम से शासन एक घातक प्रक्रिया है और यह समाज के सभी स्तरों पर होती है – तानाशाह से लेकर शयनकक्ष तक."

"मैंने सारे संसार के अनेक देशों में सत्ता के दुरूपयोग के बारे में पढ़ा है."

"हाँ, लेकिन सावधान रहना, प्रभुत्व के माध्यम से शासन के साथ नेतृत्व, हैसियत या सम्मान का भ्रम मत पालना, जो ऐसी विशेषताएँ हैं जिन्हें एक व्यक्ति पर उसके सहकर्मियों द्वारा प्रदान किये जाते हैं. फिर भी नेतृत्व के दृष्टिकोण से अक्सर क्या होता है कि नेतृत्व को सत्ता पाने के लिए विकृत कर दिया जाता है. यह ज़्यादातर राजनैतिक क्षेत्र के लिए विशिष्ट है, जब एक नेता भयभीत होता है कि उसका पद छीन लिया जायेगा. जैसे-जैसे उसका डर बढ़ता जाता है वह अपने आश्रितों पर प्रभुत्व के माध्यम से शासन का ज़ोर डालता है. सामान्यतया यह इस विश्वास के सन्दर्भ में होता है कि वह किसी विशेष मुद्दे पर उच्च नैतिक आधार के लिए अपने विरोधियों के साथ प्रतिस्पर्धा में है. लेकिन जैसा कि एक सामजिक स्तर पर यह व्यक्तिगत सम्बन्धों में सच है, प्रभुत्व के माध्यम से शासन का निरपवाद रूप से उसका प्रतिकूल प्रभाव पड़ता है जो आशयित था. आश्रितों में जो प्रेम और दया भाव अपने नेता के प्रति होता है उसमें रुकावट आती है और उसको अभिव्यक्ति नहीं मिलती और नेता तेज़ी से दूर और अप्रिय होता महसूस करता है. अस्तित्ववादी उत्सुकता पैठना शुरू करती है और नेता धीरे-धीरे एक तानाशाह में बदल जाता है, क्योंकि वह

इस उम्मीद में ज़्यादा से ज़्यादा शक्ति का ज़ोर लगाते हुए प्रतिक्रिया करता है ताकि फिर से वह उस प्रेम का अनुभव करे जो कभी अपने आश्रितों से पाता था, लेकिन यह कभी काम नहीं करता. प्रभुत्व के माध्यम से शासन का अनुसरण एक अस्तित्ववादी उत्सुकता की अभिव्यक्ति है और ग़लती से यह मान कर चलता है कि प्रेम को ज़बरदस्ती माँगा जा सकता है."

"मेरे लिए यह बहुत अर्थवान है. मैं देखता हूँ लोग अक्सर अपने नेताओं के लिए घृणा विकसित कर लेते हैं, जैसे-जैसे वे तेज़ी से तानाशाह बनते हैं."

"हाँ, वह सामान्य तौर पर होगा. मगर घृणा कुछ ज़्यादा ही जटिल भावना है."

घृणा

"घृणा का स्रोत उन भावनाओं से थोड़ा ज़्यादा पेचीदा है जिनके बारे में हमने अभी तक बात की है. जैसा कि सभी नकारात्मक भावनाओं के साथ होता है, घृणा की जड़ों को उसमें अंतर्निहित डर में ढूँढा जा सकता है; कुछ दृष्टांतों में यह केवल एक तीव्र डर या एक नापसंदगी का प्रक्षेपण है. दूसरे दृष्टांतों में यह दूसरी नकारात्मक भावनाओं के साथ स्तरित होती है जो किसी स्थिति में पहले से ही उत्पन्न हो चुकी होती हैं, जैसे कि ईर्ष्या या क्रोध और इसका प्रभाव उन भावनाओं को बढ़ाने में होता है.

"मगर एक जटिल आंतरिक मनोवैज्ञानिक संघर्ष घृणा के साथ शामिल होता है, जिसके बारे में मुझे तुम्हें इस भावना की क्रियाशीलता को पूरी तरह समझने से पहले बताना होगा."

"तुम किस तरह के मनोवैज्ञानिक संघर्ष की बात कर रहे हो?"

"मैं इन उदाहरणों से वर्णन करूँगा. एक दृष्टान्त में तुम अपने किसी पहलू से घृणा कर सकते हो, जिसके साथ तुम समझौता नहीं कर पाये और जब तुम वही गुण किसी दूसरे व्यक्ति में देखते हो तो तुम घृणा करते हो और उन्हें कष्ट देने के लिए तुम अपने-आप को मज़बूर महसूस कर सकते हो. तुम हमेशा उनसे घृणा करते हो जो उन भावनाओं से निराश करते हैं जिनको तुम अपने अंदर होने के कारण घृणा करते हो. डराना-धमकाना, समलैंगिकता से डर और समलैंगिकों

को मारना इस तरह की आंतरिक घृणा के अच्छे उदाहरण हैं, जब यह दूसरों पर प्रक्षेपण किये जाते हैं. एक अलग स्थिति में किसी व्यक्ति या एक प्रस्तुत स्थिति के प्रति तुम्हारी घृणा का स्रोत हो सकता है किसी ऐसे आदर्श के प्रक्षेपण से बनता हो जिसे तुमने अन्तस्थ किया है, जैसे अपने साथियों के लिए अच्छाई या निष्पक्षता. जब तुम देखते हो कि इस आदर्श का दुरूपयोग हो रहा है तो तुम अपराधियों के प्रति घृणा महसूस कर सकते हो. दूसरी परिस्थिति में तुम एकतरफ़ा प्रेम के परिदृश्य में घृणा महसूस कर सकते हो, जब कोई तुम्हारे और तुम्हारे प्रेमी के बीच आ जाता है और उसे तुमसे दूर ले जाने के लिए धमकाता है. इस उदाहरण में घृणा ईर्ष्या की भावना के साथ स्तरित होती है जो इस स्थिति में उत्पन्न हुई है."

"मैं समझ गया ... इसमें एक आंतरिक संघर्ष शामिल है."

घृणा की भावना में हमेशा प्रेम से अलगाव की एक पीड़ादायक अनुभूति होती है.

"घृणा की एक और दिलचस्प विशेषता यह है कि इसमें हमेशा प्रेम से बिछड़ने की या एक अन्तस्थ आदर्श की, जिसके साथ तुमने प्यार से पहचान बनाई है, एक पीड़ादायक अनुभूति होती है. उदाहरण के लिए प्रेम से एक पीड़ादायक अलगाव का प्रमाण वह है जहाँ एक बच्चा अपने माता-पिता पर चिल्ला सकता है 'मैं तुमसे घृणा करता हूँ!' यहाँ पर जो हो रहा है वह है (क) बच्चा अपने माता-पिता को आदर्श मानता है और (ख) आशा करता है कि उसके माता-पिता भी उसको आदर्श मानेंगे. अपने माता-पिता के लिए आदर्श प्रेम का प्रतिबिम्ब वह माता-पिता के उसकी ओर व्यवहार में देखने की आशा करता है. जब यह प्रतिबिंबित नहीं होता (क्योंकि प्रेम एकतरफ़ा है, जैसा मैंने अभी-अभी वर्णन किया था), तो एक गहरा गुस्सा या एक डर बैठ जाता है. उस समय बच्चा वास्तव में अपने माता-पिता को अपने कथन में कह रहा होता है, 'मैं तुम्हें प्यार करता हूँ. मेरे साथ तुम इतने निर्दयी क्यों हो?' या 'हमारे और उस प्रेम के बीच में रुकावट क्या है, जो मैं तुम्हारे लिए महसूस करता हूँ?' तब एक अजीब रूप में घृणा की भावना प्रेम के लिए एक खोज है. यह एक अलगाव के बारे में बताती है जिसका अस्तित्व किसी आशा को लेकर है और यह संवाद करने के लिए इच्छा की अभिव्यक्ति है. इस उदाहरण में बच्चे का

यह एक वक्तव्य है जो अपने माता-पिता के लिए आदर्श प्रेम के प्रतिबिम्ब को अनुभव न कर पाने पर हैरान है.

"मैं समझ गया. मैं बच्चे के द्वारा घृणा महसूस करने के इस उदाहरण को समझता हूँ. मेरे अन्तस्थ आदर्श को दूसरों के द्वारा अपमानित किये जाने पर किसी व्यक्ति या एक विकसित परिस्थिति के लिए घृणा महसूस करने के उदाहरण को भी मैं समझता हूँ. लेकिन उस उदाहारण का क्या जो तुमने डराने-धमकाने और समलैंगिकता से डर के बारे में दिया? किस तरीक़े से वह प्रेम से एक पीड़ादायक अलगाव है?"

"उस उदाहरण में एक आंतरिक संघर्ष है जो पीड़ा दे रहा है. जैसा कि तुम अभी जानते हो आत्मा का मूलतत्व प्रेम है और जब बाहरी अहम भौतिक संसार में अपने अनुभव से एक निष्कर्ष पर पहुँचता है कि उसे अपनी आंतरिक पहचान के एक पहलू से घृणा करनी चाहिए तो एक अन्तस्थ पीड़ादायक संघर्ष पैदा होता है और प्रेम से अलगाव की एक इच्छा पैदा होती है, जो आत्मा का मूलतत्व है. (इसके साथ एक गुस्से का अनुभव भी होता है जो अपने ऊपर आता है.) यह चोट और गुस्सा फिर बाहर किसी व्यक्ति पर प्रकट होता है जो उन्हें अपने आंतरिक संघर्ष की याद दिलाता है."

"मैं समझ गया ..."

"घृणा अपने-आप हिंसा की ओर नहीं ले जाती; इसके बजाय यह एक समझने की कोशिश है."

"मैंने अपने कुछ मित्रों को देखा है जो एक क्षण तो प्रेम में होते हैं और फिर थोड़े समय बाद उनमें से एक दूसरे के प्रति पागलपन की हद तक ईर्ष्यालु हो जाता है और उनसे घृणा करने की बात कहता है. घृणा उन्हें कष्ट पहुँचाती है!"

तुम दूसरे व्यक्ति में अपना एक प्रतिबिम्ब देखते हो – एक प्रतिबिम्ब जो तुम प्रेम के सम्बन्ध में पसंद करते हो, और एक प्रतिबिम्ब जो तुम घृणा के सम्बन्ध में घृणा करते हो.

"घृणा करने वाला हमेशा अपनी घृणा की वस्तु की ओर एक गहरे मनोवैज्ञानिक बंधन से आकर्षित होता है, उसी तरह जैसे एक प्रेमी अपने प्यारे व्यक्ति की ओर आकर्षित होता है."

"उससे तुम्हारा मतलब क्या है?"

"प्रेम और घृणा वो घटनाक्रम हैं जो किसी के अपने एक पहलू से उत्पन्न होकर दूसरे व्यक्ति पर प्रकट होते हैं. तुम दूसरे व्यक्ति में अपना प्रतिबिम्ब देखते हो – एक प्रतिबिम्ब जो तुम प्रेम के मामले में पसंद करते हो और एक प्रतिबिम्ब जो तुम घृणा के मामले में घृणा करते हो.

"घृणा तुम्हें उस चीज़ को वापिस पाने के लिए प्रेरित करती है जिसे तुम मानते हो कि तुमने खो दिया है या तुम्हें उस सम्पर्क की ओर ले जाती है जो तुम्हें किसी संकल्प के समीप ले जाता है. घृणा प्रेम से इंकार करना नहीं है, अपितु फिर से इसे पाने की एक कोशिश है और परिस्थिति की एक पीड़ादायक पहचान है जो तुम्हें इससे अलग करती है."

घृणा प्रेम से इंकार नहीं है,
अपितु फिर से इसे पाने की एक कोशिश है,
और उन परिस्थितियों की एक पीड़ादायक
पहचान है जो तुम्हें इससे अलग करती है.

"तब क्या घृणा के पीछे की मंशा उस समस्या को सुलझाने की है जो उसके साथ है जिसे तुम घृणा करते हो, चाहे वह तुम्हारी अन्दर की घृणा हो, किसी और के लिए तुम्हारी घृणा की भावना हो, एक ऐसी परिस्थिति जिसमें तुम्हारे आदर्श को अपमानित किया गया हो या वह घृणा जो तुम उसकी ओर महसूस करते हो जो तुम्हें उससे अलग करने के लिए धमकाता है जिसे तुम प्रेम करते हो, जैसे कि ईर्ष्या के मामले में है?"

"हाँ. वह अंतिम मंशा है और वास्तव में तुम्हारी आध्यात्मिक मंशा है. लेकिन जैसा कि तुम अच्छी तरह से जानते हो, वह प्रक्रिया अक्सर होती नहीं है और घृणा कभी-कभी दूसरों की हत्या में फलीभूत हो जाती है."

"तो क्या वह उसका उदाहरण नहीं होगा जब एक व्यक्ति दैविक चुनौती में विफल हो गया है, अर्थात उसके उन नकारात्मक भावनाओं को अनुभव करने के बाद जिन्हें वह अनुभव करना चाहा था?"

"हाँ यह है."

पुरानी आत्मा ने घृणा के बारे में जो उसे पढ़ाया था उसके विश्लेषण में रिक्की ने कुछ पल लिया और फिर एक दूसरा प्रश्न पूछा, "क्या किसी व्यक्ति की आयु और दूसरों के प्रति उनकी घृणा के प्रकार में कोई सम्बन्ध है?"

"कोई निश्चित नियम नहीं हैं, लेकिन घृणा का अनुभव सामान्यतया छोटे बच्चों में क्षणभंगुर होता है और जल्द ही प्रेम के सपक्ष में समाप्त हो जाता है, क्योंकि बच्चे को यह पता चलता है कि जो प्रेम वह अपने माता-पिता के प्रति महसूस करता है वह उसे वापिस नहीं मिल रहा है और जो प्रेम उसके माता-पिता उसके प्रति महसूस करते हैं उसका उस प्रेम के साथ कोई सीधा सम्बन्ध नहीं है जो वह उनके प्रति महसूस करता है. जैसे-जैसे बच्चे को धीरे से समझ में आता है, उसमें भावुकता की स्वायत्तता विकसित होने लगती है.

"किशोरावस्था और युवा वयस्कता में जब लोग अपने जीवन के उद्देश्य के मुद्दों के साथ संघर्ष करने के मध्यस्थिति में होते हैं तो घृणा एक अधिक स्थायी गुण को ग्रहण कर सकती है. उदाहरण के लिए स्कूल में या काम के स्थान पर आगे बढ़ने के लिए मानी गई एक आशंका की प्रतिक्रिया स्वरूप या अपने साथियों के समूह में एक साधारण अवस्था और स्वीकृति की आशंका से यह हो सकता है जहाँ व्यक्ति को तंग किया गया हो. फिर भी घृणा शायद ही कभी जीवन की बाद की आयु में होती है, लेकिन जब यह होती है तो यह सामान्यतया उन व्यापक मुद्दों पर केन्द्रित होती है जिनका सम्बन्ध इंसानियत से होता है."

आदमी को सारे मानव संघर्ष के लिए एक पद्धति का विकास ज़रूर करना चाहिए जो बदला, आक्रमण और प्रतिशोध को अस्वीकार करे. ऐसी पद्धति की नींव प्रेम है.

मार्टिन लूथर किंग, जूनियर

"तो उन लोगों के लिए तुम्हारी क्या सलाह है जो घृणा के भार से दबे हुए हैं?"

"जैसा कि सभी नकारात्मक भावनाओं के साथ होता है, तुम्हारा लक्ष्य भावनात्मक अनुभव प्राप्त करना है. फिर भी एक बार जब तुम उस भावना को प्राप्त करने में सफल हो जाते हो और उसकी गड़बड़ियों का अनुभव ले लेते हो तो तुम्हारी चुनौती स्वयं को या किसी और को चोट न पहुँचाते हुए इसे जाने देने की होती है.

"घृणा पर क़ाबू पाने का रास्ता इसे अपनाना है और इसे स्वीकारना है, बजाय इसके कि इसे दबा दिया जाये या इसके अस्तित्व से बाहर होने का बहाना किया जाये. जब तुम इसके अस्तित्व से बाहर होने का बहाना करते हो तो तब इसकी बाहर निकलने की एक बहुत ख़राब आदत है जब तुम बहुत कम उम्मीद करते हो. उदाहरण के लिए तुम स्वयं को दूसरों के लिए असामान्य रूप से नीच पा सकते हो या तुम इसे अपने अंदर जज्ब कर लेते हो और आत्मघाती हो जाते हो. फिर भी तुम्हारे लिए यह समझना महत्वपूर्ण है कि घृणा स्थिर भावना नहीं है और जैसे ही तुम्हें उन आस्थाओं का पता चलेगा जो इन्हें उत्पन्न करती हैं, तुम अपने-आप ही उस भावना से आगे निकल जाओगे, क्योंकि तुम्हारी खोज स्फूर्ति से तुम्हें डर में फँसा देती है जो हमेशा घृणा के पीछे होती है. और जैसे सभी नकारात्मक भावनाओं के साथ होता है यह प्रेम किये न जाने का या प्यार करने योग्य न होने का डर है और अंततः प्रेम पर अपने ख़ुद के मूलतत्व से सम्पर्क खोने का एक डर है जो भयभित कर रहा है."

"मैंने एक बार किसी से सुना था कि प्रेम और घृणा में एक बहुत ही महीन रेखा होती है."

"दो व्यक्तियों के बीच एक बार प्रेम स्थापित होने के बाद कभी समाप्त नहीं होता, लेकिन जीवन की परिस्थितियाँ कभी-कभी इसकी अभिव्यक्ति में रूकावट पैदा कर देती हैं और फिर प्रेम तुरंत घृणा में बदल जाता है. घृणा की भावना संघर्षों की परत में होती है और जैसा मैंने पहले कहा था, यह तुम्हें उसको वापिस पाने के लिए प्रेरित करने के मतलब से है जिसे तुम मानते हो कि तुमने खो दिया है या तुम्हें एक संवाद की ओर ले जाने के लिए है जो तुम्हें एक संकल्प के क़रीब ले जाता है."

रिक्की अब तक गहरी सोच में था, क्योंकि घृणा की घटना को समझना जटिल था. जब उसने उसके बारे में सोचा जो पुरानी आत्मा ने कहा था तो उसे अचानक ध्यान आया कि पुरानी आत्मा ने पहले जो कुछ कहा था वह इससे कुछ मेल नहीं खाता था. उसने यह टिप्पणी की थी कि प्रेम प्रतिबिंबित नहीं होता.

रिक्की को स्पष्टत: याद आया कि उसने कहा था कि प्रेम एकतरफ़ा होता है और यह कि जो प्रेम तुम किसी दूसरे व्यक्ति से महसूस करते हो वह तुम्हारे प्रेम का प्रतिबिम्ब नहीं है. फिर भी पुरानी आत्मा ने अभी-अभी घृणा के बारे में बात करते हुए यह कहा था कि तुम दूसरे व्यक्ति में जिसको घृणा करते हो उसका प्रतिबिम्ब अपने में देखते हो और प्रेम में तुम जिस व्यक्ति से प्रेम करते हो उसमें अपना प्रतिबिम्ब देखते हो. रिक्की ने अपने आप में सोचा, "यह कैसे संभव है कि प्रेम प्रतिबिंबित नहीं होता? मैं यहाँ कुछ कमी महसूस कर रहा हूँ."

हमेशा की तरह पुरानी आत्मा ने रिक्की के विचारों को पढ़ लिया और कहा, "मैं देख सकता हूँ कि तुम इस समय किस चीज़ के साथ संघर्ष कर रहे हो. प्रेम वास्तव में जटिल प्रक्रिया है. मनुष्यों ने सभ्यता की शुरुआत से ही इसको समझने के लिए संघर्ष किया है. यह प्रक्रिया उससे बहुत ही ज़्यादा पेचीदी है जैसा मैंने शुरू में वर्णन किया था और तुम इसको कभी भी सम्पूर्ण रूप से नहीं समझ पाओगे."

"वैसा क्यों है?"

"उसका कारण यह है कि आत्मा का मूलतत्व प्रेम है और तुम स्वयं के अध्ययन के लिए ख़ुद से बाहर नहीं निकल सकते. तुम उस रूपक से परिचित हो 'हाथी के पाँव के अँगूठे से तुम पूरे हाथी का अनुमान नहीं लगा सकते'. यहाँ ऐसी ही स्थिति प्रेम को समझने की तुम्हारी कोशिश में है. लेकिन मैं तुम्हें कुछ सामान्य प्रक्रियाओं का वर्णन कर सकता हूँ जो प्रेम की रचना में होती है; यह तुम्हारी भ्रान्ति को कम करेगी और यह स्पष्ट करने में सहायता करेगी कि मेरा क्या मतलब था जब मैंने कहा था कि प्रेम प्रतिबिंबित नहीं होता."

प्रेम का उद्भव

पुरानी आत्मा कुछ क्षण के लिए रुका और फिर बोला, "मैं एक क़दम पीछे जाता हूँ और तुम्हें कुछ शब्दों में समझाने की कोशिश करता हूँ कि यह कैसे होता है.

"तुम यह स्मरण करने में सही हो कि मैंने यह कहा था प्रेम एकतरफ़ा होता है और यह प्रतिबिंबित नहीं होता. लेकिन तुम यह भी स्मरण करोगे कि

मैंने अपने वर्णन की प्रस्तावना इन शब्दों के साथ दी थी, "सभी गहन उद्देश्यों के लिए." उस एक वाक्य में प्रेम के विकास का वर्णन वास्तव में अधिक जटिल है जब तुम आगे चल कर सतह के नीचे देखते हो, क्योंकि यह भी सच है कि प्रेम अंशों में अपने स्रोत पर वापिस प्रतिबिंबित होता है."

"उससे तुम्हारा क्या मतलब है? वह कैसे होता है?"

"तुम्हें याद होगा कि प्रेम सभी आत्माओं का मूलतत्व होता है और यह कि सभी आत्माएँ आध्यात्मिक स्तर पर प्रेम से जुड़ी हुई होती हैं. तुम्हारा बाहरी अहम इसको सचेत रूप में नहीं जानता, लेकिन तुम्हारी आत्मा हर समय इस सम्बन्ध की अनुभूति बड़े स्पष्ट रूप से करती है. जब तुम प्यार से किसी की ओर आकर्षित होते हो, जो सम्बन्ध उस व्यक्ति के साथ तुम महसूस करते हो वह प्रेम की उत्तेजना से होता है जो तुम्हारी आत्माओं के बीच घटित होता है.

"इस प्रक्रिया में पहला क़दम अपने अंदर के पहलू को पहचानना होता है जिसे तुम आदर्श मानते हो और प्रेम करते हो. एक बार जब तुम इसकी पहचान कर लेते हो तो तुम उस गुण को दूसरे व्यक्ति पर व्यक्त करते हो. पाने वाला तुम्हारे मंसूबे को ग्रहण करता है और यदि वह इसे रुचिकर समझता है तो एक उत्तेजना और ऐसे ही आदर्शीकरण की एक लहर उसके अंदर भी उठती है और तुम्हें व्यक्त की जाती है. यह मंसूबे जो पारस्परिक रूप से विशिष्ट होते हैं अपने स्रोत पर वापिस प्रतिबिंबित होते हैं जैसे किसी दर्पण से होते हैं. यह मंसूबे फड़फड़ाते हैं और बढ़ते जाते हैं जब दोनों आत्माएँ अपने आदर्श के प्रतिबिम्ब की सुगंध में स्नान करती हैं, जिसे वे प्रेम करती हैं. मगर इस समय के दौरान एक दूसरी चीज़ प्रेम की एक घटना भी विकसित हो रही होती है, जिसकी अपनी स्वायत्तता होती है लेकिन फिर भी यह दोनों व्यक्तियों के मंसूबों का एक अभिन्न पहलू होता है. एक बेहतर समानता की खातिर तुम्हारे लिए एक 'प्रेम के बुलबुले' की कल्पना करना उपयोगी होगा, जो बना है और दोनों व्यक्तियों के ऊपर हवा में तैर रहा है, जिसके अंदर प्रेम की मंशा भी सोख ली जाती है जो दोनों व्यक्ति एक-दूसरे पर प्रक्षेप करते हैं. यह प्रेम का बुलबुला उनसे मिल जाता है और उन्हें प्रेम में एक दूसरे से सम्बन्धित महसूस कराता है. इसीलिए जब तुम प्रेम में होते हो तो तुम महत्तर, अधिक आनंदित, मजबूत और हर तरह से संवर्धित महसूस करते हो. तुम्हें ऐसे महसूस होता है जैसे तुम्हारी आत्मा की शक्ति दुगनी हो गई है और यह इसलिए होता है क्योंकि यह हुई है; इस नये जन्म में तुम्हारा प्रेम तुम्हारी आत्मा से मिल जाता है; प्रेम का एक प्रेम-बुलबुला.

"उस समय जो प्रेम तुम महसूस करते हो उसका स्रोत दोहरा होता है : एक तरफ़ तो यह इस घटना के साथ या प्रेम के जन्म के साथ होता है, प्रेम-बुलबुला जो तुम्हारे साथ मिल जाता है. इस दृष्टान्त में जब तुम्हारा प्यार प्रेम-बुलबुले के अंदर जाता है तो यह एकतरफ़ा होता है और प्रतिबिंबित नहीं होता. फिर भी दूसरी तरफ़ जो प्रेम तुम महसूस करते हो उसका स्रोत तुम्हारे अंदर के आदर्श के रूप में गुण की पहचान में भी है जिसे तुमने पहचाना है और दूसरे व्यक्ति पर प्रक्षेप किया है और जिसको तुम प्रेम करते हो. इस दूसरे पहलू को मनोवैज्ञानिक 'प्रक्षेपी पहचान' कहते हैं."

"प्रकट करने वाली पहचान. वह वास्तव में क्या है?"

"यह एक ऐसी प्रक्रिया है जिससे तुम वास्तव में बहुत ज़्यादा परिचित हो, लेकिन एक नकारात्मक भावनात्मक दृष्टिकोण से. उदाहरण के लिए तुम बहुधा स्वयं को बातचीत के बाद दूसरे व्यक्ति के इरादे पर प्रश्न करते हुए पाओगे. तुम अपने-आप में सोच सकते हो, 'वह मुझ पर विक्षुब्ध लग रहा था जब उसने वह कहा था' या 'मैं विस्मित हूँ कि उसका क्या मतलब था जब उसने वह टिप्पणी की थी?" फिर तुम इस पर बेचैन होने लगते हो और तुम उस बेचारे व्यक्ति पर व्यथित और नाराज हो सकते हो. तुम्हें उस पर क्रोध आ सकता है. इस सबको तुम अपने दिमाग़ में रखते हो और यह मान कर दूसरे व्यक्ति पर प्रकट करते हो कि वह तुमसे परेशान है, बिना उससे किसी प्रकार का स्पष्टीकरण लिए. बेशक 99% घटनाओं में तुम्हें कुछ समय बाद समझ में आता है कि तुम्हारी ग़लती थी और यह कि वह तुम्हारी कल्पना थी जिसने तुम पर क़ाबू कर लिया था. यह एक 'प्रक्षेपी पहचान' का उदाहरण है. इस दृष्टान्त में तुमने अपने विचारों को किसी और पर प्रक्षेप किया है, उन पर दोषारोपण किया और अपनी परेशानी के स्रोत या क्रोध को ग़लत भाव दे दिया, जो तुम्हारे बजाय उनमें से निकल रहा है. तुम वास्तव में अपने ही विचारों से परेशान हो गए हो.

"क्या तुम समझ रहे हो?"

"हाँ. इस तरह के प्रक्षेपण से मैं निश्चय ही परिचित हूँ. मैं स्वयं को अक्सर इसे करते हुए पाता हूँ."

पुरानी आत्मा ने मुस्कराते हुए उत्तर दिया, "मैं जानता हूँ !"

"बिलकुल ऐसी ही चीज़ होती है जब तुम किसी दूसरे व्यक्ति के लिए प्रेम महसूस करते हो, लेकिन भावना सकारात्मक होती है और उस दृष्टान्त में इसे

निहारना बड़ा सुहाना होता है. तुम अपने स्नेहमय विचार प्रकट करते हो और उसके प्रेम में पड़ जाते हो जब बिलकुल वही विचार वापिस तुम्हारी ओर प्रतिबिंबित होते हैं, जैसे एक दर्पण से होता है. बेशक ये विचार तुमसे परिचित हैं, क्योंकि वह तुमसे संबंधित हैं और तुम प्रेम के आदर्शीकरण के साथ उन्हें पहचानते हो जो वह तुम्हें दर्शाते हैं. यह प्रकट करने वाली पहचान का उदाहरण है, जो तब होती है जब तुम प्रेम में पड़ जाते हो."

"क्या तुम यह कह रहे हो कि जब मैं किसी से प्रेम करता हूँ तो मैं केवल अपने प्रक्षेपण को प्रेम कर रहा हूँ?'

"हाँ, आंशिक रूप से तुम ऐसा ही कर रहे हो. तुम्हारे प्रेम की भावना इस 'प्रक्षेपी पहचान' और प्रेम-बुलबुले का एक मिश्रण है जिसका वर्णन मैंने पहले किया था, जो तुम्हारी आत्मा की चेतना का एक भाग बन जाता है.

"इस प्रक्रिया के एक पहलू से तुम पहले ही अच्छी तरह से परिचित हो – जिस प्रकार के प्रेम का अनुभव तुम्हें इस प्रक्षेपी पहचान के माध्यम से होता है वह आसक्ति का पर्याय है. आसक्ति एक अस्थाई असाधारण जुनून है जो तुम्हें बाद में पता चलता है कि वह तुम्हारी बेवकूफ़ाना हरकत थी. उन घटनाओं में जब तुम्हें पता चलता है कि तुम्हारी प्रक्षेपी पहचान को उस व्यक्ति के व्यवहार से समर्थन नहीं मिल रहा है, जिसके ऊपर यह प्रक्षेप किया जाता है तो आसक्ति के साथ-साथ प्रक्षेपण धुँधला पड़ना शुरू हो जाता है, जिस मामले में प्रेम की और अधिक सुगंध प्रेम-बुलबुले में नहीं जाती, जो विकसित होना शुरू हुई है. मगर जब तुम्हें अपनी प्रक्षेपी पहचान की उस व्यक्ति के व्यवहार से पुष्टि मिल जाती है, जिस पर यह प्रक्षेप की जाती है तब तुम्हारी आसक्ति लगातार रहती है, हालाँकि समय के साथ-साथ कम असाधारण तरीक़े से और प्रेम की सुगंध प्रेम-बुलबुले में जाती रहती है और तुम्हारी आत्माओं का प्रेम-मिलन स्थापित हो जाता है."

"यह उन सभी आसक्तियों का स्पष्टीकरण करता है जो मुझे हुई थी. पहले तो मैं उस व्यक्ति पर पूरी तरह से आसक्त होता हूँ, लेकिन फिर जब मैं उसके बारे में जान जाता हूँ, मुझे पता चलता है कि वह वो नहीं है जो मैं सोचता था."

"हाँ ... बिलकुल ठीक.

"तो, संक्षिप्त में तुम्हारे प्रेम सम्बन्ध की जड़ पहले प्रक्षेपी पहचान में होती है और फिर उसकी जड़ प्रेम के स्वायत्त शरीर में होती है जो तुम्हारे पारस्परिक

प्रक्षेपण के फलस्वरूप विकसित होता है, अर्थात प्रेम का बुलबुला. इसीलिए लोग ऐसी टिप्पणियाँ करते हैं "हमारे बीच प्रेम है" और "हमने कभी प्यार किया था". प्रेम का स्रोत, जिसकी बात वे कर रहे हैं, प्रेम-बुलबुला है जो उनके बीच विकसित हुआ था. इसका एक अलग अस्तित्व है और फिर भी यह दोनों व्यक्तियों के लिए अभिन्न है जो अपने सम्बन्ध के दौरान इसका प्रेममय प्रक्षेपण से पोषण करते हैं. एक बार स्थापित होने पर यह प्रेम-बुलबुला कभी नष्ट नहीं होता. फिर भी सम्बन्धों में विपरीत परिस्थितियाँ बाद में इसकी अभिव्यक्ति में बाधा डाल सकती हैं."

रिक्की ने इस पर मनन किया और फिर कहा, "मैं समझता हूँ कि मैं इससे बेहतर महसूस कर रहा हूँ. यद्यपि यह जान कर थोड़ा सुखद लगता है कि उस प्रेम का एक बहुत बड़ा हिस्सा जो मैं महसूस करता हूँ केवल एक 'प्रक्षेपी पहचान' ही है'.

"तो क्या कोई मुझे वास्तव में मेरे विशिष्ट गुणों के लिए प्रेम नहीं करता?"

"हाँ, वे करते हैं, लेकिन केवल तब जब वे भी उन विशिष्ट गुणों को अपना आदर्श बनाते हैं. यह आवश्यक नहीं है कि उनमें वो गुण हों, लेकिन वह उन्हें अपना आदर्श मानते हैं और उनके साथ पहचान बनाते हैं.

"फिर भी तुम कभी नहीं जानते कि वास्तव में वे तुममें क्या गुण देखते हैं. तुम बस यही जानते हो कि तुम्हें प्रेम महसूस होता है, जो एक भावना है जो तुम उस प्रेम-बुलबुले से लेते हो. लेकिन तुम्हें कभी भी सही-सही कारण का पूरी तरह से बोध नहीं होगा या तुम पूरी तरह से समझ नहीं पाओगे कि तुम्हें क्यों प्यार किया जा रहा है."

"तो क्या वह लोकप्रिय कहावत सही है कि तुम किसी और से प्रेम नहीं कर सकते यदि तुम अपने-आप से प्रेम नहीं करते?"

"हाँ, यह सही है. जब तुम अपने अन्दर वह स्वरूप नहीं पा सकते जिसे तुम अपना आदर्श मान सको और प्रेम कर सको तो तुम्हारे पास प्रक्षेप करने के लिए वह गुण नहीं है और परिणामस्वरूप ऐसी कोई भी प्रक्षेपी पहचान नहीं है जिसके साथ प्रेम में पड़ सको. इसके अलावा जब तुम अपने अंदर कोई ऐसा स्वरूप नहीं ढूँढ सकते जिसे तुम अपना आदर्श बना सको और उससे प्रेम कर सको तो तुम्हारे पास कोई सहारा नहीं है जिसके साथ तुम अपनी पहचान बना

सको, जब तुम्हें कोई प्रेम दिखाये तो. जब तुम उस आदर्शीकरण को अपने अन्दर नहीं पाते तो तुम दूसरे व्यक्ति के निर्णय पर भरोसा नहीं कर सकते जब वह तुम्हें कहता है कि वह तुम्हें प्रेम करता है. तुम स्वत: ही यह मान लोगे कि वह नहीं जानता कि वह क्या कह रहा है और यह कि उसके प्रेम का प्रस्ताव ग़लत है और उसका निर्णय ज़रूर किसी झूठे वादा पर आधारित है, इसलिए तुम इसे नकार देते हो. फिर भी जब तुम किसी स्वरूप के साथ पहचान बनाने योग्य होते हो जिसे तुम अपने अंदर आदर्श मानते हो और प्रेम करते हो तो तुम्हें दूसरे व्यक्ति के प्रेम का प्रक्षेपण महसूस होता है और तुम तत्काल वैसी भावना अपने अन्दर पहचान लेते हो. जब यह उत्तेजना होती है तो तुम अपने अंदर प्रेम महसूस करते हो और वह तुम्हें याद दिलाता है कि तुम्हें आध्यात्मिक रूप से प्रेम किया जा रहा है और उस क्षण में तुम अपनी भावना का स्रोत अपनी आँख के सामने की वस्तु पर प्रक्षेप करते हो."

"वाओ ! यह दिलचस्प है. जब भी मैं प्रेम में पड़ता हूँ तो कभी मैंने परदे के पीछे होने वाली चीज़ों के बारे में नहीं सोचा."

"बहुत सारे लोग इसके बारे में नहीं सोचते. यह तुम्हारी प्रकृति का एक पहलू है जो तुम्हारी सचेत जागरूकता के नीचे होता है और यह तुम्हारे ध्यान देने की आवश्यकता के बिना ही स्वाभाविक रूप से विकसित होता है. फिर भी उन घटनाओं में जहाँ बाहरी अहम् और आंतरिक पहचान का सम्बन्ध क्षतिग्रस्त हो जाता है, जो तुम्हारी अंतर्दृष्टि के साथ तुम्हारे सम्पर्क को तोड़ देता है या क्षतिग्रस्त कर देता है तो समस्याएँ अवश्य आती हैं.

"हम इन मुद्दों के बारे में विस्तार से बाद में चर्चा कर सकते हैं, लेकिन आज मुझे अपनी चर्चा को इन संक्षिप्त टिप्पणियों तक ही सीमित रखना चाहिए जो मैंने प्रेम के विषय पर की है."

पुरानी आत्मा थोड़ा रुका, "हमने आज अलग-अलग भावनाओं और उनके प्रभाव पर चर्चा की है जो वो तुम्हारी वास्तविकता बनाने में डालती हैं.

"लेकिन इससे पहले कि हम समाप्त करें, मैंने जो कुछ आत्मा के द्वारा अपनी आंतरिक प्रकृति के सीखने के बारे में कहा है, उन्हें इकट्ठा करूँगा और इस प्रक्रिया के बारे में कुछ और तथ्य जोड़ूँगा कि आंतरिक शिक्षण कैसे होता है."

अपने आंतरिक स्वभाव को जानने के बारे में

पुरानी आत्मा ने जारी रखा, "मैंने कई अवसरों पर कहा है कि आत्माएँ परस्थितियों की रचना करती हैं जो उन्हें भावनाएँ उत्पन्न करने के अवसर प्रदान करती हैं. परिणामस्वरूप यह उन्हें अपनी आंतरिक प्रकृति के बारे में जानने का और आध्यात्मिक रूप से विकसित होने का अवसर प्रदान करती है. उस सन्दर्भ में मैंने कई विषयों पर बात की थी : आत्माएँ कैसे अपने आने वाले अवतार के लिए तैयारी करती हैं और मंच तैयार करती हैं; आत्माएँ कैसे अवतरण से पहले और उसके दौरान अपने भाग्य का निर्धारण करती हैं; और कैसे कई परिस्थितियों में 'स्वतन्त्र-इच्छा' एक दुधारी तलवार होती है जहाँ तुम वह चुन सकते हो जो तुम नहीं हो, जो तुम नहीं हो वह बनने के लिए मज़बूर होना चुन सकते हो या स्वयं को और दूसरों को, जो तुम्हारे नज़दीकी हैं, चोट पहुँचाना चुन सकते हो ताकि तुम यह पता लगा सको कि तुम क्या हो. मैंने इसके बारे में भी बात की थी कि प्रेम, डर, उत्सुकता, क्रोध, अवसाद, दोष, शक्ति और घृणा के अनुभव के द्वारा अपने आंतरिक स्वभाव को कैसे जाना जाता है.

"लेकिन एक अतिरिक्त प्रक्रिया है जिसके माध्यम से 'आंतरिक जानकारी' घटित होती है जिसका वर्णन मैंने अब तक तुमसे नहीं किया है."

"वह क्या है?"

"पहले मैं तुम्हें इसकी पृष्ठभूमि बताऊँगा कि कैसे 'भावनात्मक यादें' संग्रहित होती हैं. जैसा कि मैंने अभी-अभी कहा, तुम उन परिस्थितियों को उत्पन्न करते हो जो ऐसी स्थितियाँ लाती हैं जिनसे तुम्हारी भावनाएँ उत्पन्न होती हैं. एक बार जब भावनाएँ उत्पन्न हो जाती हैं तो तुम उन्हें अपने दिमाग़ में भावनात्मक यादों की तरह रख लेते हो, उन जुड़े विचारों के साथ जिन्होंने उन्हें उत्पन्न किया था और वह समय भी जब वह उत्पन्न हुई थीं. लेकिन सबसे पहले अलग-अलग भावनात्मक यादों की सूची बनाना या एक समूह में रखना एक दूसरे के साथ सम्बन्ध के अनुरूप होता है. एक गौण सूची उस विशेष विचार के अनुसार बनती है जिसने वह विशेष भावना उत्पन्न की थी और एक तीसरी सूची उस समय के अनुसार बनती है जब वह भावनात्मक घटना घटित हुई थी. इसीलिए तुम्हारे पास समान भावनाओं का समूह बन जाता है जो 'भावनात्मक संबंध' के अनुसार या समानता के अनुसार तुम्हारे 'प्रसाधक के दराज़ों' में रखी जाती हैं.

एक उदाहरण के रूप में धोखे से सम्बन्ध रखने वाले सारे भावनात्मक अनुभव एक दराज़ में रखे जाते हैं. दूसरे दराज़ में परित्याग के सारे भावनात्मक अनुभव रखे जाते हैं और एक तीसरे में शोषण के, एक चौथे में अँधेरे का डर, और ऐसे ही."

"ठीक है, मैं समझ गया."

"एक दराज़ से दूसरे दराज़ में रिसाव भी होता है. एक उदाहरण के रूप में एक दराज़ में से धोखे की यादों का स्मरण अलग दराज़ में रखी उससे सम्बन्धित परित्याग की यादों को सक्रिय कर देगी, और ऐसे ही.

"जिस तरीक़े से इन भावनाओं की सूची बनती है उसके कारण अपने दराज़ों में से किसी एक ख़ास भावना उत्पन्न करने वाली विशेष विचार को ढूँढ पाना बहुत मुश्किल होता है और वस्तुतः बिलकुल सही ऐतिहासिक समय-सीमा को जानना असंभव होता है कि कब एक भावना जो विशेष तरह की घटना से जुड़ी है पहले घटित हुई."

रिक्की ने सिर हिलाया, "ठीक है, मैं समझ गया."

"अब स्पष्टीकरण का यह एक महत्वपूर्ण अंश है जिस पर मैं जाना चाहता हूँ.

"कभी-कभी क्या होता है जो विचार और उनसे सम्बन्धित भावनाएँ तुम अपने दिमाग़ में पैदा करते हो वह तुम्हें सदमा पहुँचती हैं और तुम उन्हें अत्यंत अरुचिकर पाते हो. तुम यह नहीं समझ पाते कि कैसे तुम्हारे जैसा अच्छा व्यक्ति ऐसे घृणित विचार रख सकता है और ऐसे विचारों के लिए तुम स्वयं को ही घृणा करते हो.

"जब ऐसा होता है तो तुम्हारा आवेग उन्हें अपने से दूर रखने का और उनके साथ बर्ताव न करने का होता है. फिर भी तुम्हें जो जानना चाहिए वह यह है कि इस तरह के अनुभव सामान्य होते हैं. प्रत्येक व्यक्ति उन अनुभवों को कभी-कभी महसूस करता है. तुम्हारा 'बाहरी अहम' और तुम्हारी 'आन्तरिक पहचान' बहुत गहन रूप से रचनात्मक होती हैं और उनके कारण जो बोला नहीं जा सकता उसके समेत तुम हर तरह की चीज़ों के बारे में सोचते हो. आंतरिक अनुभव और आंतरिक जानकारी के एक हिस्सा के रूप में तुम्हारे लिए हरेक स्थिति को, जिसका तुम सामना करते हो, सारे संभावित दृष्टिकोण से मालिश करना, आसपास फेंकना और विश्लेषण करना एक सामान्य बात है.

तो उदाहरण के लिए अगर तुम एक यौन उत्पीड़न के बारे में अख़बार में पढ़ते हो तो तुम्हारी कल्पना तुम्हें वहाँ ले सकती है और तुम यह सोच सकते हो कि घायल पीड़ित होने से कैसा लग सकता है, अपराधी होने से कैसा लग सकता है, एक नज़दीकी पारिवारिक सदस्य होने पर कैसा लग सकता है, इत्यादि. यदि तुम अपने जागृत जीवन में उस स्थिति के बारे में अपनी भावनाओं को नहीं सुलझा पाते तो तुम अपने सपनों और दु:स्वप्नों में भी उन पर काम करते रहोगे, जब तक तुम एक शांतिपूर्ण समझौते तक पहुँच न जाओ.

"लेकिन कभी-कभी जब ये विचार और भावनाएँ इतनी उग्र होती हैं कि तुम उन पर क़ाबू नहीं पा सकते तो तुम उनके बारे में कुछ भी सोचना नहीं चाहते और तुम उन्हें ताला लगाकर अपने एक दराज़ में पीछे की ओर सुरक्षित रख देते हो जहाँ तुम आशा करते हो कि ये फिर कभी उजागर नहीं होंगी. समस्या यह है कि समय के साथ दराज़ पूरा भर जाती है. और जब ऐसा होता तो जिसको तुमने देखने से इंकार किया था वह तुम पर हावी होने लगता है, क्योंकि वही विचार और भावनाएँ सुने जाने के लिए शोर मचाने लगती हैं. चरम मामलों में वे उस रूप में उभरती हैं जो 'अत्यंत अस्वाभाविक व्यवहार के प्रकरण' के तौर पर वर्णन किये जा सकते हैं और सामान्यतया तुम इन प्रकरणों को बाद में अच्छी तरह याद रखोगे. और दूसरे अत्यधिक दुर्लभ मामलों में ये नकारे गये विचार और भावनाएँ स्वयं को एक बहु-व्यक्तित्व के माध्यम से प्रस्तुत करते हैं, जहाँ इन अनसुलझे भावनात्मक मुद्दों में से एक और पृथक व्यक्तित्व बन जाता है."[55]

"वह तक़लीफ़देह होगा."

"हाँ, यह तक़लीफ़देह हो सकता है. लेकिन सौभाग्य से वह कभी-कभार ही होता है. जो तुम्हें जानना चाहिए वह यह है कि इन अनचाहे विचारों और भावनाओं के ज़रिये सुलझाना अपनी आंतरिक प्रकृति को जानने के लिए मुख्य मार्गों में से एक है. सामाजिक रूप से स्वीकृत विचार और भावनाएँ, जिन्हें तुम स्वीकार करते हो, के साथ वे यह परिभाषित करते हैं कि तुम क्या हो, चाहे तुम इसे पसंद करो या न करो. वे तुम्हारे एक अत्यावश्यक हिस्सा हैं और इसीलिए वस्तुत: एक पूरे जीवनकाल में उनकी उपेक्षा करना असंभव

---

[55] इस विषय पर और पढ़ने के लिए, आडम क्रेबट्री देखें. मल्टीपल मैन: एक्सप्लोरेशन इन पोस्सेसन एंड मल्टीपल पर्सनालिटी. टोरंटो: सोमेर्विल्ले हाउस, 1997.

है. जब वे आवाज़ पाने के लिए और समझे जाने के लिए शोर मचाते हैं तो वे तुम्हें रोज़मर्रा की हानिरहित घटनाओं के लिए सक्रिय कर देते हैं. जब वैसा होता है तो सारी भावनाएँ जो एक दराज़ में होती हैं एकदम से सतह पर आ जाती हैं और तुम अपने-आप को एक स्थिति में ज़रूरत से ज़्यादा प्रतिक्रिया करते देखते हो. इसलिए यह महत्वपूर्ण है कि तुम समय लो और अपने दराज़ों में से छाँटो – समय-समय पर उससे निपटो जो तुम्हें परेशान कर रहा है. तुम अपने जीवनकाल के दौरान इसे जितना अधिक कर पाओगे, उतने ही संतोषप्रद रहोगे."

"क्या तुम यह कह रहे हो कि हरेक को उपचार करवाना चाहिए.?"

"अपने जीवनकाल में किसी समय एक पेशेवर से बातचीत करने का अवसर मिले तो ज़्यादातर व्यक्तियों को लाभ हो सकता है. लेकिन वह उनकी नियति नहीं हो सकती. उन्होंने यह निर्णय लिया होगा कि पूरे जीवनकाल में अपनी अनचाही भावनाओं से संघर्ष करते रहने से एक अधिक दिलचस्प, हालाँकि अधिक मुश्किल, शैक्षणिक अनुभव मिलेगा जिसके माध्यम से वे कष्ट के फलस्वरूप अंततः अर्थ पा ही लेंगे या तो मृत्यु शैय्या पर या मृत्यु के बाद. बेशक इसलिए भी तुम किसी को उपचार करवाने के लिए मज़बूर नहीं कर सकते. उन्हें उसके लिए तैयार करना पड़ेगा और उन्हें ज़रूर इसकी इच्छा करनी होगी. और यह ज़रूर कुछ ऐसा भी होगा जिसको उन्होंने अपने लिए नियत किया होगा."

"मैं समझता हूँ कि यहीं से यह कहावत आयी है : तुम घोड़े को पानी तक ले जा सकते हो, लेकिन तुम उसे ज़बरदस्ती पानी नहीं पिला सकते."

"हाँ, तुम्हें बदलने की इच्छा करनी चाहिए इससे पहले कि कोई बदलाव संभव हो."

"मैं यह जानने के लिए उत्सुक हूँ ... मेरे प्रसाधन के दराज़ में किस तरह के अनसुलझे मुद्दे हैं?"

"एक मुद्दा, जो अब सुलझ गया है, तब हुआ था जब तुम्हें यह पता चला कि तुम समलैंगिक हो. बेशक जैसा कि मैंने पहले कहा था समलैंगिक होना तुम्हारा चुनाव था, लेकिन तुम्हारे आंतरिक ज्ञान का महत्वपूर्ण हिस्सा यह था कि तुमने इस चुनौती का सामना कैसे किया. तुम अपने देश में प्रचलित पूर्वाग्रह के सन्दर्भ में, जो वहाँ है, अपनी आंतरिक प्रकृति से कैसे समझौता करोगे? पहले तो तुम

इस तरीक़े से भिन्न नहीं होना चाहते थे और तुम्हें इससे समझौता करने में कुछ वर्ष लग गये. सौभाग्य से तुम ने कभी भी अपनी भावनाओं से आत्म-घृणा या असंतोष का अनुभव नहीं किया. तुम्हारे पास स्वतन्त्र इच्छा थी और तुमने समान लिंग के प्रति आकर्षण को अपने स्वभाव के पहलू के रूप में स्वीकार किया, लेकिन इस चेतावनी के साथ कि तुम किसी को नहीं कहोगे और अपनी रूमानी भावनाओं के लिए सख्त हो गये जब तक तुम्हें यह नहीं लगा कि इसके बारे में बताना सुरक्षित है. यहाँ पर जो महत्वपूर्ण बिंदु मैं कहना चाहता हूँ वह यह है कि हमेशा एक विकल्प होता है. तुम इस स्थिति को अपने लिए एक चुनौती की भांति स्थापित करते हो और इसी तरह से तुमने प्रतिक्रिया की."

"हाँ ... वह सही है."

"बेशक कोई भी दो स्थितियाँ बिलकुल सामान नहीं होतीं और दूसरे लोग कई कारकों के आधार पर अलग-अलग चुनाव करते हैं. कुछ के लिए उनकी समान लिंग के प्रति आकर्षण की जानकारी से उनमें क्रोध और आत्म-आलोचना की भावनाएँ उजागर होती हैं – और कुछ दृष्टान्तों में यह आत्म-नाश की ओर ले जाती है. ये लोग उस चुनौती का सामना नहीं कर सकते जो उन्होंने अपने लिए स्थापित की थी और अपनी नकारात्मक भावनाओं को अपनी ही ओर मोड़ लेते हैं. दुर्भाग्य से किशोरावस्था में आत्म-हत्या की कोशिशें और आत्महत्याएँ इन परिस्थितियों में आम होती है."

"मैं भाग्यशाली हूँ. मैंने कभी भी आत्महत्या की भावना महसूस नहीं की."

"नहीं, इस मुद्दे के लिए जो परित्स्थितियाँ तुमने नियत की थी वह उनसे कम भयानक थीं जिन्हें कई लोगों ने अपने लिए नियत की हुई थीं. उदाहरण के लिए तुम्हारे अन्तरंग मित्र थे, तुम अपने हकलाने और अपपठन के कारण अलग तरीक़े से बड़े हुए थे, तुम स्त्रियोचित नहीं थे, तुम अपने मित्र-समूह द्वारा अकेले नहीं किये गये थे और तुम एक अत्याचारी धार्मिक घर में बड़े नहीं हुए थे या ऐसे माता-पिता के साथ जो तुम्हें नहीं लगता था कि यदि उन्हें पता चलेगा तो तुम्हें त्याग देंगे.

"जबकि कुछ अपनी घृणा की भावना को अंदर ही रख लेते हैं, दूसरे इसे समलैंगिकों के प्रति घृणा के रूप में बाहर निकाल देते हैं, जैसे मैंने पहले चर्चा की थी. इनमें से कुछ व्यक्ति अपने समलैंगिक आकर्षणों के लिए सचेत रूप से जागरूक होते हैं, जबकि दूसरे नहीं होते. अपनी निराशा में वे दूसरों को उस

चीज़ के लिए कष्ट देते हैं जिसे वे अपने अंदर स्वीकार नहीं कर सकते. यह बड़े उदासीन हालात है, क्योंकि वे अपनी चुनौती का सामना नहीं कर सके. इनमें से कुछ व्यक्ति समलैंगिकों को मारने वाले होते हैं. वे अपनी प्रकृति के किसी भी उस पहलू से घृणा करते हैं, जिसे वे प्रक्षेप करते हैं और दूसरों में पहचानते हैं.”

“हाँ, मैं किसी ऐसे को जानता हूँ जिसने मुझसे यह स्वीकार किया था कि वह अपने समलैंगिक होने को स्वीकार करने से पहले ‘समलैंगिकों को मारने वाला’ था. उसने जो कुछ किया था उसके लिए वह बहुत बुरा महसूस कर रहा था.”

“हाँ ... जैसा मैंने पहले बताया था, कभी-कभी एक व्यक्ति को स्वयं को और दूसरों को ज़रूर बहुत अधिक पीड़ा पहुँचानी चाहिए इससे पहले कि उसको आंतरिक ज्ञान हो.

“ऐसी ही स्थिति दूसरी तरह की बदमाशी से होती है. दूसरों के द्वारा इस तरह की पीड़ा पहुँचाए जाने पर किशोर सामान्यतया अतिसंवेदनशील होते हैं, क्योंकि उन्हें अपने मित्र-समूह से स्वीकृति पाने की अत्यधिक आवश्यकता होती है और उन्होंने अभी तक स्वतंत्रता की भावना का समुचित विकास नहीं किया होता है. इन घटनाओं में डराने-धमकाने वाले दूसरों में एक ऐसी कमज़ोरी को देखते हैं जिससे वे स्वयं नहीं निपट सके. उनकी घृणा उनकी अपनी उसी कमी से निपट पाने की अक्षमता से निकलती है जिसे वे अपने शिकार के चरित्र में भी देखते हैं.”

“मैं जानता हूँ कि स्कूल में कभी-कभी बदमाशी हुई थीं जब मैं छोटा था. मेरे साथ यह कभी नहीं हुई, लेकिन मैंने एक बार किसी से बदमाशी की थी जिसे मैं मुश्किल से जानता था. वह मेरे से एक वर्ष बड़ा बच्चा था जो हमारी गली के दूसरे छोर पर रहता था. मैं और मेरे मित्रों ने कुछ कारणों से जो मैं याद नहीं कर पा रहा हूँ निर्णय लिया कि वह धौंसिया है और प्रतिशोध में कुछ अवसरों पर उसके घर गये और बाहर से चिल्लाया, ‘कार्ल धौंसिया है, कार्ल धौंसिया है.’ बहुत वर्षों के उपरांत मैं उससे टकराया और उसने मुझे बताया कि हमने उसको उसकी किशोरावस्था में कितना दु:खी और अकेला महसूस कराया था. मैं अभी भी उसके बारे में बुरा महसूस करता हूँ जो हमने किया.”

“यह अच्छा है कि तुम पश्चाताप महसूस करते हो. तुम्हें उस समय अपने ख़ुद के चरित्र के पहलुओं को स्वीकार करने में मुश्किलें आ रही थीं और तुमने उनको उसके ऊपर प्रक्षेप कर दिया. जैसा कि मैंने कहा है, कभी-कभी तुम्हें वह

बनना पड़ता है जो तुम नहीं हो यह जानने के लिए कि तुम क्या हो. जब तुम इस स्थिति को बाद में सोचते हो तो तुम यह भी देख सकते हो कि आंतरिक ज्ञान कैसे होता है, क्योंकि तुम्हारी आत्मा विदीर्ण हो जाती है ताकि यह स्वयं ही अपने मूलतत्व, प्रेम की शक्ति, से उपचार कर सके. यह अब हो चूका है और इस प्रेम के माध्यम से तुम्हें अब पश्चाताप हो रहा है.[56]

"भावना के कोमल रूप जो इस तरह के अनसुलझे मुद्दों से उत्पन्न होते हैं रोज़मर्रा के जीवन में बहुधा होते रहते हैं और तुम उन्हें बड़ी आसानी से पहचान सकते हो. वह हमेशा हाल ही में हुई किसी चीज़ के लिए मन की प्रतिक्रिया से सम्बन्धित होती है और तुम अपनी प्रतिक्रिया से ख़ुद को हैरान करते हो, जो बस थोड़ी-सी अत्यधिक होती है. यह कुछ भी हो सकता है – कुछ ऐसा भी जो सतही तौर पर महत्वहीन है, जैसे कि किसी की पोशाक या बोलने का तरीक़ा. लेकिन यह सम्बन्धित अनसुलझी यादों को भी सक्रिय कर देता है जो तुम्हारी दराज़ में भरी गई हैं और वे सभी सतह पर एकदम से तैर कर आती हैं, जिससे तुम्हारी प्रतिक्रिया होती है."

"हाँ, कभी-कभी मेरी भी ऐसी ही प्रतिक्रिया होती है. यह जटिल है. मैं सामान्यतया समझ नहीं पाता कि वह मुझमें क्यों हैं."

"हाँ, मैं जानता हूँ. तुम्हें एक भावना का अनुभव होता है, लेकिन उस भावना से सम्बन्धित यादें और विचार जो तुम्हारे यह समझने में सहायक हो सकते हैं कि तुम्हें इनका अनुभव क्यों हो रहा है आसानी से उपलब्ध नहीं हैं. और समय-सीमा का जानना, जहाँ से उनका उद्भव हुआ होगा, इससे भी अधिक मुश्किल है. यदि तुम्हें इस तरह की भावनात्मक प्रतिक्रियाओं से कष्ट होता है तो चिकित्सक के दफ्तर में कुछ बार जाना तुम्हें एक अवसर दे सकता है कि तुम अपने प्रसाधक में झाँक सको और वह दराज़ खोल सको जिसमें सम्बन्धित अनसुलझी भावनात्मक यादें रखी हुई हैं.

"मगर इस तरह की आवेगपूर्ण प्रतिक्रिया को किसी चीज़ के बारे में एक मज़बूत और मान्य राय के साथ मत भरमाओ. वह सामान्य है और तुम कौन हो उसका एक अंश है; तुम्हारी विशिष्टता, मस्सा और सब कुछ, जिसके बारे में तुम्हें क्षमाशील नहीं होना चाहिए. फिर भी अपनी ही राय और व्यवहार

---

[56] इस विषय पर और सूचना के लिए परिशिष्ट 'क' में ओरेओन का लेक्चर "द बुली, द बुलीड एंड फार्गिवनेस" देखें.

पर प्रश्न उठाना निरामय है जब वह उस उच्च आदर्श के अनुरूप न हो जिसे तुम अपनाना चाहोगे. फिर भी दूसरे चरम पर बहुत अधिक नाभि की ओर देखना या अपना ही प्रतिबिम्ब देखना अस्वास्थ्यकर है. यह तुम्हें स्नायु विकारग्रस्त बना देता है, क्योंकि तुम हरेक चीज़ जो करते हो उस पर सवाल उठाने लगते हो और अपने शरीर से दूर बाहर के संसार में दोनों आँखों से देखना बंद कर देते हो."

अपनी नाभि से ध्यान हटाओ और अपने आसपास के संसार पर केन्द्रित करो.

"'दोनों आँखों से' तुम्हारा क्या मतलब है?"

"जब एक आँख तुम्हारी हरेक प्रतिक्रिया का विश्लेषण करते हुए तुम्हारी नाभि को देख रही है और दूसरी तुम्हारे आसपास की दुनिया को देख रही है तो तुम्हारा ध्यान बंट जाता है और फिर तुम प्रश्न करते हो कि तुम क्या कर रहे हो. अगर यह जारी रहता है तो दोनों ही आँखों का ध्यान तुम्हारी नाभि की ओर खिंच सकता है और तुम्हारा बाहर की दुनिया से सम्बन्ध बाधित हो सकता है, जब तुमने अपने सबसे अधिक बुनियादी अस्तित्व का उल्लंघन किया है, जो बिना क्षमाशील हुए ख़ुद बने रहना है और अपने-आप को दुनिया में धकेलना है."

"मैं समझ गया. यह सब एक साथ जुड़ता है. तुमने मुझे नाभि की ओर देखने के ख़तरों के बारे में चेतावनी दी थी जब तुमने मुझसे सर्वोत्कृष्टता के बारे में पहले बात की थी."

"हाँ. जब तुम जीवन की बारीकियों में उलझ जाते हो तो अपने आसपास की दुनिया में देखने की महत्ता को भूल जाना बहुत आसान है."

अब तक रिक्की ने बहुत सारी जानकारी हासिल कर ली थी और उसको इसे जज्ब करने की ज़रूरत थी. पुरानी आत्मा को इसकी जानकारी थी और मुलाक़ात को ख़त्म करने की तैयारी में उसने कहा, "अच्छा, अभी के लिए मेरे पास तुम्हारे लिए इतना ही है. हमने आज बहुत सारी जानकारी पूरी कर ली है. तुम्हारे पास कोई प्रश्न जो तुम मुझे पूछना चाहोगे?"

पुरानी आत्मा ने उसे जो कहा था उन सब के बारे सोचते हुए रिक्की ने टिप्पणी की, “ऐसा लगता है कि तुम्हारे पास दुनिया में जो कुछ हो रहा है, हरेक के लिए भव्य दृष्टि है. वह होता कैसे है?”

भव्य नाट्यशाला

पुरानी आत्मा ने कहा, “यह मेरे कई शौकों में से एक है. धरती पर जीवन के नाटक की नाट्यशाला को देखना मेरे लिए हमेशा आकर्षक रहा है. मेरे लिए यह वैसा ही है जैसे तुम बैठ कर टीवी पर एक धारावाहिक देखते हो. यहाँ आध्यात्मिक आयाम में मैं अपना टीवी चालू कर लेता हूँ और तुम्हारे भौतिक संसार को देखता हूँ. मैं लय मिला सकता हूँ और तुम्हारे जीवन को देख सकता हूँ – और किसी का भी – एक भव्य धारावाहिक में प्रकट होते हुए जैसे कि मैं संसार पर तुम्हारी विशिष्ट पकड़ को तुम्हारी आँखों से देख रहा हूँ. फिर मैं चैनल बदल सकता हूँ और तुम्हारे मित्रों का विशष्ट परिदृश्य देख सकता हूँ, जैसे वे जीवन को अपनी आँखों से देखते हैं और इसी तरह प्रत्येक व्यक्ति के लिए. मेरा ध्यान एक व्यक्ति से दूसरे व्यक्ति की ओर ले जाने के अतिरिक्त – जैसा कि तुम एक ही समय में प्रसारित अलग-अलग स्टेशनों को पकड़ने के लिए रेडियो पर करते हो – मैं उन चैनलों को भी पकड़ सकता हूँ जो मुझे विकसित सामंजस्य के पहलुओं को देखने देते हैं, क्योंकि यह घटनाओं को समय के साथ जोड़ता है. इस तरीक़े से मैं सभी धारावाहिकों को देख सकता हूँ जब वह एक ख़ास परिवार के सदस्यों के बीच, रिश्तेदारों और मित्रों के बीच, विस्तारित परिवारों और ऊपर चल कर जातीय समूहों, संस्कृतियों, देशों और सम्पूर्ण विश्व के बीच नाटक में प्रकट होते हैं. तुम देखते हो इन सभी स्तरों पर और सभी घटनाओं में, जो प्रत्येक स्तर पर होती हैं, एक भव्य सामंजस्य का खुलासा होता है. मैं इन सभी घटनाओं की परतों को देख सकता हूँ जब वह इकठ्ठे हो कर जीवन की नदी बनाती हैं जैसे ही यह धरती पर प्रकट होती है.

“बेशक स्थान/समय के आयाम से बाहर होने से मैं ‘तेजी से आगे’ बढ़ा सकता हूँ और देख सकता हूँ कि भविष्य में क्या हो सकता है – और मैं ‘पीछे’ भी कर सकता हूँ और देख सकता हूँ कि कैसे अतीत में घटी घटनाओं ने एक-दूसरे के ऊपर परत बना कर धरती पर जो हुआ है उसका इतिहास बनाया है. मैं तुम्हारा भाविष्य ठीक तरह से तो नहीं जान सकता, लेकिन भौतिक संसार की सीमा

और इसमें तुम्हारी स्वतंत्र इच्छा को जानते हुए मैं तुम्हारे चुनावों के अनुसार तुम्हारा जीवनकाल का खुलासा कैसे होगा वह व्यापक अवधि में देख सकता हूँ. रोज़मर्रा के जीवन में तुम जो छोटे-मोटे निर्णय लेते हो वह तुम्हारे जीवन को नहीं बदलेंगे, लेकिन तुम्हारे प्रमुख निर्णयों और दीर्घकालीन लक्ष्यों के आधार पर तुम्हारा जीवन जो संभावित मार्ग पकड़ेगा मेरी दिलचस्पी उसमें है और मैं उन्हें देखने के लिए ज़्यादा समय व्यतीत करता हूँ, विशेषकर तुम जिनसे संबंधित हो. और जब तुम्हारा नाटकीय घटनाक्रम तुम्हारे जीवनकाल के अंत में समाप्त हो जाता है तो तुम आध्यात्मिक आयाम में घर लौटोगे और यहाँ बैठोगे जहाँ मैं बैठा हूँ और जीवन के नाटक को खुलते हुए देखोगे जैसे मैं अभी करता हूँ, जब तक तुम दूसरे जीवनकाल के दौरान अपनी आंतरिक प्रकृति के बारे में कुछ नया जानने के लिए फिर एक दिन उनमें से एक नाटक में भाग लेने न कूद पड़ो."

"वह कमाल का है. यह सही समझ में आता है, जब तुम इस तरह से वर्णन करते हो."

पुरानी आत्मा खड़ा हो गया, "तुम्हारे पास अब अपने जीवन में आगे बढ़ने के लिए बुनियादी जानकारी है, जो तुम्हें चाहिए होगा. अगले कुछ महीनों में और वास्तव में अगले कुछ वर्षों में तुम इस जानकारी को पूर्ण रूप से आत्मसात कर लोगे जब तुम रोज़मर्रा की परिस्थितियों का सामना करोगे जो तुम्हें यह बतायेंगी कि इन बुनियादी अवधारणाओं से सावधान रहना तुम्हारे लिए क्यों महत्वपूर्ण है."

रिक्की खड़ा हो गया, पुरानी आत्मा का धन्यवाद किया और जाने के लिए मुड़ा. पिछले अवसरों पर जैसे हुआ था, उसने महसूस किया जैसे एक छेद में से वह धरती के आयाम की ओर खिंचा चला गया हो. कुछ भी समय व्यतीत नहीं हुआ था, जैसा पिछले अवसरों पर हुआ था. उसकी कलाई घड़ी ने बिलकुल वही समय दिखाया जो उसके पहाड़ी में घुसते वक़्त था. रिक्की बैठ गया और झाड़ी घाटी नदी के ऊपर और क्षितित में दूर कुछ पहाड़ों पर दृश्य को देखने लगा. हवा असाधारण रूप से शांत थी. ऊर्जा और गतिविधियाँ भूमि भरी हुई थी. एक हल्की हवा उसके पास से निकली और उसने एक ताज़ी हवा के झोंके का आनन्द उठाया जो हीथर और उत्तरी ध्रुव के फूलों की सुंगंध से भरी हुई थी. चिड़ियों को हीथर में चहचहाते हुए सुना जा सकता था, जबकि दूसरी चिड़ियाँ

इधर-उधर फड़फड़ा रहीं थी. अनुभव सांस रोकने वाला था और रिक्की अपने-आप को विशेष उपकार प्राप्त महसूस कर रहा था कि वह ज़िन्दा है जब उसने फॉर्म की ओर पैदल चलना शुरू किया.

फॉर्म पर लौटते हुए अपने रास्ते में रिक्की ने महसूस किया कि पुरानी आत्मा के साथ इन मुलाक़ातों के माध्यम से उसके पास अब लगभग उन सभी प्रक्रियाओं का सम्पूर्ण सैद्धांतिक ढाँचा है जो धरती पर एक आत्मा के लिए जीवनकाल बिताने के दौरान घटित होती हैं. सोचने के लिए बहुत कुछ था. भावना पर आज का पाठ पिछली बार उसने जो कुछ सीखा था उस पर आधारित था और भावनाओं की प्रकृति तथा उनके उत्पन्न होने पर उनसे बेहतर तरीक़े से कैसे निपटा जाये इसकी झलक प्रदान करता था.

उसने अपने-आप में सोचा: ब्रम्हाण्ड और हम नश्वरों पर जो यहाँ नीचे धरती पर रहते हैं पुरानी आत्मा का विशाल अवलोकन कुछ और ही है. किसी दिन उसके पास बैठने का मैं इंतज़ार करूँगा. फिर शायद मैं दुबारा यहाँ नीचे वापिस आना चाहूँगा और एक और जीवनकाल जीना चाहूँगा. मुझे यहाँ होना अच्छा लगता है. यह जानकर बड़ा अच्छा लगा कि मैं जितनी बार भी चाहूँ वापिस आ सकता हूँ. मैं समझता हूँ इसी जीवन में सब कुछ पा लेना आवश्यक नहीं है !

जब रिक्की फॉर्म पर पहुँचा तो केल्विन और सिग्गी पहले ही भेड़ों के कुछ बाड़ों को दुरुस्त करके लौट आये थे. जैसे ही वे दोपहर की काफ़ी के लिए बैठे सभी कान पुरानी आत्मा के संदेश को सुनने के लिए रिक्की की ओर थे.

घोड़े की पीठ पर पहली बार बैठने से थकान और पीड़ा में केल्विन ने टिप्पणी की, "मेरी टाँगे इस तरह से तनी रहने की आदि नहीं हैं. मुझे नहीं लगता कि मैं फिर से चल पाऊँगा."

सिग्गी ने मज़ाक में उससे कहा, "जब तुम मेज़ पर खड़े होगे तो मैं तुम्हारे लिए ठेला ले आऊँगा."

केल्विन ने पूछा, "हीथर की पहाड़ी पर क्या हुआ? क्या तुम्हें पुरानी आत्मा मिली?"

एक अत्यंत कठोर दिन के पश्चात कुछ व्यग्र-सा महसूस करता रिक्की हिचकिचाते हुए मुस्कराया और बोला, "हमने बहुत सारी चीज़ों के बारे में बात

की और मैंने बहुत कुछ सीखा, लेकिन मुझे पहले कुछ देर की नींद चाहिए इससे पहले कि मैं तुम्हें इस बारे में बता सकूँ"

दोपहर की चाय पर रिक्की कुछ ख़ामोश ही रहा. कुछ समय बाद उसी दिन रिक्की और केल्विन रिकिविक गये, जहाँ रिक्की के पिता ने खुली बाहों से उनका स्वागत किया. उसके पिता ने कुछ महीनों पहले यह अफवाहें सुनी थी कि रिक्की समलैंगिक है और इसको स्वीकार करना उन्हें पहले मुश्किल लगा था, लेकिन इस मामले के बारे में अपनी पत्नी से बातचीत करने के बाद, जो समलैंगिक जीवनशैली से परिचित थी, उन्होंने इस स्थिति को स्वीकार कर पाया था.

कुछ हफ़्तों के बाद रिक्की और केल्विन इंगलैंड वापिस लौट आये, जहाँ उन्होंने विश्वविद्यालय में अपनी पढ़ाई फिर से शुरू कर दी. अपने खाली समय में रिक्की एक स्थानीय मनोरोग सम्बन्धी हस्पताल में काम करता था जहाँ वह मनोरोग प्रशिक्षुयों को समूह मनोचिकित्सा की तकनीकों में प्रशिक्षण देता था. वह समय अच्छा था. बहुत सारी शामें स्थानीय पबों पर बियर के पिंट पीते और अपने साथी विद्यार्थियों से बातचीत करते व्यतीत होती थीं. भूरे सिरके के छिड़काव के साथ अख़बार में लिपटे मछली और चिप्स के गरमा गरम परोसे और लुगदीदार मटर के एक अतिरिक्त फरमाइश के साथ पब से घर पैदल लौटते हुए ले जाना रोज़ का नियम बन गया था. रिक्की प्रेम में पड़ा हुआ था और एक पुरुष मित्र के साथ जीवन में पहली बार रह रहा था.

यॉर्क शहर संस्कृति में डूबा हुआ था और सबसे पुराना भाग रोमन पत्थर की किलानुमा दीवार से घिरा था जो पुराने शहर के ज़्यादातर भाग को घेरा हुआ था. पुराने घरों में भूत दिखना आम बात है और एक सम्पूर्ण रोमन फ़ौज को एक बार यॉर्क मिन्स्टर के तहखाने की दीवारों से जाते हुए एक कारीगर ने देखा था जो मरम्मत कर रहा था. पत्थर की सड़कों के साथ बहुत सारे पैदल चलने के रास्ते हैं जो बहुत ही मद्यम रौशनी से रौशन हैं. उस पतझड़ में जान लेनन की मृत्यु के अगले वर्ष महिला विद्यार्थियों को, जो अपने दम पर शाम को जल्दी जंगली गलियों से निकलती थीं, कोई चुपके से पीछे से आ कर सिर पर चोट मारता था और झाड़ियों में खींच कर ले जाता था. विश्वविद्यालय परिसर में भय छा गया और महिला छात्रों ने पैदल घर जाते समय बाइसाइकिल हेलमेट पहनना शुरू कर दिया. पीटर सूतक्लिफ्फे को, जो यॉर्कशायर रिप्पर के नाम से जाना जाता था, कुछ महीनों के बाद जनवरी 1981 में कैद कर लिया गया और उसे तेरह औरतों की हत्या तथा सात दूसरी औरतों को आक्रमण के बाद

मरने के लिए छोड़ देने के जुर्म में आपराधी घोषित किया गया. लेकिन महिला विद्यार्थियों में डर बना ही रहा, क्योंकि एक व्यापक विश्वास था कि यॉर्कशायर रिप्पर का एक साथी भी था जो कभी नहीं पकड़ा गया.

रिक्की अक्सर मनन करता कि पुरानी आत्मा ने कोई भी आकस्मिक मृत्यु नहीं होने के बारे में क्या कहा था. क्या जान लेनन और साथ ही ये महिलाएँ अपनी हत्या करवाने के लिए चुनाव किया था? पुरानी आत्मा के आध्यात्मिक अस्तित्ववाद के इस पहलू को पूरी तरह से समझ पाना बहुत मुश्किल था. यह धारणा आध्यात्मिक दृष्टिकोण से उस सन्दर्भ में तर्कसंगत था जो पुरानी आत्मा ने उसे आत्माओं को अपनी आंतरिक प्रकृति को जानने के लिए भावनात्मक अनुभवों की रचना करने की आवश्यकता के बारे में बताया था. यहाँ से और आगे भौतिक संसार में यद्यपि इसे स्वीकार करना समझ के बाहर था कि कोई ऐसी मृत्यु के लिए इच्छा करेगा. निश्चित ही दूसरे कम हिंसात्मक तरीक़े होंगे जिनसे एक आत्मा के विकास के लिए भावनात्मक अनुभव रचित हो सकते हैं? तो फिर सदियों से हत्याएँ हो रही हैं और युद्धों में बहुत सारे लोगों की हत्या नृशंस तरीक़ों से की जाती हैं.

रिक्की और केल्विन एक-दूसरे के लिए बहुत उपयुक्त थे और उनका सम्बन्ध कुछ वर्षों के लिए अच्छा रहा था. उन्होंने ने अपनी डिग्री पूरी कर ली; रिक्की ने जेल सेवाओं में मनोवैज्ञानिक के रूप में काम करना शुरू कर दिया, जबकि केल्विन ने आहार विशेषज्ञ बनने के लिए स्नातकोत्तर उपाधि का लक्ष्य बनाया. मगर विद्यार्थी/अध्ययन नियुक्ति के कारण केल्विन की पढ़ाई में लगातार अलगाव की आवश्यकता थी, क्योंकि उसे इंग्लैंड के बहुत सारे क्षेत्रों में कई सप्ताहों तक बराबर जाना पड़ता था. यह अलगाव दिल के दर्द, आँसुओं और रेल स्टेशनों पर पीड़ादायक अलगाव से नमूदार थे, जो उनके सम्बन्ध में तनाव ला दिया. केल्विन अंततः अपने अध्ययन से थक गया और अपनी उपाधि पूरी करने के बाद उसने उस पेशे को छोड़ने का निर्णय लिया.

तालाब के आसपास घास हरी-भरी लग रही थी और क्योंकि रिक्की ने इंग्लैंड छोड़ने से पहले कनाडा की नागरिकता ले ली थी, उसके पास कनाडा लौटने का अवसर था. उसने वहाँ जाने का निर्णय लिया. पर इस निर्णय ने एक और हृदयविदारक बिछोह की माँग की, इस वास्तविकता से संयोजित कि केल्विन को अपने पिता के पास रहना था, जो कैंसर के कारण मर रहे थे. यह अलगाव पूरे एक वर्ष के लिए रहा और फ़ोन वार्तालाप के अतिरिक्त केल्विन के लिए

रिक्की इस दुःखभरे समय में उपस्थित नहीं रह पाया था. सम्बन्ध में तनाव के कारण उनकी अंतरंगता में दरार होनी शुरू हो गई. इस अलगाव के दौरान वे एक खुले सम्बन्ध के लिए सहमत हो गये, यद्यपि उनमें से कोई इस प्रावधान का इस्तेमाल अपने लिए लगातार नहीं किया.

केल्विन अंततः अपने पिता की मृत्यु के बाद अप्रवासी हैसियत लेकर कनाडा पहुँच गया. उन्होंने घर बसाने के लिए गंभीर प्रयास किया – एक नया घर और तीन कुत्ते परिवार के हिस्से बन गये. लेकिन इन उथल-पुथल से सम्बन्ध बच नहीं पाया. खुले सम्बन्ध को ख़त्म करने की असफल कोशिशों के कुछ वर्षों बाद टूटा हुआ विश्वास और यौन ईर्ष्या ज़ोर पकड़ने लगे जैसे-जैसे प्रेम की लौ धीमी पड़ती गई और अंततः बुझ गई. सम्बन्ध आठ वर्षों तक चला. इसमें एक परी-कथा रोमांस था जो कहावत वाली सात साल की खुजली का शिकार बन गया. मगर थोड़े समय के अलगाव के बाद रिक्की और केल्विन पुनः परिचित हो गये और जीवनभर की मित्रता की शुरुआत की.

रिक्की अक्सर पुरानी आत्मा के बारे में सोचता था – और उस मार्गदर्शन के बारे में जो उसने प्रदान किया था. दो अस्तित्वों का आध्यात्मिक दर्शन – एक धरती पर और दूसरा आध्यात्मिक आयाम में – जीवन की पहुँच को विस्तृत करता प्रतीत होता था. मृत्यु केवल एक यात्रा की समाप्ति थी जिसकी रूपरेखा तुमने स्वयं बनाई थी ताकि तुम अपनी आंतरिक प्रकृति के बारे में जान सको और आध्यात्मिक रूप से विकसित हो सको.

यह जानना कि तुम जान-बूझकर जीवन में प्रवेश करते हो ताकि तुम अपने बारे में कुछ जान सको जीवन को एक उद्देश्य दिया था. तुम्हारा अस्तित्व एक बेतरतीब घटना नहीं थी और तुम धरती पर अपनी इच्छा के विरुद्ध भी नहीं भेजे गये थे. तुमने वास्तव में कल्पना की थी, अध्ययन किया था और इस अवसर के लिए तैयार हुए थे. इस आयाम से बाहर होने का सुविधाजनक स्थान होना और धरती पर जीवन के बहाव को देख पाने की क्षमता ने तुम्हें अपने जीवनकाल के बारे में कुछ सामान्य योजनायें बनाने दिया कि तुम अपनी यात्रा शुरू करो इससे पहले तुम्हारा जीवनकाल किस तरह से खुलेगा. एक बार तुम निकल पड़े तो तुम्हारे पास स्वतंत्र इच्छा थी कि तुम जो कुछ चाहो कोशिश कर सकते हो, उन सीमाओं के भीतर जो तुमने निर्धारित की है. और तुम रास्ते में अपने मार्ग को ठीक कर सकते थे और उन नियत घटनाओं को अपने मार्ग में स्थापित कर सकते जो यह सुनिश्चित करें कि तुम अपने लक्ष्यों को पा सको.

तुम्हारी ज़िम्मेदारी केवल यही थी कि अपनी विशिष्टता को संसार में प्रेरित करो और अपने अस्तित्व के लिए क्षमाशील मत बनो. बाक़ी सभी चीज़ें उसी में से निकलेंगी.

पुरानी आत्मा ने रिक्की को इसके बारे में कुछ सामान्य विचार दिये थे कि यह सब कैसे हुआ था और कैसे हम भौतिक संसार को अपने शरीर के माध्यम से देखते हुए अनुभव करते हैं और कैसे हम अपनी आत्मा की विशिष्टता, अवचेतन अवस्थाओं, भावनाओं, लक्ष्यों, स्वतंत्र इच्छा, नियति और मूल आस्थाओं की अस्थिर बातचीत के ज़रिये अनुभवों की रचना करते हैं, जो हमारे सारे जीवनकाल में इकट्ठे अनुभवों को रूप देते हैं.

मनुष्य के अस्तित्व का यह आध्यात्मिक/अस्तित्ववादी ढाँचा रिक्की के लिए मनोचिकित्सा पद्धति का मंच बन गया, जब वह कई वर्षों तक स्वास्थ्य-सम्बन्धी संस्थानों में और बाद में एड्स महामारी पीड़ितों के लिए काम किया, जैसा पुरानी आत्मा ने भविष्यवाणी की थी. उसने अपने निजी अभ्यास में उत्कृष्ट प्रदर्शन किया, जहाँ उसने पूर्व-जन्म और जीवन-के-बीच-जीवन में लौटने की तकनीकों में विशेषज्ञता हासिल की, जैसा पुरानी आत्मा ने भविष्यवाणी की थी कि वह करेगा.

भाग III

अध्याय
9

पाप के रास्ते पर

पुरानी आत्मा से रिक्की की आख़िरी बातचीत के बाद कई वर्ष बीत गये हैं और विदेश में 20 वर्ष रहने के पश्चात 1993 की वसंत में रिक्की आइसलैंड लौट आया है. यह एक हसरत पूर्ण होने की तृप्ति थी; एक तरह की खुजली जो वर्षों के साथ मज़बूती से बढ़ती रही थी – उत्तरी ध्रुव के फूलों वाले, ग्लेशियर और आधी रात के सूर्य वाले अपने जन्मस्थल पर लौटने का एक खिंचाव. 1972 के पतझड़ में छोड़ने के कारण थे, लेकिन अब फिर से पानी को चखने का और उदासीन इच्छाओं को संतुष्ट करने का समय आ गया था, जो उसको अपने जन्मस्थल की ओर इशारे से बुलाते हुए उसकी भावनाओं में एक ताज़ी हवा की तरह बह रही थीं.

पुरानी आत्मा के साथ उसकी आख़िरी बैठक के बाद और पुरानी आत्मा की यह टिप्पणी सुनने के बाद कि कोई भी मृत्यु इत्तेफाक नहीं होती, रिक्की के लिए इस अवधारणा को समझना बहुत मुश्किल हो रही थी. जीवन के अँधकारमय पहलू के बारे यह रिक्की को आश्चर्यचकित कर दिया, जब लोग बहुत भयानक और हिंसक तरीक़ों से मृत्यु को प्राप्त होते हैं. पुरानी आत्मा के साथ हुए उसके वार्तालाप से रिक्की ने यह समझा था कि अपनी मृत्यु को प्राप्त होना कभी भी आकस्मिक नहीं है, जब उसे आध्यात्मिक आयाम में आत्मा के सुविधाजनक स्थान से देखा जाये तो, लेकिन धरती पर हमारे दृष्टिकोण से एक भयानक और हिंसक मृत्यु सम्पूर्ण रूप से सरासर अमानवीय लगती थी. उसे यह लगता

था कि किसी मनुष्य को ऐसे अपराध करने के लिए जो प्रेरणा मिलती है वह अमानवीय होती है और एक आत्मा के लिए पूरी तरह अस्वाभाविक होती है जिसका मूलतत्व प्रेम होता है. वह अक्सर सोचा करता था कि वैसा कैसे हो सकता है और अपने आप से पूछता था कि क्या यह पाप के कृत्य हैं?

पिछले कुछ वर्षों में पाप की प्रकृति और नकारात्मक भावनाओं को जानने के बारे में इसने क्या उद्देश्य पूरा किया, जो पुरानी आत्मा ने कहा था कि धरती पर जीवनकाल बिताने के लिए सबसे पहला कारण है, उस पर रिक्की का कौतूहल बढ़ता जा रहा था.

यद्यपि यह 1993 का वर्ष था रिक्की अभी भी तेरह वर्ष पहले की एक सर्दी की कड़कीली सुबह को स्पष्ट रूप से याद कर रहा था जब इंग्लैंड में था. यह 1980 का पतझड़ था, सही-सही कहो तो दिसम्बर 9. वह यॉर्क विश्वविद्यालय के एक कैफेटेरिया में बैठ कर नाश्ता कर रहा था, जब रेडियो पर संवाददाता ने घोषणा की थी, "... जॉन लेनन की मृत्यु हो गई है. उसे कल रात मेनहट्टन में अपने घर के दरवाज़े पर गोली मार दी गई और उसे अस्पताल ले जाते हुए एम्बुलेंस में उसकी मृत्यु हो गई." उस समय रिक्की ने सोचा, ओह मेरे भगवान ... ऐसा कैसे हो सकता है ! जॉन लेनन धरती पर शान्ति ही तो चाहता था. इसका क्या अर्थ है? क्या यह केवल एक विक्षिप्त मनुष्य द्वारा किया गया पाप कर्म है या कोई स्वतंत्र पाप की शक्ति है, एक पाप की चेतना जिसने हत्या का भयंकर कृत्य करने के लिए हत्याकारी को मज़बूर किया? पाप की प्रकृति के बारे में इस तरह के प्रश्न रिक्की के दिमाग़ में बहुत वर्षों तक भटकते रहे, जब ज़ाहिर तौर पर पाप की घटनाएँ सारे विश्व में निरंतर होती रहीं.

जैसे-जैसे समय बीतता गया रिक्की ने इस मुद्दे पर ज़्यादा गंभीरता से देखने की आवश्यकता महसूस की. विज्ञान-उन्मुख मनोवैज्ञानिक होने के कारण, अब जो वह था, उसे पहले तो यह लगा कि इस विषय को शोध के दृष्टिकोण से देखे. और जैसे-जैसे उसने इस बारे में सोचा तो सबसे पहली रूकावट इसकी कार्यकारी परिभाषा तक पहुँचने की हो सकती थी, पाप को कैसे परिभाषित किया जाये – यदि वैसा संभव था तो. और दूसरी रुकावट इसे परिभाषित करना हो सकती थी कि एक पाप का कृत्य किससे बना है.

बाद में वह उन परिस्थितियों को समझने की कोशिश करेगा जो मनुष्यों को पाप कर्म करने की ओर ले जाती हैं.

परिभाषा

पुस्तकालय में कुछ प्रारंभिक शोध करने के बाद उसे लगा कि मतैक्य यही संकेत देता है कि पाप को उत्कृष्ट रूप में एक 'सम्पूर्णता' की तरह वर्णन किया जा सकता है, क्योंकि ऐसा संभव नहीं लगता कि कोई थोड़ा-सा पापी होगा या क़रीब-क़रीब पापी होगा या किसी घटना के लिए लगभग पापी होगा. फिर भी जब उसने इस बारे में और सोचा तो उसे यह लगा कि एक कृत्य जो 'बुरा नहीं है' आवश्यक नहीं है कि 'अच्छा' ही हो. इसलिए इनमें अनुपात होना चाहिए. उदाहरण के लिए एक कृत्य 'अच्छा', 'बहुत अच्छा' या 'अत्यधिक अच्छा' हो सकता है – जहाँ एक 'अत्यधिक अच्छा' कृत्य 'पुण्य' कृत्य का पर्यायवाची हो सकता है. और इसी तरीक़े से एक कृत्य 'बुरा', 'बहुत बुरा' या 'अत्यधिक बुरा' हो सकता है – जहाँ अत्यधिक बुरा कृत्य 'पाप' का पर्यायवाची हो सकता है. इसकी ओर इस तरीक़े से देखने पर एक तरफ़ संपूर्ण 'पाप' और दूसरी तरफ़ संपूर्ण 'पुण्य' के साथ एक निरंतरता का होना दिखाई दिया. तुलनात्मक राय के रूप में किस सीमा तक किसी कृत्य को 'अच्छा' या 'बुरा' माना जायेगा वह चरम छोर के सिवाय इस निरंतरता पर कहीं भी आ सकता था, जहाँ एक 'अत्यधिक बुरा' कृत्य पाप होता और एक 'अत्यधिक अच्छा' कृत्य पुण्य होता.

अब एक छोर पर पुण्य और दूसरे छोर पर पाप के साथ निरंतरता की अवधारणा बना लेने पर अंतिम बिंदुओं को ज़्यादा सही तरीक़े से परिभाषित करने की आवश्यकता थी. रिक्की के पुस्तकालय के शोध ने खुलासा किया कि प्लेटो और एरिस्टोटल के समय से ही कई दर्शनशास्त्रियों ने पुण्य को ऐतिहासिक रूप से स्पष्ट किया है और इसी तरह से पाप की अवधारणा को भी, लेकिन कुछ कम. बाद के इतिहास में पाप एक सनक से अधिक बन गया विशेषतया जुडाइज्म, क्रिश्चियनिटी और इस्लाम के एकेश्वरवादी धर्मों में.

शोध से यह भी पता चला कि पाप की अवधारणा घटनाओं के बहुत विस्तृत क्षेत्र से सम्बन्धित है, जिसमें प्रकृति के अनेक कृत्य शामिल हैं, साथ ही विशिष्ट रूप से मनुष्यों के हाथों से किये गये कृत्य भी. इसलिए उसके अध्ययन के क्षेत्र को और सीमित करने के लिए रिक्की ने निर्णय लिया कि अपने उद्देश्य के लिए वह पाप को मनुष्यों द्वारा जानबूझ कर किये गये ग़लत कार्यों और गहन अनैतिकता (अर्थात पुण्य के एकदम विपरीत) तक ही सीमित रखेगा.

> यह एक व्यक्ति का अपना मस्तिष्क है, न कि उसका शत्रु या विरोधी, जो उसको पाप के रास्ते की ओर आकर्षित करता है.
>
> बुद्धा

पाप की इस परिभाषा में से फिर उन्हें निकाल दिया गया जिनको लोग 'प्राकृतिक' पाप कहते हैं, अर्थात (क) जलवायु संबंधी आपदाएँ जैसे कि भूचाल, बाढ़, ज्वारीय लहरें, बवंडर, ज्वालामुखी विस्फोट, अकाल, हिमस्खलन, बिजली का गिरना, आसमान से उल्कापात होना, इत्यादि, और (ख) प्रकृति के कृत्य जिसका सम्बन्ध प्रजातियों या एक जीव के जीवित रहने से है, जैसे जब जावनर अपने भोजन के शिकार के लिए हिंसा करते हैं, कोशिकामय जीवाणु जो बीमारी में अपने मेजबान की मृत्यु के कारक बनते हैं (जैसे कि ऐड्स में) और आनुवंशिक विपथन की वजह से ख़राबी जो मनुष्य में ख़ास बीमारियाँ पैदा करती हैं (जैसे कि सिकल-सेल रक्ताल्पता, डाउन सिंड्रोम, अल्झाइमर की बीमारी, इत्यादि).

उसने यह भी निर्णय लिया कि वह एक स्वतन्त्र पाप की शक्ति या एक बाहरी चेतना के सवाल को, जिसने मनुष्यों को पाप कर्म करने के लिए मज़बूर किया, फिलहाल के लिए एक तरफ़ रख देगा.

इन अहर्ताओं को मस्तिष्क में रखकर पाप की परिभाषा अब उन कृत्यों तक सीमित हो गई थी जो विशेषतया मनुष्यों द्वारा किये जा रहे थे और जो जानबूझ कर किये गये कार्यों और अनैतिकता से संबंधित थे. अस्थाई रूप से इनमें फिर ये शामिल थे (क) वह कृत्य जिसने मनुष्यों को मारा, जैसे हत्या और अनुमोदित कत्ल (उदाहरण के लिए शासन द्वारा किये गए वध और युद्ध क्षेत्र में की गई हत्यायें) (ख) भेदभाव के कृत्य और ऐसा अपमान जिसे लोगों की मनोवैज्ञानिक सेहत को कम करने के लिए रूप-रेखा दी जाती है (उदाहरण के लिए बदमाशी) और (ग) दुर्भावनापूर्ण कृत्य जो पीड़ा या दुःख पहुँचाते हैं (उदाहरण के लिए प्रताड़ना, वैवाहिक शोषण और यौन शोषण). इस संक्षिप्त परिभाषा पर पहुँचने के बाद रिक्की ने अपने मनन को विशेषतया मनुष्यों द्वारा किये गये कृत्यों और घटनाओं तक सीमित रखा.

पाप कृत्यों के उदाहरण

जब रिक्की ने अपने आसपास उन घटनाओं का जायजा लिया जो उसे संसार में पाप के कृत्य लग रहे थे तो सबसे पहले उसका ध्यान राजनीतिक क्षेत्र की ओर गया. विशेषकर उन घातक संघर्षों पर जो तब होते थे जब राजनीतिज्ञ या देशों के मुखिया अपने मतभेदों को नहीं सुलझा पाते थे. इन घटनाओं में उस समय की प्रचलित नीति युद्ध की घोषणा कर देना और फिर अपने युवा सैनिकों को लड़ाई के लिए भेज देना होती थी, या तो अपने विरोधी को हराने, एक समझौता करने या लड़ाई के मैदान से पीछे हटने के लिए जब तक एक यथेष्ट संख्या का वध नहीं हो जाता. रिक्की विस्मित था क्या ये पाप के कृत्य हैं? और यदि ऐसा है तो तुम किसे दोष दोगे – राजनीतिज्ञों को, सैनिकों को, या उन देश के नागरिकों को जो उन्हें युद्ध पर भेजने के लिए समर्थन देते हैं?

दूसरी तरफ़, रिक्की अंदाजा लगाता रहा कि यह बहस भी की जा सकती है कि देशों को कभी-कभी ग्रह से पाप का परिष्करण करना चाहिए, घातक संघर्षों के माध्यम से, ताकि एक सार्वजानिक अच्छाई का वर्चस्व बन सके? या दूसरे शब्दों में कभी-कभी एक देश को अपने नागरिकों को पाप के कृत्य करने के लिए कहना चाहिए, जैसे दूसरों की हत्या करना, ताकि जो अच्छा, शालीन और पुण्य समझा जाता है उसको सुरक्षित रखा जा सके.

ये बुनियादी प्रश्न हैं. जैसे-जैसे रिक्की ने इन मुद्दों के बारे सोचना जारी रखा उसने अपने-आप में सोचा भगवान का शुक्र है कि शीत युद्ध समाप्त हो गया है, इसके साथ ही संभावित आणविक युद्ध या एक आणविक आपदा की चिंता भी. (केवल तीन वर्ष पहले बर्लिन की दीवार को गिरा दिया गया था और सैंकड़ों आणविक प्रक्षेपास्त्र जो रूस और मित्र राष्ट्रों को उड़ा देने के लिए तैयार थे उनको अब विघटित करने की तैयारी हो रही थी.) अब वह इस वास्तविकता से सचेत था कि अमेरिका ही केवल ऐसा राष्ट्र है जिसने कभी आणविक अस्त्र तैनात किया था. उन्होंने दूसरे विश्वयुद्ध के आख़िरी दिनों में ऐसा किया था जब उन्होंने युद्ध को समाप्त करने की कोशिश में एक बम्ब हिरोशिमा और दूसरा नागासाकी पर गिराया था. कुछ लोगों के दिमाग़ में यह उसके प्रतिशोध में था जब जापान के सैनिकों ने – जिनमें से ज़्यादातर एक नये विकसित ड्रग

मेथामफेटामाइन (गली का नाम 'क्रिस्टल मेथ') के पीछे थे, जिसको जापान में उस समय पायलटों का साहस बढ़ाने के लिए विकसित किया गया था, पर्ल हारबर में अमेरिका के समुद्री जहाजों पर हवाई कमिकाज़े आत्मघाती हमले किये थे, जिसमें लगभग 2400 अमेरिकी फ़ौज कर्मचारी मारे गये थे. अमेरिका ने जो बम हिरोशिमा और नागासाकी शहरों पर गिराया था उसमें लगभग 200,000 असैनिक जापानी मारे गये थे. रिक्की ने सोचा यह युद्ध के कृत्य थे. दोनों ही कृत्य पाप थे, जैसा हत्या के अंतिम निष्कर्ष में होता है. लेकिन दो बड़े शहरों के नाश की परमाणु विस्मृति पर अमेरिकन प्रतिक्रिया एक जानबूझ कर की गई ग़लती और गहन अनैतिकता लगती थी! लेकिन किसी पर दोष मढ़ना क्या मेरे लिए उचित है?

फिर उसने सोचा शायद मुझे भौतिकवैज्ञानिकों को दोष देना चाहिए जिन्होंने एटम बम विकसित किया था? वे जानते थे कि इसको एक अस्त्र की तरह इस्तेमाल करने की मंशा थी. और फिर उस समय अमेरिकनों और जर्मनों के बीच आणविक बम विकसित करने के लिए एक हथियारों की दौड़ लगी हुई थी. यदि अमेरिकी दौड़ में नहीं जीतते तो जर्मनों को और हिटलर को इसे इस्तेमाल करने में कोई हिचकिचाहट नहीं होती. लेकिन यह भी सोचो, अमेरिकियों को भी नहीं हुई. रिक्की को बहुत काम करना था. स्पष्ट रूप से बहुत कुछ सोचना था और बहुत कुछ विचार करना था, इसका अर्थ निकालने के लिए कि इस दृष्टांत में पाप क्या है.

फिर भी यही सब कुछ नहीं था और भी बहुत कुछ था – बहुत कुछ. जब युद्ध समाप्ति के क़रीब था यूरोप से यह समाचार आना प्रारंभ हो गया कि जर्मनों ने पूरी ज्यूइश जनसंख्या को और साथ ही समलैंगिकों और जो कोई मानसिक रूप से विलंबित या शारीरिक रूप से अक्षम है उसको समाप्त करने की ठानी है. सभ्य संसार अविश्वास और दहशत से सन्न रह गया. नरसंहार, केवल इसी लक्ष्य से कि लोगों को बिना किसी ख़ास राजनैतिक लाभ के ख़त्म कर दिया जाए, मनुष्य के इतिहास में पहली बार पाप के एक नये रूप में उभर कर आया था.

जब रिक्की ने इस पर विचार किया तो उसने अपने-आप में सोचा कि मैं और मेरा परिवार भी अपने पूर्व जन्म में एक पोलिश ज्यू के रूप में इस नरसंहार का शिकार बना था. नाज़ियों को ऐसा करने के लिए धरती पर किस चीज़ ने प्रेरित किया होगा?

हन्नाह अरेंद्त, जिसने ज्यूइश नरसंहार के बारे में अपनी पुस्तकों[57] में लिखा है, ने तर्क दिया था कि नाज़ी जर्मनी ने एक नया 'उग्र सुधारवादी' पाप को प्रस्तुत किया था. उसने एडाल्फ़ इचमन्न पर मुकदमे की सुनवाई देखी थी जो युद्ध के बाद जेरूसलम में हुआ था. वह एक उच्च-पदस्थ नाज़ी अधिकारी था जिसने ज्युओं को अपने वरिष्ठ अधिकारी हेंरीच हिम्म्लेर के इस आदेश के बावजूद कि वह ऐसा करना बंद कर दे युद्ध के अंतिम दिनों में भी बंदी शिविरों में भेजना जारी रखा था. सुनवाई के दौरान जब इचमन्न से पूछा गया कि उसने ऐसा क्यों किया तो उसने उत्तर दिया कि वह उसका कर्तव्य था, अर्थात जो भी सही है उसको करने का उसका नैतिक कर्तव्य था और शायद वह सोचता था कि यह एक नेक काम है.

हन्नाह अरेंद्त ने तर्क दिया था कि नाज़ियों को न केवल नैतिक गिरावट का अनुभव हुआ बल्कि उन्होंने एक नैतिक विपरीतता का भी अनुभव किया : एक नैतिक विपरीतता जहाँ एक नैतिक कृत्य – एक पवित्र कृत्य – अपने ऊपर ही उल्टा पड़ गया था. ज्युओं और समलैंगिकों को मारना एक नेक काम बन गया था और वह प्रत्येक 'अच्छे' नागरिक का कर्तव्य था. उसने यह तर्क दिया कि नाज़ी लोग एक नैतिक जड़ता के पागलपन में चले गये थे, जिसमें से पाप का नया रूप उजागर हुआ जो बाहरवीं सदी में तब तक अनजान था.

(रिक्की के शोध ने खुलासा किया कि आधुनिक इतिहास में दूसरे नरसंहार भी हुए थे, दूसरे विश्वयुद्ध के पहले भी और बाद में भी, लेकिन वह नरसंहार प्रत्यक्षत: राजनीति से प्रेरित थे, यद्यपि उतने ही पापमय. उदाहरण के लिए 1915 और 1918 के मध्य में तुर्की के पूर्व सीमा के विस्तार के दौरान भूमि पर कब्ज़ा के लिए तुर्की में आर्मेनियन नरसंहार ने 1.5 मिलियन अर्मेनियाईयों को योजनाबद्ध तरीक़े से प्रत्यक्ष मरते हुए देखा था. दूसरे उल्लेखनीय नरसंहारों में 1950वें और 1960वें दशकों के आख़िरी में चीन की सांस्कृतिक क्रांति है जिसमें 30 मिलियन लोग मारे गये थे और 1970 के मध्य और आख़िरी में कम्बोडिया के पोल पॉट और खमेर रौगे द्वारा मारे गये 2 मिलियन कम्बोडियाई, जनसंख्या का जो दो-तिहाई हिस्सा था !)

57 द ओरिजिंस ऑफ टोटलीटरियनिज्म. क्लीवलैंड: वर्ल्ड पब्लिशिंग कंपनी, 1951 और इचमन्न इन जेरूसलम: ए रिपोर्ट ऑन द बनालिटी ऑफ ईविल. न्यू यॉर्क: पेंगुइन बुक्स, 1963.

> मनुष्य कभी भी पाप को इतनी सम्पूर्णता और ख़ुशी से नहीं करते जितना कि वे धार्मिक आस्था होने से करते हैं.
>
> ब्लेस पास्कल

रिक्की विस्मित था कि यह कैसे संभव है? विपरीत नैतिकता को गले लगाने के लिए इतने अधिक लोगों को कैसे संगठित किया जा सकता है? ज्यू और जर्मन, जिनमें से अधिकतर समलैंगिक, शारीरिक रूप से अक्षम और मानसिक रूप से विकलांग थे, जर्मनी में तब तक एक साथ कैसे रह रहे थे. लेकिन जब उसने इस बारे में विचार किया तो उसको यह सुझा कि नैतिक विपरीतता एक सामान्य स्वरूप का पाप है. जबकि ज्यूओं का निर्मूलन युद्ध समाप्ति के बाद बंद हो गया था, समलैंगिकों का निर्मूलन विश्व के कई देशों की नीति के तौर पर जारी रहा. नैतिक विपरीतता का एक और उदाहरण उनकी नसबंदी करना था जिनका विकास देर से हुआ था – एक नीति जो 1970 के शुरू तक अमेरिका और कनाडा में अपनाई जाती रही. रिक्की ने निष्कर्ष निकाला, अफ़सोस की बात है कि नैतिक विपरीतता पाप का एक आम रूप है और आज भी जीवित है!

> नैतिक विपरीतता पाप का एक आम रूप है,
> और आज भी जीवित है!

और अंत में अभी हाल ही में एड्स महामारी से पीड़ितों के साथ काम करते समय धार्मिक कट्टरपंथियों द्वारा रिक्की के ध्यान में पाप का मुद्दा लाया गया था, जिन्होंने यह दावा किया था कि ईश्वर ने एड्स को संसार में इसलिए लाया था कि समलैंगिकों को उनके अप्राकृतिक व्यवहार के लिए सज़ा दी जा सके. सौभाग्य से यह रवैया अब कम होता जा रहा था, लेकिन कुछ समूहों में यह पूरे 1980 के दशक में क़ायम रहा, बजाय इस वास्तविकता के कि विश्व के अधिकांश लोग जो एचआईवी वायरस से संक्रमित थे, वे विपरीतलिंगकामी थे और बजाय इस वास्तविकता के कि शोध ने दर्शाया था कि जिस वायरस से एड्स होता है वह बंदरों में पाया जाता है जिन्हें माँस के लिए अफ्रीका के जंगलों में पाला जाता रहा है.

पाप से मेरी अपनी मुठभेड़

जब रिक्की इन मुद्दों के बारे में सोच रहा था उसे लगा शायद मैं पापी हूँ? क्या बर्तन केतली को काला कह रहा है? मैंने जानवरों को मारा है. जब मैं सत्तरह वर्ष की आयु में फॉर्म पर था तब मैंने एक बछड़े को काटा था. मुझे लगा था कि एक कृषि श्रमिक होने के नाते यह मेरा कर्तव्य है कि मैं इस तरीक़े से खाने का प्रबंध करूं, लेकिन मुझे यह नहीं करना था ! किसान यह कार्य स्वयं कर लेता, लेकिन मैंने ख़ुद को पेश किया. उस समय मैं बहादुर बनना चाहता था और मज़बूत दिखना चाहता था ... लेकिन मैं ऐसा नहीं था ! मैं इस कृत्य पर हमेशा पछताता रहा हूँ. क्या यह पाप था? रिक्की इन विचारों पर मनन करता रहा. एक और घटना थी, इस बार नौ वर्ष की आयु में. एक जंगली बिल्ली ने बच्चे दिये थे, जो उसके पडौस के परित्यक्त तहखाने में रहती थी. बिल्ली के बच्चों ने कुछ ऐसा खा लिया था जो सड़ा हुआ था और उससे सबको दस्त हो गया था, जो भयंकर बदबू फ़ैला रहा था. उस समय आइसलैंड में बिल्ली को मारने का एक आम तरीक़ा यह था कि उसे एक पत्थर के साथ टाट के थैले में डाल कर नदी में फेंक दिया जाता था. इस समस्या के हल के बारे में अपने कुछ मित्रों से बात करने के बाद रिक्की ने निश्चय किया कि वह अगुआ बनेगा और इस काम को करेगा, जिसे उसने अपने कुछ मित्रों की सहायता से किया. निश्चित ही यह एक पाप कर्म था? उसने अपने-आप में सोचा. लेकिन उस संस्कृति के सन्दर्भ में जो उस समय आइसलैंड में विद्यमान थी, बिल्लियों को कदाचित ही घर में पालतू जानवर की भांति रखा जाता था. एक कुत्ते को भी शहर की सीमा में पालतू जानवर की तरह रखना ग़ैरक़ानूनी था और पुलिस कुत्ते को देखते ही गोली मार देती थी. इन जानवरों के प्रति यह रवैया था कि उन्हें बाड़े में रखा जाना चाहिए : बिल्लियों को चूहे पकड़ने के लिए और कुत्तों को भेड़ें हाँकने के लिए. तो क्या मैंने उन बेचारे जानवरों को डूबाकर पाप किया था?

रिक्की सोचता रहा फॉर्म पर मुझे यह सीखाया गया था कि ऐसे पक्षियों का सिर काट देना उन पर दया करना है, जो अपने पंख टूटने के बाद इधर-उधर फड़फड़ाते पाये जाते हैं, सामान्यतया पानी की तार के अंदर उड़कर चले जाने के बाद. यह उनके कष्ट को शीघ्र समाप्त कर देता था. मैंने इसे कई बार किया था. क्या यह पाप था?

मैं भेड़ों के बच्चों को चिन्हित करता था जिससे उनके छोटे-छोटे कानों से खून बहता था. क्या यह पाप था? मैंने मछलियाँ पकड़ने के बाद उनका सिर पटक

कर और उनके गलफड़ों को चीर कर मारा. क्या यह पाप था? फॉर्म पर काम करते हुए जब बूचड़खाने में भेड़ों को पकड़ कर गोली मारी जाती थी तो मैं उन्हें पकड़े रखने में सहायता करता था. क्या यह पाप था? मैंने विश्वविद्यालय में अपने पूर्व-स्नातक के दिनों में चुहिया और चूहों पर प्रयोग किया था, जिससे ज़्यादातर मौक़ों पर उनकी मृत्यु सुनिश्चित होती थी. क्या यह पाप था?

अब मुझे एक मक्खी मारने में भी परेशानी होती है ! यह क्या हो गया है? ऐसा क्यों है? उस समय मैं इन कृत्यों को पाप नहीं मानता था. मुझे उनमें आनंद नहीं आता था, लेकिन यह मेरा कर्तव्य था, मेरी भूमिका थी. अभी मैं निश्चित नहीं हूँ. क्या यह 'विपरीत नैतिकता' थी?

जब वह अतीत की इन घटनाओं के बारे में सोच रहा था तो उसे एहसास हुआ कि सन्दर्भ बदल गया है. अब मैं अपना मांस स्थानीय कसाई की दुकान से ख़रीदता हूँ जिसने जानवर को मेरे सेवन के लिए आसानी से मारा है. मैं बीमार पशुओं को पशु-चिकित्सक के पास ले जाता हूँ जो उन्हें इच्छामृत्यु दे देते हैं, यदि उन्हें बचाया नहीं जा सकता तो. मैं अब इन सारी स्थितियों से बचता हूँ. यदि यह काम मुझे आज करने पड़ जायें तो मैं इन्हें अनैतिक मानूँगा; इसके बजाय मैं इन हिंसात्मक कार्यों को दूसरों के करने के लिए छोड़ दूँगा. जब रिक्की ने इन घटनाओं के बारे में सोचा तो यह स्पष्ट हो गया कि जिसे पाप माना जाता है वह समय के साथ बदल जाता है और बदलता रहता है, जो सन्दर्भ पर निर्भर करता है.

रिक्की इसी लाइन पर सोचता रहा, अपने साथ इमानदार होने के लिए मैं मानता हूँ कि जो पाप कर्म मैंने सच में किया है वह आठ वर्ष की आयु में था, जो मैंने गुस्से के आवेश में किया था. मैंने अपनी माँ के द्वारा गर्व से सिये गए पर्दों को, जो बैठक की खिड़की पर लटके हुए थे, कैंची से थोड़ा-सा काट दिया था. परदे सुंदर थे और मैं जानता था कि अगर मैंने उन्हें क्षति पहुँचाई तो मेरी माँ को चोट पहुँचेगी. जब माँ ने देखा कि मैंने क्या किया है तो वह रोई, लेकिन उसने मुझे डांटा नहीं. उस क्षण मुझे गहरा पश्चाताप और सच में अपराधबोध हुआ. मेरी समझ से मैंने बहुत बुरा किया था, वास्तव में बहुत बुरा !

बहुत वर्षों के उपरान्त उसके मरने से थोड़ा समय पहले रिक्की ने उससे पूछा कि क्या उसे वह घटना याद है. उसने उसे स्मरण करने में कुछ समय लिया और उत्तर दिया, "नहीं, मेरे प्रिय. मुझे परदे याद हैं. क्या तुमने उनमें छेद किया था?" वह सन्न रह गया और अपने-आप में सोचा, उसे इस घटना की कोई याद

नहीं है. मेरी माँ मेरे प्राथमिक पाप कर्म को याद नहीं कर सकती थी ! अब इसका क्या अर्थ है?

रिक्की जानता था कि उसने पश्चाताप और अपराधबोध के बारे में उस दिन कुछ सीखा था और विस्मित था, क्या मेरे लिए यह 'व्यवहारिक रूप से आवश्यक' है कि इतना बुरा काम करूँ, ताकि नकारात्मक भावना या पश्चाताप की भावना को अनुभव कर सकूँ?

क्या पाप आवश्यक है?

पुरानी आत्मा ने एक बार कहा था कि 'विरोधाभास' एक अनुभव लेने का आधार है और उसने अवधारणा के बारे में कई अवसरों पर चर्चा की थी. मगर अब जिस प्रश्न के बारे में रिक्की विस्मित हो रहा था, वह यह था कि विरोधाभास किस हद तक होना चाहिए ताकि कोई व्यक्ति समुचित नकारात्मक भावनाओं का अनुभव कर सके जिससे वह यह जान सके कि क्या आवश्यक था. जब वह उस निरंतरता के बारे में सोच रहा था जिसका निर्माण वह एक छोर पर पुण्य और दूसरे छोर पर पाप के साथ किया था तो उसको यह लगा कि पुण्य एक 'व्यवहारिक रूप से आवश्यक' अंतिम बिंदु है, लेकिन उसने सोचा, क्या यह भी 'व्यवहारिक रूप से आवश्यक' है कि वहाँ पाप भी हो? क्या पुण्य को अनुभव कर पाना संभव है यदि कोई पाप के साथ इसका विरोधाभास न कर पाये तो? और उसी रूप से क्या उदार होना संभव है यदि ग़रीबी न हो तो? क्या बहादुर होना संभव है यदि ख़तरा न हो तो? क्या धैर्य दिखाना संभव है यदि कठिनाई न हो तो? क्या अच्छा होना संभव है यदि बुराई न हो तो? विरोधाभास के बिना कोई अनुभव नहीं हो सकता. तो फिर क्या पाप का होना 'व्यावाहारिक रूप से आवश्यक' है, ताकि पुण्य हो सके. पाप के बिना क्या पुण्य हो सकता है?

रिक्की इसके बारे में जितना सोचता था उसे उतना ही ज़्यादा लगता था कि एक 'व्यावहारिक दृष्टिकोण' से निश्चित तौर पर संसार में कठिनाई होना चाहिए ताकि पुण्य बने रहे और पुण्य के लिए कठिनाई का होना आवश्यक है. लेकिन क्या कठिनाई इतनी होनी चाहिए कि यह पाप बन जाये? उसने अपने-आप में सोचा. क्या मनुष्यों द्वारा ऐसे कृत्य किये जाने चाहिए जो बहुत ज़्यादा

अनैतिक हो, जैसे हत्या, अनुमोदित हत्या, लोगों में भेद-भाव और अपमान जिन्हें उनके मनोवैज्ञानिक स्वास्थ्य को कम करने के लिए रूपरेखा दी जाती है और शरारती कृत्य जिनसे पीड़ा और कष्ट होता है? जो ऐसे वर्ग हैं जिन्हें उसने पाप का दर्जा दिया था. क्या ये पाप कर्म मनुष्यों को 'विरोधाभास' प्रदान करने के लिए आवश्यक होते हैं जिससे उनको उनके जागने से जुड़े एक ख़ास किस्म की नकारात्मक भावना का अनुभव करने का अवसर मिले?

पाप का होना आवश्यक है ताकि अच्छाई अपनी
पवित्रता को इससे ऊपर साबित कर सके.

बुद्धा

स्पष्ट रूप से ये जटिल मुद्दे थे जिन पर बहुत विचार करने की आवश्यकता थी, लेकिन वे मूलभूत भी थे, न केवल पुरानी आत्मा के आध्यात्मिक/अस्तित्ववादी दर्शन को समझने के लिए बल्कि उसके दर्शनशास्त्रीय दृष्टिकोण को स्वीकार करने के लिए भी.

उसे उनकी पहली मुलाक़ात याद आई जब पुरानी आत्मा ने उसको कहा था कि जो आध्यात्मिक दृष्टिकोण वह उसे बतायेगा उसको धर्म के पीछे की एक कहानी या एक सामान्य कड़ी की तरह देखा जा सकता है, जो सभी धर्मों के लिए मौलिक है. और यदि जैसा कि उसने कहा था, एक अवतरण मुख्य रूप से नकारात्मक भावनाओं का अनुभव करना और उनसे सिखना है तो निश्चय ही इन नकारात्मक भावनाओं की अंतिम अभिव्यक्ति को समझना महत्वपूर्ण है, अर्थात जब वह उन कृत्यों के परिणाम स्वरूप अनुभव की जाती हैं जो पाप है.

जब रिक्की ने धर्मों और आध्यात्मिक दर्शनों के बारे में सोचा जिनसे उसका परिचय हो चुका था तो उसे ऐसा लगा कि वह लोगों को जीवन की अच्छाईयों पर केन्द्रित होने के लिए प्रोत्साहित करते हैं न कि पाप पर. यहूदी धर्म ने सिखाया है कि ईश्वर सभी से प्रेम करता है और विश्व को सुधारने के लिए, ताकि प्रत्येक व्यक्ति का जीवन अच्छा हो. इसाई धर्म ने सिखाया है कि अगर तुम ईश्वर से प्रेम करोगे तो तुम बच जाओगे और यह कि परमात्मा की ओर जाने वाले मार्ग में तुम्हें सहायता मिलेगी यदि तुम उसके पुत्र जीसस से प्रेम करोगे. इस्लाम ने सिखाया है कि अल्लाह ही है जो 'सब वही है' और यह कि उसे समझने की ओर जाने वाले मार्ग में उसके सन्देशवाहक मोहम्मद के प्रति

तुम्हारी निष्ठा से सहायता मिलेगी. इसी तरह आधुनिक आध्यात्मिक दर्शन तुम्हें उस क्षण या वर्तमान के लिए अपने परमानन्द पर केन्द्रित होने का निर्देश देते हुए पाप को अनदेखा करते प्रतीत होते हैं ताकि ज्ञानोदय हो सके.

ये धर्म इस स्पष्टीकरण पर कि विश्व में पाप क्यों है बेमन से ध्यान देते हुए लगते थे और इसके अलावा कुछ नहीं कहते थे कि पाप अच्छाई और बुराई के बीच के संघर्ष से पैदा होता है. और विश्व में जो पाप कृत्य होते हैं उनके लिए आधुनिक आध्यात्मिक दर्शन कोई ठोस स्पष्टीकरण न देते हुए केवल एक आयामी लगते थे. दूसरी और पुरानी आत्मा के आध्यात्मिक/ अस्तित्ववादी परिदृश्य में जाओ तो वह पाप को समाविष्ट करने का ढाँचा पेश किया था. पुरानी आत्मा ने सिखाया है कि आत्मा का प्राकृतिक घर एक आध्यात्मिक आयाम है, एक ऐसा संसार जिसमें प्रेम ही प्रेम व्याप्त है, जबकि आत्मा की अवतरण के दौरान मुख्य मंशा नकारात्मक भावनाओं के सम्पूर्ण क्षेत्र को अनुभव करना है जो शायद पाप में समाविष्ट है. और प्रत्येक अवतरण के बाद आत्मा जो अनुभव प्राप्त करती है उस अनुभव के साथ आध्यात्मिक आयाम में वापिस घर आती है. इस तरीक़े से पाप की घटनायें और उसके परिणाम स्वरूप पीड़ादायक भावनाएँ जीवन का एक आवश्यक अंग लगती हैं.

जब रिक्की ने पुरानी आत्मा के दर्शन पर मनन किया तो उसने स्वयं को यह निष्कर्ष निकालते हुए पाया, भले ही हिचकिचाते हुए, कि मैं समझता हूँ पाप 'व्यावाहारिक रूप से आवश्यक' है ताकि हम नकारात्मक भावनाओं के सम्पूर्ण क्षेत्र का अनुभव कर सकें. आख़िरकार यह केवल पुण्य की निरंतरता का विपरीत छोर है और पुण्यरहित जीवन पूर्णतया कोई जीवन नहीं होगा ! उसने अपने-आप में सोचा मुझे पुरानी आत्मा से इसके बारे में पूछना चाहिए.

पाप कैसे प्रकट होता है?

यह सिद्ध करके कि पाप कर्म 'व्यावहारिक रूप से आवश्यक' होते हैं रिक्की ने अब अपने अंतिम प्रश्न पर ध्यान केन्द्रित करना शुरू कर दिया : वह कौन सी परिस्थियाँ होती हैं जो मनुष्यों को पाप कर्म करने की ओर ले जाती हैं? एक व्यक्ति पुण्य की कगार से इतना नीचे कैसे गिर जाता है?

रिक्की ने एक मनोवैज्ञानिक के तौर पर अपने प्रशिक्षण में कुछ मनोवैज्ञानिक प्रयोगों के बारे में पढ़ा था जो इसका स्पष्टीकरण दे सकते थे. इन प्रयोगों ने आँख बंद करके आज्ञा का पालन और दूसरों के प्रति क्रूरता की जाँच किया था :

1961 में येल विश्वविद्यालय का एक मनोवैज्ञानिक स्टैनले मिल्ग्राम ने प्रयोगों का एक क्रम संचालित किया जिनकी रूपरेखा प्राधिकार की शक्ति को उजागर करना था. कुछ व्यक्तियों को उन शिकार व्यक्तियों को बढ़ती हुई वोल्टेज के साथ क्रमवार बिजली के झटके देने के लिए नियुक्त किया गया जो दूसरे कमरे में एक कुर्सी से बंधे हुए थे और जिन्हें देखा नहीं जा सकता था, पर सुना जा सकता था. जब ये व्यक्ति सोच रहे थे कि वे शिकार व्यक्तियों को शक्तिशाली झटके दे रहे हैं तो दूसरे कमरे में एक टेप रिकॉर्डर ने असहाय रूप से चिल्लाने की एक शृंखला सुनाया जब एक अभिनेता ने दीवार पर सिर पटका, फिर झटका एक निश्चित स्तर से ऊपर जब चला गया तो एक मनहूस ख़ामोशी छा गई. अंत में व्यक्तियों को तीन 450-वोल्ट के झटके एक के बाद एक ख़ामोश पड़े शिकार-व्यक्तियों को देने के लिए कहा गया.

मिल्ग्राम के प्रयोगों के पहले समूह में 65 प्रतिशत प्रतिभागियों ने अंतिम क्रम तक झटके दिये, यद्यपि कई इसे करने में सहज महसूस नहीं कर रहे थे. किसी बिंदु पर प्रत्येक प्रतिभागी रुका और प्रयोग पर सवाल उठाया. 40 में से केवल एक प्रतिभागी ने लगातार 300-वोल्ट से ऊपर के झटके देने से इंकार किया. बाद के अध्ययन ने दिखाया कि लगभग दो-तिहाई प्रतिभागियों ने प्रयोग करने वाले के आदेश पर वह झटके दिये जो वे सोचते थे कि मृत्यु का कारण बन सकता है.

स्टेनफोर्ड विश्वविद्यालय के एक और मनोवैज्ञानिक प्रोफ़ेसर फिलिप ज़िम्बर्दो ने स्टेनफोर्ड जेल के प्रयोग में मनुष्यों की क्रूर प्रवृतियों की जाँच की. यहाँ 21 पूर्व-स्नातकों को, जो मनोवैज्ञानिक रूप से स्थिर माने गये थे, एक नकली जेल में पहरेदार और क़ैदी के रूप में चुना गया. पहरेदारों को वर्दी, नज़र आने वाले धूप के चश्मे और लकड़ी की छड़ी दी

गईं जो यह दिखाने के लिए था कि वे पहरेदार हैं. क़ैदियों को ढीले लबादे और मोजों की टोपियाँ दी गईं, उन्हें उनके दिये गये नम्बरों से बुलाया गया और वे अपने टखनों के इर्दगिर्द चेन पहने हुए थे. सभी प्रतिभागियों को मालूम था कि वे एक प्रयोग में भाग ले रहे हैं.

क़ैदियों को उनके घरों से "क़ैद" किया गया था और नकली जेल में लाया गया, जहाँ पहरेदारों ने अपनी भूमिका को उम्मीद से बहुत ज़्यादा हद तक निभाया. पहले दिन से ही, उन्होंने क़ैदियों को अपनी हैसियत दिखाने में आनन्द उठाया और जब तक प्रयोग समाप्त होता, लगभग उनमें से एक-तिहाई ने स्पष्ट रूप से परपीड़क प्रवर्ती दिखाई; अर्थात उन्होंने स्पष्ट रूप से पीड़ा देने में आनंद उठाया और पीड़ा को लेने में आनंदित हुए.[58]

58 चार्ल्स मैथ्यू. व्हाई ईविल एक्जिस्ट्स (कोर्स गाइडबुक). वर्जिनिया: द ग्रेट कोर्सेज, 2011, पृष्ठ 125. इस अध्याय में कुछ जाँच की गई अवधारणायें भी इस दिलचस्प प्रकाशन से ली गई हैं.

अध्याय
10

पाप के रास्ते पर (यह कैसे विकसित होता है)

हमेशा की तरह रिक्की के जीवन की चुनौतियों को पुरानी आत्मा अच्छी तरह जानता था और अब पाप के बारे में उसके चिन्तन को भी और उसने निर्णय लिया कि उसे इस मुद्दे पर कुछ अंतर्दृष्टियाँ प्रदान करने का समय आ गया है. जब वह इन अंतर्दृष्टियों के बारे में रिक्की को बताने की तैयारी कर रहा था तो वह अपने पुराने मित्र ओरेओन से टकराया और उससे पूछा कि क्या वह उससे मिलना चाहेगा और उस प्रगति के बारे में चर्चा करना चाहेगा जो उसने रिक्की के आध्यात्मिक मार्गदर्शन में की है. ऊपरी-आत्माओं का परामर्शदाता होने के कारण ओरेओन अनुगृहित करने में प्रसन्न था और प्रस्ताव दिया कि रिकिविक में रिक्की के घर के नज़दीक एक शांत काफी की दुकान पर मिलते हैं. उस अवसर के लिए उसने यह प्रस्ताव भी दिया कि अपने गोलाकार फड़कते हुए सामान्य रूप की जगह मनुष्य का रूप धारण कर लेते हैं.

कुछ देर बाद वे दोनों कड़कती दोपहरी में रिकिविक शहर के कैफ़े मोक्का में प्रकट हुए. जब वे दोनों सूर्य की रौशनी से चमकता कैफ़े के एक कोने में अस्पष्ट तौर पर बैठ कर एक-एक कप काफी पी रहे थे तो कोई भी ग्राहक यह नहीं बता सकता था कि वे प्रेत हैं. इस अवसर के लिए पुरानी आत्मा ने एक वाइकिंग के तौर पर अपने बहुत पहले के अवतार का एक छह फुट लम्बा हृष्ट-पुष्ट व्यक्ति का रूप धारण किया हुआ था, जबकि ओरेओन ने एक औसत-माप के शरीर का रूप धारण किया हुआ था जो देखने में बहुत शांत लग रहा था. कैफ़े के दूसरे ग्राहकों में घुले-मिले और सामान्य दिखने की कोशिश में उन्होंने अपनी

सामान्य दूर-संवेदी बातचीत को छुपा लिया और साधारण मनुष्य की भाषा में बात करने लगे.

ओरेओन ने कहा, "अच्छा, मेरे पुराने मित्र, लगता है तुम्हारे रिक्की ने अपने-आप को सदियों पुराने पाप के अध्ययन में डूबा लिया है."

पुरानी आत्मा ने अपनी काफी सुड़कते हुए उत्तर दिया, "हाँ, इस विषय का अध्ययन करने के लिए वह अभी कुछ समय दे रहा है."

ओरेओन ने ध्यान दिया कि पुरानी आत्मा ने कितने गंदे तरीक़े से काफी का घूँट लिया और उसने अपने कप से नाजुकता से काफी पीते हुए अपनी कनिष्ठ अँगुली को हवा में रखकर मुस्कराते हुए टिप्पणी की, "मैं समझता हूँ कि तुमने इससे पहले कभी इस तरह के छोटे कपों में काफी नहीं पी है. तुम एक गँवार की भांति लग रहे हो जो तुरही में से शराब गटक रहा है."

पुरानी आत्मा ने हँसा और कहा, "हाँ, कुछ हज़ार वर्ष बीत चुके हैं जब मेरे पास यह वाइकिंग का शरीर था और इससे पहले कभी कप में से काफी के घूँट लेने का मेरा अभ्यास नहीं रहा. वास्तव में मैंने आज तक कभी काफी नहीं पी. मुझे नहीं मालूम था कि इस शरीर के बड़े हाथ इस तरह के छोटे कप पकड़ने के लिए उपयुक्त नहीं होंगे."

ओरेओन ने मुस्कराया और उत्तर दिया, "मैंने सदियों से इसे अपनी आदत बना रखा है. ऊपरी आत्माओं के साथ मैं अपनी देखभाल की बैठकें धरती के उन स्थानों पर करता हूँ जहाँ उनकी ज़िम्मेदारी होती है. इसने मुझे युगों से समसामयिक संस्कृति का अनुभव करने के अवसर दिये हैं और इसके जैसे एक छोटे कप से काफी के घूँट भरने का अवसर भी."

पुरानी आत्मा और ओरेओन अब अपनी बैठक के लिए व्यवस्थित हो गये थे, जब ओरेओन ने जारी रखा, "तुमने रिक्की को अपने परामर्श देने के संबंध में मुझसे कुछ सलाह माँगी है, लेकिन मैं नहीं समझता कि मैं तुम्हें कुछ ऐसी चीज़ बता पाऊँगा जो तुम पहले से नहीं जानते हो, क्योंकि मैं जानता हूँ कि तुम उन परिस्थितियों से परिचित हो जो मनुष्यों को पाप करने की ओर ले जाती हैं. फिर भी जब तुमने मेरी सलाह माँग ही ली है तो मेरा प्रस्ताव है कि तुम पहले रिक्की से यह कहकर आगे बढ़ो कि कोई स्वतंत्र बल या हस्ती या एक अजनबी चेतना नहीं होती जो स्वाभाविक रूप से पापी हो और मनुष्यों को शिकार बनाती हो."

ओरेओन ने जारी रखा, "फिर भी मनुष्यों के कृत्य पाप की तरह देखे जा सकते हैं और वे लोग जो ऐसे कृत्य करते हैं उन्हें उसी तरह से पापी के रूप में देखे जाते हैं. क्योंकि यह एक बहुत बड़ा विषय है, मैं रिक्की को पहले कुछ पृष्ठभूमि की जानकारी देकर शुरूआत करूँगा जो उसको पाप के पूर्व-वृत्त को समझने में सहायता करेगी. यह महत्वपूर्ण है कि वह इसके व्यापक सन्दर्भ का मूल्यांकन करे जिनमें यह कृत्य होते हैं, इससे पहले कि वह पूरी तरह से इस विषय को समझ सके."

"उदाहरण के लिए तुम उसको (क) चेतना की प्रकृति के बारे में थोड़ा और कहकर शुरुआत कर सकते हो कि यह कैसे भौतिक हो जाती है जब 'सामंजस्य के विकास' के माध्यम से यह समय के बाहर अनुभूत होती है. फिर उसके आगे (ख) मिथकों के मंत्रमुग्ध कर देने वाले पहलुओं को बताओ कि कैसे उन्हें प्रथाओं, रीति-रिवाज़ों और आस्थाओं के माध्यम से हरेक संस्कृति के लोगों को प्रदान किया जाता है. इस बिंदु पर तुम उसे प्रचलित मिथकों के बारे में भी बता सकते हो जो मानवता की उन्नति में फिलहाल प्रमुख बाधाएँ हैं. फिर उसको (ग) आवेग और अंतर्ज्ञान के बारे में बताओ और बताओ कि तब क्या होता है जब उसकी आंतरिक प्रकृति से निकलने वाली अनुभूतियों पर विश्वास नहीं किया जाता या उन्हें रोक दिया जाता है. उसके पश्चात, तुम्हें कुछ शब्द (घ) आदर्शों और कट्टर व्यवहार के बारे में कहना चाहिए. और फिर अंत में इस पृष्ठभूमि की तैयारी के साथ वह वास्तविक विषय को समझने की स्थिति में होगा जो उसके हाथ में है, जो पाप की प्रकृति है."

पुरानी आत्मा ने टिप्पणी की, "मैं समझता हूँ कि मेरे लिए मेरे काम की रूपरेखा तैयार हो गई है. मेरे लिए अपने आश्रित के साथ शुरुआत करने की यह अच्छी रूपरेखा है."

पुरानी आत्मा और ओरेओन कैफ़े मोक्का के शांत सूर्य की रौशनी से रौशन कुंज में सारी दोपहर बातचीत करते रहे, जब तक वे अकेले नहीं रह गये और फिर उनके प्रेत हवा में अचानक लुप्त हो गये.

रिक्की कनाडा में कुछ वर्षों से एचआईवी चिकित्सालय पर काम कर रहा था, जब उसने यह फैसला किया कि अब आइसलैंड वापिस जाने का समय आ गया है. वहाँ पहुँचने के बाद उसने स्थानीय ऐड्स संस्थान के प्रमुख के रूप में काम

करना शुरू कर दिया और अपने मनोचिकित्सा के अभ्यास को भी साथ-साथ करता रहा.

सप्ताहांतों पर वह अक्सर शहर के बाहर पहाड़ों की सुन्दरता को देखने के लिए यात्रा किया करता था. ऐसे ही एक अवसर पर पहाड़ के ढलान की एक कठिन चढ़ाई के बाद वह आराम करने के लिए लेट गया. जब वह दूर से आती चिड़ियों के गाने के साथ उत्तरी-ध्रुव के फूलों के बीच मुलायम काई में डूब गया तो नज़दीक ही किसी धारा में गिरते हुए पानी की आवाज़ से उसे निंद्रा आ गई. वह जल्द ही एक सुखद स्वप्न देखने लगा. उसके स्वप्न में पुरानी आत्मा प्रकट हुआ और उसे एक कैप्सूल दिया, जिसमें कुछ 'विचारों के गट्ठे' थे और बोला, "यह पाप के विषय पर एक संवादात्मक व्याख्यान है. मैं देख रहा हूँ तुम इस विषय के साथ हाल ही में संघर्ष कर रहे हो."

इतने वर्षों बाद पुरानी आत्मा को देखकर रिक्की हैरान था और उत्तर दिया, "मैंने हीथर हिल्ल पर तुमसे जल्द ही मिलने की योजना बनाई थी. मैं समझता हूँ कि तुमने मेरा मस्तिष्क पढ़ लिया है और जानते थे कि मैं बात करना चाहता हूँ?"

पुरानी आत्मा ने उत्तर दिया, "हाँ, बेशक. तुम जानते हो कि मैं हमेशा तुम्हारे आसपास तुम्हारे फ्यल्ज्जा की भांति रहता हूँ.

"इससे पहले कि तुम सो जाओ, आज देर रात को एक क्षण निकालो और इस कैप्सूल की सामग्री का अध्ययन करो. तुम इसे लाभदायक पाओगे. इसे देखने के बाद हमारे पास पाप के कुछ पहलुओं के बारे में एक संक्षिप्त बातचीत का अवसर होगा, जिन पर तुम मनन करते रहे हो."

रिक्की ने पूछा, "मैंने सोचा था मुझे तुमसे सीधे बातचीत करने के लिए हीथर हिल्ल आना होगा?"

पुरानी आत्मा ने मुस्कराया, "इस बार यह आवश्यक नहीं होगा. इस कैप्सूल में पाप के विषय के बारे में तुम्हारे किसी भी प्रश्न के सारे संभावित उत्तर हैं."

पुरानी आत्मा फिर लुप्त हो गया. कुछ समय बाद रिक्की जागा और शहर की ओर वापिस चल दिया.

चेतना की प्रकृति

बाद में उस शाम को सोने से पहले रिक्की ने उस कैप्सूल को खोला जो उसे पुरानी आत्मा ने दिया था. एक क्षण के अंदर स्वयं को उसने एक होलोग्राफिक नाट्यशाला में बैठा हुआ पाया जहाँ वह चेतना की ऊर्जा-अभिव्यक्ति की घूमती हुई कुंडलियों को देख सकता था जब वो शुद्ध चेतना के एक समानांतर आयाम में घटनाओं की रचना कर रही थीं और उन्हें भौतिक संसार में 'विकसित सामंजस्य' के पंखों पर भेज रही थीं. उसने देखा कि भौतिक ब्रम्हाण्ड में प्रकट होने से पहले सबसे क्षुद्र उपपरमाणविक कण से लेकर अत्यधिक जटिल जैविक जीव तक प्रत्येक अभिव्यक्ति की एक प्रति बनी थी.

ब्योरा विलक्षण था. दूसरी चीज़ों में रिक्की ने अब देखा कि कैसे जन्म से पहले जीवनकाल अनिवार्यत: तैयार किये जाते थे – उन परिवर्तनों के अलावा जो इस समानांतर आयाम में तत्काल उत्पन्न होते थे, उन फैसलों के अनुसार जो अवतरण के दौरान 'स्वतंत्र इच्छा' के आधार पर आत्मा करती थी. वह देख सकता था कि अपने अनुभवों को व्यक्ति कैसे चुनते थे और कैसे वे स्वयं अपने जीवन नाटक के केंद्र में प्रकट होते थे, या तो नायक, खलनायक या पीड़ित व्यक्ति के रूप में. उसने यह भी देखा कि कैसे चेतना की ये ऊर्जा-अभिव्यक्तियाँ निरंतर भौतिक संसार में जाती रहती थीं और ग्रह तथा प्रत्येक उस चीज़ के सामंजस्य को, जो इसमें स्थित है, बनाये रखती थीं.

जब रिक्की इस प्रक्रिया को देख रहा था तो यह उसे स्पष्ट हो गया कि प्रत्येक जीव चेतना के इस स्थिर आवेश पर निर्भर है, जो ऊर्जा के प्रक्षेप की भांति निर्गत होती है, जिसके बिना यह कुछ मिनटों से अधिक जीवित नहीं रह पायेगी. धरती पर प्रत्येक चीज़ इस निरंतर कार्रवाई के माध्यम से स्वत: क़ायम रहती है. वह सोच रहा था कि कैसे वह इस तथ्य से अनभिज्ञ था और कैसे प्रत्येक व्यक्ति पहले से यह मानकर चलता है कि चेतना की ऊर्जा सांस लेने, पोषण और मलत्याग की अंदरूनी तंत्र, तरल पदार्थों के संचलन समेत सारे शरीर का रखरखाव जिस रूप में करती है और एक दूसरे स्तर पर सभी अंगों के बीच क्रियाविधि का समन्वय करती है, जो सारे शरीर को सहज रूप से कार्य करने में सक्षम बनाती है.

वह उस ज़बरदस्त योजना के बारे में जान गया जो भौतिक अस्तित्व की तैयारी में सभी स्तरों पर होता है. न केवल उपआणविक, कोशीय और व्यक्तिगत

स्तर पर अपितु समाज और सामजिक स्तर पर भी. आने वाली आपदाओं, शैक्षणिक कार्यक्रमों, धार्मिक ड्रामों और सभी तरह के त्योहारों की योजना बन रही थी. ये सारी घटनाएँ इस समानांतर आयाम में रची जा रही थीं और भौतिक संसार में उन्हें पूर्ण-विकसित घटनाओं के रूप में अंजाम देने के लिए 'विकसित सामंजस्य' के पंखों पर ले जाने के लिए नियत किया जा रहा था.

उसी समय रिक्की के देखने के लिए यह भी स्पष्ट किया गया था कि ये घटनाएँ केवल आशय, आस्था और इच्छाओं के फलस्वरूप होंगी. इन सभी घटनाओं में सभी स्तरों पर एक सम्पर्क और एक समन्वय भी था; एक पेड़ के एक पत्ते के गिरने की सचेत जागरूकता से लेकर अत्यधिक जटिल सामाजिक घटना तक. और इसकी वजह से कोई भी रहस्य नहीं था और कोई भी संयोगिक घटना नहीं थी. किसी भी घटना से दूसरी घटना को हानि पहुँचाने का लाभ नहीं उठाया जा सकता था. सारी घटनाएँ इच्छित थीं; कोई भी जन्म, कोई भी दुर्घटना और कोई भी मृत्यु संयोग से नहीं होती थी. वास्तव में समानांतर आयाम के प्रतिभागियों को सब कुछ मालूम था. अस्तित्व के हरेक स्तर पर सारे निर्णय सभी के सहयोग से लिए जाते थे, एक स्वर में और चेतना के सभी स्तरों को देखते हुए.

समानांतर आयाम एक अपरिमित सूचना सेवा की भांति काम करता था जो तुम्हारा सम्पर्क तत्काल उस ज्ञान से कराता है जो तुम्हें चाहिए होता है और एक प्रेममय आशय के साथ तुममें और दूसरों में सम्बन्ध स्तापित करता है, जिसमें तुम्हारे मस्तिष्क के सर्वोत्कृष्ट उद्देश्य होते हैं और साथ-साथ हर दूसरे व्यक्ति के भी होते हैं – दूसरी प्रजातियों के सदस्य और प्रत्येक जीव सहित. तुम दूसरों पर किसी घटना को लाद नहीं सकते जिसके लिए सहमति नहीं हुई थी.

यह समानांतर आयाम, जिसको पुरानी आत्मा ने ढाँचा 2 कहा था, हमारे भौतिक संसार का अदृश्य संस्करण प्रतीत होता था, जिसको उसने ढाँचा 1 कहा था. मगर यह उससे भी कहीं अधिक था, क्योंकि इसने हमारे भौतिक ब्रम्हाण्ड के सारे संभावित रूपों को अपने अंदर समा रखा था – अत्यधिक वृहत सीमा से लेकर किसी भी दिन में होने वाली छोटी से छोटी घटना तक.

रिक्की जब पीछे टेक लगा कर बैठा था और इस अनुभव को समझने की कोशिश कर रहा था, तो पुरानी आत्मा प्रकट हुआ और सुझाव दिया, "कल शाम को जब तुम अपने टेलीविजन के सामने बैठे होगे तो एक क्षण निकालना और कल्पना करना कि जो भी टेलीविजन की स्क्रीन पर देख रहे हो तुम उसे जैसे

स्क्रीन के पीछे से ढाँचा 2 में नियोजित कर रहे हो. प्रत्येक शारीरिक, मस्तिष्क और मनोवैज्ञानिक विवरण की प्रोग्रामिंग करने के बारे में सोचो, उस भौतिक व्यवस्था सहित जिसमें टीवी पर नाटक चलता है. दिन का समय, मौसम, संगीत, रौशनी, नाटक की कथा और जो भावनाएँ होती हैं – टेलीविजन नाटक के प्रत्येक दृश्य की प्रत्येक चीज़ का प्रत्येक विवरण. फिर अपने आप को उस नाटक में केन्द्रीय पात्र की तरह चित्रित करो जिसे तुम देख रहे हो और यह कि कैसे तुम प्रत्येक चीज़ की भावनात्मक ऊर्जा में मिल जाते हो जो तुम्हारे आसपास हो रही है. यह उस तरह की चीज़ है जिसका निर्माण ढाँचे 2 में सूक्ष्म विस्तार से होता है, इससे पहले कि इसे ढाँचा 1 – तुम्हारे भौतिक संसार[59] में भौतिक बनाया जाये.

"अब तुम यह देख सकते हो कि कैसे तुम्हारा भौतिक संसार ढाँचे 2 से चेतना की उर्जा-अभिव्यक्ति के इस निरंतर जान फूँकने से पोषित होता है. ऊर्जा-अभिव्यक्ति का यह जान फूँकना तुम्हारे संसार में सारी भौतिक अभिव्यक्तियों को पोषित करता है, अनिवार्य रूप से रचना करके और फिर कार्बन, नाइट्रोजन और ऑक्सीजन के जैव-भू-रसायनिक यौगिक पदार्थों का पुनर्चक्रण और पुन: उर्जा प्रदान करके. यह जैव-भू-रासायनिक पुनर्चक्रण प्रक्रिया ढाँचा 2 से चेतना की ऊर्जा-अभिव्यक्ति के निरंतर बहाव के साथ तुम्हारे ग्रह पर सूक्ष्मतर जीव तक सारे जीवन को बनाये रखता है. यही ढाँचा 2 में संचालन की विशाल त्रुटि है."

रिक्की उस अनुभव से चक्कर खा रहा था जो उसको अभी-अभी हुआ था और उसने उत्तर दिया, "मुझे यह समझ में आना शुरू हो गया है कि तुम्हारा मतलब क्या है. यह विस्मयकारी है!"

"हाँ, तुम अपने नाटक के केंद्र में हो और तुम्हारे आशय और आस्थाओं के माध्यम से तुम हरेक का निर्धारण करते हो जो तुम्हारे पूरे जीवनकाल में होता है."

---

[59] 20वीं सदी के विख्यात सैद्धांतिक भौतिकवैज्ञानिकों में से एक डेविड बोहम (1917-1992) ने एक ऐसी ही अवधारणा का सुझाव दिया था. उन्होंने सेठ के ढाँचा 1 जैसी ही एक अवधारणा का सन्दर्भ 'समझाने वाला क्रम' के रूप में दिया था और सेठ के ढाँचा 2 को 'उलझाने वाला क्रम' के रूप में और सुझाव दिया था कि उन्होंने जिसे 'होलोमूवमेंट' कहा है उसकी उपस्थिति उलझाने वाला क्रम से समझाने वाला क्रम में जानकारी उजागर कर सकती है और फिर से वापिस कर सकती है.

अपने आप को बटोरने में रिक्की ने थोड़ा समय लिया और फिर पूछा, "लेकिन पाप के बारे में क्या है, पाप के विषय से इसका क्या संबंध है?"

"पाप की घटना जटिल है. तुम कई योगदान देने वालों के बारे में अवगत होगे जो किसी व्यक्ति को पाप कृत्य करने की ओर ले जाते हैं, इससे पहले कि तुम घटना को पूरी तरह से समझ सको और यह उन योगदान करने वालों में से एक है."

मिथकों का मंत्रमुग्ध कर देने वाला प्रभाव

पुरानी आत्मा ने जारी रखा, "सांस्कृतिक मिथकों के फलस्वरूप मंत्रमुग्ध कर देने वाला प्रभाव एक और योगदानकर्ता है. इसको समझना तुम्हारे लिए उतना ही महत्वपूर्ण है."

"ओह ... तुम्हारा उससे क्या मतलब है?"

"एक मिथक एक परम्परागत कहानी है जो इतिहास के अनुसार एक वैश्विक नज़रिया को स्पष्ट करने का काम करती है जिसे बिना किसी प्रमाण के स्वीकार कर लिया जाता है. और हरेक संस्कृति में मिथक होते हैं. यह मिथक परम्पराओं, रिवाजों और आस्थाओं का संचय है जो संस्कृति के इतिहास को दर्शाते हैं और वह प्रत्येक उस व्यक्ति में सन्निहित होते हैं जो उस संस्कृति में बड़े होते हैं. इसके परिणाम स्वरूप एक विशेष संस्कृति में प्रत्येक व्यक्ति एक विशिष्ट सांस्कृतिक दृष्टीकोण अपना लेता है, जिसकी प्रतिरक्षा वह जीवनभर एक कट्टर रवैये के साथ करता है. वह इन प्रथाओं, रीति-रिवाज़ों और आस्थाओं पर प्रश्न नहीं उठाता और वह उन वैकल्पिक दृष्टिकोणों की ओर नहीं देखता जो उन्हें चुनौती देते हैं. यही वह मानसिकता है जिससे सांस्कृतिक मिथक बनते हैं. व्यक्ति को एक वैश्विक नज़रिया सिखाया गया है जिसे वह बिना प्रमाण के स्वीकार करता है, जिस पर वह प्रश्न नहीं उठाता. वास्तव में वह मंत्रमुग्ध होता है और ऐसे ही उस संस्कृति का प्रत्येक व्यक्ति एक ही जादू के प्रभाव में होता है."

"ओह, मैं समझ गया."

"मैं तुम्हें कुछ उदाहरण देता हूँ. ये लिंग के बारे में हैं. तुम्हारी पश्चिमी सभ्यता में विपरीत लिंग की ओर यौनाकर्षित होना हरेक के लिए 'सामान्य'

माना जाता है. और इसी दृष्टि से एक ही लिंग के व्यक्तियों को एक-दूसरे की ओर आकर्षित होना विकृत माना जाता है. एक युवा विवाहित जोड़े के लिए बच्चों की इच्छा रखना भी सामान्य माना जाता है और इसके विपरीत यदि वे बच्चे न लेना चुनें तो इसे अस्वाभाविक माना जाता है. यदि तुम एक गुलाबी कार देखते हो तो तुम स्वत: ही मान लेते हो कि इसकी मालिक ज़रूर महिला होगी. तुम्हें यह सिखाया जाता है कि गुलाबी रंग स्त्री लिंग है. तुम्हें यह सिखाया जाता है कि महिलाएँ गुड़ियों से खेलना पसंद करती हैं, जबकि लड़के कारों के साथ खेलना पसंद करते हैं. लिंग और लिंग की भूमिकाओं के सन्दर्भ में सूची बढ़ती जाती है. जब तुम युवा थे तब एक और मिथक प्रचलित था, जो यह था कि बायें हाथ से काम करने वाले बच्चों को दायें हाथ से लिखना सीखना चाहिए क्योंकि बायें हाथ से काम करना 'सामान्य नहीं' है और यह अनिर्दिष्ट 'समस्याओं' की ओर ले जा सकता है. कुछ धार्मिक लोगों के लिए बायें हाथ से लिखना 'शैतान के हाथ' से लिखने की भांति होता था. इसलिए तुम्हारे ज़्यादातर समसामयिकों को दाहिने हाथ से लिखना सीखना पड़ा था, लेकिन तुम्हें नहीं, क्योंकि आंशिक रूप से तुम्हारी माँ अमेरिकन थी और वह इस मिथक के प्रभाव में नहीं पली थी. ये सांस्कृतिक मिथकों के उदाहरण हैं जो तुम अपने अंदर अपने निर्माणात्मक वर्षों में आत्मसात कर लेते हो और तुम सामान्यतया इन पर प्रश्न नहीं उठाते हो.

> तुम्हें एक वैश्विक नज़रिया सिखाया जाता है जिसे तुम बिना प्रमाण के स्वीकार करते हो. तुम मंत्रमुग्ध हो जाते हो और ऐसे ही तुम्हारी संस्कृति का प्रत्येक व्यक्ति उसी जादू के प्रभाव में आ जाता है !

"बहुत सारे लोगों को इसके बारे में ज्ञान नहीं होता कि इस तरह के मिथक उनकी वास्तविकता के दृष्टिकोण को किस हद तक प्रभावित करते हैं और रूप देते हैं और कैसे ये मिथक अपनी संस्कृति के दृष्टीकोण के अलावा उन्हें वास्तविकता को देखने में रूकावट डालते हैं (और उनकी वास्तविकता की रचना करते हैं), उसी तरीक़े से जैसे बेहोशी की हालत में लाया जाता है."

"इस तरह की भावना के घातक परिणाम हो सकते हैं. उदाहरण के लिए धर्म को लो. कोई धर्म विशिष्ट नैतिक परंपराओं का आदेश देगा जो अलग-अलग धर्मों द्वारा हमेशा साझा नहीं किये जाते. परिणामस्वरूप विरोधी धर्मो

के व्यक्ति एक-दूसरे को शक और घृणा से देखेंगे. चरमपंथी, विशेषकर विरोधी धर्मों के एक-दूसरे पर कोई ख़ास अंधकारपूर्ण और डरावना दृष्टिकोण रखेंगे."

"मैं समझ गया. मैं उसे होते हुए देख सकता हूँ."

"बहुत सारे लोग सांस्कृतिक मिथकों के गहरे प्रभाव के बारे में नहीं जानते.

"अत्यधिक प्रचलित मिथक और वो मिथक जो मुख्यतः मानवता की प्रगति में कमी के लिए ज़िम्मेदार हैं, वो तुम्हें यह बताते हैं कि सारी अनुभूति और सारा ज्ञान तुम्हारी शारीरिक संवेदनाओं से होना चाहिए. यह मिथिक किसी भी जानकारी को बाहर रखता है और नकार देता है, जिसके बारे में तुम जानते हो कि वह तुम्हारी शारीरिक संवेदनाओं से प्रमाणित नहीं हो सकती. इसका एक उदाहरण यह होगा कि तुम्हारा अंतर्ज्ञान तुम्हें यह संकेत देता है कि जन्म से पहले भी तुम्हारा अस्तित्व था और तुम्हारी भौतिक मृत्यु के बाद भी तुम अस्तित्व में रहोगे. तुम्हें यह सिखाया जाता है कि ऐसा नहीं है, क्योंकि यह तुम्हारी संवेदनाओं से प्रमाणित नहीं होता.

"यही वह मिथक है जो तुम्हारी समझ में बाधा डालता है और तुम्हें उन घटनाओं की वृहत्तर प्रकृति से दूर रखता है जिनके साथ तुम अंतरंगता से जुड़े हुए हो, जैसे कि तुम्हारी सफलताएँ और विफलताएँ, तुम्हारी सेहत और बीमारी और भाग्य और दुर्भाग्य. ये सारी घटनाएँ ढाँचे 2 में होती हैं इससे पहले कि तुम्हारे आदेश पर उन्हें भौतिक बनाया जाये और उनमें से कोई भी तुम्हारी शारीरिक संवेदनाओं के माध्यम से तटस्थ रूप में नहीं देखी जा सकती, इससे पहले कि तुम्हारे भौतिक संसार में वह प्रकट हो.

"यह मिथक, जो यह नियम बनाता है कि सारा ज्ञान तुम्हारी शारीरिक संवेदनाओं के माध्यम से और वस्तुनिष्ठ वास्तविकता से आना चाहिए, विज्ञान की रीढ़ की हड्डी है. और जबकि वैज्ञानिक जाँच के तरीक़ों से आसाधारण प्रगति हुई है, यह कहना सही नहीं है कि जो दूसरी घटनाएँ इस विधि द्वारा आवश्यक जाँच के तरीक़ों के लिए अपने-आप को उपलब्ध नहीं करतीं उनका अस्तित्व नहीं है.

"हरेक चीज़ का पता लगाने के उत्साह में बिना वैज्ञानिक प्रमाण के विज्ञान ने दुर्भाग्य से यह मान लिया है कि ब्रम्हाण्ड की रचना एक आकस्मिक घटना है. एक संयोग से रचित समूह, जहाँ मौलिक रसायनों के आकस्मिक बुदबुदाहट ने एक खिचड़ी बनाई, जिसमें से अंततः चेतना की रचना हुई. और इस खिचड़ी में

से तथा सहस्राब्दियों के बाद अंततः एक प्राकृतिक चयन की प्रक्रिया के माध्यम से आधुनिक मनुष्य का विकास हुआ.

"इस दृष्टिकोण से मनुष्य एक आकस्मिक घटना है जो निरंतर प्रजनन करता रहता है. प्राकृतिक चुनाव यह मानता है कि वह स्वाभाविक रूप से आक्रामक है और वह अपने बचाव के लिए प्राकृतिक चयन के नियमों के अनुसार संघर्ष करेगा. इस तरीक़े से विज्ञान अपने आप से यह प्रस्तावित करता है कि मनुष्य के अस्तित्व का कोई अर्थ या बड़ा उद्देश्य नहीं है और भौतिक संसार के बाहर उसका कोई अस्तित्व नहीं है. तब मनुष्य के पास जो कुछ है वह आनंद या उपलब्धि का बस लाभ उठाने की कोशिश है जो अपने सीमित जीवनकाल में वह उठा सके."

रिक्की थोड़ा सा भौचंका लग रहा था, "मैंने विज्ञान के बारे में उस तरीक़े से नहीं सोचा था."

"जैसा कि तुमने निःसंदेह अनुभव किया है वैज्ञानिक दृष्टिकोण द्वारा प्रस्तावित एक महान आदर्शवादिता है. यह भौतिक संसार के बारे में 'तर्क' और परिणामों पर आधारित है – जिन्हें पहले ही माना जा चुका है – और उसमें कुछ ग़लत नहीं है. फिर भी विज्ञान उस ज्ञान को स्वीकार नहीं कर सकता जो 'कहीं और' से आता है और जो विज्ञान के लिए आवश्यक कारण-और-प्रभाव के स्वरूप पर खरा नहीं उतरता. इस कारण से 'सत्यता' के लिए केवल यही एक रास्ता नहीं है.

"जैसे कि तुम ने अब तक अनुमान लगा लिया होगा, समस्या यह है कि वैज्ञानिक दृष्टिकोण मनुष्य को उसकी आंतरिक प्रकृति और एक अर्थवान जीवन की किसी भी परिकल्पना से अलग रखता है, जो उसके दैहिक अस्तित्व के लक्ष्य से परे है.

"कुछ और भी विशिष्ट मिथक हैं जो सहायक नहीं हैं, जिनमें से कुछ धर्मों के द्वारा माने गये हैं. एक ऐसा ही मिथक 'असली पाप' है जिसे कैथोलिक चर्च ने माना है. यह सिखाता है कि हरेक मनुष्य अपने कंधों पर पाप का बोझा लेकर पैदा होता है, क्योंकि आदम और ईव ने ईडन के बाग़ से ज्ञान का एक बहिष्कृत फल खाने का निंदनीय काम किया था. सजा के रूप में ईश्वर ने उन्हें बाग़ से निर्वासित कर दिया था और उसके विरूद्ध अपराध करने के लिए सभी मनुष्यों को अनंतकाल तक दण्डित किया था. वे लोग जो इस कहानी पर विश्वास करते

हैं, अपना सारा जीवन इस कृत्य के लिए पश्चाताप करते हुए व्यतीत कर देते हैं."

"मुझे शक है कि कोई भी इस कहानी को अक्षरशः लेगा. क्या यह उनके साथ क्या होगा जैसे रूपक की भांति नहीं है जो किसी अच्छाई या पवित्रता की तरफ़दारी के खिलाफ अपने-आप को पाप के द्वारा भटकने देते हैं?"

"हाँ ऐसा ही है. यह तुम्हें अच्छा बनने की सलाह देता है, लेकिन उसी क्षण यह भी कहता है कि तुम अपनी प्रकृति पर ज़रूर प्रश्न उठाओ क्योंकि तुम्हारी जानकारी के बिना ही इसकी प्रवृति शैतानों वाली है. यह ईव का भोलापन था जिसने उसे पेड़ से बहिष्कृत फल तुड़वाया. उसे बेहतर जानकारी होनी चाहिए थी ! इसलिए अपने शैतानी आवेग से होशियार रहने के लिए याद दिलाते हुए धर्म तुम्हें यह सिखाता है कि तुम अपने जन्म से ही एक पापी हो.

"यह कहानी बेशक तुम्हारे आंतरिक स्वभाव का अवमूल्यन करती है, क्योंकि यह तुम्हें अपने अंतर्ज्ञान पर अविश्वास करने के लिए कहती है, जो तुम्हें सामान्यतया यह कहेगी कि तुम्हारा स्वभाव प्रेममय और दयालु है और दुष्ट या पापी नहीं है. इस तरीक़े से तुम्हें छोटी उम्र से ही शंकालु होना और अपने अंतर्ज्ञान पर अविश्वास करने के लिए सिखाया जाता है. तुम मंत्रमुग्ध हो जाते हो और इस सांस्कृतिक मिथक के सम्मोहन में रहते हो."

"हाँ ... मैं समझ गया तुम्हारा मतलब क्या है."

"जब तुम इस मिथक को विज्ञान सम्बन्धित मिथकों से जोड़ोगे, जिनके बारे में हमने चर्चा की थी, तब तुम यह समझना शुरू कर दोगे कि मनुष्य कैसे अपने अंतर्ज्ञान के माध्यम से अपनी ऊपरी आत्मा से प्राप्त होने वाले संदेशों से कट जाता है.

"प्रत्येक व्यक्ति में उद्देश्य और पूर्ति की एक स्वाभाविक इच्छा होती है और जब ऐसे सांस्कृतिक मिथकों के व्यापक प्रभाव से ज्ञान के इस आंतरिक मार्ग पर अविश्वास किया जाता है या इसे अवरुद्ध किया जाता है तो व्यक्ति अपने जीवन की दिशा खो देता है और उसके अंदर अस्तित्ववादी भय घर करने लगता है."

रिक्की ने इस पर मनन किया और पूछा, "क्या तुम मुझे आवेगों और अंतर्ज्ञान के बारे में थोडा कुछ और बता सकते हो? मैं समझता हूँ कि इन अविश्वासों का प्रभाव उसकी जड़ में है जो तुमने अभी कहा है."

"हाँ बेशक. वह मेरा अगला विषय होने वाला था. तुमने मेरा मस्तिष्क पढ़ लिया होगा!"

रिक्की ने उत्तर दिया, "मैंने यही सोचना शुरू किया है. शायद मैंने पढ़ लिया है. शायद मैंने वास्तव में पढ़ लिया है?"

आवेग और अंतर्ज्ञान

पुरानी आत्मा ने जारी रखा, "तुम्हारे बाहरी अहम और ढाँचे 2 के सक्रिय पहलुओं समेत तुम्हारे अंदर की क्रियाओं और ऊपरी आत्मा के बीच एक निरंतर सम्पर्क बना हुआ है. यहाँ पर चेतना का बहुत बड़ा परिष्करण शामिल है. और जैसा कि तुमने पहले देखा था, ऊर्जा-अभिव्यक्ति का एक निरंतर 'आवेग' भी है जो ढाँचा 2 से तुम्हारे भौतिक ब्रम्हाण्ड में आता है जो तुम्हारे भौतिक शरीर को क़ायम और जीवित रखता है. एक बहुत ही बुनियादी स्तर पर ये आवेग गतिवान होने तथा कार्य करने की तीव्र इच्छा प्रदान करते हैं, उभय कोशिकीय स्तर और तुम्हारे शरीर के सभी स्तरों पर. तुम्हारी सचेत जागरूकता के बिना ही वो शरीर की सामंजस्यपूर्ण कार्यशीलता को क़ायम रखते हैं.

"ये सारे आवेग तुम्हारी सचेत जागरूकता के नीचे नहीं होते. 'अंतर्ज्ञान' के रूप में तुम उनमें से कुछ के बारे में जानते हो. तुम्हें स्मरण होगा कि मैंने तुम्हें पहले बताया था, तुम्हारी ऊपरी-आत्मा तुम्हारे अंतर्ज्ञान के माध्यम से तुम्हारा मार्गदर्शन करती है. इन अंतर्ज्ञानों को बनाने के लिए ऊपरी आत्मा को ज़रूर पहले ढाँचा 2 में इन्हें तैयार करना होता है, जो फिर 'विकसित सामंजस्य' के पंखों के माध्यम से तुम्हारे संसार में लाये जाते हैं. ये अंतर्ज्ञान (उन आवेगों के साथ जो तुम्हारी सचेत जागरूकता के नीचे हैं) तुम्हें संसार पर प्रभाव डालने की क्षमता प्रदान करते हैं – इनके ऊपर और इनके अंदर प्रभावशाली ढंग से अमल करने के लिए. इन अंतर्ज्ञानों को बनाने में विविधतापूर्ण विचारों को अक्सर एक साथ लाना शामिल है, जिनका अस्तित्व ढाँचा 2 में होता है, जिनसे तुम्हारी अंतर्दृष्टियों की रचना होती है जो केवल तुम्हारे मस्तिष्क के कारण-और-परिणाम तर्क से संभव नहीं हो पाता. सारांश में तुम यह कह सकते हो कि तुम्हारे 'आवेग' तुम्हारे जीवन को एक ऐसी चेतना से भर देते हैं जो तुम्हारे

शरीर को जीवन देते हैं और तुम्हारे 'अंतर्ज्ञान' तुम्हें संसार में कार्य करने की इच्छाशक्ति देते हैं."

"अब तुम अपने आवेगों पर प्रश्न मत उठाओ क्योंकि वो तुम्हारी सचेत जागरूकता के नीचे स्वतन्त्र रूप से संचालित होती हैं. मगर तुम अपने अंतर्ज्ञानों पर प्रश्न उठा सकते हो. और तुम्हें यह करना भी चाहिए. पर जब तुम ऐसा करते हो तो तुम्हें यह विश्वास करना चाहिए कि ये अंतर्ज्ञान निरपवाद रूप से परोपकारी प्रकृति के होते हैं, क्योंकि इनकी रुपरेखा तुम्हारी ऊपरी आत्मा तुम्हारी मदद के लिए बनाती है. तुम्हें यह भी समझना चाहिए कि तुम्हारी ऊपरी आत्मा तुम्हें अक्सर भिन्न-भिन्न अंतर्ज्ञान देगी जो तुम्हारे निबटारे पर उपलब्ध असंख्य संभावित भविष्यों का प्रतिनिधित्व करते हैं. तुम्हें तुम्हारी वास्तविक प्रकृति की ओर ले जाने के लिए इन अंतर्ज्ञानों को तैयार किया गया है और उनमें से तुम्हें उनको चुनना है जो तुम्हें उस क्षण में सबसे भरोसेमंद लगे. इस प्रयोजन के लिए तुम्हारे पास 'स्वतंत्र इच्छा' है. जिन अंतर्ज्ञानों को तुम्हारी ऊपरी-आत्मा ने तुम्हारे लिए बनाया है वो तुम्हें कभी-कभी विपरीत लगेंगे, लेकिन वो तुम्हारे आंतरिक पहलुओं के प्रतिरूप हैं और तुम्हारी बिना जानकारी के पूरी तरह से कार्रवाई के लिए वो एक सकारात्मक स्वरूप बनाते हैं जो तुम्हें तुम्हारी पूर्ति और विकास के सबसे भरोसेमंद मार्ग की ओर ले जायेंगे."

"मैं समझ गया. और इन अंतर्ज्ञानों पर अविश्वास कब किया जाता है?"

"तब मनुष्य अपनी आंतरिक प्रकृति पर सवाल उठाता है. वह अपने अंतर्ज्ञानों की वैधता पर भरोसा करना बंद कर देता है और वह उन्हें नकारना प्रारंभ कर देता है. वह धीरे-धीरे अपने आंतरिक मस्तिष्क से कट जाता है और क्रमश: वह अस्तित्ववादी निराशा का अनुभव प्रारम्भ करता है."

"अस्तित्ववादी निराशा क्यों?"

"उसका कारण यह है कि अंतर्ज्ञानों के अतिरिक्त प्रत्येक व्यक्ति में एक जन्मजात इच्छा यह महसूस करने की होती है कि उसके जीवन का कोई उद्देश्य या अर्थ है भी या नहीं. उस जन्मजात इच्छा की अनुभूति अंतर्ज्ञान से होती है और व्यक्ति को अपने जीवन स्तर और दूसरों के भी जीवन स्तर को बेहतर करने का कारण बनती है."

"मैं समझ गया ... यह दिलचस्प है."

"यदि तुम अपने अंतर्ज्ञानों पर भरोसा नहीं भी करते हो और अपनी आंतरिक प्रकृति से कट जाते हो फिर भी तुम अपने जीवन के उद्देश्य और अर्थ की ज़रूरत को निरंतर अनुभव करते हो. इसीलिए तब होता क्या है कि तुम इसे किसी और चीज़ में या किसी और व्यक्ति में ढूँढने लग जाते हो. तुम इसे किसी प्रकार के अभिप्राय में ढूँढने लगते हो और उन संगठनों की ओर झुकते हो जो तुम्हारी आवश्यकता की बात करती हैं, विशेषकर वो संगठन जो यह बतायेंगे कि तुम्हें कैसे सोचना है और अपना जीवन तुम्हें कैसे जीना चाहिए. सामान्यतया ये राजनैतिक, धार्मिक या वैज्ञानिक संस्थाएँ होती हैं, जिन सभी का एक स्थापित दृष्टिकोण होता है कि जीवन की ओर तुम्हें कैसे देखना चाहिए और तुम्हारे अस्तित्व से अर्थ और उद्देश्य निकालने के लिए तुम्हें कैसे संघर्ष करना है."

"मुझे यह समझ में आना शुरू हुआ है कि तुम्हारा मतलब क्या है. लेकिन क्या तुम यह सुझाव दे रहे हो कि इस तरह की संस्थाओं और संगठनों से दूर रहने के लिए लोगों को मनाया जाये?"

"मैं यह सुझाव नहीं दे रहा हूँ कि मनुष्य को विज्ञान से दूर रहना चाहिए या वह धार्मिक और राजनैतिक संस्थाओं की ओर पीठ कर ले. ये प्रतिष्ठान संस्कृति के विकास के केंद्र हैं और उनके संगठन से विशाल रचनात्मक साहसिक कार्य और खोजें संभव हो सकी हैं. जो सुझाव मैं दे रहा हूँ और जो कुछ आवश्यकता है वह यह है कि इन प्रतिष्ठानों द्वारा समर्थित मौजूदा सिद्धांतों से घड़ी की सुई को बस एक घंटा आगे कर दो. मौजूदा सिद्धांतों से केवल एक घंटा आगे. उससे शुरुआत हो जायेगी और अंतत: विज्ञान, धर्म और राजनीति के निर्देश बनाम आंतरिक ज्ञान के बीच आस्था में एक बेहतर संतुलन बनेगा."

"मौजूदा सिद्धांतों से केवल एक घंटा आगे. मुझे यह पसंद आया ! वह संभव होना चाहिए, लेकिन मुझे शक है कि यह मेरे जीवनकाल में होगा."

जिसकी आवश्यकता है वह यह है कि घड़ी की सुई को मौजूदा सिद्धांतों से केवल एक घंटा आगे कर दो.

"कभी-कभी इन संगठनों के शीर्ष पर करिश्माई नेता होते हैं, जो एक 'आदर्श' के पीछे होते हैं, एक पूर्णता जिसे वे पाना चाहते हैं. ये नेता निराश होते हैं क्योंकि उनका सम्पर्क अपने अंतर्ज्ञान से टूटा हुआ होता है और वे अपने

जीवन में अनुशासन और अर्थ पाने के लिए अस्तित्ववादी भय से संचालित होते हैं. ये नेता उनके जैसे खोये हुए और डरे हुए लोगों का समर्थन प्राप्त कर लेते हैं जो उनके कारण की ओर आकर्षित होते हैं. और सामूहिक रूप से अपने साझे 'आदर्श' के साथ अपने लक्ष्य को पाने के लिए ये व्यक्ति, संस्थाओं और संगठनों के नेताओं के साथ और अपने आदर्श के पीछे 'कोई भी आवश्यक तरीक़ा' अपनाना शुरू कर देते हैं. और ऐसा करने में पाप कर्म के लिए दरवाज़े खुल जाते हैं."

"ठीक है, अब मैं समझ गया तुम कहाँ जा रहे हो."

आदर्श, कट्टर व्यवहार और पाप

पुरानी आत्मा ने जारी रखा, "मैं इसे थोड़ा और विस्तार से स्पष्ट करता हूँ, ताकि तुम इसे पूरी तरह से समझ सको.

"क्योंकि तुमने अपने अंतर्ज्ञान से सम्पर्क खो दिया है तुम्हें संसार असुरक्षित महसूस होने लगता है. और इसके बजाय कि तुम अपनी सक्षमताओं को रचनात्मक रूप से जाँचो, तुम पीछे हट जाते हो और अपने वातावरण को आवश्यकता से अधिक नियंत्रित करते हो, क्योंकि तुम अधिक से अधिक डरना शुरू कर देते हो. उसी समय इस डर को कम करने के लिए तुम अपने जीवन में उद्देश्य और अर्थ ढूँढने पर मज़बूर हो जाते हो. लेकिन क्योंकि तुम भयभीत हो, तुम विचारों की स्वतंत्रता अनुभव नहीं करते और तुम नियमों के एक निश्चित समूह से अपने-आप को तेज़ी से सहज महसूस करते हुए पाते हो. तुम अपने-आप को स्वयं के रूप में अनुभव करने और अपनी इच्छा अनुसार कार्य करने से डरते हो. तुम स्वतंत्रता से सोचने या स्वंय निर्णय लेने को तरजीह नहीं देते. इसके बजाय तुम अपने-आप को उन लोगों से पहचानते हो जो तुम्हें बताते हैं कि क्या सोचना है – वो लोग जो तुम्हें यह बताते हैं कि क्या अच्छा है और क्या बुरा.

"तुम अपने-आप को नेताओं की तरफ़ खींचा हुआ पाते हो – राजनैतिक, वैज्ञानिक या धार्मिक – जो तुम्हारे जीवन को व्यवस्थित करेंगे. तुम अपनी इच्छापूर्ति के लिए अपने-आपको उन संस्थानों में पाते हो जिनके दर्शन और कार्यप्रणाली आदर्शवादी होते हैं. तुम संगठन के नेता से अपने लिए कार्यवाही की उम्मीद करते हो. उसके बदले में नेता तुम्हारी प्रशंसा का आनंद उठाता है और तुम्हारे पागलपन को सोख लेता है, जो वह तुममें होने का महसूस करता है. तुम

एक-दूसरे को सुदृढ़ बनाते हो और तुम्हारे साझे आदर्श की ओर कूच करना एक न बुझने वाली प्यास बन जाती है. और ऐसा करने में तुम्हारी सहभागिता से तुम अनजाने में उस सिद्धांत, व्यवस्था या पंथ को, जो उस संगठन की विशेषता है, क़ायम रखने में सहायता करते हो जिसका तुम शिकार हुए हो.

> उन मनुष्यों को, जो अच्छाई और बुराई में विश्वास करते हैं और जो विश्वास करते हैं कि अच्छाई की जीत होनी चाहिए, उस समय का इंतज़ार करना चाहिए जब यह संभव हो कि भगवान की तरह भूमिका निभा सकें.
>
> जोह्न इरविंग

"भयभीत लोग उन संगठनों में शामिल होते हैं जो उन विचारधाराओं का अनुमोदन करते हैं जिनके साथ वे पहचान कर सकें. और इस आवरण में चाहे वह एक राजनैतिक समूह, एक जन समूह, एक पंथ या एक चरमपंथी धार्मिक संगठन हो, किसी भी कार्य के लिए जो वह करते हैं, उनकी ज़िम्मेदारी उन सभी दूसरे सदस्यों के सुविधा अनुसार बंट जाती है जो स्वतन्त्र रूप से कार्य करने के लिए अपने अंतर्ज्ञान पर समुचित भरोसा नहीं कर पाते. इन हालातों में और एक आदर्श को पूरा करने की निराशा में जनसाधारण की मानसिकता अपनी ही गति पकड़ लेती है और सामूहिक आदर्श के अनुसरण में ग़लत तरीक़े अपनाये जाते हैं. और अंतिम लक्ष्य का पीछा किसी भी आवश्यक तरीक़े को अपना कर किया जाता है – चाहे इसमें दूसरों की अपंगाई या क़त्ल शामिल हो.

"इस दृष्टांत में भयभीत आदर्शवादी उद्देश्य और अर्थ पाने की एक निराशाजनक कोशिश में एक कट्टरपंथी के रूप में विकसित हो जाता है. हिंसा के कृत्यों को बढ़ावा मिलता है. किसी भी आवश्यक तरीक़े की तरह समूह की साझा ज़िम्मेदारी में दूसरों को मारने समेत पाप कर्मों को मंजूरी दी जाती है, आदर्श के अनुसरण में जिसको एक आवश्यकता समझा जाता है. इस दृष्टांत में एक मनुष्य का आदर्श दूसरे मनुष्य का दुःस्वप्न बन जाता है. नैतिकता विपरीत हो जाती है.

"वास्तव में प्रत्येक आदर्शवादी जो कट्टर होता है अपने दिल ही दिल में यह विश्वास करता है कि वह विश्व के लिए कुछ 'अच्छा' कर रहा है. उसका आशय पवित्र है."

"अब मैं समझ गया कि इस निष्कर्ष पर पहुँचने के लिए क्यों इतना समय लगा. पाप के लिए सीढ़ी सरल नहीं है?"

"तुम अब यह समझ सकते हो कि पाप की अवधारणा को पूरी तरह से समझने के लिए तुम्हें बहुत सारे कारणों पर विचार करना होगा. पाप को तुम संपूर्ण बताने में सही हो – अच्छाई से एक निरन्तरता के दूसरे छोर पर. लेकिन वास्तव में पाप को परिभाषित करने के लिए कोई सरल तरीक़ा नहीं है. एक कोशिश हो सकती है इसे कम करके केवल एक ही कथन में कहने की, जैसे 'कोई भी जानबूझ कर किया गया कृत्य जो दूसरे मनुष्य को मारता है, किसी भी कारण से, किसी भी लक्ष्य के लिए वह पाप है.' लेकिन यह परिभाषा भी कम पड़ती है, क्योंकि किसी पाप कर्म में हमेशा हत्या शामिल नहीं होती."

जब रिक्की ने पाप की प्रकृति को और विस्तार में समझने की कोशिश की तो अब एक सामान्य चर्चा शुरू हो गई.

रिक्की ने पूछा, "मुझे आदर्शों और कट्टरपंथी व्यवहार के बारे में थोड़ा और बताओ. क्या मेरा यह मानना सही है कि हिटलर के बंदी शिविर पाप के उदाहरण थे?"

"हाँ, काफ़ी निस्संदेह. लेकिन पहली नज़र की तुलना में उन परिस्थितियों में बहुत कुछ हो रहा था. अपने सभी भयभीत आदर्शवादियों के साथ-साथ, जो कट्टरपंथी बन गये थे, हिटलर पागलों की तरह यह विश्वास करता था कि प्रत्येक बीतते हुए दिन के साथ विश्व बदतर होता जा रहा है. हिटलर की सनक ने धीरे-धीरे उसकी दृष्टि को इस हद तक संकुचित कर दिया जिससे वह संसार में अपने आस-पास होने वाली उन घटनाओं को ही देख पाता था जो उसके विश्वास की पुष्टि करती थीं. अपनी मानवीयता की सेवा में यदि वह अपने उद्देश्य को पूरा नहीं कर सका और उसके अपने तथा अपने अनुयायियों के जीवन में अर्थ नहीं ला सका तो अपने मस्तिष्क में वह आपदा और सामूहिक त्रासदियों की कल्पना करनी शुरू कर दी. फिर भी उसके लिए उसका आदर्श एक सभ्य वार्तालाप के ज़रिये मिलना काफ़ी दूर और पहुँच के बाहर प्रतीत होता था, कि कोई भी आवश्यक तरीक़ा, चाहे जितना भी निंदनीय हो, अंततः न्यायोचित लगा था."

"यह भयावह है कि ऐसी मानसिकता कैसे विकसित हो सकती है."

"यह कट्टरपंथी मानसिकता कभी-कभी आधुनिक समय के राजनीतिक नेताओं और धार्मिक नेताओं में भी उपस्थित होती है. सामान्यतया यह परम्परागत स्वीकृति के सभ्य कपड़ों के आवरण में छुपी होती है या राष्ट्रवादी ध्वज के अंदर यह छुपी होती है. फिर जब संघर्ष शुरू होता है तो ये नेता अपने सैनिकों को युद्ध के लिए या विश्व की ग़लतियों को सही करने के लिए एक धर्मयुद्ध पर भेजते हैं. उनके समर्थक एक स्वाभाविक बात की तरह सैनिकों की मृत्यु को स्वीकार कर लेते हैं. कुछ को मरणोपरांत बहादुरी के पदक दिये जाते हैं. लेकिन किसी को कदाचित आभास होता है कि ये नेता और उनके सैनिक समान रूप से प्रथमत: अदूरदर्शी आस्थाएँ रखने वाले आदर्शवादियों के शिकार होते हैं."

"मैं नहीं समझता कि फ़ौजी संस्थान और चरमपंथी धार्मिक संगठन इस टिप्पणी से सहमत होंगे."

पुरानी आत्मा ने थोड़ा रुका और फिर जारी रखा, "बुनियादी तौर पर युद्ध सामूहिक आत्महत्या के उदाहरण हैं, जो उन मनुष्यों द्वारा सामूहिक सुझाव के माध्यम से कराये जाते हैं जो अपने अंतर्ज्ञान पर विश्वास नहीं करते और जो आश्वस्त हो चुके हैं कि संसार असुरक्षित है. उनके लिए अनजान लोग, जो मिथिकों के विभिन्न समूहों द्वारा उठाये जाते हैं, हमेशा दुश्मन लगते हैं, क्योंकि उनके विरोधी विचार उनके आदर्शों पर प्रश्न उठाते हैं. उसी समय वह आदर्शवादी जो एक कट्टरपंथी में विकसित हो गया है और जो इस मिथक को मान लेता है कि मानव जाति आक्रामक रूप से लड़ाकू है और केवल योग्यतम ही बच पायेगा, उसको यह न्यायोचित लगेगा कि अपने लक्ष्य को पाने के लिए कोई भी तरीक़ा अपनाया जा सकता है. एक आदर्शवादी कट्टरपंथी के लिए अंजाम तक पहुँचने में कोई भी रास्ता हमेशा न्यायोचित है. वह तर्क देता है कि अपने आदर्श को पाने के लिए उसके पास जो एक ही विकल्प उपलब्ध है वह है दुश्मन को मात देना और इससे पहले कि दुश्मन उसका विनाश करे दुश्मन को नष्ट कर देना.

"मगर सच्चाई यह है कि कोई भी जो विश्वास करता है कि शान्ति के लिए हत्या न्यायसंगत है वह शान्ति को नहीं समझता. वे लोग जो शान्ति के लिए हत्या करते हैं केवल बेहतर हत्यारे बनते हैं."

"अच्छा, यदि मित्र राष्ट्र एकजुट नहीं हुए होते और नाजियों से नहीं लड़ते तो हिटलर ने लाखों और लोगों को मार दिया होता."

"मैं स्पष्ट रूप से जानता हूँ कि युद्ध अक्सर एक ही व्यावहारिक रास्ता प्रतीत होता है, तुलनात्मक रूप में बोला जाये तो विश्वभर में जो आस्थाओं का समूह है उसके कारण. जब तक वो आस्थाएँ बदलती नहीं हैं, युद्ध का थोड़ा-सा व्यवहारिक मूल्य तो प्रतीत होगा – पर एक ऐसा मूल्य जो अत्यधिक भ्रामक और स्पष्टत: झूठ है.

"जैसा कि मैंने पहले कहा था, जब तुम अपने अंतर्ज्ञान पर और भरोसा नहीं करते तो तुम्हारा विश्वास अपने सहज अस्तित्व पर से गड़बड़ा जाता है. और जब अंतर्ज्ञानों की महान शक्ति अवरुद्ध हो जाती है, संभावनाएँ एक-एक करके समाप्त हो जाती हैं, जब तक तुम स्वयं को एक अवरुद्ध मस्तिष्क वातावरण में नहीं पाते जिसमें तुम शक्तिहीन हो. फिर तुम्हें यह लग सकता है कि तुम्हारे कृत्यों का विश्व में कोई असर नहीं है. तुम्हारे आदर्श हमेशा मृत पैदा होते दिखाई देते हैं. ऐसी परिस्थितियों में आत्महत्या की इच्छा अक्सर बचा हुआ अंतिम उपाय लगता है. केवल यही एक अंतर्ज्ञान होता है जो तुम महसूस करते हो कि अभिव्यक्त कर सकते हो, क्योंकि अभिव्यक्ति के बाक़ी सभी रास्ते जिन्हें विश्व को बदलने के लिए प्रयोग किया जा सकता था बंद हो चुके जैसे लगते हैं. एक युद्ध उस अंतिम अभिव्यक्ति के लिए नदी का ताल और मृत्यु के लिए एक सामाजिक रूप से स्वीकृत बहाना प्रदान करता है. किसी युद्ध में सैनिक की भांति मरना सम्मान के साथ मरने का अवसर प्रदान करता है."

"मैं समझ गया. मैंने इसके बारे में उस तरह से कभी नहीं सोचा था."

"लोग 'किसी वजह' के लिए तभी मरते हैं जब उन्हें जीने के लिए कोई वजह नहीं मिलती. जब उनका संसार अर्थहीन हो चुका है जैसे लगता है तो कुछ लोग अपनी मृत्यु से जुड़े परिस्थितियों के माध्यम से एक विशेष तरह का वक्तव्य देना चुनते हैं. याद रखो आध्यात्मिक आयाम में वापिस जाने के लिए तुम्हें दिया गया किसी जीवनकाल से मृत्यु केवल तुम्हारा प्रस्थान है.

"तुम किस तरह की मौत को चुनते हो उसका महत्व भी व्यक्ति के अनुसार बदलता रहता है – और एक निश्चित प्रकार से किसी जीवनकाल में महत्व का एक वक्तव्य देने के लिए मृत्यु तुम्हारा अंतिम मौक़ा है – यदि तुम ऐसा करने की आवश्यकता महसूस करो तो."

पुरानी आत्मा ने थोड़ा विराम के बाद जारी रखा, "कुछ लोगों की मृत्युएँ शांत अवधि होती हैं. कई दूसरों की मृत्युएँ विस्मयकारी क्षण होते हैं, ताकि बाद

में यह कहा जा सके कि इस विशेष व्यक्ति की मृत्यु का महत्व उनके जीवनकाल के महत्व से लगभग बढ़ कर था. जॉन लेनन इसका एक उदाहरण था, यद्यपि उसने अपने जीवन में शांति की ओर महत्वपूर्ण योगदान दिया था, उसकी मृत्यु के तरीक़े ने शांति और प्रेम के उसके संदेश के लिए एक विस्मयकारी क्षण जैसा काम किया था.

"एक सामाजिक स्तर पर इसमें एक वृहत अर्थ भी अंतर्निहित है. एक उदाहरण के रूप में दूसरे विश्वयुद्ध के दौरान सभी सहभागियों की मृत्यु – ज्युओं, समलैंगिकों, अपंगों और बच्चों समेत, जिन पर विज्ञान के नाम पर विकृत रूप से प्रयोग किये गये, साथ ही मित्र राष्ट्रों की मृत्यु, ये सभी मौतें मनुष्य के प्रति मनुष्य की अमानवता के बारे में वक्तव्य जैसा काम किया था. इस संघर्ष के प्रतिघात अभी तक बड़े पैमाने पर समाज में और शामिल हुए विशिष्ट संस्कृतियों में महसूस, समायोजित और समन्वित किया जाता है."

"हजम करने के लिए यह बहुत सारी जानकारी है और इनमें से कुछ को स्वीकार करना मुश्किल है.

"मुझे चिंता है कि बहुत सारे लोग हैं जो अपने अंतर्ज्ञान पर विश्वास नहीं करते और उन्होंने अपने अंदरूनी अस्तित्व से यह महत्वपूर्ण सम्पर्क खो दिया है."

"बहुत सारे लोगों ने यह सम्पर्क नहीं खोया है. सौभाग्य से बहुत सारे लोगों का अपने अंतर्ज्ञान पर अविश्वास के बारे में स्वस्थ संदेहवाद है, जो कुछ उन्हें सिखाया गया है उसके बावजूद. और इस आंतरिक ज्ञान पर सम्पूर्ण अविश्वास का मिलना दुर्लभ है. हमने यहाँ विभिन्न संस्कृतियों के लोगों के छोटे लेकिन समुचित बड़े खंडों के बारे में बात की है जो अवसर मिलने पर अपने आदर्श को आगे बढ़ाने की निराशा में व्यक्तिगत रूप से या किसी संगठन की छत्रछाया में पाप कर्म कर सकते हैं.

"दूसरी ओर उन अभिप्रायों में सम्मिलित महान पुरुष और महिलाएँ हैं जो उनके अपने अस्तित्व को मान्यता देते हैं और उन अभिप्रायों में प्राण भरते हैं जिनमें वो विश्वास करते हैं. और वो अक्सर जब राजनीतिक, धार्मिक या वैज्ञानिक संस्थानों में सम्मिलित होते हैं, वो अपने व्यक्तित्व को इन संस्थानों में समाहित नहीं करते; इसके बजाय अपने व्यक्तित्व का अधिकार जताते हैं और वो अधिकतर स्वयं ही बने रहते हैं. वो अपने गुणों से सामाजिक और सांस्कृतिक

संगठनों के माध्यम से मूल्यवान काम करके अपने क्षितिज को विस्तृत करते हैं. वो अपने-आप को पारम्परिक मस्तिष्क परिदृश्य के पार खींचते हैं और वो उत्साह, शक्ति, कौतुहल और प्रेम से संचालित होते हैं और डर से नहीं."

"यह जानना अच्छा लगता है. मैंने चिंता करना शुरू कर दिया था. तो क्या केवल पीड़ित पाप का अनुभव करता है? क्योंकि अंतिम विश्लेषण में तुम जिस चीज़ को पाप के रूप में परिभाषित करते हो वह केवल तुम्हारे दृष्टिकोण पर निर्भर करता है."

अंतिम विश्लेषण में, जिस चीज़ को तुम पाप के रूप में परिभाषित करते हो, वह केवल तुम्हारे दृष्टिकोण पर निर्भर करता है.

"हाँ, एक पाप कृत्य सामान्यतया अपराधी को पवित्रता की तरह दिखाई देता है. जिसे पाप की तरह देखा जाता है वह अस्थाई है और यह समय और संस्कृति दोनों के अनुसार बदलता रहता है, जब रवैया बदलता है. इसीलिए पाप पर कोई भी सार्वभौम सुस्पष्ट परिभाषा संभव नहीं है."

"उन व्यक्तिगत कृत्यों के बारे में क्या जो समाज में आम है, जैसे बदमाशी, वैवाहिक दुर्व्यवहार, यौन शोषण और प्रताड़ना? क्या ये सभी सन्दर्भों में पाप नहीं हैं?"

"पश्चिमी सभ्यता में, जैसा कि आज है, इन कृत्यों को पाप माने जाते हैं या कम से कम बहुत बुरे माने जाते हैं. लेकिन आज पूरे विश्व में यह एक सार्वलौकिक रवैया नहीं है और ये कृत्य निश्चय ही पूरे इतिहास में पाप नहीं माने गये हैं, यहाँ तक कि तुम्हारी पश्चिमी संस्कृति में भी."

"स्टैनले मिल्ग्राम के प्रयोगों के बारे में क्या है, जहाँ व्यक्तियों ने स्वयंसेवकों को बिजली का ऐसा झटका दिया जिसे उन्होंने बिजली का एक जानलेवा स्तर समझा और फिलिप ज़िम्बर्दो का अध्ययन, जहाँ विद्यार्थियों ने जेल के पहरेदार की तरह अभिनय करते हुए नकली क़ैदियों पर अत्याचार का आनंद उठाया ? ये अध्ययन यह बताते हैं कि किसी को भी वस्तुतः पाप कर्म करने के लिए मनाया जा सकता है अगर वातावरण सही हो तो."

"ये प्रयोग विज्ञान के मिथकों के शक्तिशाली प्रभावों का व्याख्यात्मक रूप हैं. विद्यार्थी जानते थे कि वे एक वैज्ञानिक प्रयोग में भाग ले रहे हैं और उन्हें जो कुछ भी कहा गया उस पर उन्होंने सवाल नहीं उठाया. उन्होंने समीक्षात्मक रूप से बिना सोचे यह मान लिया कि कुछ व्यवहारों को रक्षात्मक समझ, तर्क-संगत सोच और विज्ञान के त्रुटिहीन तर्क के अंतर्गत अनुमति दी गयी है. वैज्ञानिकों को भावहीन होने, अपने अनुभव से अलग रहने, वस्तुनिष्ठ होने, अपने-आप को प्रकृति से अलग रखने और किसी भी भावनात्मक विशेषता को व्यंग्यात्मक दृष्टि से देखने का प्रशिक्षण दिया जाता है. इस मिथक की शक्ति उन्हें अपने प्रभाव को बड़ी दक्षता से वर्गीकरण करने देता है, उदाहरण के लिए जहाँ एक वैज्ञानिक भावना के बिना किसी आभास के अपनी प्रयोगशाला के प्रयोगों में विज्ञान के नाम पर कुत्तों को कुर्बान कर देगा, जबकि वह अपने पारिवारिक कुत्ते के मरने पर रोयेगा. इसी तरीक़े से दूसरे विश्वयुद्ध में जोसेफ मेंगेले और उनकी वैज्ञानिक टीम बड़ी आसानी से अपनी भावनाओं को ख़त्म कर दिया जब उन्होंने क़ैदी बच्चों पर भयानक प्रयोग किया, जबकि अपने बच्चों के लिए वे सामान्य माता-पिता की दया भावना महसूस करते रहे जब दिन के काम के बाद प्रयोगशाला से वे घर लौटते थे.

"मिथकों के शक्तिशाली असर और इस दृष्टान्त में निरुत्साहित करने वाले अनुभव के अनुसार विज्ञान के मिथक का शक्तिशाली प्रभाव तथा जानवरों और मनुष्यों के साथ प्रयोग करते हुए यह जिस क्रूरता की ओर ले जा सकता है उसके बारे में लोग साधारणतया नहीं जानते."

रिक्की ने सोच-समझकर उत्तर दिया, "मैं सोचता हूँ कि मुझे मालूम है यह कैसे होता है. मैं उन कृत्यों के बारे में सोचता हूँ जो मैंने चूहों के साथ मेरे प्रयोगों में किया है, उदाहरण के लिए जब मैं विश्वविद्यालय में पूर्व-स्नातक था. क्या ये पाप कृत्य थे?"

"नहीं, वो नहीं थे. तुम्हारे प्रयोग जान-बूझकर किये गये दुर्भावनापूर्ण कृत्य नहीं थे और न ही विश्वविद्यालय के संस्थान में अनैतिक माने जाते थे. फिर भी कुछ लोग थे जो तुम्हारे द्वारा किये गये कुछ प्रयोगों को अनावश्यक और क्रूर मानते थे – जबकि दूसरे नहीं. पाप के बारे में तुम्हारे दूसरे चिन्तनों के अनुसार तुमने तब पाप किया होगा जब तुम बच्चे थे, तुम शायद अब समझ गये होगे कि उस समय के तुम्हारे दृष्टिकोण और प्रचलित सांस्कृतिक दृष्टिकोण से वो पाप नहीं थे."

"हाँ, मैं समझता हूँ. लेकिन अब मैं सोचता हूँ कि काश मैंने उन्हें नहीं किया होता."

"याद करो मैंने तुम्हें एक बार क्या कहा था, 'कभी-कभी तुम्हें वह बनना पड़ता है जो तुम नहीं हो, ताकि तुम यह जान सको कि तुम क्या हो.'[60] जबकि उस समय तुम इन कृत्यों को बुरा नहीं मानते थे, अब इतने वर्षों बाद विरोधाभास के माध्यम से तुम उनसे जुड़ी हुई एक नकारात्मक भावना अनुभव कर रहे हो और तुमने यह निर्णय लिया है कि तुम कभी किसी जानवर को मारोगे नहीं या हानि नहीं पहुँचाओगे, यहाँ तक कि विज्ञान के तत्वावधान में भी नहीं. पीछे की ओर देखते हुए अब तुम यह पाते हो कि तुम्हें अपनी आत्मा को विदीर्ण करना पड़ा था, ताकि यह अपनी शक्ति से ठीक हो सके, प्रेम की शक्ति से. यह उस चीज़ का उदाहरण है कि तुम अपनी आंतरिक प्रकृति का पता कैसे लगाते हो और इन अनुभवों के फलस्वरूप तुम विकसित कैसे हुए हो.

"एक सामजिक स्तर पर जब तुम उन कार्यों को देखते हो जो तुमने अतीत में किया था, तुम्हें समझ में आता है कि कितनी शीघ्रता से थोड़े ही समय में नैतिकता बदल जाती है. अक्सर जो कृत्य एक दशक पहले अनैतिक माने जाते थे वो आज के समय में पाप माने जाते हैं. सुजनन विज्ञान (eugenics) (अर्थात प्रजनन के द्वारा मानव जाति के गुणों को बेहतर करने की संभावना का अध्ययन और आस्था), में एक उदाहरण आसानी से पाया गया है, जो अक्सर शृंखलित तरीक़े से सजाया गया है. तुम मानसिक रूप से विकलांग लोगों के हाल ही की बंध्याकरण नीति से परिचित हो, जो 1970 की शुरुआत तक उत्तरी अमेरिका में चलती रही. बहुत सारे दूसरे उदाहरण भी हैं, जिनमें थर्ड रीच द्वारा अवांछित अनुवांशिक प्रवृतियों के लोगों का सफाया करने की कोशिशें भी है.

"इसके साथ समलैंगिकता के सन्दर्भ में तुम निःसंदेह जानते हो कि ऐसे व्यक्तियों के साथ-साथ राजनैतिक और धार्मिक संगठन भी हैं, जो इसको अप्राकृतिक समझते हैं. कुछ इसे पाप मानते हैं और यदि उन्हें अवसर मिले तो सभी समलैंगिकों को मिटा देना या उन्हें क़ैद करना चाहेंगे."

"मैं जानता हूँ. मुझे यह दुःख पहुँचाता है."

---

60 यह अवधारणा, जिसको मैंने इस पूरे पुस्तक में कुछ अवसरों पर प्रयोग किया है, जहाँ दो विरोधी लगने वाली सच्चाईयाँ एक साथ मौजूद होती हैं, उसको कन्वर्सेशनस विद गॉड से लिया गया है, जहाँ इसको अक्सर 'दैविक विरोधाभास' कहा गया है. नेअले डोनाल्ड वाल्स्च. कन्वर्सेशनस विद गॉड: एन अनकॉमन डायलॉग. बुक 1, 2 और 3. न्यू यॉर्क: पेंगुइन पुत्नाम, 1996, 1997, 1998.

थोड़ी-सी चुप्पी के बाद रिक्की ने कहा, “जो तुम कहते हो उससे ऐसा लगता है कि अधिकतर लोग ऐसे स्थितियों में पैदा होते हैं जो वस्तुतः उन्हें यह सिखाना सुनिश्चित करती हैं कि वे अपने अंतर्ज्ञान पर भरोसा न करें, या तो प्रचलित धार्मिक सिद्धांतों के कारण या विज्ञान के सिद्धांतों के कारण. और वहाँ से अंततः पाप कर्म करने के लिए यह एक फिसलाऊ ढलान है.”

“हाँ, यह सच है. लेकिन ज़्यादातर लोग पाप कृत्य नहीं करते. सामजिक मूल्य और नैतिकता इन तीव्र इच्छाओं को शांत करते हैं और सामान्य रूप बोला जाये तो क़ानूनी तथा धार्मिक सिद्धांत भी व्यक्तियों, जनसमूहों और संगठित संस्थानों को पाप कृत्यों से दूर रखने में सहायक होते हैं.”

थोड़ा चिंतनशील और थोड़ा-बहुत हैरान दिखने वाला रिक्की ने कहा, “जब तुम सतह के एकदम नीचे देखते हो तो जीवन इतने कौतूहल और जटिल ब्योरा से बुना हुआ है कि वस्तुतः यह समझ से बाहर है.”

“अधिकतर लोग अपने-आप को आध्यात्मिकता और जीवन तथा मृत्यु के इन मुद्दों से चिंतित नहीं करते. मगर जो करते हैं उनके लिए खोज हमेशा एक विकसित होने वाली आध्यात्मिक प्रक्रिया है. कुछ लोगों के लिए यह आध्यात्मिक समझ की ओर ले जाती है जो जीवन की परम पवित्रता की पहचान करती है, अर्थात मानव जाति के सभी के लिए प्रेम और शान्ति. कट्टरपंथियों के लिए यह उनकी इच्छा को दूसरों पर लादने तथा किसी भी आवश्यक तरीक़े से प्रभुत्व प्राप्त करने की ओर ले जाती है. लेकिन विशाल बहुमत, जो अपने-आप को इन सवालों से परेशान नहीं करते, वो अपने धार्मिक, राजनैतिक, वैज्ञानिक तथा सामाजिक संगठनों के मिथकों के अंदर ख़ुशी से और बिना सोचे भाग लेते हैं.

“स्वभाव से ही तुम एक सहयोगी और एक प्रेममय प्रजाती के हो. तुम्हारी ग़लतफ़हमियाँ, तुम्हारे अपराध और तुम्हारे अत्याचार जो वास्तविक हैं, कभी-कभार ही पाप करने की मंशा से किये जाते हैं, अपितु अच्छाई की प्रकृति का अत्यधिक ग़लत अर्थ निकालने तथा वास्तविकीकरण की ओर ले जाने वाले उपायों के कारण किये जाते हैं. लोग अक्सर बहुत ही निंदनीय कृत्यों को क्षमा कर देते हैं यदि वे सोचते हैं कि वृहत्तर अच्छाई के लिए वो किये गये हैं. इसी कारण से बहुत सारे प्रकट रूप से आदर्शवादी लोग बहुत ही निंदनीय कार्यों के सहभागी हो सकते हैं, अपने-आप से यह कहते हुए कि ऐसे कृत्य न्यायोचित हैं. फिर भी बहुत सारे अलग-अलग लोग अपने अंदर ही अंदर जानते हैं कि यह ग़लत है.

> और यह वर्जित सच्चाई है, एक अकथनीय प्रतिबन्ध – कि पाप हमेशा विकर्षक नहीं होता बल्कि बहुधा आकर्षक होता है; कि इसके पास हमें केवल पीड़ित बनाने की शक्ति ही नहीं है, जैसे प्रकृति और दुर्घटना के पास है, अपितु सक्रिय सहपराधी बनाने की शक्ति भी है.
>
> जोयस कैरोल ओट्स

"सच्चाई यह है कि बहुत कम लोग वास्तविकता में पाप की मंशा से कृत्य करते हैं. राजनीति, विज्ञान और धर्म के क्षेत्रों में उत्पन्न स्थितियाँ, जहाँ पाप कृत्य किये जाते हैं, पाप कर्म करने की किसी निर्धारित कोशिश के कारण नहीं होते, अपितु इसके बजाय लोग अपने मिथकों से अंधे हो जाते हैं और अक्सर विश्वास करते हैं कि 'कोई भी आवश्यक ज़रिया' अपने आदर्श का अनुसरण करने के लिए न्यायसंगत है."

"हाँ, मैं उसे अब समझ सकता हूँ!"

"समाज में जो सीधे-सीधे पाप होते हैं उन्हें ढूँढने की एक आदत होती है, 'अच्छाई की शक्ति बनाम बुराई' – पाप की एक शक्ति - के अनुसार सोचने के लिए. लेकिन पाप का अस्तित्व उसके अनुसार नहीं होता, जैसा तुम अब अधिक स्पष्टता से समझ सकते हो.

"धरती पर तुम्हारा जीवन अपने उतार और चढ़ाव के लिए है. याद रखो किसी जीवनकाल को चुनने का तुम्हारा प्रमुख उद्देश्य नकारात्मक भावनाओं को अनुभव करना है. और जो चुनौती तुम्हारे लिए है, मैं शायद दैविक चुनौती कह सकता हूँ, वह इन नकारात्मक भावनाओं में डूब कर अपने-आप को या दूसरों को हानि पहुँचाना नहीं है."

रिक्की जानता था कि पुरानी आत्मा के साथ उसका वार्तालाप अब समाप्त होने वाला है और जब वह उन सारे शोध के बारे में सोच रहा था जो उसने इस विषय पर किया है तो उसके मन में यह आया कि उससे पूछे, "क्या उस प्रश्न का कोई निश्चित उत्तर है हमारी मुलाक़ात से पहले जिस पर मैं मेहनत कर रहा था? क्या पाप 'व्यावाहारिक रूप से आवश्यक है' ताकि हमें पुण्य का अनुभव मिल सके?"

"मैंने तुम्हें इस प्रश्न पर चिंतन करते हुए देखा था और यही कारण है कि तुम्हारे साथ मैंने वार्तालाप प्रारंभ करने का निर्णय लिया था.

"मुझे तुम्हें यह बताते हुए खेद है, लेकिन तुम भटक गये थे जब तुमने यह निष्कर्ष निकाला था कि विश्व में पुण्य के लिए पाप का होना आवश्यक है. मनुष्यों को जानबूझ कर पाप कर्म करने की आवश्यकता नहीं है ताकि विरोधाभास से वे पुण्य को अनुभव कर सकें. आत्मा के पास स्वयं को या किसी और को मारने की चरमसीमा तक बिना जाये नकारात्मक भावनाओं की अंतिम गहराई का अनुभव करने के लिए दुनिया में बहुत सारे अवसर हैं. इसीलिए वहाँ दैविक चुनौती है. यह उस विवेक की परीक्षा है जो अवतरण से पहले सभी आत्माओं की जानकारी में होता है. तुम्हारा बाहरी अहम अवतरण के दौरान भी इस दैविक चुनौती के बारे में जानता है, बशर्ते तुम अपने अंतर्ज्ञान पर ध्यान दो – तुम्हारी ऊपरी आत्मा की विनीत सलाह. फिर भी यदि तुम अपने-आप में संकुचित हो जाते हो या अपने अंतर्ज्ञान को नकारते हो, तब जैसा मैंने अभी-अभी वर्णन किया, पाप कृत्य घटित होने के लिए खिड़की को खोल कर छोड़ दिया जाता है."

उसी क्षण, पुरानी आत्मा लुप्त हो गया.

यह पाठ, पाप के रास्ते पर समाप्त हो चुका था.

अध्याय

11

मृत्यु के समीप

बहुत वर्ष बीत गये और कनाडा में एक कड़कती दोपहर में जब वह अपने कुत्ते को घुमा रहा था तो रिक्की को एक कार ने टक्कर मार दी. उस मुठभेड़ की शक्ति ने उसके शरीर को गाड़ी की छत पर उछाल दिया इससे पहले कि वह उलटपलट कर पीछे रास्ते के फ़र्श पर सिर के बल गिरता. मुठभेड़ के समय उसकी चेतना उसके शरीर से निकल गई और अचानक पुरानी आत्मा प्रकट हो गया. जब रिक्की अपने शरीर के ऊपर हवा में तैर रहा था, पूरी तरह से जागरूक, उसने अपने आप में सोचा:[61] व्ह्यू. अभी-अभी क्या हुआ था?

उसके बाजू में खड़ा हो कर पुरानी आत्मा ने उसके विचार पढ़ लिए और कहा, "तुम अपने शरीर से बाहर फेंक दिये गये थे."

"मेरा कुत्ता कहाँ है?"

"वह बढ़िया है, कार ने तुम्हें टक्कर मारी इससे पहले वह एक तरफ़ भाग गया था."

उस मुठभेड़ के बाद रिक्की अभी भी अजीब अनुभव से जूझता हुआ बोला, "यह अच्छा हुआ."

---

61 जाँच के क्षेत्र में वृहत शोध के लिए कृपया पिम वन लोम्मेल. कांसीअसनेस बियॉन्ड लाइफ. न्यू यॉर्क: हार्पर कॉलिंस, 2010 देखें. इसके अतिरिक्त; माइकल न्यूटन. डेस्टिनी ऑफ़ सोल्स. सेंट पाल: ल्युएलिन पब्लिकेशन्स, 2000 भी देखें.

"यह अजीब है. मैं अभी उससे ज़्यादा जीवंत और चौकन्ना महसूस कर रहा हूँ जब मैं अपने शरीर में था."

"शरीरों को हमेशा आत्मा के ऊपर तना हुआ महसूस किया जाता है, क्योंकि भौतिक संसार में कंपन का स्तर कम है. यह जान कर तुम्हें हैरानी हो सकती है कि मृत्यु के समय अपने शरीर को छोड़ना वास्तव में उससे कम दर्दनाक है जब तुम गर्भावस्था में भ्रूण में दाखिल होते हो."

"क्या मैं मर चुका हूँ? मेरा मतलब है क्या मेरा शरीर मृत है?"

"नहीं, तुम्हारा शरीर अचेतन अवस्था में है. तुम अभी मरे नहीं हो."

कुछ मिनटों के बाद एक एम्बुलेंस पहुँची और सिर पर एक गंभीर चोट लगने से रिक्की के शरीर को बेहोशी की हालत में हस्पताल ले जाया गया. पुरानी आत्मा उसके साथ एम्बुलेंस में गया और जब वह वहाँ लेटा तो रिक्की अपने शरीर से कुछ इंच ऊपर तैरता रहा.

"मुझे कोई दर्द महसूस नहीं हो रहा है. मुझे यह एहसास अच्छा लग रहा है. यह ऐसा है जैसे मैं हवा में तैर रहा हूँ."

"अरे तुम तैर ही रहे हो."

एम्बुलेंस हस्पताल के सामने रुकी और रिक्की को तत्काल एक गर्ने पर डाल कर ले जाया गया और दूसरे तल पर आपातकालीन कमरे में पहुँचाया गया. सभी प्रकार के निगरानी उपकरणों को इकट्ठा किया गया और उसके शरीर के साथ लगा दिया गया, साथ ही उसकी नसों में ड्रिप भी लगा दी गई. उसके पर्स में खोज कर नर्स ने उसका पहचान पत्र निकाला और उसके पति जॉन को फ़ोन किया. बहुत वर्षों से वे लोग शादीशुदा थे.

"आओ देखते हैं तुम्हारे शरीर को कितनी गंभीर चोट लगी है."

नीचे अपने शरीर की ओर देखते हुए रिक्की ने निरीक्षण किया, "ओह, यह अच्छा नहीं दिखता. इसको देखो ... यह अव्यवस्थित है. मेरे चेहरे पर वो सभी सूजन हैं. मैं बहुत डरावना लगता हूँ."

अगले कुछ मिनटों का पूर्वानुमान लगाते हुए पुरानी आत्मा ने कहा, "आओ, सैर के लिए चलते हैं. जब जॉन यहाँ पहुँचेगा तो ध्यान बंटने वाला है."

"ठीक है. अच्छा विचार है. मैं जानता हूँ कि मेरा शरीर काफ़ी ख़राब दिखता है, लेकिन मैं अच्छा महसूस कर रहा हूँ. मैं कहाँ हूँ? क्या यह आध्यात्मिक आयाम है?"

"नहीं, तुम उसी जगह हो जहाँ भूत और दूसरी देहमुक्त आत्माएँ रहती हैं. तुम अभी भी धरती की सतह पर हो, लेकिन उस आयाम से थोड़ा-सा हट कर."

"ओह. मुझे याद है कि तुमने मुझे प्रेतों के अस्तित्व के बारे में कई वर्षों पहले बताया था. क्या मैं एक भूत हूँ?"

"हाँ, एक तरह से बोला जाये तो, लेकिन तुम्हारा शरीर अभी भी जीवित है. जिस तरह की सचेत जागरूकता का अनुभव इस समय तुम्हें हो रहा है वह अस्थाई है."

"मुझे क्या करना है?"

"इस समय करने के लिए कुछ भी नहीं है. आओ हम हस्पताल की ज़मीन के आसपास घूमते हैं और जो कुछ हमें मिले उसे देखते हैं."

रिक्की और पुरानी आत्मा हस्पताल की गैलरी से होते हुए मुख्य लाबी में तैरते हुए गये, जहाँ जॉन अपनी अन्तरंग मित्र मारी के साथ अभी-अभी पहुँचा था.

रिक्की ने जॉन की ओर देखते हुए कहा, "हाय, जॉनी. दुर्घटना के लिए मुझे खेद है. चिंता मत करो, मैं ठीक हूँ."

जॉन ने फ्रंट डेस्क पर रखे खाते में दस्तखत किया और उसमें से निकलते हुए आपातकालीन कक्ष की ओर गया.

रिक्की ने हैरानी से कहा, "वह मुझमें से निकल गया?"

"तुमने क्या उम्मीद की थी? तुम्हारे पास केवल अपना नक्षत्रीय शरीर है. तुम इंसानी आँख के लिए अदृश्य हो."

"हाँ. खेद है, मैं भूल गया था."

"आओ बाहर चलते हैं."

जब वे तैर कर बाहर निकले और हस्पताल के पीछे की ओर आसपास गये तो रिक्की ने कुछ प्रेतरूपी आकारों पर टिप्पणी की जो एक बेंच पर बैठे हुए थे. "उन भूतों को देखो जो उस बेंच पर बैठे हैं."

"यह तुम्हारे जैसे व्यक्तियों के स्वर्गीय शरीर हैं. उनके शरीर भी अचेतनावस्था में हैं. वे इस चीज़ को देखने के लिए इंतज़ार कर रहे हैं कि आगे क्या होगा."

रिक्की ने आगे देखते हुए कहा, "ओह, हे भगवान, मैं अपनी माँ को देखता हूँ."

रिक्की की माँ कुछ दशकों पहले स्तन कैंसर में मर गई थी. वह तीरसठ वर्ष की उम्र में अपनी मृत्यु के समय दीन्तिमान और अपनी उम्र से काफ़ी युवा लग रही थी. वे गर्मजोशी से गले मिले थे.

"तुम्हारा हाल कैसा था? मैंने तुम्हें बहुत याद किया."

माँ ने कहा, "मेरा बाद का जीवन बहुत शानदार रहा. तुम जानते हो आध्यात्मिक आयाम के घर में सूर्य हमेशा चमकता रहता है."

"तुम मेरा मार्गदर्शन करने वापिस आई हो, क्या ऐसा नहीं है?"

माँ ने उत्तर दिया, "तब तक नहीं जब तक तुम तैयार नहीं हो."

"आओ मैं तुम्हारा परिचय पुरानी आत्मा से करवाता हूँ."

माँ ने पुरानी आत्मा को जान-बूझकर आँख मारते हुए बोला, "यह भाग्यशाली था कि दुर्घटना के समय तुम रिक्की के साथ थे."

पुरानी आत्मा ने मुस्कराया. "अच्छा, तुम जानती हो, मैं कभी भी ज़्यादा दूर नहीं रहा."

रिक्की ने सुझाव दिया, "आओ चलते हैं और देखते हैं कि मेरे शरीर की क्या प्रगति है."

जब वे आपातकाल कक्ष में तैरकर गये तो उन्होंने जॉन को उसके सिरहाने उसका हाथ पकड़ कर बैठे हुए देखा. वह रोता रहा और थका हुआ लग रहा था.

रिक्की ने टिप्पणी की, "मुझे उसका दुःख महसूस करके मुश्किल हो रही है."

पुरानी आत्मा ने कहा, "अब तुम थोड़ा बेहतर समझते हो कि हम क्यों धरती पर जन्म लेते हैं. आध्यात्मिक आयाम में हम इस तरह की भावनाओं को

अनुभव नहीं कर सकते. उनके बारे में और उनके प्रभाव के बारे में जानने के लिए केवल एक ही रास्ता है कि धरती पर एक भौतिक शरीर हो और अनुभवों के द्वारा उन्हें रचित किया जाये. मगर एक बार यह हो जाये तो तुम हमेशा ही अपने पूर्व-जन्म में जा सकते हो और उस भावना को फिर से पूरे प्रभाव के साथ जी सकते हो तथा प्रत्येक उस अनुभव के विवरण का अध्ययन कर सकते हो जो तुम्हें कभी उस जीवनकाल में हुआ था. यह स्टार ट्रेक में एक खाली डेक की भांति है. एक बार जब किसी जीवनकाल के लिए कार्यक्रम सक्रिय हो जाता है तो तुम उस जीवनकाल के दौरान उसमें कभी भी जा सकते हो और उसे अनुभव कर सकते हो जैसे तुम वहाँ फिर से आ गये हो. इस तरह से तुम प्रत्येक भावना को फिर से अनुभव कर सकते हो, जबकि उसी समय तुम इसे सम्पूर्णता से समझ सकते हो कि तुम अपने बारे में क्या सीखने की कोशिश कर रहे थे जब तुमने इसकी रचना की थी."

"हाँ, मैं अब उसे अधिक स्पष्टता से समझ सकता हूँ."

"अब तुम यह भी समझ सकते हो कि तुमने धरती पर इतने अवतरण क्यों लिए. प्रत्येक अवतरण में तुम एक अलग पहलू पर केन्द्रित होते हो. यह एक डीवीडी संग्रह बनाने जैसा है जिसको तुम बाद में देख सकते हो. तुम अपने जीवनों की रूपरेखा प्रत्येक संभावित भावना का अनुभव करने के लिए बनाते हो. संभावित भावनात्मक अनुभव वस्तुतः असीमित होते हैं, जो उस संस्कृति, तुम्हारे लिंग, शिक्षा और आय स्तर इत्यादि पर निर्भर करता है, जिसमें तुम अवतरित होते हो और साथ ही अवतरण के दौरान तुमने और तुम्हारे मित्रों ने क्या भूमिका निभाने के लिए निर्णय लिया है उस पर निर्भर करता है."

"क्या मैं हमेशा अपने मित्रों के साथ अवतरित होता हूँ?"

"हाँ, ज़्यादातर हिस्सों के लिए. आध्यात्मिक आयाम में तुम्हारा एक बहुत बड़ा मित्र-समूह है और प्रत्येक अवतरण से पहले तुम यह चर्चा करते हो कि प्रत्येक अवतरण के लिए तुम्हारा लक्ष्य क्या होगा और एक-दूसरे के जीवन में तुम क्या भूमिका निभाओगे. उदाहरण के लिए एक जीवनकाल में तुम अपने किसी मित्र के माता-पिता हो सकते हो और फिर अगले जीवनकाल में भूमिका बदल कर उस व्यक्ति के बच्चे हो सकते हो. या तुम बारी-बारी से एक के बाद एक जीवनकाल में एक-दूसरे को परेशान कर सकते हो या शारीरिक हानि पहुँचा सकते हो, ताकि तुम्हें उस तरह के अनुभव का भावनात्मक परिणाम पता लग सके."

"मुझे यह पसंद आया. मुझे याद है कि एक बार तुमने इसके बारे में थोड़ा-सा बताया था जब तुम मुझे अवसाद के बारे में बता रहे थे – कि कैसे हरेक को अलग-अलग भावनात्मक अनुभव होने चाहिए ताकि वह आध्यात्मिक रूप से विकसित हो सके."

"हाँ, तुम इसी तरीक़े से निरंतर एक के बाद एक अवतरण में चलते रहते हो, जब तक तुम सारे अनुभवों को समाप्त नहीं कर लेते जिन्हें तुम करना चाहते हो."

"मुझे याद है तुमने यह कहा था कि लगभग 1100 ईसवी में मैंने एक बार आइसलैंड में एक किसान की तरह, 1800 के दशक में एक उत्तरी अमेरिकन भारतीय की भांति, 1700 के दशक में एक मानसिक रूप से विकलांग बच्चे का और 1930 के दशक में एक पोलिश ज्यू का जीवनकाल जिया था."

"हाँ, और भी बहुत सारे हैं. एक बार जब तुम्हें वो सारे अनुभव हो जायें जो तुम लेना चाहते हो तो तुम समुचित रूप से आध्यात्मिक आयाम के एक ऊपरी स्तर तक जाने के लिए विकसित हो चुके होगे, जहाँ तुम्हें विभिन्न अनुभव उपलब्ध हैं."

"दूसरी तरह के कौन से अनुभव?"

"ये असीमित हैं. उदाहरण के लिए तुम ज्येष्ठ परिषद में बैठ सकते हो, जहाँ तुम आत्माओं को धरती पर उनके अवतरण से लौटने के थोड़ी ही देर बाद उनके द्वारा किये गये अनुभवों के विश्लेषण में सहायता कर सकते हो. तुम उन आत्माओं के लिए जो अवतरित होती हैं, एक मार्गदर्शक या एक फ्यल्जा की भांति काम कर सकते हो, जैसा मैंने तुम्हारे साथ किया. तुम खोई हुई आत्माओं का या उनके अंशों का उद्धार कर सकते हो, जिन्हें अपने अवतरण के बाद वापिस आने का रास्ता नहीं मिलता. तुम आत्माओं को अगले अवतरण से पहले तैयारी करने में सहायता कर सकते हो. तुम प्रारंभिक मार्गदर्शन और नई पैदा हुई ऊपरी-आत्माओं की सेवा कर सकते हो जब वे दूसरे ग़ैर-भौतिक आयाम में पहले विकिसित होती हैं. तुम दूसरे आयामों में नये संसार की रूपरेखा बनाने तथा नये जीवन-रूपों की रूपरेखा बनाने पर काम कर सकते हो. सूची असीमित है."

रिक्की ने उत्सुकतापूर्ण तरीक़े से कहा, "मैंने कभी कल्पना नहीं की थी."

माँ ने रिक्की के शरीर को देखते हुए कहा, "रिक्की ऐसा लगता है तुम्हारा शरीर कुछ समय के लिए बेहोश रहेगा. यह काफ़ी क्षतिग्रस्त हो गया लगता है. लगता है जब तुम्हारा सिर टकराया था तो तुम्हारे मस्तिष्क को भी चोट पहुँची थी."

"वह अच्छा नहीं लगता. मुझे अचम्भा होता है कि अगर मेरा शरीर काफ़ी ठीक हो गया और मैं इस दुर्घटना से बच गया तो कहीं मैं मानसिक रूप से विकलांग न हो जाऊँ?"

उसके शब्दों पर ध्यान देते हुए ताकि रिक्की के निर्णय प्रभावित न हों पुरानी आत्मा ने कहा, "ऐसा हो सकता है कि तुम्हें कुछ दिमाग़ी मुश्किलें आयेंगी."

"पहले ही अतीत में मेरा जीवन छोटा रहा है, जहाँ मैं मानसिक रूप से विकलांग था. मैं नहीं समझता कि मैं एक और ऐसे जीवन के लिए तैयार हूँ, विशेषतया तब जब तुमने एक बार इंगित किया है कि उस जीवनकाल के अपने सारे मुद्दों पर अभी मैंने काम नहीं किया हैं."

"यह अलग होगा. तुम अपनी बुद्धिमत्ता को क़ायम रखोगे, लेकिन तुम्हारा दिमाग़ सही तरीक़े से काम नहीं करेगा. तुम्हें बोलने में तकलीफ़ होगी और तुम्हारे शरीर को दाहिनी तरफ़ से लकवा मार जायेगा. निश्चित तौर पर यह एक सीखने वाला अनुभव होगा, यदि तुम उस अनुभव को कुछ वर्षों के लिए लेना चाहो तो."

"मुझे नहीं मालूम मुझे क्या करना चाहिए. मैं जानता हूँ मेरी देखभाल के अतिरिक्त जॉनी के पास बाक़ी के दिनों में करने के लिए और भी बेहतर चीज़ें हैं."

पुरानी आत्मा ने माँ से कहा, "तुम इसे घर क्यों नहीं ले जाती और देखती कि क्या ज्येष्ठ परिषद उपलब्ध है? इस स्थिति से बाहर निकलने के लिए वे हमारी सहायता कर सकते हैं."

माँ ने रिक्की को कहा, "ठीक है. मेरा हाथ पकड़ो और मैं तुम्हें प्रकाश में लेकर जाती हूँ. "

उसी क्षण रिक्की और उसकी माँ आकाश में ऊपर उठना शुरू हो गये क्योंकि एक अदृश्य बल ने उन्हें ऊपर खींच लिया था.

रिक्की ने आसपास देखते हुए कहा, "मैं सारे शहर को और उसके आसपास के ग्रामीण क्षेत्र को यहाँ ऊपर से देख सकता हूँ."

माँ ने कहा, "ऊपर देखो---."

"मैं एक चमकीला प्रकाश देख रहा हूँ."

उसी क्षण एक सुंदर, शांत प्रकाश ने उन्हें घेर लिया. रिक्की को आनंद और पूर्वानुमान का उन्माद महसूस हुआ. ऊपर कोई उपस्थित प्रतीत हो रहा था, लेकिन उसने अंदाजा नहीं लगा पाया. शक्ति उन्हें रौशनी की गति से निरंतर चलाती रही, जब अचानक वे धीमे न हो गये और एक अंधकारमय जगह में तैरने लगे जो दोनों ओर से बड़े और छोटे चमकते हुए गोलाकार झुंडों से भरी हुई लग रही थी, जहाँ तक आँख देख सकती थी.

माँ ने कहा, "अच्छा, हम पहुँच गये. घर में तुम्हारा स्वागत है."

"यह मुझे हीथर हिल के अंदर का याद दिलाता है, जब मैं पुरानी आत्मा से मिला था."

माँ ने कहा, "हाँ, यह आध्यात्मिक ब्रम्हाण्ड है. क्या यह तुम्हें अब परिचित लग रहा है?"

"मुझे यह महसूस हो रहा है कि मैं पहले भी यहाँ आया हूँ."

माँ ने कहा, "तुम्हारी यादें जल्द ही लौट आयेंगी. ऊपर आगे गोलों का झुण्ड देखो? अपने आप को वहाँ ले जाओ. वहाँ कुछ दोस्त तुम्हारे पहुँचने का इंतज़ार कर रहे हैं. मुझे कुछ काम करना है और मैं तुमसे बाद में मिलूँगी.

रिक्की ने इस जगह को पहले हीथर हिल में देखा था, जब वह पुरानी आत्मा के अध्ययन कक्ष में बैठा था. लेकिन इस बार वह अपने-आप को धकेल सकता था या खींच सकता था, आगे की ओर जो गोलों के कुछ गाँव जैसे लग रहे थे. जब वह आगे की तरफ़ तैर कर रौशनियों के झुण्ड की ओर गया तो उसने अचानक अपने-आप को एक बड़े हाल में एक लम्बी मेज के सामने खड़े हुए पाया जिसके पीछे पाँच व्यक्ति बैठे हुए थे. पुरानी आत्मा पहले ही हाल में पहुँच चुका था और उसके पीछे खड़ा था, थोड़े-से उसकी बायें ओर. रिक्की ने एकदम से पहचान लिया कि यह ज्येष्ठ परिषद है और वह जानता था कि वे उसके आने की उम्मीद कर रहे थे. वे परिधान पहने हुए थे. उन सभी ने अपने-अपने गले

में अलग-अलग तरह के पेंडेंट पहना हुआ था और उन सभी में से अलग-अलग रंगों के आभा निकल रहे थे. जो व्यक्ति बीच में बैठा था उसी ने उसको पहले संबोधित किया. कोई भी शब्द नहीं बोला जा रहा था. शुद्ध रूप से सम्पर्क दूरसंवेदी था.

ज्येष्ठ ने कहा, "घर में तुम्हारा स्वागत है, रिक्की, तुमने अपने सबसे हाल के जीवनकाल में बहुत अच्छा किया है."

रिक्की ने हिचकिचाते हुए कहा, "धन्यवाद."

ज्येष्ठ ने कहा, "मगर तुम जल्दी आ गये हो. तुम्हारे समसामयिकों में अभी कोई भी नहीं लौटा."

रिक्की ने कहा, "अच्छा, मेरा शरीर एक दुर्घटना में गंभीर रूप से घायल हो गया था. यह अब अचेतन अवस्था में है और मैं निश्चित नहीं हूँ कि मैं इसमें रहना चाहूँगा, क्योंकि यह क्षतविक्षत लग रहा है."

कुछ देर के लिए ज्येष्ठ आपस में वार्तालाप करते दिखाई दिये और फिर जो बीच में बैठा था वह उसे फिर सम्बोधित किया, "यह बैठक तुम्हारे जीवनकाल के पुनरावलोकन के लिए नहीं होगी, जैसे इन परिस्थितियों में सामान्यतया होता है. हम इंतज़ार करेंगे और उसको फिर कभी करेंगे. इसके बजाय यह एक उत्सव होगा, तुम्हारे लिए अपनी ऊपरी-आत्मा से औपचारिक रूप से मिलने का एक अवसर. अब, इसको रहने दो."

परिषद के ज्येष्ठ ने अपनी बाहें खोल कर इशारा किया और पुरानी आत्मा आगे आया. उस क्षण रिक्की ने पहचाना कि वह ख़ुद और पुरानी आत्मा एक जैसे और समान थे. उसकी ऊपरी-आत्मा पुरानी आत्मा था; वह अपने पूरे जीवनकाल में अपना ही मार्गदर्शक रहा था.

रिक्की हक्का-बक्का रह गया था और उसकी आवाज नहीं निकल रही थी, जब वह पुरानी आत्मा की ओर आनंद-मिश्रित आँसुओं के साथ और एक प्रेममय आलिंगन के लिए मुड़ा. थोड़ा गले मिलने के उपरान्त पुरानी आत्मा ने ख़ुशी से अपने हाथों से ताली बजाया और कहा, "अब तुम ने समझा, हम एक हैं – फिर भी हम एक नहीं हैं!"

जो पुरानी आत्मा कह रहा था, रिक्की उसको सम्पूर्ण रूप से समझ गया, क्योंकि कुछ चर्चाओं की यादें जो उसने पुरानी आत्मा के साथ अपने अवतरण

से पहले की थी अब उसकी चेतना में आ गईं थी. अब वह जानता था कि कैसे ऊपरी-आत्मा ने सदियों में दर्जनों आत्माएँ बनाई और 'वह था – फिर भी वह नहीं था' उनमें से प्रत्येक का अंश था.'

ज्येष्ठ ने अब जारी रखा और कहा, "सामान्यतया इस समय तुम अपनी ऊपरी आत्मा में शामिल हो जाओगे और उसमें मिल जाओगे, अभी भी अपने व्यक्तित्व को क़ायम रखते हुए; जैसे कि सभी आत्माओं ने किया है जो उसने पिछले अवसरों पर भेजी थी, जिनमें से कुछ को तुम पहले से ही अपने पिछले जन्मों के रूप में याद किया है. लेकिन क्योंकि तुम जल्दी आ गये हो, हम तुम्हें अपने भौतिक शरीर में जाने के लिए एक प्रस्ताव देंगे. हम तुम्हारे शरीर की चोटों को ठीक करने में सहायता करेंगे. और आज से आगे तुम अपनी ऊपरी आत्मा से, जिसको तुम पुरानी आत्मा के रूप में जानते हो, पूरी तरह परिचित रहोगे और तुम हीथर हिल जाये बिना उसके साथ अपने सपनों में ज़्यादा सरलता से बात कर सकोगे."

रिक्की ने उत्तर दिया, "धन्यवाद. वह अद्भुत होगा. मैं कुछ और वर्ष पाने के लिए आभारी रहूँगा, बशर्ते मेरा शरीर काफ़ी हद तक सामान्य रूप से कार्य करे."

उसी क्षण परिषद हाल में एक छेद खुला और रिक्की देख सकता था कि हस्पताल के बिस्तर पर उसका शरीर कहाँ पड़ा है. परिषद के ज्येष्ठों ने प्रार्थना में शामिल होकर अपनी उपचारात्मक ऊर्जा को शरीर की ओर केन्द्रित किया और रिक्की देख सकता था कि उसके प्राणाधार लक्षण सामान्य होने शुरू हो गये.

ज्येष्ठ ने कहा, "रिक्की, अब समय आ गया. छेद में जाओ और अपने शरीर में समा जाओ. जब तुम्हारी आत्मा शरीर के अंदर सुरक्षित हो जायेगी तो हम काम को पूरा कर देंगे."

रिक्की ने भंवर में क़दम रखा और एक ही क्षण में उसने अपने आपको अपने परिचित शरीर में फिर से पाया जब उसने चेतना हासिल की, पीड़ा में लेकिन पूरी सतर्कता से. यह एक मृत्यु के निकट होने का अनुभव था जिसके द्वारा भौतिक अस्तित्व की सारी घबराहटें एक ही क्षण में लुप्त हो गई थीं.

प्रार्थना एवं ज़िम्मेदारी

रिक्की की चोटों को ठीक होने में ज़्यादा समय नहीं लगा, लेकिन इस अनुभव के बाद उसे अचरज होना शुरू हो गया कि जब वह पुरानी आत्मा से हीथर हिल्ल पर पहली बार मिला था तो उसने यह क्यों कहा था कि वह उसका फ्यल्जा होगा, जब कि वास्तव में वह हमेशा से उसकी ऊपरी आत्मा रहा था. यद्यपि उसको मृत्यु के निकट होने की अनगिनत घटनाएँ याद थीं, उसके समेत जब ज्येष्ठों ने यह बताया था कि पुरानी आत्मा उसकी ऊपरी आत्मा है, उसे यह याद नहीं आ रहा था कि उसको यह स्पष्ट किया गया था कि पुरानी आत्मा के साथ उसके सम्बन्ध को इतने वर्षों तक गुप्त क्यों रखा गया. यह सोच-सोच कर उसको परेशानी हो रही थी कि, “क्या पुरानी आत्मा ने वास्तव में उससे झूठ बोला था. और यदि ऐसा था तो उसने ऐसा क्यों किया था?”

उसके मृत्यु के निकट वाले अनुभव के बाद रिक्की को बहुधा स्पष्ट सपने आने शुरू हो गये थे जिनमें पुरानी आत्मा प्रकट होता था और उसे कुछ अंतर्ज्ञान प्रदान करता था. इनमें से एक सपने के दौरान पुरानी आत्मा प्रकट हुया था और ज़िम्मेदारी तथा भारी बोझ वाली ज़िम्मेदारी पर चर्चा हो रही थी, जो किसी व्यक्ति पर उसके जीवनकाल के दौरान पड़ती है. उस समय रिक्की रोज़मर्रा के मुद्दों पर चिंतित होता रहता था, जैसे कर्जा जो उसने इकट्ठा किया था, अतिदेय टैक्स और अपने मित्रों तथा परिवार के साथ किये गये वादे और दायित्व, जो उसके लिए पूरा करना कष्टदायक हो रहा था.

उनके वार्तालाप में एक समय रिक्की ने पुरानी आत्मा से पूछा, “मेरी प्रार्थनाएँ कौन सुनेगा अगर मुझे इन तनाव के दिनों में सहायता के लिए प्रार्थना करनी है तो?”

पुरानी आत्मा ने एक क्षण सोचा और उत्तर दिया, “पहले मैं अपनी भूमिका यह कहते हुए शुरू करूँगा कि कोई प्रार्थना हमेशा उसके द्वारा सराही जाती है और गले लगायी जाती है, जिसके लिए यह है. तुम्हें यह जानना चाहिए कि जब तुम किसी के लिए प्रेम से प्रार्थना करते हो तो इसका हमेशा उन पर महत्वपूर्ण असर होता है.

“मगर अपनी सहायता के लिए कोई प्रार्थना एक अधिक जटिल मामला होता है क्योंकि, जैसा मैंने तुम्हें पहले से बताया था, तुम ही अकेले अपने जीवन

तथा उन परिस्थितियों के लिए ज़िम्मेदार होते हो, जिनमें तुम अपने आप को पाते हो. मैं जानता हूँ तुम उन मुश्किलों के लिए बहुत बड़े कारण नहीं देख सकते जो तुम अपने-आप में पाते हो, लेकिन अगर तुम्हें उन्हें यहाँ आध्यात्मिक आयाम से मेरे सुरक्षित स्थान से देखना है तो तुम पूर्ण रूप से समझ पाओगे कि तुम इन अनुभवों को क्यों लेना चाहते हो.

"नि:संदेह तुम इस कहावत से परिचित हो कि 'ईश्वर सिर्फ़ उनकी सहायता करता है जो अपनी सहायता करते हैं?"

रिक्की ने हिचकिचाते हुए उत्तर दिया, "हाँ."

"इसका कारण यह है कि तुम अकेले ही अपनी मुश्किलों के लिए ज़िम्मेदार हो और तुम्हारा काम इसे सुलझाने के लिए कोई रास्ता ढूँढना है और आगे बढ़ना है, अनुभव से सीखते हुए.

"लेकिन बेशक मैं तुम्हारी प्रार्थनाएँ सुनता हूँ जब तुम प्रार्थना करते हो."

"लेकिन तुम मेरी ऊपरी-आत्मा हो. तुम ईश्वर नहीं हो!"

अब रिक्की को यह लगा कि पुरानी आत्मा से पूछने के लिए यह एक अच्छा अवसर होगा कि वह उसका फ्यल्जा बनने के लिए क्यों सहमत हुआ था, जबकि वास्तव में वह हमेशा से ही उसकी ऊपरी-आत्मा था.

पुरानी आत्मा ने रिक्की के विचार को एकदम से पकड़ लिया. उसने मुस्कराया और उत्तर दिया, "यह भाग्य में लिखा हुआ था कि एक दिन तुम यह प्रश्न मुझे पूछोगे. तुम्हें यह याद नहीं है, लेकिन तुम्हारे आध्यात्मिक आयाम से निकलने से पहले हमने एक व्यवस्था की थी, जिसमें तुम्हें मुझसे सम्पर्क करने का एक अवसर होना था जैसा कि बारह वर्ष की आयु से तुमने किया है, लेकिन तुम्हें हमारे सम्बन्ध की सही प्रकृति के बारे में जीवन में देर तक पता नहीं चलना था."

"क्या हमने किया था? मुझे वह याद नहीं है."

"हमने यह पूर्वानुमान लगाया था कि जब समय आयेगा तुम मुझे अपना फ्यल्जा बनने के लिए कहोगे और हम यह भी जानते थे कि तुम्हारे जीवन में तुम्हें अपने आयामी आध्यात्मिक अस्तित्व के बारे में जानने का अवसर नहीं होगा. मगर हम जानते थे कि तुम फ्यल्जुर के अस्तित्व से परिचित होगे,

क्योंकि उनके बारे में जानकारी आइसलैंड के लोगों में एक आम बात है, यहाँ तक कि युवाओं में भी. और इसलिए हमने फैसला किया था कि हम अपने सम्बन्ध को उस ढाँचे से ढँक कर रखें."

जब रिक्की ने कई वर्षों पहले हुई उनकी शुरुआती मुलाक़ात के बारे में पलट कर सोचा तो उसे समझ में आया कि जो पुरानी आत्मा ने कहा वह सही था.

"तुम्हें उस समय समझ में नहीं आता और यह जानकर तुम परेशान हो जाते कि वास्तव में तुम अपने-आप से ही बात कर रहे हो – मेरे साथ, तुम्हारी ऊपरी आत्मा के साथ."

"लेकिन अब तुम जानते हो कि हम एक ही कपड़े के हैं. तुम और मैं एक हैं, फिर भी हम एक नहीं हैं ! मेरा तुम्हारे साथ सम्बन्ध उसके अनुरूप है जो मेरा मेरी ऊपरी-आत्मा के साथ है, जिसके, बदले में, अपनी ऊपरी-आत्मा के साथ वैसा ही सम्बन्ध है और ऐसे ही आध्यात्मिक पिरामिड में ऊपर की ओर. अंततः सारी आत्माएँ एक हैं और उस रूप से सारी आत्माएँ संबंधित हैं, क्योंकि सभी एक ही स्रोत की सन्तान हैं."

हम धर्म और ध्यान के बिना जीवित रह सकते हैं, लेकिन
हम मनुष्य के स्नेह के बिना नहीं बच सकते.

दलाई लामा

रिक्की ने फिर उत्साह से पूछा, "तो क्या वह ईश्वर है? क्या अंतिम ऊपरी-आत्मा ईश्वर है?"

"पाश्चात्य धर्म (अर्थात जूडाइस्म, क्रिश्चियनिटी और इस्लाम) बताते हैं कि ईश्वर को उस रूप में व्यक्तिगत बना सकते हैं जिस रूप में तुम्हारे प्रश्न का अर्थ है. लेकिन ऐसा कोई ईश्वर नहीं है. कोई भी अस्पष्ट लगने वाला व्यक्तिगत ईश्वर नहीं है – कोई ईश्वर नहीं है जिसे निराश किया जा सकता है; कोई ईश्वर नहीं है जो तुम्हें सजा देगा; कोई ईश्वर नहीं है जो विनाश, बीमारी या बुरी चीज़ें करता है. कोई भी सर्वशक्तिमान ईश्वर नहीं है, जैसा कि तुम अपनी 'बाहरी अहम' के परिदृश्य से कल्पना करना चाहोगे. मनुष्य के द्वारा बनाये गये धर्मों ने सर्वशक्तिमान ईश्वर की रचना की है."

रिक्की ने जब पुरानी आत्मा को यह कहते हुए सुना कि कोई भी अस्पष्ट लगने वाला मनुष्य जैसा व्यक्तित्व नहीं है जो ईश्वर हो तो उसको एकदम से भावनाओं की बैचेनी महसूस हुई और अपने-आप से पूछा, "मुझे उसके साथ मुश्किल क्यों हो रही है?" फिर उसको यह पता चलने पर झटका लगा कि वह उदास महसूस कर रहा था, थोड़ा निराश और हो सकता है थोड़ा-सा तबाह भी.

पुरानी आत्मा ने तत्काल उसकी भावनाएँ पकड़ लीं और कहा, "क्या तुम्हें याद है जब मैंने कुछ समय पहले तुम्हें सांस्कृतिक मिथकों के बारे में बताया था? तुम्हारी भावनात्मक प्रतिक्रिया अब बिलकुल वैसी ही है जब किसी व्यक्ति के सांस्कृतिक मिथकों को चुनौती दी जाती है. पहली प्रतिक्रिया उसकी रक्षा करने की होती है, जैसे तुम कर रहे हो, तुम्हारे वार्तालापों के बावजूद, अभी भी इस मिथक से थोड़ा बहुत प्रभावित हो जिसकी तुम्हें काफ़ी छोटी आयु में शिक्षा दी गई थी. और जैसा कि सभी सांस्कृतिक मिथकों के साथ यथार्थ में होता है, तुमने इस व्यक्तिगत ईश्वर के मिथक को बिना प्रश्न खड़ा किये स्वीकार कर लिया था. यह मिथक फिर जीवन का एक तरीक़ा बताता है जो तुम बिना प्रश्न खड़ा किये मान लेते हो कि वह विश्व में स्वाभाविक है."

रिक्की ने उत्तर दिया, "मैंने अब तक कभी भी नहीं सोचा था कि एक सांस्कृतिक मिथक कितना रहस्यपूर्ण और शक्तिशाली हो सकता है. मैंने अभी-अभी अपनी भावनात्मक प्रतिक्रिया होने तक नहीं सोचा था कि तुम्हारे साथ मेरी सारी बातों के बावजूद और मेरे विश्वास तथा उस पर सहमति के साथ जो तुमने मुझे इतने वर्षों में सिखाया है, कहीं अंदर नीचे तक मेरे लड़कपन का बचा हुआ भावनात्मक विश्वास मेरे अंदर छुपा हुआ रह गया है. यह तब तक ऊपर नहीं आया जब तक इसे तुम्हारी टिप्पणी द्वारा चुनौती नहीं दी गई और मैंने इस पर विचार नहीं किया."

"तुम्हारी भावनात्मक प्रतिक्रिया तुम्हें उस उत्साह की झलक देती है जो उन लोगों के दिलों को भड़काता है जो अपने सांस्कृतिक मिथकों की रक्षा के लिए युद्ध में जाते हैं, जबकि प्रकट रूप में वे उन विकृत सच्चाइयों का सामना नहीं कर सकते जो उनके पीछे हैं.

"तुम्हारे ईश्वर की छवि के बारे में मैं समझता हूँ कि तुम कैसे महसूस करते हो, लेकिन तुम्हें बताने में मुझे खेद है, ऐसा कोई व्यक्तिगत ईश्वर नहीं है जैसा तुम्हें सिखाया गया था. ईश्वरीय क्षितिज बहुत वृहत है और जबकि एक तरफ़ यह तुम्हें दैविक शक्ति के साथ ज़्यादा अकेला और कम अंतरंग महसूस कराता

है, वास्तव में तुम सारी मानवता के साथ ज़्यादा अंतरंगता से जुड़े हुए हो जितना तुमने कभी सपने में भी नहीं सोचा होगा. ईश्वर आसीमित रूप से विस्तृत है और ईश्वर के बारे में उससे और भी बहुत अधिक है जितने तुम्हें रविवार के स्कूल में चर्च की शिक्षाओं द्वारा विश्वास दिलाया गया था."

रिक्की अपनी भावनात्मक प्रतिक्रिया पर अभी भी हैरान था, क्योंकि वह बहुत अच्छी तरह से जानता था कि पुरानी आत्मा क्या कह रहा है और वह पूरे दिल से अपने अस्तित्व के आध्यात्मिक/अस्तित्ववादी दृष्टिकोण से सहमत था, लेकिन यह वक्तव्य इससे पहले उसे किसी ने ऐसे सीधा नहीं दिया था. यह उसके लिए अप्रत्याशित बात थी कि यह मिथक उसके अचेतन में कहीं छुपा हुआ था और अब तक उजागर नहीं हुआ था, जब तक इसको इतने सीधे-सीधे चुनौती नहीं दी गई थी.

"यह कहना ज़्यादा सही होगा कि ईश्वर 'सब वही है', जैसा मैंने कई अवसरों पर तुम्हें बताया है. सब वही है, एक चेतना है जो सर्वव्यापी, सर्वशक्तिमान और अन्तर्यामी है. सब वही है में सम्पूर्ण ब्रम्हाण्ड और प्रत्येक व्यक्ति तथा इसमें स्थित और इससे परे सभी चीज़ें शामिल हैं. यह चेतना का विशाल समुन्द्र है जिसमें असाधारण प्रेम की उपस्थिति है. जिस प्रेम का एहसास तुम्हें धरती पर अनुभव होता है उससे भिन्न इस प्रेम की गुणवत्ता को जब तुम यहाँ आध्यात्मिक आयाम में अनुभव करते हो, जो इतनी व्यापक है कि ऐसा लगता है जैसे यह स्पर्शनीय है. इसकी एक फैलने वाली सुगंध है, जो दैविक है. तुम्हारे लिए यह कहना सही होगा की सब वही है = ईश्वर = प्रेम. या प्रेम = ईश्वर = सब वही है, या उसका कोई भी संयोजन."

"तो क्या 'सब वही है' मेरी देखभाल करता है? क्या 'सब वही है' से, प्रेम से, ईश्वर से ... या उस बात के लिए किसी भी ईश्वर से प्रार्थना करने का कोई औचित्य है?"

"नहीं कोई औचित्य नहीं है. अर्थात किसी विशिष्ट के लिए जो तुमसे जुदा है और सर्वशक्तिमान है के अर्थ में नहीं. या कोई जो तुम्हारी प्रार्थनाओं को सुनता है और तुम्हारे भाग्य के बारे में फैसले करता है और तुम्हें बताता है कि क्या करना है. या कोई जिसके आगे तुम ज़रूर झुको."

रिक्की ढीला पड़ गया, कुछ क्षणों के लिए सोचा और फिर पूछा, "तो क्या तुम मुझे यह बता रहे हो कि जो कुछ भी मेरे जीवन में होता है उसके लिए मैं ही ज़िम्मेदार हूँ?"

"हाँ, तुम्ही ज़िम्मेदार हो. तुम अपने जीवन के निर्माता हो और तुम्हारे जीवनकाल के दौरान तुम्हारा जीवन जिस मार्ग पर चलता है उसकी ज़िम्मेदारी तुम अकेले ही उठाते हो. बेशक तुम दूसरों के द्वारा प्रभावित, उपकृत और अवरोधित होते हो, लेकिन जैसे हमने चर्चा की थी, हर बार तुम अपने-आप आगे बढ़ने का सिलसिला बनाते हो. तुम अपनी गांठे ख़ुद लगाते हो जिनको तुम्हें स्वयं ही खोलना है, अक्सर ज़्यादा कोशिश और घबराहट के साथ.

"फिर भी दिमाग़ में रखो कि जो नज़र आता है उससे तुम कहीं बढ़ कर हो. तुम्हारा अस्तित्व आयामों में है. जैसा कि मैंने पहले बताया था, तुम अपने 'बाहरी अहम', अपने 'आंतरिक मस्तिष्क', अपनी 'आत्मा' और अपनी 'ऊपरी-आत्मा' का सम्मिश्रण हो. मैं तुम्हारी ऊपरी-आत्मा हूँ और तुम इस समय मुझसे वार्तालाप कर रहे हो. सहायता के लिए तुम्हारी प्रार्थनाएँ मेरे पास आती हैं, व्यक्तिगत ईश्वर के पास नहीं जिसका स्वतंत्र अस्तित्व है. और क्योंकि मैं तुम्हारे/हमारे सम्पूर्ण अस्तित्व को एक बहुत बड़े दृष्टिकोण से देख सकता हूँ, मैं उस रास्ते में तुम्हारा मार्गदर्शन कर सकता हूँ जो अंततः सबसे अधिक लाभदायक शिक्षा देगा जिसे तुम अपने जीवनकाल के दौरान अपना सकते हो.

"तुम्हारा 'बाहरी अहम' भौतिक संसार में फैसला करने का बिंदु है. बाहरी अहम 'तुम' हो जिसके बारे में तुम होशो-हवास में जानते हो जब तुम जाग रहे होते हो, जिसे तुम ख़ुद के रूप में पहचानते हो और जो अभी मेरे साथ संपर्क में है.

"तुम्हारे पास स्वतंत्र इच्छा है और अपने जीवनकाल में अपने कार्यों और निर्णयों के लिए तुम एकमात्र ज़िम्मेदारी वहन करते हो. 'तुम' अपने मंचीय नाटक के केंद्र में हो, एक नाटक जिसकी रूपरेखा हम दोनों ने तुम्हारे जन्म से पहले व्यापक सन्दर्भ में तैयार की थी और जिसको अब तुम अपने आप रूपरेखा देते हो, जैसे-जैसे तुम अपने जीवनकाल में प्रगति करते हो और अपनी आंतरिक प्रकृति के बारे में जानते हो."

समाप्त ... शुरुआत

दिलचस्पी लेने वाले पाठकगण कृपया www.ThePurpose.ca पर जायें. वहाँ से आपको डा0 रिक लिंडल के ब्लॉग पर डाली गई सामग्री के लिए सीधे लिंक मिलेंगे, जिनमें से कुछ कई विस्तृत विषयों पर हैं जिन्हें इस पुस्तक के पृष्ठों में जाँचा गया है. इसके साथ फेसबुक फैन पेज के लिए लिंक भी उपलब्ध है.

अनुशंसित पठन

फ्रेंकल, विक्टर. मैन'स सर्च फॉर मीनिंग. न्यू यॉर्क: वाशिंगटन स्क्वायर प्रेस, 1959

फ्रेंकल, विक्टर. साइकोथेरेपी एंड एक्जिस्टेन्सियेलिज्म. न्यू यॉर्क: वाशिंगटन स्क्वायर प्रेस, 1985

फ्रेंकल, विक्टर. द विल्ल टू मीनिंग: फाउंडेशन्स एंड अप्प्लीकेशंस ऑफ़ लोगोथेरेपी. न्यू यॉर्क: पेंगुइन बुक्स, 1969

फ्रेंकल, विक्टर. मैन'स सर्च फॉर अल्टीमेट मीनिंग. न्यू यॉर्क: प्लेनम प्रेस, 1997

लुकास, एलिसाबेथ. मीनिंग इन सफरिंग: कम्फर्ट इन क्राइसिस थ्रू लोगोथेरेपी. बर्कले: इंस्टिट्यूट ऑफ़ लोगोथेरेपी प्रेस, 1986

लुकास, एलिजाबेट._लोगोथेरेपी टेक्स्टबुक. म्युनिक: प्रोफिल वेर्लग, 1998

न्यूटन, माइकल. जर्नी ऑफ़ सोल्स. सेंट पाल: ल्युलिन पब्लिकेशन्स, 1994

न्यूटन, माइकल. डेस्टिनी ऑफ़ सोल्स. सेंट पाल: ल्युलिन पब्लिकेशन्स, 2000

न्यूटन, माइकल. लाइफ बिटवीन लाइव्स. सेंट पाल: ल्युलिन पब्लिकेशन्स, 2004

राबर्ट्स, जेन. द सेठ मटेरियल. न्यू यॉर्क: प्रेन्टिस-हाल, 1970

राबर्ट्स, जेन. सेठ स्पीक्स: द इटरनल वैलिडिटी ऑफ़ द सोल. न्यू यॉर्क: प्रेन्टिस-हाल, 1972

राबर्ट्स, जेन. द नेचर ऑफ़ पर्सनल रियलिटी. न्यू यॉर्क: प्रेन्टिस-हाल, 1974

राबर्ट्स, जेन. द अननोन रियलिटी. वोल. 1. न्यू यॉर्क: प्रेन्टिस-हाल, 1977

राबर्ट्स, जेन. द अननोन रियलिटी. वोल. 2, पार्ट 1. न्यू यॉर्क: प्रेन्टिस-हाल, 1977

राबर्ट्स, जेन. द अननोन रियलिटी. वोल. 2, पार्ट 2. न्यू यॉर्क: प्रेन्टिस-हाल, 1977

राबर्ट्स, जेन. द नेचर ऑफ़ द साइकी: इट्स ह्यूमन एक्सप्रेशन. न्यू यॉर्क: प्रेन्टिस-हाल, 1979

राबर्ट्स, जेन. द इंडिविजुअल एंड द नेचर ऑफ़ मास इवेंट्स. न्यू यॉर्क: प्रेन्टिस-हाल, 1981

राबर्ट्स, जेन. ड्रीम्स "इवोल्यूशन", एंड वैल्यू फुलफिल्मेंट. वोल. I. न्यू यॉर्क: प्रेन्टिस-हाल, 1986

राबर्ट्स, जेन. ड्रीम्स ""इवोल्यूशन", एंड वैल्यू फुलफिल्मेंट. वोल.II. न्यू यॉर्क: प्रेन्टिस-हाल, 1986

राबर्ट्स, जेन. द अर्ली सेशंस, वोल. 1-9. मन्हास्सेट: न्यू अवेयरनेस नेटवर्क, 1997

वाल्स्च, नेअले डोनाल्ड. कन्वर्सेशन्स विद गॉड: एन अनकॉमन डायलॉग. बुक 1. न्यू यॉर्क: पेंगुइन पुत्नाम, 1996

वाल्स्च, नेअले डोनाल्ड. कन्वर्सेशन्स विद गॉड: एन अनकॉमन डायलॉग. बुक 2. शेर्लोत्सविल्ले, वीए: हम्पटन रोड्स, 1997

वाल्स्च, नेअले डोनाल्ड. कन्वर्सेशन्स विद गॉड: एन अनकॉमन डायलॉग. बुक 3. न्यू यॉर्क: शेर्लोत्सविल्ले, वीए: हम्पटन रोड्स, 1998

परिशिष्ट 'क'

डराने-धमकाने वाला, डराया-धमकाया गया और क्षमा

लेक्चर हाल में इकट्ठी हुई आत्माओं के बीच एक जीवंत चर्चा हो रही थी जब ओरेओन, जिसको तुम प्रस्तावना से स्मरण करोगे, आध्यात्मिक आयाम में उन आत्माओं को लेक्चर दे रहा था जो धरती पर अवतरण के लिए तैयार हो रही थीं.

ओरेओन ने बताया था कि कैसे कुछ आत्माएँ अपने आने वाले जीवन में डराने-धमकाने को चुना था जबकि दूसरों ने डराये-धमकाये जाने के लिए चुना था. कुछ आत्माओं ने इस व्यवस्था पर टिप्पणी की, जब एक ने कहा, "मैं इस अनुभव में भाग लेने के लिए थोड़ा उभयभावी महसूस कर रहा हूँ जहाँ मैं डराने वाला होऊँगा." और उसके दोस्त ने बीच में टोका, जो उसके साथ ही बैठा था, "और मैं इसके द्वारा इस हद तक डराया जाऊँगा कि आत्महत्या के कगार तक पहुँच जाऊँगा ! वास्तव में क्या ये सब कलह हमारे लिए आध्यात्मिक रूप से विकसित होने के लिए आवश्यक है?"

ओरेओन, तुम्हें स्मरण होगा कि आत्माओं को धरती पर उनके अवतरण के लिए तैयार करने में जिसे महारत हासिल है, ने सांत्वना देते हुए उत्तर दिया, "हाँ, मुझे डर है कि यह है.

"जैसा कि तुम जानते हो नकारात्मक भावनाओं के बारे में सीखने के लिए केवल एक ही रास्ता है जो कि प्रत्यक्ष अनुभव के आंतरिक मूल्य है. इसके साथ ही, जैसा कि तुम जानते हो, धरती पर सभी अनुभव विरोधाभास से पाये जाते हैं. और भावना को जानने के सन्दर्भ में यह है कि एक भावना को उसकी विपरीत भावना के विरोधाभास से केवल तुम जान सकते हो कि यह कैसे तुम्हें प्रभावित करती है. ये सब कुछ विरोधाभास में है. तो उदाहरण के लिए तुम एक

जीवनकाल में उस अनुभव को लेने के लिए चुन सकते हो जो तुम्हें एक डराने वाला बनने पर प्रेरित करता है और दूसरे में डरने वाला.

"बेशक तुम एक ही जीवनकाल में भी दोनों ही भावनात्मक अनुभवों को लेना चुन सकते हो."

रिक्की, जो इस लेक्चर में उपस्थित उन आत्माओं में से था, ने पूछा, "उस दैविक चुनौती के बारे में क्या जो तुमने हमें पहले बताया था – कि हमें स्वयं को या दूसरों को बिलकुल हानि नहीं पहुँचानी है? दूसरों को नुकसान पहुँचाए बिना हम डराने वाले कैसे हो सकते हैं?"

ओरेओन ने उत्तर दिया, "तुम सही हो, तुम्हारी आध्यात्मिक चुनौती अपनी नकारात्मक भावनाओं के अनुसार कार्य करना और किसी को डराना नहीं है जब एक बार तुम उन भावनाओं को अनुभव करने में सफल हो जाते हो तो. या यदि तुम्हें डराया जा रहा हो तो तुम्हारी चुनौती उस भावना के अनुसार चलना नहीं है जो तुम्हें अपने जीवन को समाप्त करने के लिए प्रेरित करती हैं.

"यह तुम्हारे अंत:करण की परीक्षा है और यह एक मुश्किल परीक्षा है जब तुम्हारी भावनाएँ मजबूत और तुम पर हावी होने वाली हैं. ऐसे दृष्टांतों में तुम्हारे लिए यह समझना महत्वपूर्ण है कि तुम्हारा लक्ष्य नकारात्मक भावनाओं को अनुभव करना है, लेकिन वह व्यवहार नहीं करना है जो तुम महसूस करते हो कि यह सही है या न्यायोचित है.

"जब तुम नकारात्मक भावना को अनुभव करते हो तो तुम्हारी चुनौती होगी उन आस्थाओं को समझना जो उस भावना को उत्पन्न कर रही हैं. उदाहरण के लिए किसी को डराने की एक हावी होती हुई भावनात्मक आवश्यकता के मामले में तुम्हें उन आस्थाओं को समझने की कोशिश करनी चाहिए जो उस भावना को उत्पन्न कर रही हैं.

"इन भावनाओं की जड़ में हमेशा डर होता है. यह विनाश का एक हावी होने वाला भय है जो डराने वाले को किसी को नुकसान पहुँचाने के लिए और आत्मघाती व्यक्ति को स्वयं को नुकसान पहुँचाना के लिए प्रेरित करता है – यह नश्वर भय से एक समर्पण है. आत्महत्या में आत्म-नाश के लिए डर अंदर की ओर मुड़ जाता है और डराने में यह उस वस्तु के नाश के लिए बाहर की ओर आ जाता है जो डर उत्पन्न कर रहा है.

"डराने वालों के रूप में तुम सामान्यतया उन आस्थाओं और घृणा की भावनाओं के बारे में अवगत होगे जो तुम्हें प्रेरित कर रही हैं, लेकिन तुम सामान्य रूप से होशो-हवास में उसके पीछे के डर को नहीं जानोगे जो तुम्हारे घृणा से संबंधित है. इसके बजाय तुम अपने अंदर गौण भावनाओं के मिश्रण को पहचानोगे जो तुम्हें लगता है कि तुम्हारी मंशा को सही ठहराती हैं, जैसे कि शक्तिहीनता का एहसास, एकाकीपन, डाह और ईर्ष्या. और तुम इन भावनाओं को अनुभव करने के लिए और अपने कार्यों की रक्षा के लिए एक औचित्य महसूस करोगे, क्योंकि जो भावनाएँ तुम महसूस करोगे वह अनगिनत परिस्थितियों का परिणाम होंगी जो तुम्हारे जीवन में तब तक हो चुकी होंगी; वह परिस्थितियाँ जो तुम्हारी आस्थाओं और उनके साथ जुड़ी भावनाओं को विकसित किया है"

ओरेओन ने जो कुछ अभी कहा उसको संक्षिप्त करने की कोशिश करते हुए थोड़ा घबराया हुआ-सा रिक्की ने फिर से पूछा, "तो तुम यह कह रहे हो कि हमें उन आस्थाओं को पहचानने की कोशिश करनी चाहिए जो भावनाएँ उत्पन्न करती हैं?"

ओरेओन ने उत्तर दिया, "हाँ, वह सही है. तुम्हारे लिए इसको करना मुश्किल होगा. और इसका कारण यह है कि तुम्हारी आस्थाओं और तुम्हारी भावनाओं के बीच एक अस्थाई वार्तालाप है. इसीलिए उस भावना को पहचानना, जो एक विशेष भावना उत्पन्न कर रही है, तुम्हारे लिए मुश्किल है, क्योंकि दोनों ही आस्था और भावना तुम्हारे लिए एक ही क्षण में प्रकट होती दिखाई देंगी.

"तुम्हें मेरे पिछले लेक्चरों में से एक स्मरण होगा, जहाँ मैंने विस्तार से बताया था कि तुम्हारा प्रारंभिक 'प्रभाव' नि:संदेह एक अभिन्न 'भावना अवस्था' होती है जब तक कि तुम इस पर लेबल नहीं लगाते. जब तुम इस 'भावना अवस्था' को लेबल कर दोगे, जो तुम अपनी आस्थाओं के अनुसार स्वत: करते हो तो तुम उसी क्षण उसे एक विशेष भावना दे देते हो, जैसे कि डाह, ईर्ष्या, क्रोध या घृणा. इसीलिए भावना को बदलने के लिए तुम्हें पहले उन आस्थाओं का पता लगाना होगा जो उस भावना से जुड़ी हुई हैं. अगर तुम इसे करने में सफल हो जाते हो तो तुम्हारी नकारात्मक भावना में एक स्वत: बदलाव आ जायेगा."

हमेशा की तरह अब विचारों के गट्ठे लेक्चर हाल में इधर-उधर उड़ रहे थे जब आत्माएँ आपस में चर्चा कर रही थीं कि ओरेओन उन्हें क्या पढ़ा रहा है.

ओरेओन ने जारी रखा और टिप्पणी की, "सामान्यतया वयस्क किसी को डराने की अपनी मंशा के बारे में जानते हैं, लेकिन युवा लोग अक्सर नहीं जानते. डराने वाला सामान्यतया अपने सामाजिक समूह के सामने शक्ति के एक कथित संतुलन को बहाल करने की किसी आवश्यकता से प्रेरित होता है और ऐसा करके अपने मित्र-समूह में स्वीकृति पाना चाहता है."

अब एक दूसरा प्रश्न श्रोताओं के बीच एक अलग आत्मा से आया, "सामान्य रूप से धरती पर उस समाज के बारे में यह क्या कहता है जहाँ डराना-धमकाना प्रारंभिक तौर पर होता है."

ओरेओन ने उत्तर दिया, "जैसा कि तुम जानते हो, धरती बल्कि एक आदिम अस्तित्व के लिए बनी है, अब जब हम अपनी वास्तविकता का निर्माण उस भौतिक आयाम के अंदर करते हैं. सत्ता पाने के लिए क्रूर कार्य और दिखावा एक आम बात है और यह गतिविधियाँ समाज को हरेक स्तर पर खंडित करती हैं, जिनसे युद्धों का प्रकोप होता है और जो साथी मनुष्यों के लिए घृणा उत्पन्न करता है.

"क्योंकि डराने-धमकाने की घटनाएँ एक सामाजिक स्तर पर होती हैं और बहुत सारे पीड़ित आत्महत्या करते हैं, यह बड़े पैमाने पर समाज को उसकी क्रूर प्रकृति के बारे में याद दिलाता है और यह एक सांस्कृतिक समझ लाने की कोशिश में शोध और शिक्षा में प्रयास के साथ प्रतिक्रिया करता है. यह दोषियों को फटकारता है और उन्हें सजा भी देता है. लेकिन जब तक मनुष्य इस वास्तविकता से अवगत नहीं होते कि वे आध्यात्मिक स्तर पर अंतरंगता से जुड़े हुए हैं और एक आत्मा को हानि पहुँचाना स्वयं को चोट पहुँचाने जैसा है, क्रूरतापूर्वक कार्य होने बंद नहीं होंगे. और जैसा कि मैंने पहले कहा है, सभी मनुष्य, सभी आत्माएँ, 'सब वही है' की प्रेममय सुंगंध से जुड़े हुए हैं, जैसे एक हाथ की सभी अंगुलियाँ – एक को चोट पहुँचाना सभी को चोट पहुँचाना है."

लेक्चर हाल में एक और आत्मा ने प्रश्न पूछा, "क्षमा के बारे में क्या है. क्या हम डराने-धमकाने वालों को क्षमा किया जायेगा?"

ओरेओन ने उत्तर दिया, "यह एक अच्छा प्रश्न है और इसके दो उत्तर हैं : एक हमारे आध्यात्मिक दृष्टिकोण से और दूसरा मनुष्य के दृष्टिकोण से जो धरती पर एक जीवनकाल जी रहा है.

“हमारे दृष्टिकोण से धरती पर जो कुछ भी होता है उसका अर्थ समझ में आता है. हम अपने अनुभव की रूपरेखा उस वास्तविकता के अंदर हमारे अपने सीखने के लिए बनाते हैं और कोई भी अप्रत्याशित घटना नहीं होती. सभी घटनाओं के लिए एक आध्यात्मिक तालमेल और मंशा होती है और इसीलिए क्षमा करना यहाँ लागू नहीं होता. अपने अवतरणों के दौरान जो कार्य तुम करते हो वो ‘सब वही है’ के उच्च दृष्टिकोण से समझे जाते हैं, जिसके हम सभी अंश हैं और जिसमें हम सब कुछ जानते हुए भाग लेते हैं ताकि अध्यात्मिक रूप से विकसित हो सकें.

“दूसरी तरफ़ धरती पर तुम्हारे अवतरण के दौरान तुम्हारी दृष्टिकोण से क्षमा एक ऐसा मामला है जिसे गंभीरता से लेना होता है. यह तुम्हारे जीवनकाल के दौरान भावनात्मक और आध्यात्मिक विकास का एक महत्वपूर्ण पहलू होगा.

“धरती पर क्षमा मस्तिष्क की एक ऐसी आवस्था है जिसे उत्कृष्टता से प्राप्त किया जाता है. यह समझ की एक खोज, ठीक होने की एक ज़रूरत, अधिक प्रश्न करने या बदले की भावना से कुछ लाभ न होने की एक स्वीकृति और अपने विरोधी को क्षमा करने की तत्परता के माध्यम से आता है. यह एक स्तर से ऊँचा उठना, एक समझौता करना और जाने देना है.

“तुम्हारे दृष्टान्तों में डराने-धमकाने वालों के रूप में या डराये-धमकाये गये पीड़ितों के रूप में यह उससे समझौता करना है जो तुम्हें अपने अन्दर पहले प्राप्त करना चाहिए. तुम्हें अपने क्रोध को और उस चोट को छोड़ना होगा, जो तुम महसूस करते हो. और ऐसा करने के लिए तुम्हें आध्यात्मिक स्तर पर एक स्वीकृति पर आना होगा कि तुम्हारे डराये-धमकाये जाने का अनुभव या किसी को डराने-धमकाने का तुम्हारा अपराध-बोध एक ऐसी नियति थी जिसे तुमने ही आमंत्रित किया था ताकि तुम्हें उस भावनात्मक अनुभव से सीखने का अवसर मिल सके. और उन दृष्टांतों में जहाँ तुम दैविक चुनौती में असफल हो जाते हो – अर्थात उन घटनाओं में जब तुम्हें बाद में अवलोकन करने से पता चलता है कि ‘तुम्हें वह बनना था जो तुम हो ताकि तुम यह जान सको कि तुम कौन हो’ – तुम एक समझ पर आ जाओगे कि कभी-कभी तुम्हारी आत्मा को तुम्हारे व्यवहार से विदीर्ण होना पड़ता है और फिर स्वयं को अपनी सुगंध, प्रेम की शक्ति से ठीक करना होता है. और केवल तभी तुम अपने आप को क्षमा कर सकते हो और अपने जीवन के साथ आगे बढ़ सकते हो.”

रिक्की ने टिप्पणी की, “यह आसान नहीं होगा.”

ओरेओन ने उत्तर दिया, "यह सब कुछ आंतरिक ज्ञान और आध्यात्मिक प्रगति के बारे में है. फिर भी क्षमा की ओर जाने वाला मार्ग तुम में से उनके लिए थोड़ा आसान होगा जो डराये-धमकाये जाने के शिकार होंगे, उनकी तुलना में जो तुम में से डराने-धमकाने वाले होंगे. उसका कारण यह है कि पीड़ित सामान्यतया उत्कृष्टता प्राप्त कर लेता है या डराने वाले से सीधे-सीधे बात किये बिना उस अनुभव से आगे बढ़ जाता है, जबकि डराने वाला हमेशा पीड़ित से सीधा-सीधा क्षमा प्राप्त करना चाहिए इससे पहले कि वह अपने अपराध-बोध को पूरी तरह से जाने दे और स्वयं को क्षमा कर दे.

"तो तुम जो इस अगले जीवनकाल के दौरान पीड़ित बनोगे, कृपया याद रखो कि डराने वाले को क्षमा की पेशकश करना जो तुम्हारे साथ इस परिदृश्य में भाग लेने के लिए सहमत हुआ है (हालाँकि अपने कारणों से), जो तुम्हें एक पीड़ित से सम्बन्धित नकारात्मक भावनाओं को महसूस करने का अपना इच्छित अवसर देगा. अपने क्षमा की पेशकश करते हुए तुम डराने वाले को क्षमा प्राप्त करने का एक अवसर भी दोगे. अपने अवतरण के दौरान डराने वाले की मुक्ति उस क्षमा की पेशकश करने की तुम्हारी क्षमता और तुम्हारी इच्छा पर निर्भर है."

लेक्चर हाल में एक आत्मा ने टिप्पणी की, "मैंने अपने पिछले अवतरण में वह नहीं कर पाया था. मैं अपने पूरे जीवन में मुझे डराने वाले को नापसंद करता रहा और उसके लिए अपनी घृणा को मैं अपने साथ कब्र में ले कर गया."

ओरेओन ने उत्तर दिया, "दुर्भाग्य से वह एक आम बात है. फिर भी मैं जानता हूँ कि आध्यात्मिक आयाम में घर वापिस आने के बाद तुम दोनों को समझ में आ गया था कि तुमने अपने लिए कौन सी चुनौतियाँ स्थापित की थीं.

"डराने वाले और डराये जाने वाले दोनों के लिए क्षमा प्राप्त करने हेतु यह एक अकेली यात्रा है. ज़्यादातर घटनाओं में क्षमा, यदि इसे प्राप्त कर भी लिया जाता है, केवल पीड़ित के लिए संभव होगा. इसका मुख्य कारण यह है कि इससे पहले पीड़ित क्षमा ढूँढने में सक्षम हो अक्सर बहुत लम्बा समय गुज़र जायेगा और जब वह इसे प्राप्त कर लेता है तो डराने वाला अक्सर दूर चला जायेगा और उसके साथ सम्पर्क ख़त्म हो जायेगा. दूसरी घटनाओं में डराने वाला पीड़ित की मृत्यु का कारण हो सकता है, जिस मामले में बेशक क्षमा संभव नहीं है. और अलग-अलग परिस्थितियों में क्षमा प्राप्त न होने के कारण का सम्बन्ध सहभागी

के जटिल व्यक्तित्व की विशेषताओं से है, साथ ही बड़े पैमाने पर कुछ अपराधों के लिए समाज के रवैये पर."

लेक्चर हाल में आत्माओं में से एक ने टिप्पणी की, "यह निश्चय ही भयंकर यात्रा होगी, विशेषकर डराने वाले के लिए जो अपने तरीक़ों की त्रुटियों पर पश्चाताप करता है."

आत्मा ने जारी रखा, "हाँ, ऐसा ही है. फिर भी ऐसे अनुभवों के माध्यम से डराने वाले के लिए अपनी आंतरिक प्रकृति को खोजने का और अपने भय से समझौता करने का एक अवसर है. और अक्सर जब वह आंतरिक संघर्ष से निपट रहा होता है तो वह अपने शिकार के लिए एक वास्तविक दया भावना का विकास करता है. अगर वह इसे प्राप्त कर लेता है तो उसके पास इसे संशोधन करने का अवसर है – कभी-कभी माफ़ी के द्वारा, कभी-कभी उनके प्रति कृपा करके जिन पर उसने अत्याचार किया है.

"मगर अंततः अवतरण के दौरान क्षमा की एहसास पूरी तरह से नहीं होगी जब तक डराने वाले को मुक्ति देने के लिए पीड़ित उपलब्ध नहीं है."

लेक्चर हाल में एक दूसरी आत्मा का एक अंतिम प्रश्न था: "क्या तुम्हारे पास कोई सुझाव हैं जो हमारी यात्रा में सहायता करेंगे?"

ओरेओन ने सोचते हुए उत्तर दिया, "तुम्हारी यात्रा के दौरान ये आसान पाठ नहीं होंगे. तुम लोग जो पीड़ित होगे उन्हें प्रताड़ना को कई कोणों से संसाधित करने के लिए समय लेने की आवश्यकता होगी इससे पहले कि तुमको मानसिक शान्ति मिले जो तुम्हें स्वयं को और तुम्हारे अपराधी को क्षमा करने की अनुमति दे. और जैसा कि मैंने पहले कहा था, पूर्ण मुक्ति संभव नहीं होगी जब तक तुम अपने प्रतिपक्षी को भी क्षमा न कर दो.

"और इसी तरह से उनके लिए जो तुममें से डराने वाले होंगे, उन्हें अपने अंदर कुछ गंभीर रूप से खोज करनी होगी. तुम्हारे लिए दुर्भाग्य से पूर्ण मुक्ति तब तक संभव नहीं होगी जब तक तुम्हारे पीड़ितों ने अपनी क्षमा की पेशकश न की हो, लेकिन त्रुटियाँ दूर करने के अवसर हमेशा उपलब्ध होंगे.

"क्योंकि क्षमा प्राप्त करने की प्रक्रिया उन लोगों के बीच होगी जो तुम में से पीड़ित होंगे और जो डराने वाले होंगे, वो भावनाएँ जो तुम्हें घृणा और पीड़ा में जोड़ती हैं धीरे-धीरे कम हो जायेंगी – क्योंकि तुम उन्हें दूर जाने की अनुमति

देते हो, जब तुम अपने दिलों के काँटों को निकाल देते हो, जो तुम्हें तुम्हारे अनुभव में जकड़ते हैं. केवल तभी तुममें अपने जीवन में बिना रूकावट के आगे बढ़ने की क्षमता और स्वतंत्रता होगी."

ओरेओन ने अब लेक्चर समाप्त किया, हमेशा की तरह इन शब्दों के साथ, "जब तुम धरती से अपने अवतरण के बाद आध्यात्मिक आयाम में अपने घर लौटोगे तो मैं तुमसे फिर मिलने को उत्सुक रहूँगा."

www.ingramcontent.com/pod-product-compliance
Lightning Source LLC
Chambersburg PA
CBHW071154300426
44113CB00009B/1203
* 9 7 8 0 9 9 3 7 9 0 4 5 4 *